D1729756

Kohlhammer

Ina Wunn
Mualla Selçuk (Hrsg.)

Islam, Frauen und Europa

Islamischer Feminismus
und Gender Jihad – neue Wege
für Musliminnen in Europa?

Verlag W. Kohlhammer

Alle Rechte vorbehalten
© 2013 W. Kohlhammer GmbH Stuttgart
Umschlag: Gestaltungskonzept Peter Horlacher
Satz: Andrea Siebert, Neuendettelsau
Gesamtherstellung:
W. Kohlhammer Druckerei GmbH + Co. KG, Stuttgart
Printed in Germany

ISBN 978-3-17-021152-0

Inhaltsverzeichnis

Islam und Feminismus im sozialen Kontext

Feministische Netzwerke und Organisationen

Geleitwort

Recht hat das Ziel, den Menschen ein Leben in Offenheit, Sicherheit und Ordnung unter sozialen und menschlichen Bedingungen zu ermöglichen und bestimmt aus diesem Grunde die Rechte und Pflichten des Individuums. Um dieses Ziel zu erreichen, ist es unvermeidbar, dass sich die Werte und Normen der Gesellschaft in diesem Recht widerspiegeln.

Aus diesem Grund weisen die rechtliche Lage der Frauen sowie die Einstellung und Ansichten über ihre Rechte und Pflichten Unterschiede auf, je nachdem, in welchem Zeitalter oder Umfeld diese Frauen leben und gelebt haben. Bis auf wenige Ausnahmen waren Frauen im Lauf der Geschichte von der politischen Macht ausgeschlossen. Selbst heute kann man noch feststellen, dass Frauen teilweise nicht die gleichen zivilen und politischen Rechte wie Männer besitzen. Mehr noch als religiöse Gründe spielen dabei jedoch die sozio-kulturellen und wirtschaftlichen Bedingungen eine wichtige Rolle.

Um zu verstehen, welche Bedeutung und Wertschätzung der Islam den Frauen zuerkennt, muss man die Lage der Frauen in der prä-islamischen Gesellschaft betrachten und mit den Aussagen des Koran vergleichen. Im islamischen Glauben gibt es, was Menschlichkeit oder die Hingabe zu Gott betrifft, keinen Unterschied zwischen Mann und Frau. Ebenso wenig gibt es bedeutende Unterschiede hinsichtlich der grundsätzlichen Rechte und Verantwortung von Mann und Frau. Dennoch haben manche islamischen Gelehrten im Laufe der Geschichte behauptet, dass Frauen keine Führungsrolle im politischen und gesellschaftlichen Leben übernehmen können. Dies hing jedoch immer mit den jeweiligen sozio-ökonomischen und kulturellen Gegebenheiten zusammen.

Abgesehen von der säkular geprägten Türkei, wo die Frauen heute sowohl im wirtschaftlichen als auch im gesellschaftlichen Leben eine Vielzahl von Führungspositionen besetzen, ist es Frauen auch in stark islamisch geprägten Ländern wie Pakistan oder Bangladesch möglich, bis zur Staatsspitze aufzusteigen. Der Islam hat die hierfür nötigen Grundvoraussetzungen geschaffen, während alles weitere der Entwicklung der Gesellschaft überlassen wurde. Religiöse Interpretationen, die besagen, dass Frauen keine öffentlichen Aufgaben übernehmen oder nur begrenzt am sozialen Leben teilnehmen sollen, sind daher nur bedingt einzelnen religiösen Gelehrten mit ihren eigenen Erfahrungen und kulturellen Hintergründen zuzuschreiben. Es ist daher offensichtlich, dass Gerechtigkeit und Frieden zwischen Mann und Frau auf jeder Ebene für ein friedliches Zusammenleben und das Wohlbefinden einer Gesellschaft unerlässlich ist.

Gemeinsames wünschenswertes Ziel ist es, jede Diskriminierung sowohl von Frauen als auch von Männern abzuschaffen, den Mensch als solchen zu respektieren und ihn in jeder Umgebung, unabhängig vom Geschlecht und unter allen Bedingungen als gleichgestellt zu betrachten.

Tunca Özçuhadar, Generalkonsul der Republik Türkei

Vorwort der Herausgeberinnen

Während in den Medien unverändert das Bild der unterdrückten und misshandelten muslimischen Frau für hohe Einschaltquoten und Auflagen sorgen soll,[1] hat sich unbemerkt von der Öffentlichkeit sowohl in der Einwanderungsgesellschaft als auch in den muslimischen Ländern ein entscheidender Wandel vollzogen: Muslimische Frauen begehren auf und fordern ebenso energisch wie selbstbewusst ihr Recht auf gesellschaftliche Teilhabe ein. Während sich der Kampf um Gendergerechtigkeit – von den Betroffenen klug und wortgewaltig geführt unter dem Schlagwort Gender-Jihad als Begriff für das sich Bemühen auf dem Pfad Gottes (→ M. Selçuk) – in den islamischen Ländern vorwiegend gegen das altüberkommene Patriarchat, aber auch generell gegen jede Form von Ausbeutung und gegen westliche Kulturdominanz richtet, haben muslimische Frauen in Europa einen Kampf an mehreren Fronten zu führen: In ihren Familien möglicherweise benachteiligt durch ein veraltetes Frauenbild, sehen sie sich in ihrer neuen Heimat als Muslimin immer wieder mit Vorurteilen konfrontiert und haben möglicherweise sogar Diskriminierungserfahrungen machen müssen. Während säkulare Musliminnen durchaus auf die Unterstützung feministischer Kreise bzw. politischer Parteien setzen können, wird religiösen Frauen diese Solidarität verweigert. Trotz dieser Widerstände und Schwierigkeiten haben sich muslimische Frauen emanzipieren können. Längst haben sie den Aufstieg aus dem Arbeiter-Migrantenmilieu in die bürgerliche Mittelschicht geschafft. Sie sind Ärztinnen, Lehrerinnen, Anwältinnen und Politikerinnen, die, weitgehend unbemerkt von der Öffentlichkeit, dokumentieren, dass muslimische Frauen inzwischen ein Wort mitzureden haben – in der europäischen bzw. deutschen Gesellschaft, aber auch und besonders in muslimischen Organisationen einschließlich Moscheegemeinden.

Diesen Einsatz muslimischer Frauen für ihre Rechte nachzuzeichnen, haben sich die Autorinnen und Autoren dieses Bandes zur Aufgabe gemacht. Auslöser war hierbei eine internationale und hochkarätig besetzte Tagung mit dem Titel „Frauen, Islam und Europa", die im November 2008, initiiert von der Sozialwissenschaftlerin Corrina Gomani und unter der Leitung von Ina Wunn, an der Gottfried-Wilhelm-Leibniz-Universität in Hannover stattfand. Der Kongress hatte sich das ehrgeizige Ziel gesetzt, diejenigen Frauen zusammenzubringen, die

---

[1] Hier seien beispielhaft nur zwei momentan aktuelle Themen aus der Presse und dem Unterhaltungsprogramm des öffentlichen Rundfunks genannt. So heißt es in der Kritik eines am 31.7.2011 gesendeten Unterhaltungsfilms: „Der Ehrenmord ist mittlerweile ein gern gesehener Gast im ‚Tatort'", http://www.kino.de/kinofilm/tatort-familienaufstellung/114232.html (2.8.2011), während sich ein bekanntes Magazin mit dem Opfer eines Säureanschlags, Amene Bahrani, auseinandersetzt. http://www.spiegel.de/panorama/justiz/0,1518,777543,00.html (2.8.2011).

sich für die Rechte muslimischer Frauen einsetzen, angefangen von renommierten Wissenschaftlerinnen über Vertreterinnen muslimischer Organisationen bis zu kampferprobten Aktivistinnen. Der Kongress war ein Erfolg: Nicht nur brachte er alle diejenigen Frauen zusammen, die sich aus unterschiedlichster Perspektive für die Rechte muslimischer Frauen einsetzen, sondern konnte auch die Vielfalt und Fruchtbarkeit der verschiedenen wissenschaftlichen Ansätze deutlich machen. Der Kampf für die Rechte muslimischer Frauen findet heute auf unterschiedlichsten Ebenen statt: Während Sozialwissenschaftlerinnen wie Birgit Rommelspacher die Defizite und Vorurteile der christlich-säkularen Mehrheitsgesellschaft verdeutlichen und Historikerinnen wie Margot Badran eine westliche Welt darauf aufmerksam machen, dass es so etwas wie einen islamischen Feminismus überhaupt gibt, arbeiten muslimische Frauen selbst aktiv in der Wissenschaft und in Netzwerken und tragen so zur Umgestaltung der Gesellschaft bei. Der entscheidende Wandel vollzieht sich jedoch in der islamischen Theologie (tafsir): Nach einer langen (Religions-)Geschichte, in der sich kulturell bedingte frauenfeindliche Vorstellungen verfestigen konnten, kehren heute muslimische Theologinnen, Soziologinnen und Historikerinnen zu den Wurzeln ihrer Religion zurück und betreiben Koranexegese. Die Ergebnisse sind ebenso ungewohnt wie verblüffend: Der Islam entpuppt sich hier im Vergleich zu den Schwesterreligionen Judentum und Christentum nicht nur als eine ursprünglich frauenfreundliche Religion, sondern zeigt sich darüber hinaus als unglaublich beweglich und anpassungsfähig an die Erfordernisse eines neuen Zeitalters in einer globalisierten Welt.

Die wichtigsten Ergebnisse des Kongresses sind in dem vorliegenden Buch festgehalten. Dabei geht das ursprüngliche Buchkonzept ebenso wie die Tagung selbst auf die Sozialwissenschaftlerin Corrina Gomani zurück: selbst engagierte Frauenrechtlerin und bekennende Muslimin, hat sie sowohl den Kongress als auch die Idee, die Ergebnisse festzuhalten, initiiert und die Themenauswahl entscheidend beeinflusst. Für ihre Mitarbeit und vor allem ihren fachlichen Input, der kaum hoch genug einzuschätzen ist, sei an dieser Stelle herzlich gedankt.

Um die Herausgabe dieses Bandes verdient gemacht haben sich darüber hinaus Constantin Klein und Patrick Urban, Mitarbeiter der Abteilung Theologie der Universität Bielefeld. Während Constantin Klein, selbst erfahrener Herausgeber qualitätvoller religionswissenschaftlicher Fachbücher, über seinen eigenen wissenschaftlichen Beitrag hinaus einen Großteil der Kommunikation mit den Autorinnen und Autoren übernommen hat, verdanken wir Patrick Urban sowohl die Übersetzung zweier Artikel aus dem Englischen sowie unschätzbare Hilfe bei diversen technischen Belangen. Beide – Constantin Klein und Patrick Urban – waren auch in die inhaltliche Diskussion intensiv eingebunden und haben in dieser Hinsicht einen wertvollen Beitrag geleistet – auch dafür herzlichen Dank. In diesem Zusammenhang möchten wir uns auch bei Davina Grojnowski, King's College London, für die Korrektur der englischsprachigen abstracts herzlich bedanken.

Nicht unerwähnt lassen möchten wir an dieser Stelle unseren Kollegen bzw. verehrten akademischen Lehrer Peter Antes, der nicht gezögert hat, sich des sperrigen Themas anzunehmen und bei der Tagung als Veranstalter zu fungieren: viele seiner Ideen und Anregungen sind, auch wenn nicht exemplarisch vermerkt, in dieses Buch mit eingeflossen.

Ein letztes Dankeswort gilt dem Verlag Kohlhammer, der nicht nur uns, sondern vielen muslimischen Frauen durch die Veröffentlichung dieses Buches eine vernehmbare Stimme gegeben und ein Forum geliehen hat, sowie besonders der Dr. Buhmann-Stiftung, die den Druck dieses Buches großzügig finanziell gefördert hat

Mualla Selçuk   *Ina Wunn*
Im August 2011

Frauen, Islam und Religiosität

Zur Einführung:
Von der „Rolle der Frau" zum „Gender Jihad" – ein historischer Abriss

Ina Wunn und *Daphne Petry*

Als sich in den neunzehnhundertundsiebziger Jahren im Zuge der iranischen Revolution muslimische Frauen freiwillig in den Tschador, den Ganzkörperschleier hüllten, um gegen das Schahregime zu protestieren und letztlich ein Staatsmodell zu protegieren, in dem Geistliche die oberste politische Instanz darstellten, wandte sich das Interesse der politischen und intellektuellen westlichen Öffentlichkeit einem Phänomen zu, das für sie bislang nur am Rande existiert hatte: dem neuen Selbstverständnis muslimischer Frauen.[1]

Muslimische Frauen, die ein romantisierendes Orientbild in einem der *Märchen aus tausendundeiner Nacht* entlehnten Szenario zwischen Harem und Hamam angesiedelt hatte,[2] wurden plötzlich zu einer maßgeblichen politischen Kraft, und das ausgerechnet in Namen einer Religion, die der Westen als rückständig zu empfinden gelernt hatte.

Mit diesen Ereignissen kam erstmalig ein neues, ein ganz anderes Interesse an der muslimischen Frau auf: Zum ersten Mal befasste sich der Westen mit frauenemanzipatorischen Bewegungen in den muslimischen Ländern des östlichen und südlichen Mittelmeerraumes und des nahen bis mittleren Ostens und interessierte sich gleichzeitig für die traditionelle Rolle der Frau im Islam, die als grund-

---

[1] Vgl. dazu Göle, Nilüfer, *Die sichtbare Präsenz des Islam und die Grenzen der Öffentlichkeit*, www.transcript-verlag.de/ts237/ts237_1.pdf (26.07.2011)

[2] Vgl. Schimmel, Annemarie, *Europa und der islamische Orient*, in: Munir. D. Ahmed, Johann Christoph Bürgel, Konrad Dilger, Khalid Duran, Peter Heine, Tilman Nagel, Biancamaria Scarcia Amoretti, Annemarie Schimmel und Wiebke Walther, Islam III. Islamische Kultur, zeitgenössische Strömungen, Volksfrömmigkeit, S. 366–382 (336–387). Der Soziologe Georg Klauda spricht in diesem Zusammenhang vom Orient als einer Projektionsfläche erotischer Phantasien. Vgl. Klauda, Georg, Die Vertreibung aus dem Serail. Europa und die Heteronormalisierung der islamischen Welt, Männerschwarm Verlag Hamburg 2008, S. 17.

sätzlich und fundamental anders als in den westlichen Ländern christlicher Prägung gedacht wurde.

Es war hier (wie auf so vielen anderen Feldern der Islamforschung) die deutsche Islamwissenschaftlerin Annemarie Schimmel, die einer breiten Öffentlichkeit deutlich machte, dass die tatsächliche und durchaus auf islamischen Traditionen fußende Rolle der islamischen Frau sehr viel komplexer gedacht werden musste als das undifferenzierte Bild von Rückständigkeit und Rechtlosigkeit, das die öffentliche Diskussion in den westlichen Ländern bislang beherrscht hatte und bis heute noch weitgehend Gültigkeit zu haben scheint. Während Schimmel nicht nur auf die starke Stellung vor allem der Mutter und Schwiegermutter in traditionellen islamischen Gesellschaften verwies, sondern gleichzeitig die Bedeutung herausragender Frauengestalten in der Geschichte des Islam wie z. B. die Prophetentochter Fatima oder die große Mystikerin Rabia betonte,[3] also danach fragte, wie die Machtverhältnisse in der islamischen Familie und Gesellschaft tatsächlich waren und sind (der Religionswissenschaftler Peter Antes spricht hier zutreffend von „Schwiegermutterkultur"), ging die marokkanische feministische Soziologin Fatima Mernissi einen Schritt weiter: In ihrem Buch „Der politische Harem" unterzog sie die Frühzeit des Islam einer Revision und kam zu dem Ergebnis, dass der Prophet selbst den Frauen seiner unmittelbaren Umgebung eine herausragende Position sowohl im privaten als auch öffentlichen Leben zugebilligt hatte und dass die nachgeordnete Stellung der Frauen in den späteren islamischen Gemeinwesen demnach als Rückfall in vorislamische Gebräuche zu werten sei, der sich darüber hinaus an konkreten Personen und Interessen festmachen lasse.[4]

Die Positionen der beiden genannten Autorinnen umreißen recht genau die Spannweite, in deren Rahmen sich die Diskussion um die Rechte bzw. das Selbstbestimmungsrecht der muslimischen Frauen bewegt, aber auch die Brisanz der damit verknüpften Fragen, geht es doch einmal darum, sich gegenüber einem Vorurteil der westlichen Welt von der entrechteten Frau in einer insgesamt aufgrund ihrer Religion und deren ungebrochener Dominanz bestimmten Welt (→ B. Rommelspacher) zu behaupten, d. h. sich der Interpretationsdominanz säkularer westlicher Wissenschaft zu entziehen, zum anderen aber gleichzeitig die eigenen Rechte als islamische Frau innerhalb eines genuin islamischen Kontextes zu begründen und durchzusetzen; letzteres aber so, das es sowohl in den kritischen Augen des innerislamischen Diskurses als auch im Rahmen der internationalen und damit durch westliches Gedankengut geprägten Wissenschaft Bestand hat (→ C. Gomani).

---

[3]   Vgl. Schimmel, Annemarie, *Meine Seele ist eine Frau. Das Weibliche im Islam*, 1995. Vgl. auch die ausgezeichnete kurze Zusammenfassung über die Stellung der Frau in Antes, Peter, *Der Islam als politischer Faktor*, 1991, S. 32–34.

[4]   Vgl. Mernissi, *Fatema, Der politische Harem. Mohammed und die Frauen,* 1989, S. 21–34.

In diesem Zusammenhang ist die Geschichte der muslimischen Frau einschließlich herausragender muslimischer Frauen nicht nur ein Spiegel des Wandels des Frauenbildes in islamischen Ländern, sondern gleichzeitig ein politisches Manifest der jeweiligen Autorinnen.

Frauen der islamischen Geschichte

Fatema Mernissi, die „Mutter des islamischen Feminismus"[5], widmet sich in diesem Zusammenhang intensiv der Frühzeit des Islam und untersucht vor allem die Rolle der Frauen, die im Leben des Propheten eine besondere Rolle gespielt haben. Da war zunächst einmal Chadidscha bint Khuwailid, die wohlhabende Kaufmannswitwe, die im vorislamischen Mekka ihre Geschäfte selbstbestimmt führte. Sie war es, die dem deutlich jüngeren Muhammad, der für sie erfolgreich geschäftlich tätig war, die Ehe antrug. Sie war es auch, die für den Beginn des Islam eine entscheidende Rolle spielte, indem sie ihren Mann nach seinen beunruhigenden ersten Auditionen der Authentizität seiner Erlebnisse versicherte, „um ihn zu überzeugen, dass das, was ihm geschah, wunderbar und einmalig war,"[6] und die sich als erste zum Islam bekannte. Der erste Muslim war demnach eine Frau, und erst auf sie folgte Ali ibn Abi Talib, Vetter und Schwiegersohn des Propheten. Nicht nur Chadidscha, die erfolgreiche Geschäftsfrau, spielte im Leben ihres Mannes, in der sich formierenden islamischen Gemeinschaft und in der Öffentlichkeit eine unübersehbare Rolle, auch die späteren Ehefrauen des Propheten (nach dem Tode Chadidschahs führte Muhammad eine polygame Ehe mit zuletzt neun Frauen) hatten in dieser Ehe eine bedeutsame Stimme und wurden von ihm in wichtigen Fragen konsultiert. So galt Umm Salma nicht nur als eine Frau von außergewöhnlicher Schönheit, sondern soll sich auch durch einen „scharfen Verstand, rasche Auffassungsgabe und eine unerhörte Fähigkeit, zutreffende Urteile zu formulieren" ausgezeichnet haben; Eigenschaften, aufgrund derer ihr ein uneingeschränktes Mitspracherecht in den Angelegenheiten der Gemeinschaft eingeräumt wurde.[7] Von ähnlich starkem Charakter war Hind bint Utba, die Frau Abu Sufyans, eines der entschiedenen Gegner Muhammads, die aus ihrer Abneigung gegen die Muslime keinen Hehl machte und sich auch nach Muhammads Einzug in Mekka und ihrer knappen Begnadigung keineswegs unterwürfig und demütig gezeigt, sondern auf ihrer Freiheit (Selbstbestimmungsrecht und freie Meinungsäußerung) auch im Moment der Niederlage

---

5   Wörtlich heißt es: „The Moroccan writer Fatema Mernissi is, in many ways, the godmother of Islamic feminism." Coleman, Isobel, *Paradise Beneath Her Feet. How Women are Transforming the Middle East*, 2019, S. 36.

6   Mernissi, Fatema, *Der politische Harem. Mohammed und die Frauen*, 1989, S. 39.

7   Ibn Hajar Asqalani, Al-Isaba fi Tamyiz al-Sahaba, op. Cit., Bd. VIII, S. 224, hier zitiert nach Mernissi, Fatema, *Der politische Harem. Mohammed und die Frauen*, 1989, S. 153.

bestanden hatte.[8] Dem Einfluss und dem energischen Vorgehen der Frauen in Medina war es zuzuschreiben, dass Muhammad die Ayat der Sure an-Nisa (Die Frauen) offenbart wurden, in denen die Rechte der Frauen als eigenständiges Individuum (und nicht als Eigentum des Mannes oder seiner Sippe) einschließlich ihres Rechtes zu erben ein für alle Mal verankert wurden.[9] Auch nach dem Tode Muhammads spielten Frauen im religiösen und politischen Geschehen entscheidende Rollen. Auf Aischa gehen einige der wichtigsten Ahadith zurück – um die 2000 Aussprüche und Handlungen des Propheten sollen von ihr kolportiert worden sein; Aufnahme in die Hadithsammlungen Bucharis und Muslims fanden aber nur etwa 200. Zur religiösen und gleichzeitig moralischen Institution in dieser Frühzeit des Islam prädestinierte sie nicht nur ihre Stellung als (Lieblings-)Frau des Propheten, sondern ihre vorzüglichen Kenntnisse altarabischer Dichtung und islamischer Ethik. Gerade ihr diesbezügliches Ansehen gab ihr die Autorität, nach dem Tode ihres Ehemannes seinen zweiten Nachfolger, den Kalifen Umar, zu tadeln, wenn sie seine Politik und hier vor allem seine Personalpolitik für verfehlt hielt. Aber auch vor direktem Eingreifen scheute die Prophetenwitwe nicht zurück: Als im Jahre 656/35 nach der Ermordung Uthman ibn Affans Ali zum Kalifen gewählt wurde, setzte sich die damals 45jährige Aischa an die Spitze der Unzufriedenen, sammelte ein Herr und zog nach Mesopotamien, wo die Gruppen der Aufständischen und des Kalifen Ali aufeinandertrafen. Nach vergeblichen Verhandlungen kam es in der Nacht zum 9. Dezember 656/34 zur Schlacht, in deren Verlauf sich die Kämpfer um Aischa selbst scharten, nachdem ihre wichtigen Verbündeten und Heerführer ausgefallen waren. Erst indem es den Truppen Alis gelang, zu Aischa selbst vorzudringen und sie gefangenzunehmen, konnte Ali die Schlacht für sich entscheiden.

Zu Lebzeiten des Propheten und unmittelbar danach spielten die Frauen im öffentlichen Leben also keineswegs eine untergeordnete Rolle, sondern vertraten ihre Rechte und Interessen innerhalb der Ehe auch gegenüber ihrem Ehemann,[10] innerhalb der Gemeinschaft und in der Öffentlichkeit; ja sie zögerten nicht einmal, sich in die große Politik einzumischen.

Wenn immer ihre Rechte infrage gestellt wurden, wandten sie sich an den Propheten selbst um Klärung, der nicht zögerte, zu ihren Gunsten einzuschreiten – entweder durch offenbarte Ayat, die die Rechte der Frauen stärkten, oder aber durch eindeutige Stellungnahmen (Ahadith), die seine Achtung vor den Rechten und der Persönlichkeit der Frauen verdeutlichten. Insbesondere in der Frage der Gewalt gegen Frauen hatte Muhammad stets eine eindeutige Haltung bewiesen und seinem Abscheu gegen jede Form von Gewaltanwendung Ausdruck verlie-

---

[8]   Mernissi, Fatema, *Der politische Harem. Mohammed und die Frauen,* 1989, S. 156.

[9]   Vgl. Adnan, Gunawan, *Women and the Glorious Qur'an: An Analytical Study of Women-related Verses of Sura An-Nisa,* 2004.

[10]   Zu den Auseinandersetzungen zwischen Umar, seinen eigenen Frauen und den Frauen des Propheten vgl. Mernissi, Fatema, *Der politische Harem. Mohammed und die Frauen,* 1989, S. 190–192.

hen. Erst in den Jahren nach dem Tode des Propheten begann im Zuge der Auseinandersetzung um die Nachfolge im Kalifat die Sammlung der Aussprüche des Propheten (Hadith, Pl. Ahadith), die nun von den Anhängern der einen oder anderen Partei zusammengetragen wurden. Frauenfeindliche Ahadith lassen sich nach Fatema Mernissi nun leicht auf solche Personen in der Überlieferungskette (*isnad*) zurückführen, die in diesen Auseinandersetzungen handfeste Eigeninteressen vertraten, wie z. B. der vom Sklaven zum Würdenträger aufgestiegene Gegner Aischas, Abu Bakr (nicht zu verwechseln mit dem gleichnamigen ersten Kalifen).[11]

Neben den Frauen des Propheten, deren Beiträge zu den anerkannten Hadithsammlungen kaum überschätzt werden können und die damit wesentlich zur *sunna* des Propheten, nach dem Koran die verbindlichste Quelle für jede Form der Rechtsfindung und Maßstab islamischer Lebensführung, beigetragen haben, nimmt die Prophetentochter Fatima im Islam eine herausragende Stellung ein. Als jüngste von vier Töchtern des Propheten und Mutter der einzigen beiden überlebenden Enkel galt ihr seine Zuneigung im besonderen Maße. Im schiitischen Islam kommt ihr als Stammmutter der Imame herausragende Bedeutung zu, und als einzige Frau zählt sie zusammen mit Muhammad und den Zwölf Imamen zu den so genannten Vierzehn Unfehlbaren. Auch im sunnitischen Islam ist ihre Lebensweise Vorbild und Richtschnur für alle Muslime, besonders aber für Frauen. Nicht nur als unvergleichliche Ehefrau und Mutter wird sie bewundert, sondern darüber hinaus werden ihr soziales und politisches Engagement und ihr Aufbegehren gegen Ungerechtigkeiten besonders hervorgehoben. Ihre Reden zur Durchsetzung der Rechte ihres Mannes Ali vor den jeweiligen Kalifen werden bis heute zitiert, um ihren Mut und ihre Entschlossenheit hervorzuheben. Die Idealisierung Fatimas, die gelegentlich an die christliche Marienverehrung denken lässt (→ B. Schmitz), verstellt den Blick auf die Tatsache, dass ihr Leben als Tochter des Propheten und Ehefrau eines immer wieder übergangenen Anwärters auf das Kalifat hart war. Nicht nur führte sie an der Seite Alis ein Dasein in bescheidensten materiellen Verhältnissen, sondern verlor überdies eines ihrer Kinder bei gewalttätigen Auseinandersetzungen im Zuge der Wahl Umar ibn al-Chattabs zum zweiten Kalifen.[12]

Während noch zu Lebzeiten Aischas und der übrigen Frauen die ersten Ahadith, also die Aussprüche und Beispiele vorbildlichen Verhaltens des Propheten, zusammengetragen wurden und sich hier bereits misogyne Töne einschlichen, spiegelten die späteren Sammlungen dementsprechend nicht nur die authentische Prophetenmeinung zur Frage der Bedeutung der Frauen in der islamischen Gesellschaft, sondern hatten auch bereits wieder sowohl vorislamisches Gedan-

---

[11]   Vgl. Mernissi, Fatema, *Der politische Harem. Mohammed und die Frauen,* 1989, S. 67–85.
[12]   Textnah nach Wunn, Ina, *Muslimische Gruppierungen in Deutschland und angrenzenden Gebieten,* 2005, S. 92. Vgl. auch Smith, Margaret, *Rabia von Basra – Heilige Frauen im Islam,* 1997, S. 137.

kengut als auch manche Sitte aus den eroberten, durch die persische und byzantinische Kultur geprägte Länder aufgenommen.[13] Diese Ahadith bildeten dann die Grundlage der verschiedenen Rechtsschulen, die sich vor allem im Zuge der Kämpfe um das Kalifat als „systematische Bemühungen, … den Willen Gottes zu ermitteln" gegen den ursprünglichen Anspruch der ersten Kalifen, selbst göttlich inspirierte Rechtsquelle zu sein, durchsetzten.[14] Bis zum islamischen Mittelalter hatten sich dann die frauenfeindlichen Tendenzen so weit verstärkt, dass aus der Geschichte um Joseph und al-Azīz' (Potiphars) Weib (Sure 12 *Yussuf*) zusammen mit einem Hadith über unangemessen forsches, weil provozierendes Verhalten Aischas ein Frauenbild konstruiert wurde, in dem sexuelle und verbale Unbeherrschtheit gleich gesetzt und als typisch weibliche Charaktereigenschaften festgeschrieben wurden.[15]

In einer Zeit, in der die Rechte der Frauen gerade durch die Suche nach einer verbindlichen Rechtsfindung nach und nach beschnitten wurden,[16] war es allerdings wiederum eine Frau, die zum Vorbild avancierte. Rabia von Basra wurde, soweit ihre von frommen Legenden umwobene Biographie rekonstruierbar ist, zwischen 727 und 731/95 und 99 in Basra in eine arme, wenn auch wegen ihrer Frömmigkeit hoch angesehene Familie geboren. Nach dem Tode des Vaters trennte eine Hungersnot Rabia von ihren Geschwistern. Während sie eine Karawane begleitete, wurde die Karawane von Räubern überfallen, die Rabia als ihre Beute versklavten und verkauften. Obwohl sie als Sklavin während der Tage für ihren Besitzer hart arbeiten musste, verbrachte Rabia die Nächte im Gebet. Während eines solchen nächtlichen Gebetes wurde sie einmal von ihrem Herrn beobachtet, der von dessen Innigkeit und Süße so tief beeindruckt war, dass er seine Sklavin freiließ, damit sie sich ihrem Wunsch gemäß ganz der Liebe zu Gott widmen konnte. In Freiheit, begab sich Rabia in die Wüste, um dort als asketische Mystikerin zu leben. Ihr Murjid (Sufilehrer) wurde der Legende nach der berühmte Hasan al Basri, von dem gesagt wurde, er habe sich geweigert, seine Schüler zu unterweisen, wenn Rabia nicht anwesend war.[17] Rabia, deren einziges Sinnen und Trachten ihre Liebe zu Gott war und die sich nicht einmal von der Schönheit der Blüten des Frühlings beeindrucken ließ, hatte das Element der selbstlosen „Liebe um der Liebe willen" in den Sufismus eingeführt und

---

[13] Vgl. Mernissi, Fatema, *Der politische Harem. Mohammed und die Frauen,* 1989, S. 99.

[14] Ruthven, Malise, *Der Islam. Eine kurze Einführung,* 2000, S. 105.

[15] Vgl. Malti-Douglas, Fedwa, *Woman's Body, Woman's Word. Gender and Discourse in Arabo-Islamic Writing,* 1991, S. 51–53.

[16] Muhammad Schamah stellt in seiner Dissertation zur Stellung der Frau im Islam fest, dass gerade im Zusammenhang mit der Auseinandersetzung um das Kalifat zwischen den Abbassiden und den Nachkommen (Alis und) Fatimas die Stellung Fatimas, also einer Frau, herabgewürdigt werden musste, um den abbassidischen Herrschaftsanspruch zu untermauern. Daraus resultierte dann letztlich das Beschneiden der Rechte der Frauen insgesamt. Vgl. Schamah, Muhammad, Die Stellung der Frau im sunnitischen Islam unter besonderer Berücksichtigung Ägyptens, Dissertation der philosophischen Fakultät der Freien Universität Berlin, 1968.

[17] Vgl. Smith, Margaret, *The Life & Work of Rabi'a and Other Women Mystics in Islam,* 1994, S. 30.

„wurde um ihrer intensiven Gefühle willen selbst von solchen als Muster des selbstlosen Liebe akzeptiert, die sonst Frauen verachteten; denn da die Liebenden in der Einheit Gottes nicht länger mehr getrennte Existenzen haben, gibt es dort auch keine Unterscheidung mehr zwischen Mann und Frau".[18] Das Gebiet frommer Gelehrsamkeit eröffnete auch für weitere Frauen Möglichkeiten, sich öffentlich zu profilieren.[19] Fatima aus Nischapur († 849) führte Dispute mit den bedeutendsten Mystikern ihrer Zeit, darunter Bayezid Bistami, und Nafissa (762–823), eine Ur-urenkelin Fatimas, galt als eine der herausragenden Fikh-Kennerinnen ihrer Zeit, die sogar von dem Begründer einer der vier sunnitischen Rechtsschulen, as-Schafii, konsultiert wurde, um sich über die Traditionen belehren zu lassen.[20] Diese und ähnliche Berichte über herausragende Frauengestalten, darunter die durchaus weltliche Enkelin des Kalifen Ali, Sukeina, die sowohl durch ihre Intelligenz als auch durch ihren extravaganten Lebenswandel für Aufsehen sorgte und ihre Rechte energisch durchsetzte, können nicht darüber hinwegtäuschen, dass die Frauen im Kampf für ihre Rechte und Unabhängigkeit nach und nach an Boden verloren, bis sich dann unter dem Abbassiden Harun al-Raschid (786–809) Harem und Schleier als Institution durchgesetzt,[21] die ideale Frau „schön, klug und tugendsam" zu sein und ihr Licht in der „geschützten Zone des Harems" leuchten zu lassen hatte.[22] Dennoch hat es auch im islamischen Mittelalter immer wieder Frauen, meist aus Gelehrtenfamilien, gegeben, die selbst als hervorragende Gelehrte brillierten, an öffentlichen Hochschulen lehrten und dort selbstverständlich auch Männer unterrichteten.[23]

Eines der herausragenden Zentren auch weiblicher Gelehrsamkeit war Cordoba in Al-Andalus (dem islamischen Spanien), wo „eine sexuell freizügige Frau namens Wallada literarische Salons [organisieren] konnte, in denen Träume, Lyrik und der Koran analysiert wurden."[24]

Trotz aller Einschränkungen und Begrenzungen gelang es immer wieder einzelnen von ihnen, aus dem Schatten des Harems herauszutreten und eine herausragende Rolle in der Geschichte zu spielen. Fatema Mernissi nennt neben anderen Chaizuran, zunächst Sklavin, dann Ehefrau des dritten Abbassidenkalifen al-Mahdi (775–785) und Mutter des vierten und fünften Abbassidenkalifen, al-Hadi

---

[18]   Schimmel, Annemarie, *Mystische Dimensionen des Islam. Die Geschichte des Sufismus*, 1992, S. 66 und 69; Smith, Margaret, *Rabi'a. The Life and Work of Rabi'a and Other Women Mystics in Islam*, 1994.

[19]   Vgl. Nadwi, Mohammad Akram, al-Muhaddithat. *The women scholars in Islam*, 2007.

[20]   Vgl. Walther, Wiebke, *Die Frau im Islam*, 1980, S. 80.

[21]   Vgl. Enderwitz, Susanne, *Der Schleier im Islam*. Ch. Elsas (Hrsg.): Identität. Veränderungen kultureller Eigenarten im Zusammenleben von Türken und Deutschen. Hamburg 1983, 143–73. Neufassung: Feministische Studien 2 (1983), S. 95–112.

[22]   Walther, Wiebke, *Die Frau im Islam*, 1980, S. 20.

[23]   Müller, Iris, *Stellung der Frau im Islam und Frauenbewegungen in islamischen Ländern in der modernen Zeit*, in: Iris Müller und Ida Raming, Aufbruch aus männlichen „Gottesordnungen". Reformbestrebungen von Frauen in christlichen Kirchen und im Islam, Deutscher Studien Verlag, Weinheim 1998, S. 105 (71–300).

[24]   Manji, Irshad, *Der Aufbruch. Plädoyer für einen aufgeklärten Islam*, 2005, S. 60.

und Harun ar-Raschiid, die nicht nur durch ungewöhnlichen Liebreiz, sondern auch durch herausragende Kenntnisse in den Wissenschaften bestach.[25] Chaizuran nahm sowohl an der Seite ihres Mannes als auch während der Herrschaft ihrer Söhne eine politisch einflussreiche Stellung ein, versuchte aber niemals, auch offiziell die Macht zu ergreifen. „Sie hielt sich an die Spielregeln und akzeptierte die Aufteilung der Welt: Harem für die Frauen, Öffentlichkeit für die Männer."[26] Anders Schadscharat ad-Durr, die nach dem Tode ihres Mannes, al-Malik as-Salih, mit Hilfe des Militärs im Jahre 1250 den Thron bestieg und sich im Freitagsgebet als Herrscherin im ayyubidischen Ägypten nennen ließ. Ihr gelang es, die Kreuzritter in der Schlacht um Mansurah zu schlagen und den König Louis IX. gefangenzunehmen. Trotz ihres militärischen Erfolges verweigerte ihr der Kalif die Anerkennung, was letztlich zu ihrem politischen Untergang geführt hätte, dem sie sich aber durch Heirat mit einem ihrer Mamlukengeneräle und zukünftigem Sultan entzog.[27] Sie blieb nicht die einzige Herrscherin, die auch offiziell, also nicht nur über einen Ehemann oder Sohn, die Geschicke eines Landes lenkte: „Die religiösen Dekrete, der Widerstand der Kalifen und das Machtkalkül der Politiker haben nicht verhindern können, dass vom 13. bis zum 17. Jahrhundert fünfzehn Herrscherinnen in muslimischen Reichen den Thron bestiegen und die offiziellen Zeichen der Herrscherwürde für sich in Anspruch nahmen."[28] Unbeachtet bleiben bei dieser Zählung die schiitischen Herrscherinnen des Jemen, die erfolgreich und glücklich die Geschicke ihres Landes leiteten, deren erfolgreiche Regentschaft aber von einer sunnitischen Geschichtsschreibung so lange übergangen wurde, bis muslimische Wissenschaftlerinnen sich im Zuge ihres Kampfes für Frauenrechte sich dieses Themas annahmen.[29] Allerdings kann diese Erfolgsgeschichte einiger weniger herausragender muslimischer Frauengestalten kaum darüber hinwegtäuschen, dass in den genannten Gesellschaften „die Frauen als Kollektiv noch tief unter dem Mann stehen; sie erreichen nur in Ausnahmefällen hohe politisch einflussreiche Positionen, während die Männer diese dagegen als ihnen selbstverständlich zustehend beanspruchen und auch bekommen."[30] Dies mag auch der Grund sein, warum moderne islamische Historiker „von den Frauen in der islamischen Geschichte, wenn sie sie überhaupt berücksichtigen, ein meist negatives Bild [zeichnen]. Z. B. Ali Ibrahim Hassan, Professor für Geschichte an der Universität Kairo, blendet geschickt alle positiven Einzelheiten über die Herrscherinnen aus."[31]

---

[25]   Vgl. Manji, Irshad, *Der Aufbruch. Plädoyer für einen aufgeklärten Islam*, 2005, S. 73–93.
[26]   Ebd., S. 88.
[27]   Vgl. ebd., S. 115–120.
[28]   Ebd., S. 141.
[29]   Vgl. ebd., S. 173–192.
[30]   Müller, Iris, *Stellung der Frau im Islam und Frauenbewegungen in islamischen Ländern in der modernen Zeit*, in: Iris Müller und Ida Raming, Aufbruch aus männlichen „Gottesordnungen". Reformbestrebungen von Frauen in christlichen Kirchen und im Islam, Deutscher Studien Verlag, Weinheim 1998, S. 107.
[31]   Ebd., S. 106.

Die traditionelle Frauenrolle

Die traditionelle Frauenrolle ist bestimmt von den familialen und gesellschaftlichen Strukturen in den entsprechenden muslimischen Ländern, die wiederum stark von der historischen, von misogynen Tendenzen überformten Entwicklung des Islam geprägt sind, wie sie Fatema Mernissi so eindrücklich geschildert hat. Dabei ist kaum von der Hand zu weisen, dass vor allem – auch und gerade im Zuge der Eroberung von Reichen mit hohem christlichen und jüdischen Bevölkerungsanteil – die jüdisch-christliche Vorstellung von der Urschuld der Frau in den frühen Islam eingedrungen ist und möglicherweise bereits vorhandene misogyne Tendenzen verstärkt hat; nachzulesen bei dem „arabischen Frei- und Schöngeist" Abu Uthman Amr ibn Bahr al-Kinani al-Fuqaimi al-Basri) (781–868), genannt al-Jahiz, der in seinem *Buch der Tiere* das Gedicht eines christlichen Autors zitiert, in dem die zehn Strafen genannt werden, darunter mit dem Gebot der Verschleierung und der Beschränkung auf das Haus bereits typisch islamische, die über Eva, Adam und die Schlange gleichermaßen verhängt wurden (→ N. Bozkurt). Bereits dreißig Jahre später finden sich die gleichen Strafen in Ibn Qutaybas Adabwerk *Die Quellen der Berichte* nicht mehr als persönliche Strafen Evas, sondern als Strafen, die generell über alle Frauen verhängt wurden, und in at-Tabaris (839–923) *Annalen*, einer Universalgeschichte von der Schöpfung bis in die zeitgenössische Gegenwart, werden nicht mehr Adam, Eva und die Schlange gemeinsam für den Sündenfall verantwortlich gemacht, sondern Eva als die Verführerin und ihre weiblichen Nachkommen werden für den Fehltritt bestraft – und zwar mit den biologischen Spezifika des Frauseins und seinen Konsequenzen.[32]

Während das Bild der idealen Frau nicht zuletzt maßgeblich von den so genannten Adab-Werken bestimmt wird,[33] sind rechtlich die Bestimmungen der Scharia verbindlich. Grundlage der Scharia sind der Koran und die *sunna*; der Konsens zwischen den Gelehrten bildet mit dem Analogieschluss die beiden anderen, aber nachgeordneten Quellen der Scharia, wobei die Auslegungen aus frühislamischer Zeit mit ihren teilweise misogynen Tendenzen bis heute prägend sind,[34] weil, so die bekennende Feministin und Protagonistin eines „aufgeklärten

---

[32]   Vgl. Walther, Wiebke, *Die Frau im Islam*, in: Munir. D. Ahmed, Johann Christoph Bürgel, Konrad Dilger, Khalid Duran, Peter Heine, Tilman Nagel, Biancamaria Scarcia Amoretti, Annemarie Schimmel und Wiebke Walther, Islam III. *Islamische Kultur, zeitgenössische Strömungen, Volksfrömmigkeit*, S. 391(Zitat)–392 (388–414).

[33]   So heißt es beipielsweise in: Quasmi, A. H. (Hrsg.), *International Encyclopaedia of Islam*, 2006, S. 156: „The body of the woman is of such a nature that it causes sexual excitement among men. Because this is so and not the other way about, Islam has forbidden all forms of nudity and exploitation of the female form. It prescribes a form of dress designed to cover the whole body exept face and hands so as to protect the woman from the gaze of men and to protect men from exposure to her charms." Und weiter heißt es: „The separation of the sexes is necessary in Islam. It helps to ease sexual tension."

[34]   Vgl. Schimmel, Annemarie, *Der Islam Eine Einführung*, 1990, S. 46–60.

Islam", Irshad Manji,[35] „ein gefährdetes Imperium, das abbassidische Kalifat, die Tore des Idjtihad schloss und damit die Tradition des unabhängigen Denkens beendete."[36] Gerade die Scharia zementiert bis heute die untergeordnete Stellung der Frau, indem sie vor allen hinsichtlich der Eheschließung unter Berufung auf konkrete Aussagen des Koran und der Ahadith Frauen in die Abhängigkeit von männlichen Vormündern zwingt. Nur die hanafitische Rechtsschule missbilligt zwar, aber ermöglicht immerhin die direkte Eheschließung zwischen Mann und Frau, ohne dass letztere durch einen männlichen Vormund vertreten wird; dementsprechend wird hier auch auf die Gleichwertigkeit der Ehepartner in Hinsicht auf ihren sozialen Status Wert gelegt. In allen anderen Rechtsschulen wird die Frau bei der Schließung des zivilrechtlichen (!) Ehevertrages durch einen männlichen Vormund, in der Regel durch den Vater oder einen nahen männlichen Verwandten, vertreten. Allerdings ist dabei, zumindest in der schafiitischen Rechtsschule, das Einverständnis der Frau geboten, wobei gerade bei jungen und/oder jungfräulichen Frauen auch Schweigen bereits als Zustimmung gewertet wird. Der Abschluss des Ehevertrages muss überdies bezeugt werden; entweder von zwei freien männlichen oder einem freien männlichen und zwei weiblichen Zeugen. Gerade letztere Regelung streift einen weiteren Punkt, der bei der Scharia unter feministischen Gesichtspunkten oft kritisiert wird: das Zeugnis von Frauen gilt wegen ihrer angeblich größeren Emotionalität und möglichen wirtschaftlichen Abhängigkeit nur halb so viel wie das von Männern. Die gleiche Zurücksetzung findet sich auch im Erbrecht, denn auch hier gilt: die Frau erbt nur die Hälfte dessen, was Männern als gesetzliches Erbteil zusteht. Allerdings kann sie (zumindest theoretisch) über ihr Vermögen frei verfügen – vorausgesetzt, sie ist aufgrund ihrer Bildung dazu in der Lage – und muss als Ehefrau auch ihren Unterhalt nicht aus ihrem eigenen Vermögen bestreiten. Gerade mit der Unterhaltsverpflichtung von Männern gegenüber ihren weiblichen Familienangehörigen (und Kindern) wird dann deren Ungleichbehandlung bezüglich des Erbes begründet.

Wenn der Koran und demnach auch die Scharia Frauen zwar nicht rechtlich gleichstellt, so hatte er ihre in den Zeiten der Jahiliyya (Zeit der Unwissenheit, also Zeit vor der koranischen Offenbarung) noch unklare rechtliche Position aber immerhin beseitigt und ihnen solche konkreten Rechte zugestanden, die ihre Stellung als selbständiges Individuum berücksichtigten und ihnen wirtschaftliche Sicherheit verschaffte. Gerade der Punkt der ökonomischen Gerechtigkeit spielt eine große Rolle. So steht laut Koran (Sure 4.25; 5.5; 33.50; 60.10) Frauen bei ihrer Verheiratung eine Brautgabe als Lohn für die (sexuellen) Dienste zu, die sie ihrem Mann leistet; eine Aussage, die nach Ansicht der Schiiten auch die Ehe auf Zeit rechtfertigt. Diese Brautgabe hat einen solch hohen

---

[35]   So der deutsche Untertitel eines ihrer Bücher. Manji, Irshad, *Der Aufbruch. Plädoyer für einen aufgeklärten Islam*, 2005.

[36]   Textnah nach Manji, Irshad, *Der Aufbruch. Plädoyer für einen aufgeklärten Islam*, 2005, S. 67.

Stellenwert, dass eine Ehe ohne Brautgabe ungültig ist, wobei die Höhe dieser Gabe einerseits von den Möglichkeiten des Mannes, also seinem Sozialstatus, andererseits von den positiven Eigenschaften der Frau wie Schönheit, Tugend und Ausbildung abhängt. Bei den Hanafiten wird üblicherweise ein Teil der Brautgabe erst im Falle der Verstoßung der Frau durch den Mann fällig, auch um diese vor einer eventuell übereilten Scheidung zu schützen (→ B. Bilgin).

Die ungleichen Scheidungsmöglichkeiten für Mann und Frau sind ein weiterer von Feministinnen und progressiven Muslimen gleichermaßen kritisierter Punkt. So hat der Mann das (allerdings missbilligte) Recht, seine Frau „Ohne Angabe von Gründen, ohne einen Richter hinzuzuziehen, ja ohne die Frau überhaupt zu informieren, zu verstoßen."[37] Der von der *sunna* eigentlich vorgeschriebene Weg ist zwar komplizierter insofern, als sich der Mann nach dem Aussprechen der Scheidungsformel seiner Frau drei Monate lang sexuell enthält, und im schiitischen Islam muss die Scheidungsformel vor zwei Zeugen ausgesprochen werden, aber dennoch kann sich eine Frau gegen ein noch so unrechtes Scheidungsbegehren von Seiten des Mannes kaum zur Wehr setzen. Ihre eigenen Möglichkeiten, einen ungeliebten Ehemann loszuwerden, beschränken sich dagegen auf Regelungen, die bereits in den Ehevertrag aufgenommen werden müssen, wie das Recht auf Entlassung bei einer weiteren Heirat oder bei durch Koran und *sunna* erlaubter körperlicher Züchtigung der Ehefrau. Nur wenn eine Frau nachweisen kann, dass ihr Mann „impotent, geisteskrank, anderweitig schwer erkrankt oder nicht imstande war, für ihren Unterhalt aufzukommen",[38] kann sie vor einem Richter ihre Entlassung aus der Ehe durchsetzen. An dieser Stelle sollte nicht unterschlagen werden, dass pfiffige türkische Frauen des 19. Jahrhunderts zu einer List griffen, sich eines unliebsamen oder lästigen Ehemannes zu entledigen: Sie behaupteten unter Beibringung entsprechender Zeugen, ihr Mann habe sie im Zustand der Trunkenheit verstoßen.[39] Insgesamt stellt also in familien- und erbrechtlicher Hinsicht die Scharia Frauen den Männern auch nicht einmal annähernd gleich, räumt ihnen aber feste Rechte ein, die sie vor allem ökonomisch absichern und ihnen damit ein gewisses Maß an Unabhängigkeit gewähren. Vor allem in der Frühzeit des Islam müssen diese Neuerungen als

---

[37]   Walther, Wiebke, *Die Frau im Islam*, in: Munir. D. Ahmed, Johann Christoph Bürgel, Konrad Dilger, Khalid Duran, Peter Heine, Tilman Nagel, Biancamaria Scarcia Amoretti, Annemarie Schimmel und Wiebke Walther, Islam III. Islamische Kultur, zeitgenössische Strömungen, Volksfrömmigkeit, S. 393–398.

[38]   Ebd. S. 399.

[39]   Zur rechtlichen Stellung der Frau vgl. Walther, Wiebke, *Die Frau im Islam*, in: Munir. D. Ahmed, Johann Christoph Bürgel, Konrad Dilger, Khalid Duran, Peter Heine, Tilman Nagel, Biancamaria Scarcia Amoretti, Annemarie Schimmel und Wiebke Walther, Islam III. Islamische Kultur, zeitgenössische Strömungen, Volksfrömmigkeit, S. 392–399; Ruthven, Malise, *Der Islam. Eine kurze Einführung*, 2000, S. 128–137; Müller, Iris, *Stellung der Frau im Islam und Frauenbewegungen in islamischen Ländern in der modernen Zeit*, in: Iris Müller und Ida Raming, Aufbruch aus männlichen „Gottesordnungen". Reformbestrebungen von Frauen in christlichen Kirchen und im Islam, 1998, S. 76–77, 86–100.; kritisch: El Fadl, Khaled Abou, *Speaking in God's Name. Islamic Law, Authority, and Women*, 2001, S. 209–263.

enorme Aufwertung der Frau aufgefasst worden sein, und auch heute würde das „subtile islamische Familienrecht"[40] den Frauen eine starke Stellung innerhalb von Familie und Gesellschaft einräumen, wenn sie denn überhaupt in der Lage wären, diese Rechte geltend zu machen. Dazu Iris Müller (1930–2011): „Die Frau war … in ihrer Kindheit ihrem Vater und als Ehefrau ihrem Ehemann unterstellt, … sie gehörte also ihr Leben lang zu den abhängigen, gewaltunterworfenen Personen."[41]

Gerade diese Form der Gewalt oder bedingungslosen Unterordnung unter eine Autorität ist nach Ansicht des sich den *Progressive Muslims* zurechnenden islamischen Rechtsgelehrten Khaled Abou el Fadl das Ergebnis einer negativen Entwicklung der islamischen Rechtsfindung, die von ursprünglicher Offenheit, Gleichheit und Verschiedenheit der Auffassungen und Argumente zu einem unglücklichen Festhalten an einem einmal erreichten Konsens der Gelehrten führte, der nun nicht mehr in Frage gestellt werden darf, es sei denn, man nimmt in Kauf, als Apostat oder Ungläubiger zu gelten.[42] Der daraus resultierende Autoritarismus als eine durch die islamische Rechtswissenschaft abgesegnete Form sozialer Organisation zieht sich nach Ansicht el Fadls durch sämtliche Strukturen der islamischen Gesellschaften und prägt das Miteinander sowohl in politischer wie auch in privater Hinsicht. So müssen nach landläufiger islamischer Auffassung Frauen ihren Männern in jeder Hinsicht gehorchen; dies schließt nicht nur Gehorsam in sexueller, sondern sogar in religiöser Hinsicht ein, wenn es z. B. um das Fasten außerhalb des Fastenmonats geht, etwa, wenn versäumte Fastentage nachgeholt werden sollen – selbst hier ist das Einverständnis des Ehemannes einzuholen. Bei diesen Vorschriften berufen sich Rechtsgelehrte auf Sure 4.34, die nach landläufiger Auffassung die gesellschaftliche Überlegenheit des Mannes begründen soll.[43] Das Ideal des Gehorsams als Folge der von el Fadl beschriebenen Auffassung angemessenen Fikh-Verständnisses hat sich jedoch nicht nur im Verhältnis Mann – Frau, sondern generell als Verhaltensnorm innerhalb der Familie niedergeschlagen, so dass „Gehorsam, Demut, Dankbarkeit, Geduld und Beharrlichkeit" zu den besonders geschätzten Tugenden zählen.[44] Gerade diesen Gehorsam kann aber nicht nur der Ehemann von seiner Frau, sondern die Frau, vor allem eine Mutter von Söhnen, von ihren Kindern, Schwiegertöchtern und Enkeln fordern, so dass im Hause „alle Macht bei der Mutter der Söhne liegt, die über ihre Söhne Gehorsam von den Schwiegertöchtern und deren Kindern – vor allem den Mädchen – fordert. Sicher ist, dass auch zwischen den Frauen in der

---

[40]   Müller, Iris, *Stellung der Frau im Islam und Frauenbewegungen in islamischen Ländern in der modernen Zeit*, in: Iris Müller und Ida Raming, Aufbruch aus männlichen „Gottesordnungen". Reformbestrebungen von Frauen in christlichen Kirchen und im Islam, 1998, S. 100.

[41]   Ebd.

[42]   Vgl. El Fadl, Khaled Abou, *Speaking in God's Name. Islamic Law, Authority, and Women*, 2001, S. 11–18.

[43]   Vgl. ebd., 2001, S. 210.

[44]   Antes, Peter, *Der Islam als politischer Faktor*, 1991, S. 32.

Großfamilie eine eindeutige Hierarchie der Herrschaft und Machtbefugnisse besteht, der sich die jüngsten und zuletzt dazugekommenen besonders beugen müssen. Erst im Laufe der Jahre haben sie – vornehmlich wenn ihre Söhne ins heiratsfähige Alter kommen – Anspruch darauf, ihrerseits Respekt und Gehorsam von den Frauen und Mädchen nach ihnen innerhalb dieser Hierarchie einzufordern."[45] Gerade durch ihre große Bedeutung innerhalb der Familie, die im Islam besonderen Schutz genießt, (die Heirat ist ausdrücklich geboten) kann der tatsächliche Einfluss einer Frau, wie die oben umrissene Geschichte muslimischer Herrscherinnen zeigt, beträchtlich sein, auch wenn sie auf ihren häuslichen Wirkungskreis bzw. den Harem beschränkt bleibt und ihr der Umgang mit anderen Männern als den engsten Familienangehörigen verwehrt ist. Diese Regelung, die zur Folge hat, dass Frauen traditionell weder unbegleitet ausgehen noch aktuell z. B. Auto fahren dürfen,[46] wird einerseits auf die sexuelle Zügellosigkeit der Frau, andererseits auf ihre starken Reize zurückgeführt und mit einem Hadith und/oder Ayat begründet, welches die Trennung der Geschlechter festschreibt[47] und damit den gesellschaftlichen und beruflichen Spielraum der Frauen einschränkt. Nach Ansicht des Sozialwissenschaftlers Malise Ruthven hatte dies einerseits die gleichzeitige Verdrängung der Frauen aus dem öffentlichen Raum der Moschee zur Folge – im Verein mit dem Fehlen kirchenähnlicher Strukturen entfiel damit eine Möglichkeit für Frauen, sich außerhalb eines eng gesteckten häuslichen Rahmens einen in religiöser Hinsicht untadeligen Freiraum zu verschaffen, von dem aus dann ihre Emanzipation hätte einsetzen können.[48] Erst heute nutzen muslimische Frauen gerade in westlichen Gesellschaften diese Möglichkeit, um sich von einer als unislamisch gebrandmarkten männlichen Bevormundung zu emanzipieren (→ Z. Stimac).[49]

Die notwendigerweise unvollständige Liste der diskutierten „destruktiven Maßnahmen gegen Frauen", zu denen nach Müller auch „ihre Verbannung aus der Öffentlichkeit, Klitorisbeschneidung, Frühehe und Virginitätszwang" gehören,[50] wäre nicht repräsentativ ohne die Erwähnung der harten Strafen, die die Scharia gegen Ehebrecher beiderlei Geschlechts verhängt, vorausgesetzt, sie können des Ehebruchs überführt werden. Während der Ehebruch eigentlich von vier unabhängigen Zeugen beeidet werden muss, eine Verurteilung der Beteiligten und die drastischen Strafen daher nur in den seltensten Fällen möglich gewesen

[45]   Ebd.

[46]   Vgl. die bei El Fadl, Khaled Abou, *Speaking in God's Name. Islamic Law, Authority, and Women*, 2001, S. 272–273.

[47]   Kritisch dazu: Mernissi, Fatima, *Der politische Harem. Mohammed und die Frauen*, 1989, S. 113.

[48]   Vgl. Ruthven, Malise, *Der Islam. Eine kurze Einführung*, 2000, S. 143–144.

[49]   Vgl. dazu die Diskussion um das Kopftuch in der deutschen Öffentlichkeit, z. B. in Kandel, Johannes, Auf dem Kopf und in dem Kopf. Der „Kopftuchstreit" und die Muslime, in: Islam und Gesellschaft Nr. 3, Veröffentl. Der Friedrich-Ebert-Stiftung, Berlin 2004, S. 10–11.

[50]   Müller, Iris, *Stellung der Frau im Islam und Frauenbewegungen in islamischen Ländern in der modernen Zeit*, in: Iris Müller und Ida Raming, Aufbruch aus männlichen „Gottesordnungen". Reformbestrebungen von Frauen in christlichen Kirchen und im Islam, 1998, S. 109.

sein wird, führt eine einseitige Anwendung der entsprechenden Gesetze, nach der auch die Schwangerschaft der Frau als Beweis gewertet werden kann, heute oft zu einer ausschließlichen Bestrafung der Frauen. In vielen Ländern, darunter Nigeria, steht auf Unzucht die Todesstrafe durch Steinigung, obwohl sie nicht durch entsprechende Aussagen des Koran gedeckt ist: der Koran schreibt bei nachgewiesener Unzucht eindeutig 100 Peitschenhiebe vor.[51] Problematisch in diesem sowie in ähnlichen Fällen, in denen das Gesetz allein zu Lasten der Frauen zu gehen scheint, ist jedoch nicht nur das zugrunde liegende Gesetz selbst bzw. die auf eine politisch schwierige Zeit des Islam zurückgehende Gesetzgebung, sondern vor allem die darauf basierende Rechtsprechung einschließlich einer unzulänglichen Exekutive, die in den Händen unzureichend geschulter Richter oder selbst ernannter Sittenwächter liegen.[52]

Kritische Stimmen

Bereits in einer Zeit, in der die Diskussion um den Hijab, den so genannten Vorhang, gerade erst zu Ungunsten der Frauen beendet worden war und ihren Ausschluss aus der Öffentlichkeit zementiert hatte,[53] meldeten sich erste kritische Stimmen aus dem Kreise muslimischer Gelehrter. Dabei mag es noch relativ wenig erstaunen, bei dem Sufi Muhammad Ibn Arabi (1165–1240) auf eine hohe Wertschätzung von Frauen zu stoßen, die seiner Auffassung nach hinsichtlich ihrer Bemühungen um den mystischen Pfad in mancher Hinsicht Männern überlegen sein sollten; dies möglicherweise eine Folge seiner engen und glücklichen intellektuellen Beziehung zu seinen beiden Lehrerinnen, die ihn in den Sufismus einführten.[54] Aus ganz anderer Warte, nämlich der des politischen Denkers, äußerte sich zur gleichen Zeit der Universalgelehrte Ibn Rushd (1126–

---

[51] In Sure 24.2 heißt es: *Weib und Mann, die des Ehebruchs schuldig sind, geißelt beide mit einhundert Streichen. Und lasst nicht Mitleid mit den beiden euch überwältigen vor dem Gesetzes Allahs, so ihr an Allah und an den Jüngsten Tag glaubt. Und eine Anzahl der Gläubigen soll ihrer Strafe beiwohnen.*

[52] Vgl. dazu die Ausführungen bei Petry, Daphne und Rebekka Stumpfrock, *Women under the Sharia in Northern Nigeria*, unveröffentlichte Seminararbeit (Political Crimes and Gross Human Rights Violations) an der Eberhard-Karls-Universität Tübingen, 2007. Ergänzend zum Thema Schwangerschaft: In problematischen Fällen kennt die islamische Rechtsprechung die Fiktion des „schlafenden Fötus", eine Regelung, die ermöglicht, dass auch Kinder, die lange (mehrere Jahre) nach dem Ende einer Ehe oder während langer Abwesenheit des Mannes geboren werden, für ehelich angesehen werden können. Vgl. Walther, Wiebke, *Die Frau im Islam*, 1980, S. 32.

[53] Nach Mernissi kam der so genannte Vorhang ursprünglich nicht herab, um die Männer von den Frauen zu trennen, sondern sollte in einer spezifischen Situation Privatheit ermöglichen und senkte sich zwischen den Propheten und seine Gäste, die ihn bedrängten. Vgl. Mernissi, Fatema, *Der politische Harem. Mohammed und die Frauen*, 1989, S. 113.

[54] Schimmel, Annemarie, *Mystische Dimensionen des Islam. Die Geschichte des Sufismus*, 1992, S. 44–45.

1198): „Wir sagen: Insofern die Frauen im Hinblick auf die Bestimmung des Menschen von gleicher Art sind, ... ist es durchaus nicht unmöglich, dass unter ihnen Philosophinnen und Herrscherinnen sind. Weil man daran dachte, dass diese Art von Frauen sich selten findet, haben sich manche Lehren davon zurückgehalten, Frauen zum Priesteramt (ich meine damit das Amt des Hohenpriesters) zuzulassen. Wo die Gegebenheiten anders schienen, haben andere Lehren nicht so entschieden ... Da dem so ist, und es in Bezug auf die Frauen klar geworden ist, dass sie mit den Männern an Krieg und dergleichen Anteil haben, gehört es sich, dass wir bei ihrer Auswahl dieselben natürlichen Anlagen suchen wie bei den Männern, dass sie mit denselben Disziplinen erzogen werden."[55] Ibn Rushd ging noch weiter: nicht nur, dass er den Frauen die gleichen positiven Eigenschaften wie den Männern zubilligte und deren Entfaltung zum Wohle des Staates allein von einer angemessenen Ausbildung und Erziehung abhängig machte, führte er umgekehrt die Armut und Unterentwicklung mancher Staaten seiner Zeit auf die mangelhafte Ausbildung der Frauen und ihre fehlende Teilhabe an den öffentlichen Angelegenheiten zurück. So heißt es: „In jenen Staaten ist die Fähigkeit der Frauen unbekannt, weil sie dort nur zum Gebären benützt werden und deshalb ihren Männern dienen, gebären, aufziehen und säugen müssen ... Weil die Frauen in diesen Staaten nicht für die menschlichen Tugenden vorbereitet sind, kommt es oft vor, dass sie Pflanzen gleichgeachtet werden. Daß sie in diesen Staaten den Männern zur Last fallen, ist eine der Ursachen der Armut dieser Staaten."[56] Rund achthundert Jahre nach dem vorurteilsfreien und weitsichtigen Universalgelehrten kommt ein UN-Report zu demselben Ergebnis: „Despite significant gains, the Arab world has lagged behind other developing regions. Its income growth per capita has been dismally low over the past twenty years. The authors blamed the region's weak performance on three factors: lack of freedom, lack of knowledge, and lack of women's empowerment".[57]

Das Frauenbild des im vergleichsweise aufgeschlossenen muslimischen Spanien (unter der Almohadendynastie) lebenden Ibn Rushd ist nicht nur darum so bemerkenswert, weil seine Aussagen noch immer von größter Aktualität sind und die Verhältnisse in einigen islamischen Staaten gerade heute treffend beschreiben, sondern auch, weil er in seiner Zeit für Frauen eine völlig andere Rolle postulierte und propagierte, als sein Bagdader Zeitgenosse Ibn al-Djauzi (1116–1155), der letztlich auch aus Angst vor der von ihm empfundenen sexuellen Macht der Frauen und dem Eingeständnis männlicher Unvollkommenheit „eine Machtkonstellation propagiert, in der der Mann der Frau unterlegen sein muß, damit das soziale System nicht ins Wanken gerät, und damit vor allem die

---

[55] Rosenthal, Erwin Isak Jacob (Hrsg.), *Kommentar des Averroes zu Platons Politeia*, 1996, XXV.4, 7 und 11.

[56] Ebd., XXV.9.

[57] Arab Human Development Report: *Creating Opportunities for Future Generations*, United Nations Development Program, 2002, S. vii.

Furcht, die sich im Text untergründig widerspiegelt, gebannt und damit grundlos wird."[58] Das von Ibn al-Djauzi propagierte Ideal der tugendhaften, ins Haus verbannten Frau war aber selbst in der mit konservativen Strömungen liebäugelnden Gesellschaft eines entmachteten und auf sein Ende zusteuernden Kalifats nicht durchgängig verbreitet, denn trotz des für Frauen restriktiven gesellschaftlichen und intellektuellen Klimas unter den Abbassiden gab es immer noch Frauen, die gebildet waren, selbständig ihr eigenes Vermögen oder Stiftungen verwalteten oder ein Gewerbe betrieben, ja sogar Medresen gründeten und dort aktiv waren; letzteres belegt für das mamelukische Kairo.[59]

Von den Äußerungen eines Ibn Rushd bis zu ersten zaghaften Versuchen, die konkrete Situation der Frauen zu verbessern, sollten noch rund 600 Jahre vergehen, bis sich mit Rifa'a al-Tahtawi (1801–1873) ein islamischer Gelehrter vorsichtig im gleichen Sinne äußerte. Tahtawi begleitete von 1826–1831 eine Gruppe von Studenten im Auftrag Muhammad Ali Paschas mit dem Ziel nach Paris, sich dort mit den Erkenntnissen der europäischen Wissenschaften vertraut zu machen, um sie für die Entwicklung des eigenen Landes fruchtbar machen zu können. Als einer der ersten islamischen Modernisten unternahm er den Versuch, eine Brücke zwischen zeitgenössischer Sozialtheorie und islamischen Prinzipien zu schlagen und verglich in diesem Zusammenhang die Situation von Frauen im Reich des Khedive mit der von zeitgenössischen Französinnen. So hob er besonders hervor, dass sich die Frauen Frankreichs nicht nur vollkommen freizügig in der Öffentlichkeit bewegten, sondern dass sie auch in den Wissenschaften brillierten: „Die Beschäftigung mit den verschiedensten Fachgebieten hat inzwischen im Französischen den absoluten Höhepunkt erreicht ... Das gilt gleichermaßen für Männer wie für Frauen. Denn auch die Frauen entfalten dort eine bedeutende literarische Tätigkeit. Manche von ihnen haben Bücher von einer Sprache in eine andere übersetzt, und zwar mit einem schönen, wohlformulierten und trefflichen sprachlichen Ausdruck, andere treten aufgrund ihres literarischen Stils und ihrer erstaunlichen Briefkunst hervor. Und so wird dem Leser erstaunlich werden, dass jemandes Sprichwort ‚Die Schönheit des Mannes ist sein Geist, die Schönheit des Weibes seine Zunge' so gar nicht auf dieses Land zutrifft, denn dort fragt man nach dem Geist der Frau, nach ihrem Talent, ihrer Auffassungsgabe und ihrem Wissen."[60], und dem auch heute noch geläufigen Vorurteil über von der Sittenlosigkeit der europäischen Frau begegnet er mit einem Verweis auf eben jene von ihm propagierte Erziehung und Bildung: „Da man von den Leuten oft gefragt wird, wie es denn nun eigentlich um die Frauen bei den Europäern stehe, sind wir der Sache nachgegangen. Auch hier lässt sich zusammenfassend sagen, dass, wo Konfusion hinsichtlich der Tugend der Frauen besteht, dies nicht darauf

---

[58]   Koloska, Hannelies, Kommentar zu: Abu al-Faradj ibn al-Djauzi, *Das Buch der Frauen Kitab Ahkam al-Nisa*, herausgegeben von Hannelies Koloska, 2009, S. 240.

[59]   Vgl. ebd., S. 232–234.

[60]   Rifa'a al-Tahtawi, *Ein Muslim entdeckt Europa. Bericht über seinen Aufenthalt in Paris 1826–1831*, Hrsg. Karl Stowasser, 1989, S. 88–89.

zurückgeht, ob diese unverhüllt gehen oder den Schleier tragen, sondern vielmehr darauf, ob sie eine gute oder schlechte Erziehung genossen haben ... und
ob Harmonie zwischen den Ehepartnern herrscht."[61]

Nur unwesentlich später erhob in Britisch Indien der angesehene und später
von den Briten geadelte Sir Syed Ahmed Khan (1817–1898) seine Stimme zugunsten der Frauen. Brillant ausgebildet in den traditionellen islamischen Wissenschaften, arbeitete er zunächst für den letzten Moghulkaiser, dann für die
britische East India Company und erlebte hier unmittelbar den Ausbruch des
Indischen Aufstandes von 1857, in dem auch er nahe Angehörige verlor. Obwohl
den Briten gegenüber loyal, entlarvte er in seinem berühmt gewordenen Buch
The Causes of the Indian Revolt das anmaßende und unsensible Verhalten der
Briten in Indien als Auslöser des Aufstandes, analysierte aber gleichzeitig die
Gründe für das Versagen des Moghulreiches, die seiner Ansicht nach im Abweichen von grundlegenden islamischen Prinzipien lagen. In diesem Zusammen-
hang betonte er vor allem das Missachten der seiner Ansicht nach durch den
Islam verbrieften Rechte der Frauen, die er gegen die landläufige, von den Ulema
verteidigte Praxis in progressivem Sinne interpretiert und durchgesetzt wissen
wollte.[62] Es nimmt nicht weiter wunder, dass es gerade jene Ulema waren, die
Syed scharf angriffen, seine Forderungen verwarfen und ihn sogar der Häresie
bezichtigten. Trotz dieses massiven Widerstandes von Seiten indisch-islamischer
Rechtsgelehrter nahm sich der brillante Schützling Sir Syeds, der in den traditionellen islamischen Wissenschaften ausgebildete Mumtaz Ali (1860–1935) des
Themas an und untersuchte die Frage nach den Rechten der Frau auf der Basis
von Koran und *sunna* mit den traditionellen Methoden von Koranexegese und
Rechtsfindung. In seinem Buch mit dem Titel *Rights of Women*, in dem er Themen wie Eheschließung, Polygamie, Scheidung, Erbe und Mädchenerziehung
ansprach, deute er den aus entsprechenden Koranpassagen abgeleiteten, angeblichen Anspruch männlicher Superiorität als Fehlinterpretation, entstanden durch
mangelnde Berücksichtigung des Kontextes. Damit machte wieder ein muslimischer Gelehrter, wie vor ihm Ibn Rushd, auf die Konsequenzen dieses die Frauen
betreffenden fehlerhaften Rechtsverständnisses aufmerksam, indem er heraus-
stellte: mangelnde Bildung und die Seklusion von Frauen „harms the entire society, as it promotes narrow-mindedness and mistrust, even among members of
the same family."[63] Mumtaz Alis Ausführungen, die harsche Kritik an der in
Indien praktizierten Kinderehe ebenso einschlossen wie seine damals ungeheu-
erlich klingende Behauptung, dass auch ein von der Frau ausgehendes und

---

[61]   Ebd., S. 268–269.
[62]   Vgl. Ahmad Khan, Syed, *The Rights of Women*, in: Mansoor Moaddel und Kamran Talattoff
       (Hrsg.), Modernist and Fundamentalist Debates in Islam: A reader, 2002, S. 159.
[63]   Moaddel, Mansoor, *Conditions for Ideological Production: The origins of Islamic Modernism in
       India, Egypt, and Iran*, in: Theory and Society 30(5), 2001, S. 161–162, hier zitiert nach: Cole-
       man, Isobel, *Paradise Beneath Her Feet. How Women are Transforming the Middle East*, 2010, S.
       45.

durchgesetztes Scheidungsbegehren in Übereinstimmung mit dem Koran stehe, waren selbst für einen Modernisten wie Sir Syed zu progressiv, so dass Mumtaz Ali sein Buch über Frauenrechte erst nach dem Tode des Mentors veröffentlichte.

Wenn sich Alis Ideen zu seinen Lebzeiten auch nicht durchsetzten, ist seine radikal-intellektuelle Koraninterpretation heute Grundlage und Vorbild für islamische Modernisten und Feministinnen.[64]

Letztlich war es also der Kontakt mit einem vor allem technisch überlegenen Westen, der im Zuge der Suche nach den Ursachen der Unterlegenheit der islamischen Welt auch die Frauenfrage in den Interessenfokus der islamischen intellektuellen Elite brachte; der Schock, den die islamische Welt ereilt hatte, als, beginnend mit den Feldzügen Napoleons über den russischen Türkenkrieg bis zur Annektierung Indiens durch Großbritannien deutlich wurde, dass alte und einstmals mächtige islamische Staaten wie das Osmanische Reich, der persische Pfauenthron und das Indien der Moghulkaiser der imperialistischen Gier der europäischen Mächte wenig entgegenzusetzen hatten.

Auf der Suche nach einem Ausweg aus einer Situation, die als Krise der islamischen Kultur empfunden wurde, wurde in Ägypten der publizistisch aktive Jurist und spätere Großmufti von Ägypten (1898–1905) Muhammad Abduh (1849–1905) zum Wegbereiter eines neuen Islam. Geboren in eine Bauernfamilie, studierte er nach einer traditionellen Medresenausbildung an der Al-Azhar-Universität, wo er in den siebziger Jahren den islamischen Reformer Dschamal ad-Din al-Afghani kennenlernte (der wiederum ein Kenner der Schriften Sir Syeds war). Al Afghani machte Muhammad Abdu nicht nur mit den westlichen Wissenschaften vertraut, sondern eröffnete ihm auch einen neuen Blick auf die politische Situation in den islamischen Staaten und auf den gelebten Islam selbst, den er in seiner zeitgenössischen Form als reformbedürftig ansah. Um den Herausforderungen der Zeit gewachsen zu sein und mittelfristig die europäische Hegemonie überwinden zu können, plädierte er für eine Erneuerung der muslimischen Welt aus den Wurzeln des Islam mit Hilfe einer zeitgemäßen islamischen Rechtsfindung. In diesem Zusammenhang propagierte er nicht nur die alte Tradition des rationalen Argumentierens, sondern auch den Idjtihad, den er als geeignete Methode sah, den Herausforderungen der Moderne zu genügen.[65]

Wenn Muhammad Abdu die Rolle der Frau auch in vielerlei Hinsicht gestärkt sehen wollte, blieb es dennoch seinem Freund und Zeitgenossen Qasim Amin (1863–1908) vorbehalten, auf der Basis islamischer Rechtsfindung völlig neue Rechte für die muslimische Frau zu fordern.

Als Sohn einer wohlhabenden Oberschichtfamilie verkehrte er in einem gesellschaftlichen Umfeld, in dem man westlich gebildet war, europäische Kleidung

---

[64]   Vgl. Coleman, Isobel, *Paradise Beneath Her Feet. How Women are Transforming the Middle East*, 2010, S. 45.

[65]   Vgl. Coleman, Isobel, *Paradise Beneath Her Feet. How Women are Transforming the Middle East*, 2010, S. 46–47.

trug und europäische Wertvorstellungen übernommen hatte – auch die Frauen
hatten den Schleier längst abgelegt – während für die Lebensweise der einfachen
Bevölkerung der Kontakt ihrer Elite mit europäischen Bildungsidealen folgenlos
geblieben war und sich ihre Situation keineswegs verbessert hatte. In diese ge-
spaltene Gesellschaft schlug Amins Buch *The Liberation of Women* wie eine
Bombe ein.[66] Amin forderte unter anderem gleichen Primärunterricht für Mädchen und Knaben, wobei sich dieser Unterricht auf die Bildung von intellektuellen Fähigkeiten und nicht auf das bislang übliche mechanische Rezitieren zu
konzentrieren habe. Langfristiges Ziel dieser (Aus-)Bildung sei es, auch Frauen
eine selbständige Lebensgestaltung einschließlich der damit notwendig verbundenen wirtschaftlichen Unabhängigkeit zu ermöglichen. Als ein wesentliches
Hindernis auf dem Wege zur Selbständigkeit der Frauen, die als Voraussetzung
für die Hebung des Bildungsniveaus der gesamten Bevölkerung angesehen
wurde, habe nicht nur die Polygamie abgeschafft zu werden, sondern das gesamte Familienrecht bedürfe einer Umgestaltung insofern, als sowohl die Eheschließung als auch die Ehescheidung vor einem Richter vorgenommen werden
müsse, wobei die Frau sowohl ein eigenständiges Scheidungsbegehren äußern
dürfe, als auch gegen eine beliebige Verstoßung zu schützen sei. Wie seine oben
erwähnten Zeitgenossen war auch Amin der Ansicht, dass die kulturelle Erneuerung der muslimischen Länder aus den Wurzeln des Islam heraus erfolgen
müsse, die Rückständigkeit der islamischen Völker also, anders als die christlichen Missionare immer behaupteten, nicht eine Folge der Religion des Islam
seien, sondern gerade das Gegenteil, nämlich das Abweichen von islamischen
Prinzipien. Auch hier heißt es: „Wäre irgend einer Religion ein exklusiver
Einfluß auf die Volkssitten beschieden gewesen, dann stände die muslimische
Frau heute an der Spitze aller Frauen. Hat es ja die muslimische Gesetzgebung
allen anderen zuvorgetan, indem sie die Gleichheit von Frau und Mann festsetzte
und der Ersteren Freiheit und Unabhängigkeit zu einer Zeit verkündete, in der
sie sich bei allen Völkern auf dem tiefsten Niveau befand; indem sie ferner ihr
alle Rechte eines Menschen einräumte und ihr gesetzlich eine Stellung zugestand,
die in kulturell-sozialer Hinsicht, d. h. bei Kauf und Verkauf, Schenkung und
Testament, der des Mannes völlig ebenbürtig war, so dass sie bei juristischen
Transaktionen von jeder besonderen Erlaubnis ihres Vaters oder Gatten völlig
unabhängig wurde. Und diese Privilegien, die selbst die Abendländerinnen bis
heute noch nicht alle erlangen konnten, weisen darauf, dass es zu den Prinzipien
der großzügigen Schari'a gehört, der Frau die ihr gehörende Ehre und Achtung
zukommen zu lassen und ihr die Gleichstellung mit dem Mann einzuräumen."[67]
Aus heutiger Sicht unglücklicherweise brandmarkte Amin gerade die Verschleie-

---

[66]   Wörtlich: „Qasim Amin dropped a literary bombshell into this combustible social mix". Ebd., S.
       47.
[67]   Amin, Qasim, *Die Befreiung der Frau*. Aus dem Arabischen übertragen von Oskar rescher.
       Bearbeitet und mit einer Einführung von Smail Balic, 1992, S. 35.

rung der Frauen als äußeres Anzeichen für ihre – unislamische – Unterdrückung; ein Argument, was ihm bereits bei Zeitgenossen den Vorwurf blinder Imitation westlicher Sitten und Unterstützung des Kolonialismus eintrug. Auch als eine Folge von Amins Vorstoß in Sachen Frauenrechte wurde der Schleier letztlich zum Symbol des Widerstands gegen Kolonialismus, Verwestlichung und Islamfeindlichkeit.[68]

Säkulare und islami(sti)sche Nationalstaaten

Obwohl Modernisten von Sir Syed bis Qasim Amin betont hatten, dass es gerade und ausschließlich der Islam sei, der den Frauen gleiche Rechte wie den Männern gewähre und dass jedwede Art von Reform von einer Rückkehr zu islamischen Prinzipien auszugehen habe, blieb es den betont säkularen Nationalstaaten überlassen, die tatsächliche Rolle der Frauen entscheidend zu verändern und ihren Status zu verbessern, und das, indem sie die Macht religiöser Autoritäten massiv beschnitten. So schaffte der Begründer der Türkischen Republik, Kemal Atatürk, nicht nur das Kalifat ab, sondern versuchte in einem großen und teilweise brutal gegen den ausdrücklichen Willen der Bevölkerung durchgeführten Reformakt die Türkei an das moderne Europa anzuschließen, indem er unter anderem die Schariatsgerichte schloss und eine allgemeine Schulpflicht für Kinder beiderlei Geschlechts durchsetzte. Gleichzeitig wurden Bekleidungsvorschriften erlassen, die das Tragen traditioneller Kleidung einschließlich des Fez für Männer und des Schleiers für Frauen verboten; Regelungen, die in der Türkei bis heute Gültigkeit haben.[69]

Die Türkei war nicht das einzige Land, das im Zuge des erstrebten Anschlusses an eine technisierte Welt westlich-europäischer Prägung die Religion als im besten Falle hinderlich, wenn nicht sogar als eigentliche Ursache für die Rückschrittlichkeit ansah und sein Heil in einem säkularen Nationalismus suchte. Mehr oder weniger charismatische Staatsoberhäupter wie Habib Bourguiba in Tunesien, Gamal Abdel Nasser in Ägypten, Schah Reza Pahlewi in Iran und

---

[68] Vgl. Coleman, Isobel, *Paradise Beneath Her Feet. How Women are Transforming the Middle East*, 2010, S. 49 und *Ahmed, Leila, Women and Gender in Islam: Historical Roots of a Modern Debate*, 1992, S. 144–168.

[69] Vgl. Gözaydın, Iştar, *A Religious Administration to Secure Secularism: The Presidency of Religious Affairs of the Republic of Turkey*, in: *Marburg Journal of Religion* 11/1, Juni 2006, unter: http://web.uni-marburg.de/religionswissenschaft/journal/mjr/art_goezaydin_2006.html und Moser, Brigitte und Michael Weithmann, *Die Türkei. Nation zwischen Europa und dem Nahen Osten*, 2002, S. 112. Allerdings hatte es bereits 1863 das erste Seminar für zukünftige Lehrerinnen im Osmanischen reich gegeben, und 1893 ließ der als Tyrann verschriene Sultan Abdülhamid Frauen zum Medizinstudium zu; seit 1914 gab es Frauenkurse an den Universitäten auch für andere Fächer. Vgl. Walther, Wiebke, *Die Frau im Islam*, 1980, S. 178.

Ayub Khan in Pakistan, die an der Spitze totalitärer Regimes standen, machten sich daran, ihre Staaten nach dem Beispiel Atatürks zu modernisieren. Vor allem innerhalb der westlich gebildeten städtischen Eliten wurden die Neuerungen umgesetzt, so dass die Modernisierung einschließlich der Durchsetzung von Frauenrechten mit der erzwungenen Übernahme westlicher Kultur gleichgesetzt wurde und auf den energischen Widerstand breiter Bevölkerungsschichten stieß. Gerade wegen des von staatlicher Seite propagierten Säkularismus im Verein mit dem Scheitern von Hoffnungen auf Demokratie, Rechtssicherheit und sozialer Gerechtigkeit, die man an die Unabhängigkeit geknüpft hatte, konnten sich starke Gegenbewegungen etablieren – z. B. Muslimbruderschaft und Jamaat-i-Islami –, die eine genuin islamische Staatsführung und islamische Lebensführung nach den Gesetzen der Scharia als islamistisch-demokratischen Gegenentwurf zu den autoritären und häufig korrupten Führungen ihrer Länder propagierten. Im Gegensatz zu den Modernisten des neunzehnten Jahrhunderts, die auf die Offenheit des Islam und damit der Scharia rekurriert hatten, hielten sich die neuen Oppositionellen vom Schlage eines Hassan al-Banna (1906–1949) nun an die traditionelle Lesart der Scharia einschließlich ihrer restriktiven Haltung gegenüber Frauen. Gerade der politische Islam einschließlich des islamischen Fundamentalismus schränkt Frauen aber massiv ein, indem er die Geschlechtertrennung ebenso propagiert wie das Tragen des Schleiers und die Anwendung alter und ungerechter Regelungen im Familienrecht, obwohl Frauen heute in islamistisch-fundamentalistischen Bewegungen eine bedeutende Rolle spielen,[70] eine Entwicklung, die Mernissi wie folgt erklärt: „Über seine geistige Dimension hinaus bedeutete der Islam für ein an den Rand gedrängtes, geteiltes und geknechtetes Volk, das seine Energien in inneren Kriegen erschöpfte, vor allem ein Versprechen von Macht, Einheit und Sieg."[71]

Die totalitären Regimes in den islamischen Ländern hatten den berechtigten Protesten ihrer Bevölkerung wenig entgegenzusetzen, so dass sie sich, nachdem alle Versuche, islamistische Bewegungen auszurotten, gescheitert waren, auch selbst eine islamistische Terminologie zulegten und als Zugeständnis an das Volk die Scharia alten Zuschnitts teilweise wieder einführten. Dazu noch einmal Mernissi: „Die Vorlieben der modernen Politiker für die Vorfahren der arabischen Tradition, deren Verehrung mit der Institutionalisierung des Autoritarismus einherging, wird besonders verdächtig ... in einer Zeit, in der es mehr denn je darauf ankommt, für die Zukunft zu kämpfen."[72]

Als Antwort auf eine Entwicklung, die sich als Wertekonflikt zwischen erhoffter Teilhabe in einer globalisierten, offenen Welt und gefürchteter bzw. erfahrener Zerstörung gewachsener sozialer und ökonomischer Einheiten wie z. B. der

---

[70] Vgl. Ask, Karin und Marit Tjomsland (Hrsg.), *Women and Islamization. Contemporary Dimensions of Discourse on Gender Relations*. 1998, versch. Beiträge.

[71] Mernissi, Fatema, *Der politische Harem. Mohammed und die Frauen*, 1989, S. 36.

[72] Ebd., S. 23.

Großfamilie darstellte, schien eben gerade eine Reislamisierung die Homogenität der Gesellschaft und eine genuin eigene Identität zu ermöglichen.[73]

Ein Beispiel für eine solche Entwicklung, die in der Begründung eines fundamentalistischen „Gottes"-Staates mündete, ist die Zeitgeschichte Irans. Während der Zeit des Imperialismus unter britischem und russischem Einfluss (1915–1921 von Russland und Groß-Britannien besetzt), versuchten die Herrscher der Pahlavi-Dynastie, das Land nach dem Vorbild Atatürks zu modernisieren, auch, indem sie die Situation der Frauen durch Anstrengungen in Richtung auf Frauenbildung zu verbessern trachteten. Diese ersten Bemühungen gipfelten in der Abschaffung des Schleiers 1936, verbunden mit der Öffnung der Berufswelt für Frauen. Vor allem der zweite Herrscher der Pahlavi-Dynastie trieb die Säkularisierung voran und eröffnete damit den Frauen neue Rechte und Möglichkeiten: 1963 erhielten sie das aktive und passive Wahlrecht, 1967 wurden ihre Rechte bei einer Scheidung im *Gesetz zum Schutz der Familie* deutlich gestärkt.[74] Letztlich führten jedoch seine totalitär-autokratische Herrschaft mit skrupelloser Liquidierung politischer Gegner und die ökonomische Auslieferung des Iran an die USA zu einem Scheitern des Regimes, das dann nach einer Revolution durch das auf den Prinzipien des schiitischen Islam fußende Chomeini-Regime ersetzt wurde. Bald nach der Machtübernahme durch Chomeinis ebenfalls autoritäres und angeblich durch religiöse Vorschriften legitimiertes System setzten Säuberungsmaßnahmen ein, die massiv in das Privatleben von Frauen eingriffen. Wenn Chomeini auch die Gleichberechtigung der Frauen propagiert hatte, unterwarf er sie doch im Namen des Islam einer strikten Sexualmoral, die er als Befreiung von der Rolle als männliches Lustobjekt ansah. Als Zeichen ihrer islamischen Sittsamkeit hatten sie sich ab sofort in den Tschador zu hüllen, ein Ansinnen, gegen das sich vor allem diejenigen Frauen zur Wehr setzten, die für politische Freizügigkeit gegen das Schah-Regime gekämpft hatten. Auch der in Kreisen linker Schiitinnen populäre „Laientheologe und Professor der Soziologie"[75] Ali Schariati propagierte einen „wahren Schiismus",[76] der der Frau nach dem Beispiel der Prophetentochter Fatima zwar Berufstätigkeit und politische Teilhabe ermöglichen, in der Ehe aber doch den Platz hinter ihrem Mann zuweisen sollte. Noch unverständlicher als dieses freiwillige sich Beugen unter männlich-patriarchalische Dominanz klingt in den Ohren sowohl von Feministinnen als auch von progressiven Muslimen die Auffassung der Mitglieder der *Union der islamischen Frauen* unter dem weiblichen Mullah Azam Taleghani, Tochter des den islami-

73   Vgl. Müller, Iris, *Stellung der Frau im Islam und Frauenbewegungen in islamischen Ländern in der modernen Zeit*, in: Iris Müller und Ida Raming, Aufbruch aus männlichen „Gottesordnungen". Reformbestrebungen von Frauen in christlichen Kirchen und im Islam, 1998, S. 148–149.
74   Vgl. ebd., S. 158–159.
75   Müller, Iris, *Stellung der Frau im Islam und Frauenbewegungen in islamischen Ländern in der modernen Zeit*, in: Iris Müller und Ida Raming, Aufbruch aus männlichen „Gottesordnungen". Reformbestrebungen von Frauen in christlichen Kirchen und im Islam, 1998, S. 165.
76   Ebd., S. 165.

schen Sozialisten zuzurechnenden Ayatollah Mahmoud Taleghani, die sich klar auf Seiten der Islamischen Republik positionieren und sowohl Prügel- als auch Todesstrafe gegen Ehebrecher und Homosexuelle propagieren. Trotz dieser konservativ-islamistischen Wertvorstellungen muss Azam Taleghani als erfolgreiche Vorkämpferin für Frauenrechte betrachtet werden: Sie saß nach der islamischen Revolution im Parlament, gründete die *Union der islamischen Frauen*, trat als Herausgeberin einer Zeitschrift für Frauenrechte hervor und protestierte öffentlich gegen den vermutlich gewaltsamen Tod der iranisch-kanadischen Journalistin Zahra Kazemi. Ihre Kandidaturen für das Amt der Staatspräsidentin 2001 und 2009 wurden vom Wächterrat (selbstverständlich?!) abgelehnt.[77]

Gender Jihad

Trotz des Anpassungsdruckes, den islamistisch legitimierte Systeme auf Frauen und Feministinnen ausüben, sind inzwischen überall in der islamischen Welt Bewegungen entstanden, in denen Frauen hörbar ihre Stimme erheben, um ihre Rechte einzuklagen – entweder durch Berufung auf den Islam selbst oder durch bewusste Abkehr von einem als restriktiv und frauenfeindlich empfundenen Islam (→ C. Derichs).[78]

In Malaysia ist es die charismatische Mitbegründerin der *Sisters in Islam*, Zainah Anwar, die nach einem Studium in Boston gegen Ende der neunzehnhundertachtziger Jahre damit begann, als frauenfeindlich empfundene Lehrmeinungen mit Vertreterinnen der malaysischen *Association of Women Lawyers* zu diskutieren, um anschließend frauenfeindliche Ansichten politischer Führungspersönlichkeiten und konservativer religiöser Würdenträger zum Thema öffentlicher Debatten zu machen. Brillante und öffentlich unüberhörbare Unterstützung erhielten die *Sisters in Islam* von Seiten einer inzwischen unter dem Namen Amina Wadud (*1952) berühmt gewordenen islamischen Feministin, die als Mary Teasley in eine methodistische Familie im US-Bundestaat Maryland geboren wurde. Ihr akademischer Bildungsweg wurde nach einer Phase der Sinnsuche durch ihre Konversion zum Islam bestimmt: nach einem Bachelor in Erziehungswissenschaften und einem Aufenthalt in Libyen setzte sie ihr Studium im Fach Near Eastern Studies fort. 1989 wurde sie an der University of Michigan in Islamwissenschaft und Arabisch promoviert. Noch im gleichen Jahr übernahm Wadud eine Stelle an der Islamic University in Malaysia, wo sie ihre akademische Lehrtätigkeit mit aktivem Einsatz für die Rechte von Frauen verband. Einen ersten Niederschlag fand ihr feministisches Engagement in ihrem 1992 erschienenen Buch *Quran and Women*, in dem sie mit Hilfe sprachwissenschaftlicher

---

[77]   Vgl. ebd., S. 166.

[78]   Vgl. dazu die grundlegenden Ausführungen bei Margot Badran, *Feminism in Islam. Secular and Religious Convergences*, 2009.

Analyse und mit den klassischen Methoden der Koranexegese die Ansicht wi-
derlegte, dass der Koran Frauen den Männern unterstelle. In einem zweiten,
2006 erschienen Buch mit dem Titel *Inside the Gender Jihad* verband sie autobio-
graphische Elemente, d. h. Berichte über ihre Erfahrungen als muslimische Frau,
mit sorgfältiger Forschungsarbeit, um deutlich zu machen, dass die Forderung
des Islam als bewusste Hingabe an den Willen Gottes das Recht auf Selbstbestimmung der Frau unbedingt voraussetze.[79] Über einen Kreis islamischer Feministinnen und düpierter konservativer Rechtsgelehrter hinaus wurde Wadud
jedoch bekannt, als sie im März 2005 öffentlich als Vorbeterin bei einem von
Muslimen beiderlei Geschlechts besuchten Freitagsgebet fungierte. Das Ereignis
löste einen Sturm der Entrüstung bei konservativen Muslimen aus, und auch die
hinsichtlich der Frauenfrage liberalen bzw. progressiven Rechtsgelehrten Yusuf
al-Qaradawi und Khaled Abou El Fadl äußerten sich negativ (al-Qaradawi) bzw.
waren „not at all happy about this" (el Fadl).[80] Letztlich ist es Wadud und ihrer
untadeligen wissenschaftlichen Arbeitsweise zu verdanken, dass heute kein islamischer Gelehrter, und sei er noch so konservativ, an der Frauenfrage vorbei-
kommt und sich mehr als schwer tut, die sorgfältigen Argumente Wahduds zu
erschüttern, auch weil sie minutiös die Mechanismen beschreibt, die dazu geführt haben, dass ein Text göttlichen Ursprungs, wie ihn der Koran nach Ansicht
der Muslime darstellt, dazu dient, andere Menschen zu unterdrücken und auszu-
beuten.[81] Wahdud lehrt inzwischen an der Virginia Commonwealth University
in Richmond.

In Indonesien vertritt Siti Musdah Mulia ebenso energisch wie kompetent die
Rechte von religiösen und ethnischen Minderheiten, die Rechte von Homosexu-
ellen und von Frauen gegen eine politisch forcierte Islamisierung, die von einer
übergriffigen sharia police umgesetzt wird. Als erste Frau, die einen Doktorgrad
in in Islamic political thinking an der Syarif Hidayatullah Islamic State University in Jakarta erwarb und als erste vom Indonesian Institute of Sciences berufene
Professorin ist sie eine profilierte Wissenschaftlerin, die den ewig Gestrigen unter
den Religionsgelehrten mit wissenschaftlich fundierten Argumenten begegnet.
Dies tut sie nicht nur auf der Ebene einer in den islamischen Rechtswissenschaf-
ten bewanderten Gelehrten, sondern kann gleichzeitig die Abhängigkeit von
zeitspezifischen Vorstellungen der infrage stehenden Diskussionspunkte und
ihre sozialpolitische Relevanz deutlich machen. Trotz der Achtung und der Unterstützung durch liberale politische Kräfte in ihrer Heimat musste eine von ihr
forcierte gesetzgeberische Initiative, die das Recht auf Scheidung für Frauen, das

---

[79]   Vgl. Wadud, Amina, *Qur'an and Woman: Rereading the Sacred Text from a Woman's Perspec-
       tive*, 1992. Dies., Inside the Gender Jihad, 2008.
[80]   El Fadl, Khaled Abou, Foreword zu: Wadud, Amina, *Inside the Gender Jihad*, 2008, S. vii–viii
       (vii–xiv).
[81]   Vgl. ebd., S. xi.

Verbot der Polygamie und interreligiöse Heiraten beinhaltete, aufgrund massiver Proteste zurückgenommen werden.[82]

In Pakistan war es eine Frau, Benazir Bhutto, auf der im Oktober 2007 die Hoffnungen ihres Volkes ruhten. Als Spross einer der reichsten Familien des Landes und während ihrer vorangegangenen Regierungen immer wieder unter berechtigtem Korruptionsverdacht, schien dennoch gerade sie wie keine andere geeignet, den tiefen Graben zwischen der armen Landbevölkerung und einer kleinen reichen, westlich erzogenen Elite zu schließen. Ein Attentat machte ihre und die Ambitionen ihrer Anhänger brutal zunichte. Pakistan, das seit dem Tode seines charismatischen Begründers Ali Jinnah (1876–1948) um den richtigen Weg zwischen einem demokratischen Staat in Übereinstimmung mit islamischen Prinzipien und einem islamistischen Staat ringt, kämpft trotz seines hohen Anteils hoch gebildeter und unabhängiger Frauen in den städtischen Eliten gegen weiblichen Analphabetismus, Kinderheirat, die Seklusion von Frauen und so genannte Ehrenmorde. Alle Versuche, auch in der breiten Bevölkerung die Situation der Frauen zu verbessern, sind am Widerstand konservativer Kräfte (zuletzt politisch durchgesetzt unter Zia-ul-Haq) und nicht zuletzt der extremistischen Taliban gescheitert. Gerade die Talibanisierung ländlicher Regionen einschließlich des Baus konservativer Medresen – finanziert von Saudi-Arabien – macht sowohl unter Männern wie auch unter Frauen (!) konservative Ansichten hinsichtlich der Frauenrolle populär,[83] scheint doch gerade hier der Islam ein Bollwerk gegen Verwestlichung und Korruption darzustellen.

Pakistanische Frauenorganisationen – viele von ihnen ursprünglich säkular und politisch links – haben sich auf diesen Umstand eingestellt und argumentieren heute islamisch, wenn es darum geht, die Situation von Frauen zu verbessern. Die Politikwissenschaftlerin Isobel Coleman zitiert eine Feministin mit dem Satz: „I came to realize how alone all these women were, how no one cared about the miserable reality of their lives. I also realized that they were deeply religious and any efforts to work with them must take that into account."[84] Damit erreichten die feministischen Organisationen, seit 1981 unter der Dachorganisation Women's Action Forum WAF zusammengeschlossen, nun zum ersten Mal die Frauen der Mittel- und Unterschicht, und sie fanden die Unterstützung moderater Rechtsgelehrter, die den islamistischen Kurs Zia-ul-Haqs ablehnten. Um die Situation der Frauen in ländlichen Gebieten zu verbessern, setzten die Aktivistinnen auf Radiosendungen, in denen unter anderem verbesserte Anbaumethoden propagiert, aber auch Themen wie Gesundheitspflege und Familienplanung angesprochen wurden. Zuletzt setzten die Frauen durch, dass ein Drittel aller Parlamentssitze auf nationaler wie provinzieller Ebene für Frauen reserviert

---

[82] Vgl. Coleman, Isobel, *Paradise Beneath Her Feet. How Women are Transforming the Middle East*, 2010, S. 59–64.

[83] Vgl. Coleman, Isobel, *Paradise Beneath Her Feet. How Women are Transforming the Middle East*, 2010, S. 128 – 131, 138.

[84] Ebd., 2010, S. 134.

sein sollten, mit dem Ergebnis, dass in den Wahlen von 2001 30 000 Frauen gewählt wurden und somit die Frauenquote fast gänzlich ausgeschöpft werden
konnte.

Trotz aller Fortschritte erschütterte 1999 ein so genannter Ehrenmord die
Gesellschaft Pakistans, als eine scheidungswillige junge Frau in Gegenwart ihrer
Anwältin Hina Jilani, diese eine weltbekannte Menschenrechtsaktivistin und
Anwältin für Frauenrechte, unter aktiver Assistenz ihrer eigenen Mutter ermordet wurde. Da der Mord als gerechtfertigt (nach islamischem Recht konservativ-
pakistanischer Lesart) angesehen wurde, wurde keiner der Verantwortlichen
belangt. Dieser so genannte Ehrenmord war für die zur damaligen Zeit als Wissenschaftlerin in den USA tätige Pakistanerin Riffat Hassan (*1943) der Auslöser,
sich aktiv in den Kampf für Frauenrechte in Pakistan einzuschalten. Als Kind
einer privilegierten Familie der Oberschicht hatte sie in Durham Englisch und
Philosophie studiert und wurde dort 1968 mit einer These über Muhammad
Iqbal promoviert, bevor sie nach einem Zwischenspiel in Pakistan ihre weitere
wissenschaftliche Karriere an der Oklahoma State University, USA, fortsetzte.
Dort wurde sie in ihrer Rolle als faculty adviser für die Muslim Students Association mit den frauenfeindlichen Ansichten junger arabischer Männer konfrontiert, die ihre intensive Auseinandersetzung mit der Frage nach der Rolle der
Frau im Islam auslösten. Inzwischen Professorin für religious studies an der
Universität von Louisville, kehrte Hassan zwischen 1983 und 1984 nach Pakistan
zurück, um sich dort massiv zu Gunsten der Frauen in die öffentliche Debatte
und die Politik einzumischen. Ihr Tenor: Wenn der Islam die Basis der geltenden
Gesetze ist, dann haben diese Gesetze auch den wahren Geist dieser Religion
wiederzuspiegeln. Der Koran, der nach Hassan die „Magna Carta der Menschenrechte" darstellt,[85] werde heute in den muslimischen Ländern von frauenfeindlichen Traditionen überlagert. Um den wahren Geist des Islam wiederzuentde-
cken, seien das unmittelbare Studium des Koran und vor allem auch der Ahadith
notwendig; gerade letztere wurden und werden von konservativen Geistlichen oft
missbraucht, um eine angeblich inferiore Stellung der Frauen zu belegen. Dies
macht sie deutlich an sechs beispielhaft herausgegriffenen Ahadith, zitiert bei al
Bukhari und Muslim, in denen es um die Erschaffung der ersten Frau aus einer
Rippe geht. Tenor dieser Ahadith ist, dass diese Rippe krumm gewesen sei;
krumm sei darum auch die Frau und jeder Versuch, sie zu begradigen, sei deshalb zum Scheitern verurteilt. Alle diese zitierten Ahadith, so Riffat Hassan, seien
zweifelhaft hinsichtlich der Zuverlässigkeit ihrer Überlieferung (isnad), der Koran selbst aber spricht von der Erschaffung des Menschen und differenziert nicht
zwischen der Erschaffung von Mann und Frau. Da aber der Koran letztmögliche
Instanz jeglicher theologischer Wahrheitsfindung ist, können Ahadith, die kora-

---

[85]   Hassan, Riffat, *Are Human Rights Compatible with Islam?*, in: The Religious Consultation,
       http://www.religiousconsultation.org/hassan2.htm, eingestellt 4.3.2008, abgerufen am 5.7.2011.

nischen Aussagen widersprechen, nicht authentisch sein.[86] Gerade die genannten und offensichtlich im Widerspruch zu eindeutigen koranischen Aussagen stehenden Ahadith hätten aber das Frauenbild in den islamischen Kulturen entscheidend geprägt, so dass es nun starker theologischer Argumente bedürfe, dieses alte und zementierte Frauenbild im Geiste eines gerechten Islam aufzubrechen. In diesem Zusammenhang machen zwei Statements Riffat Hassans ihre politische Intention deutlich: „It is extemely important for Muslim women activists to realize that that in the contemporary Muslim world, laws instituted in the name of Islam cannot be overturned by means of political action alone, but through the use of better religious arguments," und: „The importance of developing … ‚feminist theology' in the context of the Islamic tradition is paramount today in order to liberate not only Muslim women, but also Muslim men, from unjust social structures and systems of thougt which make a peer relationship between men and women impossible."[87] An der westlichen Diskussion über Frauenrechte in islamischen Ländern kritisiert Hassan, dass die Diskussion in zwei konträren Gruppen geführt wird: während die eine einen konservativen und engen Islam propagiert, ist für die andere, säkulare Seite der Islam mit den Menschenrechten grundsätzlich nicht vereinbar. Die überwiegende Mehrheit der gebildeten Muslime, die liberal und moderat eingestellt seien, würden weder in der globalen noch in der angesprochenen konkreten Diskussion repräsentiert und wahrgenommen.[88] Dass Hassans Einschätzung richtig ist, belegt das Engagement von Muslimen wie Mir Ibrahim Rahmans, der mit deinem Sender Geo TV kritisches Denken, auch was die zeitgemäße Deutung koranischer Aussagen zu sensiblen Themen wie Frauenrechte anbelangt, fördern will.[89]

Neben Rifaat Hassan und Amina Wadud zählt die marokkanische Soziologin Fatema Mernissi zu den Vorkämpferinnen für einen gendergerechten Islam. Mernissi, die 1940 in Fez in bürgerliche Verhältnisse geboren wurde und in einem Harem aufwuchs, studierte nach dem Schulbesuch zunächst in Marokko, nach einem Au-Pair-Aufenthalt an der Sorbonne und zuletzt in den USA an der Braneis-Universität, wo sie mit ihrer Dissertation *Beyond the Veil. Male-Female Dynamics in Modern Muslim Society* promoviert wurde. 1973 kehrte sie nach Marokko zurück, wo sie bis 1981 an der Universität Rabat lehrte. Anschließend widmete sie sich Forschungsarbeiten, bei denen die Analyse der arabischen und nordafrikanischen Gesellschaften im Vordergrund steht.

Wie el Fadl und Manji kommt auch Mernissi zu dem Ergebnis, dass der hierarchische, auf Autoritarismus basierende Aufbau der muslimischen Gesell-

---

[86]   Vgl. Hassan, Riffat, *Women in Islam: Contemporary Challenges*, in: Zivilcourage – Frauensache? Über den Beitrag von frauen für Zivilgesellschaft in verschiedenen kulturellen und religiösen Kontexten. Loccumer Protokolle 12/97, 1998, S. 74–77 (67–82).

[87]   Ebd., S. 79.

[88]   Ebd., S. 79.

[89]   Vgl. Coleman, Isobel, *Paradise Beneath Her Feet. How Women are Transforming the Middle East*, 2010, S. 156.

schaften der Grund für die fehlende Individualisierung von Männern und Frauen ist, was wiederum Auswirkungen auf das Geschlechterverhältnis hat. Um den Ursachen dieser Entwicklung auf den Grund zu gehen, taucht Mernissi tief in die Geschichte der islamischen Gesellschaft und des Islam selbst ein, um die Rolle von Frauen und den Prozess ihrer langsamen Verdrängung aus der politischen Öffentlichkeit und dann aus der Öffentlichkeit überhaupt nachzuzeichnen und zu analysieren. Dabei kommt sie zu dem im Widerspruch zur bisherigen patriarchalischen Geschichtsschreibung stehenden Ergebnis, dass Frauen in der Frühzeit des Islam nicht nur den Männern weitgehend gleichgestellt waren und großen Einfluss sowohl auf die Entscheidungen des Propheten als auch auf sie betreffende Offenbarungsereignisse hatten, sondern dass sie sich auch nach dem Tode des Religionsstifters in jeder Hinsicht öffentlich bemerkbar machten; sei es als zuverlässige Quelle für die *sunna* des Propheten, als *fikh*-Kennerin oder als politische und militärische Aktivistinnen.[90] Selbst in einer Zeit, die durch christlich-jüdische und östliche Einflüsse einerseits und unter dem Druck politischer Ereignisse (der Auseinandersetzung um das Kalifat) die Frauen bereits aus der politischen Öffentlichkeit verbannt hatte, gelang es herausragenden Frauengestalten immer wieder, die Macht an sich zu reißen und zu Herrscherinnen aufzusteigen.[91]

Die hierarchischen und autoritativen Strukturen, die Mernissi für die Lage der Frauen und gleichzeitig für die gesellschaftspolitische Lage in den muslimischen Staaten verantwortlich macht, haben ihrer Ansicht nach ihren Ursprung in einem Islam, dessen Erstarrungsprozess schon unmittelbar nach dem Tode des Propheten einsetzte. Demnach spiegelt sich das einerseits hierarchische, durch Unterordnung unter den göttlichen Willen, andererseits durch vertragsähnliche Vorschriften gekennzeichnete Verhältnis von Gott und Mensch in den Strukturen einer Gesellschaft, in der alle Lebensbereiche durch religiöse Komponenten bestimmt sind. Es verwundert daher nicht, das sich die selben Grundstrukturen auch im Verhältnis zwischen Mann und Frau wiederfinden, wo ein Ehevertrag dem Mann die sexuelle Verfügungsgewalt über seine Frau und die Rechte an den gemeinsamen Kindern gegen die Zahlung des Brautpreises und die unbedingte Unterhaltsverpflichtung einräumt. Die Ehe als einzige legitime Art, die vom Islam grundsätzlich für gut befundene Sexualität auszuleben, steht auch deshalb im Vordergrund des Interesses, weil bei ungezügelt ausgelebter Sexualität (vor allem der Frau) das Auseinanderbrechen der Familie als Kern der islamischen Gesellschaft und damit Chaos (*fitna*) droht.[92]

Heute ändert sich durch die Globalisierung auch in den traditionell islamischen Staaten die Gesellschaftsstruktur durch die höhere Bildung der Frauen

---

[90]   Vgl. Mernissi, Fatema, *Der politische Harem. Mohammed und die Frauen*, 1989.
[91]   Vgl. Mernissi, Fatema, *Die Sultanin. Die Macht der Frauen in der Welt des Islam*, 1991.
[92]   Vgl. Mernissi, Fatema, *Beyond The Veil Male-Female Dynamics in Modern Muslim Society*, 1975. Revised edition: 1987.

einerseits, durch ihre (oft durch wirtschaftliche Notwendigkeit erzwungene) Teilhabe am Arbeitsmarkt andererseits, so dass sich die entsprechenden Gesellschaften in einer Zeit des Umbruchs wiederfinden, die bei ihnen eine Identitätskrise auslöst.[93]

Auch Irshad Manji, in Uganda als Kind einer so genannten „arabischen" Familie geboren, unter Idi Amin vertrieben und in Kanada aufgewachsen, kritisiert den Islam nicht nur hinsichtlich seiner Haltung zu den Rechten der Frau, sondern auch hinsichtlich seiner Haltung zu den Schwachen und Unterdrückten der Gesellschaft („Die Muslime von Ostafrika behandelten die Schwarzen überwiegend wie Sklaven"),[94] seiner Haltung zu anderen Religionen, zu religiöser Bildung („Im samstäglichen Unterricht lernte ich, dass man nicht denkt, wenn man spirituell ist")[95], zu den Juden („... lehrte uns, dass die Juden den Mammon anbeten, nicht Allah, und dass ihr Götzendienst meine Frömmigkeit verunreinigen würde")[96] und hinsichtlich seiner ablehnenden Haltung gegen die westliche Welt und ihre Errungenschaften wie Demokratie, Meinungsvielfalt und –freiheit sowie Toleranz.[97] Ausgehend von der Realität des gelebten Islam in arabischen, afrikanischen und asiatischen Staaten mit ihrer Missachtung elementarster menschlicher Rechte, führt sie dem Leser nicht nur die Errungenschaften westlicher Rechtstaatlichkeit vor Augen, sondern analysiert gleichzeitig die islamische Geschichte („Wann haben wir zu denken aufgehört?")[98] und propagiert den Idjtihad, um den Islam wieder zu dem zu machen, was er ursprünglich war: eine Religion der Gleichheit und Gerechtigkeit.

Frauen, Islam, Europa[99]

In Europa stellt sich die Frage nach Gendergerechtigkeit noch einmal in einem ganz anderen Kontext, der einerseits durch das negative Islambild des Westens und andererseits durch die Migrationsproblematik geprägt wird.

Es sind demnach nicht nur die möglicherweise überkommen, patriarchalischen Wertevorstellungen in ihrem persönlichen Umfeld, die Musliminnen in Europa einschränken, sondern gleichzeitig ein negatives Islambild: Viele Bürger westlicher Staaten halten Muslime generell für fanatisch, gewaltbereit und intolerant, hegen starke Zweifel an ihrer Demokratiefähigkeit und sind mehrheitlich

---

[93] Vgl. Müller, Iris, *Stellung der Frau im Islam und Frauenbewegungen in islamischen Ländern in der modernen Zeit*, in: Iris Müller und Ida Raming, Aufbruch aus männlichen „Gottesordnungen". Reformbestrebungen von Frauen in christlichen Kirchen und im Islam, 1998, S. 204–216.
[94] Manji, Irshad, *Der Aufbruch. Plädoyer für einen aufgeklärten Islam*, 2005, S. 15.
[95] Ebd., S. 21.
[96] Ebd., S. 24.
[97] Vgl. ebd., z. B. S. 30.
[98] Ebd., S. 57.
[99] Der Abschnitt ist weitgehend übernommen aus: Wunn, Ina, *Islam, Frauen und Europa*, in: Aus Politik und Zeitgeschichte 37–38, 2011, S. 2–8.

der Ansicht, dass das Leben in einer modernen, westlich geprägten Gesellschaft
und ein Leben als frommer Muslim sich ausschließen.[100] Entsprechend reagiert
die Politik, die mit Diskussions- und Integrationsforen wie z. B. der *Deutsche
Islam Konferenz* auf der Basis eines „langfristig angelegten Dialogs zwischen
staatlichen und muslimischen Vertretern ... das Miteinander und den gesellschaftlichen Zusammenhalt ... fördern",[101] aber auch einen Beitrag zur inneren
Sicherheit leisten will.[102] Den allgemeinen Tenor der Öffentlichkeit spiegeln Aussagen wie die des deutschen Innenministers Hans-Peter Friedrich, dass der Islam
kulturell nicht zu Deutschland gehöre,[103] oder der Bestseller des ehemaligen
Mitglieds im Vorstand der Bundesbank, Thilo Sarrazin wieder, der Muslimen
pauschal den Willen zur Integration abspricht.[104] Dieses negative Islambild wird
von den Kirchen geteilt: in der vielbeachteten Handreichung des Rates der Evangelischen Kirche in Deutschland (EKD) mit dem Titel Klarheit und gute Nach-
barschaft. Christen und Muslime in Deutschland dominieren „Abschätzung und
unsachliche Emotionalität", die in einer „wertenden Gegenüberstellung von
Islam und Christentum [gipfeln], bei der der Islam regelmäßig schlecht aussieht".[105]

Die Vorbehalte der Mehrheitsgesellschaft gegenüber muslimischen Zuwande-
rern machen sich also sowohl an ihrer Herkunft als auch vor allem an ihrer Religion fest,[106] eine Tatsache, die deshalb um so schwerer wiegt, da gerade religiöse
Frauen durch religionskonforme Kleidung sofort erkennbar sind. Ihre Religiosi-

---

[100]   Ohne Autorenangabe: *The Great Divide: How Westerners and Muslims View Each Other*, in: The
        Pew Global Attitudes Project, Conflicting Views in a Divided World. How Global Publics View,
        2006, S. 29, 31,33.

[101]   www.deutsche-islam-konferenz.de/nn_1877052/SubSites/DIK/DE/AufgabenZiele/aufgabenziele-
        node.html?__nnn=true (9.7.2011). Vgl. auch: *Einwanderungsgesellschaft 2010. Jahresgutachten
        mit Integrationsbarometer*, Hrsg. Sachverständigenrat deutscher Stiftungen für Integration und
        Migration, 2010, S. 39.

[102]   Dazu der damalige Bundesinnenminister Wolfgang Schäuble: „Deutschland steht ebenso wie
        andere freiheitlich demokratische Staaten auch im Fadenkreuz radikaler, fanatischer Gewalttä-
        ter, die den Islam als Hass- und Mordideologie missbrauchen." Schäuble, Wolfgang, Vorwort.
        in: Brettfeld, Katrin and Peter Wetzels, Muslime in Deutschland – Integration, Integrationsbar-
        rieren, Religion sowie Einstellung zu Demokratie, Rechtsstaat und politisch-religiös motivierter
        Gewalt. Hamburg 2007.

[103]   Vgl. Thomas Vitzthum, Innenminister – „Islam gehört nicht zu Deutschland". Der frischgeba-
        ckene Innenminister legt sich mit Bundespräsident Wulff an. Dessen Satz, der Islam gehöre zu
        Deutschland, sei nicht zu belegen, in: Welt online. http://www.welt.de/politik/deutschland/
        article12691814/Innenminister-Islam-gehoert-nicht-zu-Deutschland.html, 3.3.2011 (9.7.2011)

[104]   Vgl. Sarrazin, Thilo, *Deutschland schafft sich ab. Wie wir unser Land aufs Spiel setzen*, 2010.

[105]   Just, Wolf-Dieter, *Der Islam und die Evangelische Kirche in Deutschland. „Klarheit und gute
        Nachbarschaft"?*, in: Thorsten Gerald Schneiders (Hrsg.), Islamfeindlichkeit. Wenn die Grenzen
        der Kritik verschwimmen, 2009, S. 379. Vgl. auch Janbernd Oebbecke, Tua Res Agitur, *Die
        Rechte der Minderheitenreligionen und die Stellung der christlichen Kirchen. Warum die Diskus-
        sion über den Islam für die Kirchen wichtig ist*, in: Wilhelm Geerlings und Thomas Sterberg
        (Hrsg.), Kirche in der Minderheit, 2004.

[106]   Vgl. Talal Asad, *Europe Against Islam: Islam in Europe*, in: The Muslim World Band LXXXVII,
        Nr. 2, 1977, S. 183–195.

tät wird ihnen in einer Gesellschaft zum Vorwurf gemacht, die sich als säkular
begreift und in der die Position der Frauen zum Prüfstein der Moderne, zum
„Maßstab für Modernität, Demokratie und für die Einhaltung der Menschenrechte" geworden ist.[107]

Unterschlagen wird in dieser Debatte um eine generelle Integrationsfähigkeit
des Islam und die Bringschuld der Migranten das persönliche Schicksal der Ein-
gewanderten einschließlich der zweiten und dritten Generation, das häufig durch
Erfahrungen von Gewalt und Unterdrückung gekennzeichnet ist. Es waren be-
drückende politische wie wirtschaftliche Bedingungen in den Entsenderländern,
die vor allem jungen Menschen und Angehörigen religiöser Minderheiten die
Migration in solche Länder erstrebenswert erscheinen ließen, von denen sie sich
politische Freiheit und wirtschaftliche Prosperität erhofften.[108] Gerade für religiöse Migranten, die die Arbeitsmigration unter anderem auch gewählt hatten,
um Unterdrückung und Verfolgung in ihrem Heimatland zu entgehen,[109] bedeutete dies, dass sie ihrer Religion meist sehr bewusst anhingen und an die Migration die Erwartung knüpften, ihre religiösen Überzeugungen in der Fremde un-
gehindert leben zu können. Dabei bedeutete das neue Leben in einem säkularen
Staat mit seiner Trennung von Heiligem und Profanem für sie eine ebenso große
Herausforderung wie das Thema der ethnischen Identität oder der religiösen
Organisation – Fragen, die sich in der Heimat gar nicht oder in einem anderen
Kontext stellten.[110] Anders stellt sich die Diskussion für eine Reihe von so genannten Kulturmuslimen dar, die ihre Heimat verlassen mussten, weil sie dort
von einer religiös-politischen Gruppe wie den Taliban oder von einem fundamentalistischen Regime verfolgt wurden. Viele dieser Migranten, unter ihnen
viele Frauen, lehnen jeden Kontakt zu einer muslimischen Gruppierung ab, weil
für sie der Islam inzwischen ein Synonym für Verfolgung und Unterdrückung
darstellt.[111]

---

[107] Rommelspacher, Birgit, *Feminismus, Säkularität und Islam. Frauen zwischen Modernität und
Traditionalismus*, in: Mualla Selçuk und Ina Wunn (Hrsg.), Islamischer Feminismus und Gen-
der Jihad – neue Wege für Musliminnen in Europa, Stuttgart, im Druck. Vgl. auch Yasemin Karakaşoğlu, Das Kopftuch als Herausforderung für den pädagogischen Umgang mit Toleranz.
Ein empirisch fundierter Beitrag zur Kopftuchdebatte, in: Bildungsforschung3 (2006) 2,
http://www.bildungsforschung.org/index.php/bildungsforschung/article/view/41   (9.7.2011);
Adrien Catherine Wing und Monica Neigh Smith, *Critical Race feminism Lifts the Veil?: Muslim
Women, France, and the Headscarf Ban*, 2008; Christina von Braun und Bettina Mathes, *Verschleierte Wirklichkeit. Die Frau, der Islam und der Westen*, 2007.

[108] Textnah nach Wunn, Ina, et al., *Muslimische Patienten. Möglichkeiten und Grenzen religionsspe-
zifischer Pflege*, 2006, S. 18–32.

[109] Vgl. J. Oebbecke (Anm. 12), S. 113.

[110] Vgl. Yalkut-Breddermann, Sabiha Banu, *Das Volk des Engel Pfau. Die kurdischen Yeziden in
Deutschland*, 2001, S. 52. Zur Problematik der Identität vgl. Etienne Balibar und Immanuel
Wallerstein, *Ambivalente Identitäten*, 1992/2.

[111] Vgl. z. B. die autobiographischen islamkritischen Darstellungen von Ayaan Hirsi Ali, *Ich klage
an. Plädoyer für die Befreiung der muslimischen Frauen*, 2005 (4. Aufl.); Kelek, Necla, *Die fremde
Braut. Ein Bericht aus dem Inneren des türkischen Lebens in Deutschland*, 2005.

Für einen nicht unbedeutenden Prozentsatz der Migranten bedeutete und bedeutet ihre Religion jedoch gerade in der Fremde Lebensorientierung und Halt. In einer neuen und gelegentlich irritierenden Umgebung, in der die eigene Identität durch eine notwendige Auseinandersetzung mit den kulturellen Werten des Aufnahmelandes immer wieder in Frage gestellt wird, setzt notgedrungen eine Auseinandersetzung auch mit den Grundlagen dieser eigenen Identität ein, bei der ein Nachdenken über den Islam als angestammte Religion und Grundlage der eigenen Kultur eine wesentliche Rolle spielt. Der Islam in seiner doppelten Funktion als Glaubenssystem und Lebensordnung gibt in diesem Zusammenhang Orientierung hinsichtlich der konkurrierenden eigenen kulturellen Werte und derjenigen der Aufnahmegesellschaft und setzt die Maßstäbe für zwischenmenschliches Handeln.[112]

Wenn auch die vorläufige Beibehaltung von traditionellen Werten daher zumindest langfristig nicht als Integrationshindernis anzusehen ist, sondern als protektiver Faktor im Rahmen einer psychischen Stabilisierung gewertet werden muss, kann eine – auch sekundäre – religiöse Orientierung der Familie gerade für junge Frauen eine starke Belastung darstellen.[113]

Muslimische Frauen in Europa sehen sich also heute vielfachen Herausforderungen ausgesetzt: Konfrontiert mit den Vorurteilen der Mehrheitsgesellschaft, möglicherweise belastet durch die familiäre Migrationsgeschichte, eingeschränkt durch eine traditionelle Lesart der Scharia und abgelehnt von der westlichen feministischen Bewegung, suchen sie ihren Platz in der europäischen Gesellschaft zwischen Anpassung und Selbstbehauptung. Darauf reagieren muslimische Frauen mit einer allgemein zu beobachtenden Intellektualisierung,[114] indem die eigene Lebenssituation als Muslimin, aber auch der Islam selbst hinterfragt werden.[115] Dies kann, bei entsprechend negativen eigenen Erfahrungen und Einsichten, zu einer bewussten Distanzierung von der angestammten Religion führen, wie z. B. bei der türkeistämmigen Sozialwissenschaftlerin Necla Kelek, der aus Somalia gebürtigen niederländischen Politikerin Ayaan Hirsi Ali, der ägyptischen Frauenrechtlerin Sérénade Chafik, der türkeistämmige Frauenrechtlerin und Anwältin Seyran Ateş und den ebenfalls türkeistämmigen Autorinnen Sonja Fatma Bläser und Serap Çileli. Die Genannten, vielfach ausgezeichnet für ihren

---

[112] Vgl. dazu Boos-Nünning und Yasemin Karakasoglu, *Familialismus und Individualismus. Zur Bedeutung der Erziehung von Mädchen mit Migrationshintergrund*, in: Urs Fuhrer und Haci-Halil Uslucan (Hrsg.), Familie, Akkulturation & Erziehung, 2005, S. 127.

[113] Vgl. die differenzierte Darstellung bei Alacioglu, Hasan, *Muslimische Religiosität in einer säkularen Gesellschaft*, 2001, S. 93.

[114] Vgl. Boos-Nünning, Ursula und Yasemin Karakaşoğlu, Boos-Nünning, Ursula und Yasemin Karakaşoğlu, *Viele Welten leben. Zur Lebenssituation von Mädchen und jungen Frauen mit Migrationshintergrund*, 2005.

[115] Vgl. beispielsweise auch Akgün, Lale, *Tante Semra im Leberkäseland: Geschichten aus meiner türkisch-deutschen Familie*, 2008; Selim, Nahed, *Nehmt den Männern den Koran! Für eine weibliche Interpretation des Islam*, 2006.

Einsatz für Frauen- und Menschenrechte, rufen die Öffentlichkeit immer wieder auf, Menschenrechtsverletzungen an jungen Frauen und Mädchen in ultrakonservativen muslimischen Familien nicht zu übersehen oder gar zu tolerieren. Von islamischer Seite wird ihnen daher häufig Verrat an der eigenen Religion vorgeworfen, der sich bis zu Morddrohungen steigern kann.

Eine zweite Frauengruppe verortet sich bewusst, auch als betonte Abkehr von westlichem Kulturimperialismus, innerhalb des Islam und versucht, über eine progressive Lesart von Koran und Hadithen die Situation der Frauen zu verbessern. Dabei orientieren sie sich an einer Bewegung, die in den islamischen Ländern selbst entstanden ist und dort Frauenrechtlerinnen hervorgebracht hat, deren Einfluss es nicht nur zu verdanken ist, dass sich die rechtliche und tatsächliche Situation der Frauen in den genannten Ländern bereits spürbar verbessert hat, sondern die durch ihre öffentliche Präsenz auch islamistische Kreise zwingen, die Frauenfrage neu zu überdenken und zu diskutieren. Dabei können durchaus strategische Überlegungen eine Rolle spielen, denn: „It is extemely important for Muslim women activists to realize that that in the contemporary Muslim world, laws instituted in the name of Islam cannot be overturned by means of political action alone, but through the use of better religious arguments," und: „The importance of developing … ‚feminist theology' in the context of the Islamic tradition is paramount today in order to liberate not only Muslim women, but also Muslim men, from unjust social structures and systems of thought which make a peer relationship between men and women impossible."[116]

Die geforderten Argumente finden neben den bereits genannten Feministinnen Amina Wadud, Riffat Hassan, Irshad Manji, Fatema Mernissi auch progressive Theologinnen wie z. B. die Theologieprofessorinnen (→)Nahide Bozkurt, Beyza Bilgin, Mualla Selçuk und Asma Barlas auf dem Wege einer zeitgemäßen Koranexegese, bei der es darum geht, den „Hintergrund des Textes zu beleuchten und den historischen Kontext sichtbar zu machen, in dem der Koran offenbart und interpretiert wurde".[117]

In Deutschland geht das *Zentrum für Islamische Frauenforschung und Frauenförderung e.V.* ZIF den gleichen Weg. Ausgehend von Identitätsproblemen muslimischer Frauen und Mädchen, die sich als das Ergebnis oktroyierter restriktiver Lebenskonzepte aus einem traditionell religiös geprägten Lebensumfeld entpuppten, machten die muslimischen Wissenschaftlerinnen defizitäre Theologien für die gegenwärtige Situation muslimischer Frauen verantwortlich. Daher arbeiten die Frauen des ZIF an einer frauenzentrierten islamischen Theologie auf der Basis klassischer und allgemein akzeptierter hermeneutischer Methoden mit dem Ziel der Überwindung von frauenfeindlichen und frauenmarginalisierenden

---

[116] Riffat, Hassan, *Women in Islam: Contemporary Challenges*, in: Zivilcourage – Frauensache? Über den Beitrag von Frauen für Zivilgesellschaft in verschiedenen kulturellen und religiösen Kontexten. Loccumer Protokolle 12/97, 1998, S. 79.

[117] Barlas, Asma, *Der Koran neu gelesen*, in: Islam und Gesellschaft (2008) 6, S. 9

Strukturen.[118] Huda dagegen ist eines von vielen islamischen Frauennetzwerken, die sich zum Ziel gesetzt haben, Frauen in konkreten Lebenssituationen, z. B. bei der Abschließung eines Ehevertrages, zu unterstützen.[119]

Ein Fazit: Muslimische Frauen wenden sich heute verstärkt Frauennetzwerken sowie säkularen wie dezidiert muslimischen Frauenbewegungen zu (→ Z. Stimac, C. Derichs), um ihre Interessen sowohl in den islamischen, als auch in den westlichen Gesellschaften zu thematisieren und öffentlich zu machen. Entweder durch erklärte Distanz zum Islam oder aber auch in Zusammenhang mit einer bewussten Hinwendung zu ihrer Religion als Reaktion auf Diskriminierungs- und/oder Migrationserfahrungen forcieren sie besonders die Möglichkeit einer progressiven bis feministischen Koranexegese, um daraus sowohl Argumente für ihre Gleichstellung innerhalb der islamischen Gemeinschaft, der *umma*, abzuleiten, als auch Vorurteilen gegenüber einem angeblich nicht reformfähigen Islam zu begegnen. Dabei erweist sich der Islam als eine Religion, die sich gerade durch ihren angeblichen Rückgriff auf liberale Traditionen als außerordentlich beweglich in seiner Reaktion auf die Moderne erweist – eine Bewegung, die sich vor allem dem aktiven Engagement von muslimischen Frauen verdankt.[120]

---

[118]   Vgl. Homepage des ZIF (Zentrum für Islamische Frauenforschung und Frauenförderung), unter http://www.zif-koeln.de http://www.zif-koeln.de/index2.html abgerufen am 21.7.2006. Vgl. auch Zentrum für Islamische Frauenforschung und Frauenförderung (Hrsg.), *Ein einziges Wort und seine große Wirkung. Eine hermeneutische Betrachtungsweise zu Sura 4, Vers 34, mit Blick auf das Geschlechterverhältnis im Islam*, Köln 2005, S. 4.

[119]   Vgl. www.huda.de/projekte.html, 26.7.2011.

[120]   Dazu ausführlich: Badran, Margot, *Feminism in Islam. Secular and Religious Convergences*, 2009; Göle, Nilüfer, *Europe's Encounter with Islam: What Future?* spol.unica.it/didattica/Melis/Storia%20e%20Istituzioni%20della%20Turchia%20contemporanea/Gole%20europa%20islam%20encounters.pdf.

Die Definition von „Jihad" und die Bedeutung für die religiöse Erziehung in einer Welt des religiösen Pluralismus

Mualla Selçuk

Einleitung

Einer meiner Doktoranden nahm Anfang der 2000er Jahre an einem Seminar zur internationalen Bildung teil. Als er von diesem Seminar zurückkehrte, diskutierten wir seine dort gewonnenen Eindrücke in unserem Seminar. Mein Student hatte während einer Sitzung einen Vortrag über die Philosophie des Tearuf (des einander Verstehens) im Islam gehalten. Bei der Vorbereitung seines Vortrags hatte er großen Wert auf effektive Präsentationstechniken gelegt. Jedoch war er sehr verwirrt durch die Frage-und-Antwort-Runde nach der Präsentation. Seine Zuhörer erinnerten ihn daran, dass der Islam Prinzipien wie Umma, Kalifate, Jihad und das Streben nach dem Guten und das Meiden des Schlechten kennt. Mein Student war überrascht und teilte mir und seinen Freunden im Seminarraum, die seinen Ausführungen folgten, mit, dass er aus der Perspektive eines Muslims gesprochen hatte. Er sagte, „Ich empfinde aufrichtige Treue gegenüber der islamischen Tradition, aber ich kann nicht für alle Muslime sprechen. Keiner interessierte sich dafür, wer ich bin."

Mein Student benutzte die religiöse Textform (Tearuf), die es den Menschen ermöglicht, einander kennen zu lernen und die korrelativ als Basis dient. Er hätte dieser Basis entsprechend einen Kommentar abgeben können, aber er tat es nicht. Er wollte, dass die Leute sich dafür interessierten, was er sagt. Diese Erfahrung meines Studenten ließ uns so viele Dinge erkennen. Eine dieser Erkenntnisse ist, dass es wichtig ist, nicht nur den Diskurs selbst zu bedenken, sondern auch mögliches (unvollständiges) Vorwissen und die Grundbegriffe des Diskurses.

Aus diesem Grund ergänzte ich meinen Doktorandenkurs mit dem Thema „Religiöse Konzepte und Lernumgebungen" um den Begriff „Jihad". Viele Jahre hindurch veranstaltete ich Seminare zum Thema *Jihad* im Islam und versuchte, ein theologisches Rahmenkonzept zum Jihad zu entwickeln. Aber einige Fragen blieben in meinem Rahmenkonzept unbeantwortet. Wie sollte der Jihadbegriff in der religiösen Erziehung definiert werden? Wie sollen Erkenntnisse zum Jihad dargestellt werden? Wie werden diese dann interpretiert? Dementsprechend hat dieser Artikel zum Ziel, auf die Bedeutung begrifflicher Forschung in der religiösen Erziehung am Beispiel des Jihadbegriffes aufmerksam zu machen. Begriffliche Forschungen dienen dem Verständnis religiöser Tatsachen und der Schulung des Denkens. Gerade begriffliche Forschungen bringen uns etliche religiöse Themen näher, so dass wir Lernprozesse besser steuern und über diese Schlüsselthemen effektiver gestalten können.

Der erste Teil dieses Artikels beschreibt dementsprechend die Ergebnisse einer qualitativen anwendungsbezogenen Forschung über die Definition des Jihad bei Religions- und Ethik-Lehramtsreferendarinnen und -referendaren. Im zweiten Teil werde ich die Ergebnisse dann aus theologischer Warte kommentieren, wobei ich mich auf den Koran sowie Hadith und Sunna stützen werde. Ein Fazit fasst dann die theologischen und pädagogischen Überlegungen zusammen.

„Jihad" in den Antworten der Lehramtskandidaten

Meine Untersuchung wurde unter 66 Lehramtskandidaten, die Studenten an der Abteilung für Religionslehre und Ethikerziehung sind, durchgeführt. Dieses (neue) Lehrerausbildungsprogramm für Religionslehrer an Grundschulen an der Fakultät für Erziehungswissenschaften erstreckt sich über vier Jahre, und die Lehramtsanwärter, die an der Untersuchung teilnahmen, werden seine ersten Absolventen sein. Die Einrichtung dieses Studienganges verdankt sich einer jahrelangen Diskussion in der Türkei, in der es um die Frage ging, ob Religionslehrer an theologischen oder an erziehungswissenschaftlichen Universitäten ausgebildet werden sollten, ob also Religionslehre mehr eine religiöse oder pädagogische Angelegenheit ist. Der Hohe Rat für Religionsangelegenheiten, der für den akademischen Bildungssektor in der Türkei zuständig ist, entschied, Religionslehrer an pädagogischen Fakultäten auszubilden; 2006 wurde die Fakultät für Religiöse Kultur und Ethik in der Erziehung mit einem Studiengang für Religionslehrer eröffnet. Dieser Studiengang wurde zuvor an den theologischen Fakultäten absolviert. Unabhängig davon, welche Fakultät zuständig ist, handelt es sich um ein interdisziplinäres Programm, das die die Kooperation zwischen den pädagogischen und theologischen Fakultäten notwendig macht. Mit Rücksicht auf den Pluralismus der Religionen und den Pluralismus innerhalb des Islams ist der Studiengang nicht konfessionsgebunden und besitzt religionsübergreifende Dimensionen. In diesem Studiengang sollen Lehrer ausgebildet werden, die

1. lebenslanges Lernen anstreben, einschließlich der Fähigkeit aktiven Lernverhaltens,
2. eine Kultur des Miteinanders verfolgen,
3. die Überzeugungen, Traditionen und Gebräuche anderer Religionen ebenso wertschätzen wie die eigene Religion, Traditionen und Gebräuche.

Ich veranstaltete einen Kurs in dem oben genannten Studiengang im Studienjahr 2009/2010, dessen Thema die interkulturelle und interreligiöse Erziehung war. Als Dozentin verfolgte ich das Ziel der ‚Entwicklung eines Bewusstseins für eine Theologie der grundlegenden Begriffe in den Religionen'.

Ich denke, die Fähigkeit, mit religiösen Begriffen vorsichtig umzugehen und hier ein erweitertes Verständnis zu entwickeln, kann durch Studien über die Einstellungen von Studenten verbessert werden. Wir arbeiteten dementsprechend mit den Studenten an Arbeitsblättern. Die vorliegende Untersuchung ist nun die Analyse der Arbeitsblätter mit der Frage: „Wie definieren Sie den Jihad im Islam?" Verbunden war diese Frage mit der Aufgabe, diejenigen wissenschaftlichen Belege anzuführen (Koranverse, Hadith, historische Ereignisse), die ihre Definitionen stützen sollten. Die Fragestellung war offen. Der Grund dafür war, dass die Studenten sich in ihren eigenen Worten ausdrücken und sich ihr eigenes begriffliches Bild machen sollten. Wir erhielten von den Studenten breit gefächertes und umfangreiches Datenmaterial, das zur Auswertung der Ergebnisse nach vier Themenbereichen geordnet wurde:

1. Jihad ist die höchste Pflicht eines Muslims.
2. Jihad ist ein Heiliger Krieg.
3. Jihad ist der Kampf mit dem Selbst (nafs)
4. Jihad ist das Streben nach dem Guten und das Meiden des Bösen.

Die vier oben genannten Themenbereiche resultierten aus meinen eigenen Erfahrungen, die ich während des Erstellens eines begrifflichen Rahmens zum Jihad und meinen Studien über den Jihad machte.

Die Antworten der Lehramtskandidaten wurden nun diesen Schwerpunktthemen zugeordnet, wobei wir bei den Inhaltsanalysen immer wieder auf Schwierigkeiten stießen – hauptsächlich, wenn das Thema Heiliger Krieg nicht in den Antworten vorkam.

Auch Begriffe wie Ausbeutung, Imperialismus, Kapitalismus, Globalisierung, Modernisierung und Verwestlichung, welche immer wieder als Gründe für den Jihad angeführt werden, wurden in den Antworten nicht genannt.

Wenn der Jihad als Krieg aufgefasst wird, ist eine weitere Unterscheidung möglich:

1. Kämpfen für Gott und 2. Kämpfen für das Land. An dieser Stelle sollte betont werden, dass der Ausdruck ‚Kämpfen für Gott' nicht im Sinne von ‚Kämpfen im Namen Gottes' gebraucht wurde, sondern sich auf den harten Kampf der Gläubigen um Gottes willen bezieht.

Die Unschärfe des Jihadbegriffes stellt ein bekanntes Problem für Studenten dar; so versuchten die Lehramtsanwärter grundsätzlich, den Jihad über mehr als einen Inhalt zu definieren. In Punkt 15 des Arbeitsblattes wurden die Inhalte ‚Kämpfen für Allah', ‚das Ringen mit sich selbst' und ‚die Ausbreitung des Islams' verwandt. In Punkt 12 wurde nur das Streben nach dem Guten und das Verbieten des Schlechten als Konzept des Jihad definiert.

Hier ein Zitat aus Nummer 15 des Arbeitsblattes:

„Jihad im Islam ist der Kampf der Muslime, der ihr ganzes Dasein einbezieht – Leben, Besitz, Zeit und der auf Allah gerichtete Geist; mit anderen Worten: unter Einsatz all ihrer Möglichkeiten im Sinne Allahs. Es ist der Gebrauch von allem, was sie besitzen, zu Allahs Gefallen, die Akzeptanz der islamischen Religion in allen Herzen und in der ganzen Welt. Jihad ist nicht nur die Kriegsführung auf dem Schlachtfeld durch das Schwert oder mit dem Gewehr in der Hand, aber, wenn nötig, wird auch dies getan. Ohnehin sollten Muslime ihr Bestes geben, ihre Religion zu verbreiten und zu beschützen und ihre Fähigkeiten für dieses Ziel einsetzen. Unser Herr nannte dies ‚Kleiner Jihad‘. Der große Jihad ist der Jihad gegen das eigene Selbst. Das soll heißen, dass man nicht von irgendeiner Art selbstsüchtigen Verlangens besiegt wird.“

Aus Nummer 12 des Arbeitsblattes:

„Jihad im Islam ist das Verlangen nach dem Guten und das Verbieten des Schlechten. Obwohl ihm in unserer Kultur verschiedene Bedeutungen zugesprochen werden, ist es das, was ich darunter verstehe. Dieser Jihad, der vom Islam gesegnet wird, hat die größere Bedeutung. Zum Beispiel können wir viele Verhaltensweisen als Jihad interpretieren, angefangen vom Anbieten des eigenen Sitzes an Ältere bis zur Ermahnung einer Mutter, die ihr Kind schlecht behandelt.“

Antworten auf die Frage ‚Wie definieren Sie Jihad im Islam?‘
‚Kämpfen für den Frieden.‘
  ‚Frieden auf dem Schlachtfeld erreichen ist auch Jihad.‘
  ‚Arbeiten für den Frieden, Güte, Freude aller Menschen, ob sie Muslime sind, oder nicht, Kämpfen gegen Fehler, versuchen, sie zu beheben.‘
  ‚Ich sehe jene, die unschuldige Menschen im Namen des Jihad verletzt haben, nicht im heiligen Kreis.‘
  ‚Wettbewerb in Sachen Mildtätigkeit.‘
  ‚Der Kampf gegen Hunger und Ungerechtigkeit.‘
  ‚Es ist nicht richtig, den Jihad auf die Politik von Staaten zu reduzieren.‘
  ‚Gottes Religion verbreiten.‘
  ‚Sich selbst verbessern und eine höhere Ebene erreichen, um die Leistungen der Muslime zu verteidigen.‘
  ‚Zum Guten führen.‘
  ‚Die Wahrheit gegen das Böse verteidigen.‘
  ‚Sich seiner bewusst werden und gegen das Nichtwissen kämpfen.‘
  ‚Sich nicht von irgendeiner Art inneren Verlangens und Wollens, welche der Wahrnehmung von Verantwortlichkeiten entgegenstehen, besiegen zu lassen.‘

‚Alle Stiftungen, Gesellschaften und Individuen herausfinden und anprangern, welche Ausbeutung fördern.'

‚Kämpfen gegen alle Arten von Interessen, welche das menschliche Wesen ins Verderben führen.'

‚Ewig zu suchen und niemals zu sagen ›Das war es‹.'

‚Wir sollten das Leben unseres Propheten betrachten, bevor er Prophet wurde. Er erhielt den Titel des ›el-emin (vertrauenswürdig)‹ bevor er Prophet wurde.'

‚Allgemein wird Jihad definiert als die Verteidigung und der Kampf für die Ausbreitung des Islams, obwohl ich dem nicht zustimme.'

‚Du greifst niemanden an, außer er greift dich an.'

‚Ich denke, dass Verse sich auf den Begriff Jihad fokussierten, um in den ersten Perioden die Muslime zum Krieg gegen Angreifer zu ermutigen.'

‚Ich denke, dass die Bedeutung des Begriffes in der letzten Zeit verändert wurde.'

‚Die Vision des Jihad ist eine Art von Kriegsethik.'

‚Es gibt Eroberungen mit dem Schwert, aber die Menschen werden nicht gezwungen, diese Religion zu akzeptieren.'

‚Wenn sie der gesamten Menschheit vor Allah die größte Wichtigkeit beimessen, dann ist dies eine Art Jihad für mich.'

‚Jihad ist reflektiertes Denken.'

‚Du kämpfst mit Nicht-Muslimen. Du kämpfst für dein Land, deine Nation und deine Würde.'

‚Muhammad sagte ›Deine Religion ist für dich, meine Religion ist für mich.‹ Er hatte keine Absicht, Menschen in den Islam zu drängen. Er sagte nur, was es ist. Jedoch kämpfte er.'

‚Islam ist die Religion des Friedens. Muslime haben ihr Leben zu verteidigen, ihren Besitz und ihre Würde, wie den Rest der Menschheit.'

‚Das Ziel im Jıhad ist, Menschen an eine Moral zu binden, die auf dem Islam basiert.'

‚Der heutigen Auffassung entsprechend, sollten wir den Jihad mit unseren Worten, unserem Verhalten und Toleranz verwirklichen.'

‚Dienen im Sinne des Schöpfers.'

‚Diejenigen, welche es falsch interpretieren, führen zum Terrorismus. Sie behaupten, dass sie im Namen des Jihad kämpfen. Ich bin ziemlich verwirrt durch diese Situation, weil Islam und Terror nicht zusammengehören.'

Eine Ansicht wie diese ist eine Verleumdung und eine Sünde. Es ist eine Tat, welche das Ansehen der islamischen Kultur schädigt.

In der Forschung definierten Lehramtsanwärter den Jihad als „mit Hilfe von" und „gegen was". Wir können alle Antworten wie folgt zusammenfassen:

Jihad mit Hilfe von

Weltsicht, Besitz, Leben, Wissen, Schwert, Macht, Gedanken, ein Modell sein, Geldmittel, Moral, Kommunikationsmöglichkeiten, Wissenschaft, Technologie,

Stift, Zeit, Liebe und Dialog, Idee und Gedanke, wissenschaftliche Studien, Geduld, Massenkommunikationsmittel.

Jihad gegen

Missbrauch, Grausamkeit, Ungerechtigkeit, Unglücksfälle, Korruption, Fehler, Verfehlungen, das Böse, die Kräfte des Bösen, Falschheit, Kriege, Dunkelheit, Unwissenheit, Epidemien, Schlechtigkeit und Unmoral.

Im Folgenden werden Aussagen gemacht, was Jihad nicht bedeutet.

Was Jihad nicht ist

Einen Krieg gegen andere Religionen beginnen.

Weltliche Reichtümer erlangen.

Menschen zur Religion zwingen.

Schwerter und Gewehre benutzen.

Auf dem Schlachtfeld kämpfen.

Regionen mit dem Schwert zur Religion zu zwingen.

Begriffe wie Gewalt, töten, Blut, getötet werden.

Terrorismus.

Die genannten theologischen Referenzen

Die theologischen Referenzen in den Antworten sind sehr begrenzt und berufen sich auf allgemeine Argumente, welche üblicherweise im kulturellen Umfeld gebraucht werden.

Zum Beispiel:

Wenn du die Erfahrung eines Fehlers machst, behebe ihn mit deinen eigenen Händen …

Du gehst vom kleinen Jihad zum großen Jihad …

Nenne niemals ‚tot‘, wer im Sinne Allahs getötet wurde …

Eine Gesellschaft, die das Gute befiehlt und das Schlechte verhindert, sollte in dir existieren …

Warum so wenige Referenzen?

Eine tiefschürfende Begründung für das Fehlen religiöser Quellen kann in dieser kurzen Abhandlung nicht gegeben werden. Aber ich kann an dieser Stelle einige Gedankenanstöße geben. Einer der Gründe ist sicher, dass unsere Methoden und Ansätze zum Einsatz von Koranversen und Hadithen im Religionsunterricht noch sehr neu sind.

Traditionelle Erziehung stützte sich auf drei verschiedene Methoden: Entweder wurde das Thema mit Koranversen und Hadithen gestützt. Dabei werden Verse und Hadithe einmal in Anführungszeichen gesetzt oder aber Schlüsse werden durch die Bewertung von Versen und Hadithen gezogen. Eine dritte Methode des Unterrichts ist, Gruppen von Versen und Hadithen von den Schülern auswendig lernen zu lassen.

Alle drei Unterrichtsarten schaffen es nicht, die Beziehung der Schüler zu den heiligen Texten in effektives Lernen zu überführen. Die Auffassung vom Koran als Text, den man nicht interpretieren und mit dem man nicht kommunizieren kann, sondern der auswendig gelernt werden muss und der den Glauben unterstützt, ist eine Schwierigkeit, die in der Erziehung überwunden werden sollte. Sie behindert das religiöse Verständnis, und die Schüler finden sich in einer Situation wieder, in der es ihnen nicht erlaubt ist, Anderes zu denken als das, was ihnen gesagt wird. Sie betrachten den Koran als ‚über jede Reflektion erhaben', und dieser Mangel an Erlaubnis zur Reflektion bereitet den Weg zu historischen und kulturellen Autoritäten. Ein weiterer Faktor ist der Unterschied zwischen der Sprache der Schüler und der Sprache des Textes (in der Türkei ist die gesprochene Sprache Türkisch und die religiöse Sprache ist Arabisch!). Als Herausforderung liegt deshalb die Aufgabe vor uns, die Schüler Koranübersetzungen lesen und studieren zu lassen, damit sie aus dem Text ihre eigenen Schlüsse ziehen können. Schüler sollten ermutigt werden, den Text auf der Basis ihrer eigenen Erfahrungen zu erschließen.

Der weiterer Grund liegt in der Art der Schulen, von der die Lehramtskandidaten kommen. Religionslehrer werden auf einer Art Hochschule ausgebildet, an der Religion intensiv gelehrt wird (İmam-Hatip Schulen).

Lehramtskandidaten werden anschließend an erziehungswissenschaftlichen Fakultäten in Erziehungstheorie, Methodik und Unterrichtspraxis ausgebildet, während das Erlernen von theologischen Inhalten ihrer eigenen Initiative überlassen bleibt oder angenommen wird, dass sie mit diesen Inhalten wegen der vorangegangenen Ausbildung an Imam-Hatib-Schulen bereits vertraut sind. Der Student, der bei der Rückgabe seines Arbeitsblattes sagte ‚Ich dachte, ich würde diesen Begriff kennen, bis Sie mich nach einer Definition fragten', ist Beweis für diese Annahme. Die jetzige Situation ist eine Herausforderung für die Studenten. Religiöse Erziehung liegt immer im Spannungsfeld zweier Fächer: Religion und Erziehung.

Ein theologischer Rahmen zur Vermittlung des Jihadbegriffs

Der Begriff des Krieges wird im Koran durch Wörter vermittelt, welche von der k-t-l Wurzel abgeleitet werden, und er hat einen eigenen, noch zu bestimmenden Rahmen. Kriegsbezogene Anliegen im Koran werden also durch Wörter, die aus einer anderen Wurzel stammen, definiert, so dass Jihad und Krieg nicht in direkter Beziehung stehen.

Eine Analyse der Verse über den Krieg soll hier angesichts des begrenzten Betrachtungsfeldes dieses Papers nicht gemacht werden. Jedoch sollte erwähnt werden, dass Krieg im Koran unter zwei grundlegenden Umständen erlaubt ist: zur Selbstverteidigung und Verteidigung des Rechts auf Glaubensausübung. Der folgende Vers beinhaltet den terminus technicus *yuqātelūne (die, gegen die Krieg geführt wird)*, der die Leidensform (Passiv) darstellt. Das bedeutet, dass Krieg nur in Erwägung gezogen werden kann, wenn eine Gemeinschaft angegriffen wird.

Gewähr ist denen gegeben, die bekämpft wurden, weil ihnen Gewalt angetan ward; und siehe, wahrlich, Allah hat Macht, ihnen beizustehen. (Hajj 22:39)

Der folgende Vers spezifiziert die Gründe für den Krieg:

Jene, die schuldlos aus ihren Wohnungen vertrieben wurden, nur weil sie sprechen: „Unser Herr ist Allah." Und wofern nicht Allah einen Menschen durch die anderen wehrte, wahrlich, so wären Klöster, Kirchen, Bethäuser und Moscheen, in denen Allahs Name (so) häufig genannt wird, zerstört ... (Hajj 22:40)

Der Qu'ran verbietet Grausamkeit, unfaires Verhalten und das Töten von Menschen. Er beschreibt das Töten einer Person ohne Grund als das Töten der gesamten Menschheit. Der Krieg ist bedingt und vorübergehend und der Friede ist der Normalfall und lang anhaltend. Der Friede wird den Muslimen als Ziel vorangestellt.

Die Wurzel c-h-d und ihre Ableitungen werden im Qu'ran in 36 Versen genannt. Der Begriff Jihad ist abgeleitet aus der arabischen Wurzel Jhd, „streben nach". Der gleiche Jhd dient als Wurzel für andere Verben, die Anstrengung und den Kampf zur Erlangung von Perfektion in schwierigen Aufgaben betonen.

Jihad steht seinem Sinn nach sicherlich für totale Anstrengung. Im Koran gibt es mehrere Beispiele für solche Anstrengungen (beispielsweise wurden ökonomische und psychologische Anstrengungen von der neugegründeten muslimischen Gemeinschaft benötigt) (Surah 2/218, 4/95, 22/78, 25/53).

Jihad wird oft in unzutreffender Weise mit ‚heiliger Krieg' übersetzt. Diese Bedeutung zeigt den Islam als eine Religion der Gewalt. Diese Art der Übersetzung behindert auch die wichtige Aufgabe, Brücken des Verständnisses zwischen den Religionen zu bauen.

Auf einem rein sprachlichen Niveau muss man zur Kenntnis nehmen, dass heiliger Krieg im Arabischen eher harb al-mukaddasah lauten würde als Jihad. Weder im Koran, noch in den Hadithen können wir solch einen Ausdruck finden.

Eine anerkannte Methode der Koranexegese ist die Unterscheidung von medinensischen und mekkanischen Versen. Meine eigenen Studien der mekkanischen Verse des Koran, die 60–70% des Koran ausmachen, erlauben mir die Aussage, dass diese Verse die theologischen Grundlagen einer jeden Religionserziehung insofern darstellen, als sie auf der Entscheidungsfreiheit und Verantwortlichkeit des Individuums fußen. Während in der alten mekkanischen Zeit das Individuum klar im Vordergrund stand, hat sich in Sachen einer Dichotomie von Gesellschaft und Individuum der Schwerpunkt in Medina sicherlich in Richtung Gesellschaft verschoben. Wenn wir die medinensischen Verse betrachten, finden wir Ausdrücke, die sich mit dem Sozialgefüge und der Politik beschäftigen. Diese Verse behandeln konkrete soziale Themen, und sie müssen entsprechend ihres historischen und zeitlichen Kontextes interpretiert werden. Deshalb betrachte ich die mekkanischen Verse als das wahre Herz des Islam als Fachwissen im Religionsunterricht.

Koranverse mit Bezug zum Jihad

25 (Die Unterscheidung) 52	„… So gehorche nicht den Ungläubigen und eifere wider sie mit ihm in großem Eifer." (52)
35 (Die Engel) 42	„Sie schworen bei Allah den heiligsten Eid, daß, wenn ein Warner zu ihnen käme, so würden sie sich mehr als irgendein anderes Volk leiten lassen. Da aber ein Warner zu ihnen kam, nahmen sie nur an Abneigung zu" (42)
6 (Das Vieh) 109	„Und geschworen haben sie bei Allah den heiligsten Eid, daß, wenn ein Zeichen zu ihnen käme, wahrlich, dann würden sie daran glauben …" (109)
31 (Luqman) 15	Doch wenn sie mit dir eifern, daß du Mir an die Seite setzest, wovon dir kein Wissen ward, so gehorche ihnen nicht; verkehre mit ihnen hienieden in Billigkeit, doch folge dem Weg derer, die sich zu Mir bekehren. Alsdann ist eure Rückkehr zu mir, und verkünden will Ich euch euer Tun. (15)
16 (Die Biene) 38	„Und sie schwören bei Allah den heiligsten Eid, ‚Nicht erweckt Allah den, der gestorben ist.' Nein! seine Verheißung ist wahr – jedoch wissen es die meisten Menschen nicht" – (38)
29 (Die Spinne) 6, 8, 69	„Wer da eifert, der eifert zu seinem eigenen Besten. Sieh, Allah bedarf wahrlich nicht der Welten." (6) „Und Wir geboten dem Menschen Güte gegen seine Eltern; doch wenn sie mit dir eifern, Mir an die Seite zu setzen, wovon du kein Wissen hast, so gehorche ihnen nicht. Zu Mir ist eure Heimkehr, und Ich will euch verkünden, was ihr tatet." (8) „Und diejenigen, welche für uns eiferten, wahrlich, leiten wollen Wir sie auf Unseren Wegen …" (69)
2 (die Kuh) 218	„Siehe sie, die da glauben und auswandern und streiten in Allahs Weg, sie mögen hoffen auf Allahs Barmherzigkeit, denn Allah ist verzeihend und barmherzig." (218)

8 (Die Beute) 72, 74, 75	„Siehe, diejenigen, welche glauben und ausgewandert sind und mit Gut und Blut Allahs Weg stritten und (dem Propheten) Herberge und Hilfe gewährten, die sollen sein einer des anderen Verwandter. Und jene, welche glauben, aber nicht auswanderten, die sollen nichts in Verwandtschaft mit euch stehen, ehe sie nicht ausgewandert sind. So sie euch aber in Sachen des Glaubens um Hilfe angehen, so liegt es euch ob, ihnen zu helfen, außer gegen ein Volk, zwischen dem und euch ein Bündnis besteht. Und Allah schaut euer Tun." (72) „Die Gläubigen aber, welche auswanderten und in Allahs Weg schritten und (dem Propheten) Herberge und Hilfe gewährten, das sind die Gläubigen in Wahrheit. Ihnen gebührt Verzeihung und großmütige Versorgung." (74) „Und die, welche hernach gläubig wurden und auswanderten und mit euch stritten, auch diese gehören zu euch. Und die Blutsverwandten sind einer des anderen nächste Verwandten." (75)
3 (Das Haus Imran) 142	„Oder wähnt ihr, einzugehen in das Paradies, ohne dass Allah die Glaubensstreiter unter euch und die Standhaften erkannte?" (142)
60 (die Geprüfte) 1	„Oh, die ihr glaubt, nehmt nicht Meinen Feind und euern Feind zu Freunden. Ihr zeigt ihnen Liebe, wiewohl sie an die Wahrheit, die zu euch gekommen, nicht glauben. Sie treiben den Gesandten und euch aus, darum dass ihr an Allah euern Herrn glaubt. Wenn ihr auszieht zum Kampf in Meinem Weg und im Trachten nach Meinem Wohlgefallen und ihr ihnen insgeheim Liebe zeigt, dann weiß Ich sehr wohl, was ihr verbergt mund was ihr zeigt. Und wer von euch dies tut, der ist abgeirrt vom ebenen Pfad." (1)
4 (Die Frau) 95	„Und nicht sind diejenigen Gläubige, welche (daheim) ohne Bedrängnis sitzen, gleich denen, die in Allahs Weg streiten mit Gut und Blut. Allah hat die, welche mit Gut und Blut streiten, im Rang über die, welche (daheim) sitzen, erhöht. Allen hat Allah das Gute versprochen; aber den Eifernden hat er vor den (daheim) Sitzenden hohen Lohn verheißen." (95)

47 (Muhammad) 31	„Und wahrlich, wir wollen euch heimsuchen, bis Wir die Eifernden (im Kampf) unter euch erkennen und die Standhaften, und Wir wollen das Gerücht von euch prüfen." (31).
24 (Das Licht) 53	Und sie schworen bei Allah ihren heiligsten Eid, daß sie, wenn Du ihnen Befehl gäbest, gewißlich ausziehen würden. Sprich: „Schwöret nicht; Gehorsam ist geziemend; siehe, Allah weiß, was er tut." (53)
22 (Die Pilgerfahrt) 78	„Und eifert in Allahs Weg im rechten Eifer. Er hat euch erwählt und hat euch in der Religion nichts Schweres auferlegt. Die Religion eures Vaters Abraham. Er hat euch Muslime genannt ..." (78)
49 (Die Gemächer) 15	„Gläubige sind nur die, welche an Allah und Seinen Gesandten glauben und hernach nicht zweifeln und die mit Gut und Blut in Allahs Weg eifern. Das sind die Wahrhaftigen." (15)
66 (Das Verbot) 9	„O Prophet, eifert im Streit gegen die Ungläubigen und die Heuchler und seid hart wider sie, den ihre Wohnung ist Dschahannanm, und schlimm istb die Fahrt (dorthin)." (9)
5 (Der Tisch) 54	„Und die Gläubigen werden sprechen: ‚Sind dies etwa die, welche bei Allah ihren heiligsten Eid schwuren, daß sie zu euch stehen?' Eitel sind ihre Werke, und sie warden verloren sein." (53) „O, die ihr glaubt, wenn sich einer von euch von seinem Glauben abkehrt, wahrlich, dann erhebt Allah ein Volk, das ER liebt und das Ihn liebt, demütig vor den Gläubigen, stolz wider die Ungläubigen, streitend in Allahs Weg und nicht fürchtend den Tadel des Tadelnden. Das ist Allahs Huld; Er gibt sie, wem Er will." (54)
9 (Die Reue) 16, 20, 41, 44, 73, 86, 88	„Oder wähnt ihr, ihr würdet verlassen sein, und daß Allah noch nicht diejenigen kennt, die da stritten von euch und außer Allah und seinem Gesandten und den Gläubigen keinen zum Freund annahmen? Und Allah kennt euer Tun." (16) „Diejenigen, welche gläubig wurden und auswanderten und in Allahs Weg eiferten mit Gut und Blut, nehmen die höchste Stufe bei Allah ein. Und sie, sie sind die Glückseligen." (20) „Sprich: ‚So euer Vater und eure Söhne und eure Brüder und eure Weiber und eure Sippe und das Gut,

	das ihr erworben, und die Ware, deren Unverkäuflichkeit ihr befürchtet, und die Wohnungen, die euch wohl gefallen, euch lieber sind als Allah und sein gesandter und das Eifern in Seinem Weg, so wartet, bis Allah mit seinem Befehl kommt.' Und Allah leitet nicht die Frevler." (24)
	„Ziehet aus, leicht und schwer, und eifert mit Gut und Blut in Allahs Weg. Solches ist besser für euch, so ihr es begreifet." (41)
	„Nicht werden dich um Erlaubnis bitten die, welche an Allah glauben und an den Jüngsten Tag, nicht zu eifern mit Gut und Blut; und Allah kennt die Gottesfürchtigen." (44)
	„Oh du Prophet, streite wider die Ungläubigen und Heuchler und verfahre mit ihnen. Und ihre Herberge ist Dschahannam, und schlimm ist die Fahrt (dorthin)!" (73)
	„Es freuen sich die in ihren Wohnungen Zurückgebliebenen, dem Gesandten Allahs zuwidergehandelt zu haben, und hatten keine Lust, mit Gut und Blut in Allahs Weg zu eifern und sprachen: ‚Ziehet nicht aus in der Hitze!' Sprich: ‚Dschehennans Hitze ist heißer!' Oh, dass sie es doch begriffen!" (81)
	„Und da eine Sure hinabgesandt ward des Inhalts: ‚Glaubet an Allah und streitet mit seinem Gesandten,' baten dich die Begüterten unter ihnen und sprachen: ‚Lass uns bei den (Daheim-)Sitzenden!'" (86)
	„Jedoch der Gesandte und die Gläubigen bei ihm eifern mit Gut und Blut, und sie – das Gute wird ihnen zum Lohn, und sie – und ihnen wird's wohl ergehen." (88)

Die ersten sechs dieser Suren sind mekkanischen Ursprungs, die übrigen stammen aus Medina. Jihad im weitesten Sinne bedeutet nach diesen Versen Anstrengung und Bemühung gegen alle menschliche Begrenztheit und deckt jede Art der Selbstaufopferung und Bemühung um menschliches Gutsein um Gottes willen ab. Im Koran heißt es, dass keine dieser Bemühungen verschwendet sein wird und die Wege in Richtung wahrer Menschlichkeit den Menschen offenstehen werden. (Ankebut/29) Deutlich wird auch die inhaltlich enge Beziehung zwischen Jihad und dem Sinn menschlicher Existenz in dieser Welt. Es ist notwendig für die Menschen, ihr Bestes zu tun und all ihre Möglichkeiten und Fähigkeiten gewissenhaft für die Schöpfung einzusetzen. Das Ziel der menschlichen Schöpfung ist, Allah zu erkennen, ihn wahrzunehmen, an ihn zu glauben und ihm zu dienen. Um diesem Ziel nahe zu kommen, sollen sich die Menschen um moralische Vervollkommnung bemühen. Das wichtigste und von Muhammad immer wieder betonte Anliegen, welches der Prophet Muhammad betont, war die Einheit von Ziel und Einsatz. Der Prophet erinnert uns an die Wichtigkeit ethischer Werte in der Zielsetzung. Dass Jihad die Bedeutung von Krieg annimmt, gilt nur vorübergehend und in spezifischen Fällen.

Zusammenfassung

Dieser kurze Überblick betont die Notwendigkeit intensiver Forschungen zu zentralen Begriffen im Koran. Obwohl es eine weit verbreitete Kultur der Toleranz gibt, scheint es dennoch im theologischen Bereich immer noch Defizite zu geben. Ich betrachte in diesem Zusammenhang vor allem den Koran als „Maßstab" für Unterricht und Unterrichtende. Ich habe bisher leider nur selten Gedanken des Koran als Grundlage für wichtige religiöse Konzepte gefunden. Ich möchte daher dringend vorschlagen, den Koran zum Maßstab für diejenigen Lehrinhalte zu machen, die Schüler im türkischen Religionsunterricht anleiten. Wenn wir den Schülern die Kenntnisse vermitteln, die sie in die Lage versetzen, den Koran für sich selbst zu erforschen, wenn wir ihren Einsichten Gehör schenken und sie ermutigen, ihre eigenen Antworten zu finden, werden wir anfangen, theologisch-inhaltliche Eindeutigkeit zu erreichen. Begriffliche Eindeutigkeit und Klarheit wird als Schlüssel für ein besseres gegenseitiges Verständnis dienen. Demgegenüber kann das zusammenhanglose Aufgreifen nur eines oder zweier Sätze aus der Überlieferung ohne Beachtung der heiligen Schrift in jeder Überlieferung in die falsche Richtung führen.

Aus dem Englischen von Patrick Urban

Sind Frauen grundsätzlich religiöser als Männer?

Zur Konstruktion eines universellen Geschlechtsunterschieds

Constantin Klein

Die religiösere Frau – konsistente Befunde (?)

„The fact is that women were and are more religious than men in all known eras and religions and in all contemporary societies."[1] Mit diesem markigen Satz versuchte sich Rodney Stark, Nestor der zeitgenössischen Religionssoziologie, an einer Zusammenfassung der empirischen Forschungsbefunde zu Unterschieden zwischen Frauen und Männern hinsichtlich verschiedenster Dimensionen ihrer Religiosität. Auch wenn Stark mit seinem Postulat den Bereich des empirisch verlässlich Sagbaren deutlich überschreitet – Daten, die eine entsprechende Interpretation zumindest näherungsweise zulassen würden (z. B. International Social Survey Programme/ISSP, World Value Survey/WVS), liegen nur aus den letzten Dekaden, aber selbst dort überwiegend nur für christlich geprägte Kulturen vor[2] – scheint es bezüglich der angeblichen Universalität des Geschlechtsunterschieds in der Religiosität kaum einen Zweifel zu geben: Die These, dass Frauen grundsätzlich religiöser seien als Männer, findet sich mehr oder weniger ausführlich diskutiert in zahlreichen Lehrbüchern zur empirischen Religionsforschung,[3] und wird immer wieder auch in Überblicksartikeln renommierter Fach-

---

[1]   Stark, Rodney, *The Complexities of Comparative Research*, in: Interdisciplinary Journal of Research on Religion, 4, 2008, Article 4, p. 8.

[2]   Die von Stark selbst (1996) vorgenommenen Hochrechnungen über die historische Ausbreitung des Christentums vom Zwölferkreis der Apostel bis zur Durchsetzung als Staatsreligion im vierten nachchristlichen Jahrhundert sind zwar faszinierend, jedoch in weiten Teilen hypothetisch; vgl. Stark, Rodney, *The Rise of Christianity*. Princeton University Press, Princeton 1996. Z. B. wird sein gleich zu Beginn eingebrachter Hinweis, dass unter den ersten Konvertiten zum Christentum weitaus mehr Frauen als Männer gewesen seien, zwar durch verschiedene Quellen historisch gestützt, jedoch sind diese aufgrund ihrer geringen Zahl und aufgrund der nicht mehr prüfbaren Repräsentativität entsprechender Berichte für eine statistische Analyse keinesfalls zuverlässig. Hinzu kommt, dass sich Starks zitierte Studie ausschließlich innerhalb der Grenzen der christlichen Religion bewegt, so dass etwaige geschlechtsspezifische Entwicklungen in anderen religiösen Traditionen damit noch gar nicht in den Blick kommen.

[3]   Vgl. z. B. schon Argyle, Michael und Benjamin Beit-Hallahmi, *The Social Psychology of Religion*, Routledge and Kegan Paul, London 1975, p. 71: „It is obvious that women are more religious on every criterion." Aktuell ganz ähnlich Hood, Ralph W., Peter C. Hill und Bernhard Spilka, *The Psychology of Religion. An Empirical Approach*. Guilford, New York 2009, p. 152: „The data are clear: Women consistently demonstrate a greater affinity for religion than men do." Vgl. ferner als Beispiele für weitere Überblickswerke z. B. Batson, C. Daniel, Patricia Schoenrade und W.

zeitschriften dargestellt.[4] Dass sich der angeblich universale Geschlechtsunterschied allerdings z. B. bei jüdischen und gerade auch bei muslimischen Populationen keineswegs so einheitlich zeigt wie behauptet,[5] wird zumeist lediglich als Ausnahme der ansonsten grundlegend gültigen Regel beurteilt; skeptische Stimmen, die die behauptete Grundsätzlichkeit in Frage stellen, finden sich hingegen ausgesprochen selten.[6]

Theoretische Erklärungsansätze

Angesichts der scheinbar so konsistenten Befundlage wurde und wird stattdessen nach möglichen Begründungen gesucht, um die Universalität des Phänomens zu erklären: „Since we are confronted with what appears to be a universal phenomenon, it requires a universal explanation."[7] Entsprechende Erklärungsansätze existieren sowohl in der Religionssoziologie als auch der Religionspsychologie bereits seit den 1960er Jahren.

Larry Ventis, *Religion and the Individual. A Social-Psychological Perspective*. Oxford University Press, New York 1993, pp. 33–38; Paloutzian, Raymond B., *Invitation to the Psychology of Religion*. Allyn & Bacon, Boston 1996, p. 108; Beit-Hallahmi, Benjamin und Michael Argyle, *The Psychology of Religious Behavior, Belief, and Experience*. Routledge, New York 1997, pp. 139–146; Argyle, Michael, *Psychology and Religion. An Introduction*. Routledge, London 2000, pp. 40–44; Stark, Rodney, *Exploring the Religious Life*. The Johns Hopkins University Press, Baltimore 2004.

[4]   Vgl. z. B. Miller, Alan und John Hoffmann, *Risk and Religion: An Explanation of Gender Differences in Religiosity*, in: Journal for the Scientific Study of Religion, 34, 1995, 63–75, hier 63: „Past Studies have consistently shown that females tend to be more religious than men"; oder aktuell Collett, Jessica L. und Omar Lizardo, *A Power-Control Theory of Gender and Religiosity*, in: Journal for the Scientific Study of Religion, 48, 2009, 213–231, hier 213: „The fact that women display higher patterns of religiosity than men is one of the most consistent findings in the sociology of religion." Vgl. ferner Francis, Leslie J.: *The Psychology of Gender Differences in Religion: A Review of Empirical Research*, in: Religion, 27, 1997, 81–96; und Walter, Tony und Grace Davie, *The Religiosity of Women in the Modern West*, in: British Journal of Sociology, 49, 1998, 640–660; sowie auch den Beitrag von Adem Aygün in diesem Buch.

[5]   So z. B. Schumm, Walter R., *Islam and the „Universal" Gender Difference in Religious Commitment: A Brief Report in Response to Stark*, in: Psychological Reports, 94, 2004, 1104–1106, und insbesondere D. Paul Sullins anhand detaillierter Analysen auf Basis von Daten verschiedener Wellen des World Value Survey; vgl. Sullins, D. Paul, *Gender and Religion: Deconstructing Universality, Constructing Complexity*, in: American Journal of Sociology, 112, 2006, 838–880.

[6]   Zu den wenigen Ausnahmen gehören z. B. Cornwall, Marie, *The Faith Development of Men and Women over the Life Course*, in Stephen J. Bahr (ed.), Aging and the Family. Lexington Press, Lexington, MA 1989, pp. 115–139; Feltey, Kathryn. M. und Margaret M. Poloma, *From Sex Differences to Gender Role Beliefs: Exploring Effects on Six Dimensions of Religiosity*, in: Sex Roles, 24, 1991, 181–192; Steggarda, M., *Religion and the Social Positions of Men and Women*, in: Social Compass, 40, 1993, 65–73; Freese, Jeremy, *Risk Preferences and Gender Differences in Religiousness: Evidence from the World Values Survey*, in: Review of Religious Research, 46, 2004, 88–91; Sullins, D. Paul, *Gender and Religion: Deconstructing Universality, Constructing Complexity*, in: American Journal of Sociology, 112, 2006, 838–880.

[7]   Stark, Rodney, *The Complexities of Comparative Research*, in: Interdisciplinary Journal of Research on Religion 4, 2008, Article 4, p. 8.

Structural Location Theory

Innerhalb der Religionssoziologie wurden zunächst v. a. einige Varianten der „Structural Location Theory" als Erklärungsansatz bemüht, der zufolge – zumindest in traditionellen Gesellschaftsstrukturen –das Hausfrauendasein den gesellschaftlichen Ort von Frauen darstelle, wohingegen der Ort für Männer das Berufsleben sei. Da Frauen demnach primär für die Gestaltung des privaten Raums zuständig seien und da Religiosität ganz überwiegend ebenfalls in den Bereich des Privaten falle, spiele Religiosität im Leben von Frauen notwendigerweise eine größere Rolle (z. B. hinsichtlich der Beachtung und Gestaltung von Ruhe- und Festzeiten und insbesondere hinsichtlich der Erziehung der Kinder – inklusive ihrer religiösen Unterweisung).[8] Aber auch die öffentlich praktizierte Religiosität, z. B. der regelmäßige Kirchgang oder ehrenamtliches Engagement in der Gemeinde, hat für Frauen der Structural Location Theory zufolge einen höheren Stellenwert, weil religiöse Praktiken zu den wenigen öffentlichen Aktivitäten gehören würden, die für eine Frau akzeptiert würden.[9] Zugleich erführen Frauen durch diese Aktivitäten soziale Bestätigung, die ihnen aufgrund ihrer fehlenden Teilhabe am Berufsleben ansonsten verwehrt bleibe.[10]

Diese kurze Skizze der zentralen Annahmen der Structural Location Theory lässt schnell erkennen, dass hier ein traditionelles Gesellschaftsbild mit entsprechenden Geschlechtsrollenverteilungen zugrunde gelegt wurde, wie es bis in die späten 1960er und frühen 1970er Jahre hinein als gültig angesehen wurde. Überdies ist anhand der diskutierten religiösen Ausdrucksformen, wie Kirchgang, gemeindliches Engagement oder eine christliche Erziehung der Kinder, ersichtlich, dass v. a. an die Situation in christlich geprägten Ländern der westlichen Welt gedacht wurde. Angesichts veränderter gesellschaftlicher Bedingungen, insbesondere der gewachsenen Selbstverständlichkeit von Frauenerwerbstätigkeit in der westlichen Welt, bei gleichzeitigem Fortbestehen des postulierten Geschlechtsunterschieds bezüglich der Religiosität wird die Structural Location Theory gegenwärtig kaum mehr vertreten,[11] zumal ihre Applizierbarkeit auf

---

[8] Vgl. zu diesen Grundannahmen der Structural Location Theory z. B. Moberg, David O., *The Church as a Social Institution*, Prentice-Hall, Englewood Cliffs 1962; Glock, Charles Y., Benjamin B. Ringer und Earl R. Babbie, *To Comfort and to Challenge*, University of California Press, Berkeley 1967; Yinger, J. Milton, *The Scientific Study of Religion*, Macmillan, New York 1970; Nelsen, Hart M. und Anne K. Nelsen, *Black Church in the Sixties*, University Press of Kentucky, Lexington 1975.

[9] Vgl. zu den historischen Bedingungen und Hintergründen der Zuweisung von (christlicher) Religiosität in die Zuständigkeit der Frauen den Beitrag von Birgit Rommelspacher in diesem Buch.

[10] So etwa Yinger, J. Milton, *The Scientific Study of Religion*, Macmillan, New York 1970; ähnlich Moberg, David O., *The Church as a Social Institution*, Prentice-Hall, Englewood Cliffs 1962.

[11] Zuletzt wurde die klassische Structural Location Theory noch einmal 1990 von Laurence R. Iannaccone vertreten; vgl. Iannaccone, Laurence R., *Religious Practice: A Human Capital Approach*, in: Journal for the Scientific Study of Religion, 29, 1990, 297–314. Vgl. zur kritischen Diskussion der Strucural Location Theory insbesondere Cornwall, Marie, *The Faith Develop-*

nicht christlich geprägte Gesellschaften eigenständiger Begründungen bzw. zuwenigst brauchbarerer Operationalisierungen im Rahmen empirischer Überprüfungen bedürfte.[12]

Gender Role Socialization Theory

Aus den genannten Gründen wurde in der Religionssoziologie der 1980er und 1990er Jahre die Structural Location Theory von Erklärungsansätzen abgelöst, die unterschiedliche Sozialisationsbedingungen und -ziele von Frauen und Männern für die unterschiedlich hohen Ausprägungen der Religiosität geltend machen und die dementsprechend häufig als „Gender Role Socialization Theory" zusammengefasst werden.[13] Grundannahme ist hier, dass aufgrund gesellschaftlicher Geschlechtsrollenerwartungen innerhalb der Sozialisation von Frauen v. a. Wertvorstellungen wie Freundlichkeit, Mildtätigkeit, Benevolenz und Fürsorglichkeit und Verhaltensmaximen wie Unterordnung, Konfliktvermeidung und -beilegung vermittelt würden. All dies seien Wertmuster, die gut mit religiösen Lehren wie Vergebung, Nächsten- und Feindesliebe korrespondieren würden, wodurch eine Affinität der entsprechend sozialisierten Frauen zu Religiosität wahrscheinlich sei. In der geschlechtsrollenkonformen Sozialisation von Männern würden hingegen sehr viel eher Eigenschaften wie Ehrgeiz, Konflikt- und Durchsetzungsfähigkeit bis hin zu einer „gesunden" Aggressivität als erstrebenswert herausgestellt. Da solche Verhaltensmuster in einem Widerspruch zu religiösen Vorgaben wie den genannten stehen, würden Männer aufgrund ihrer Sozialisationserfahrungen seltener eine ausgeprägte Religiosität entwickeln.[14]

Auch die im Rahmen der Gender Role Socialization Theory vorgebrachten Erklärungen spiegeln noch immer Annahmen, die an traditionellen Geschlechtsrollensterotypen orientiert sind, und reflektieren v. a. die Wertvorstellungen christlicher Religiosität. Als Begründung für einen universellen Geschlechtsunterschied lassen sie sich von daher nur schwerlich anführen. Zudem verlieren die Annahmen der Gender Role Socialization Theory spätestens im Zuge der

---

        ment of Men and Women over the Life Course, in Stephen J. Bahr (ed.), Aging and the Family. Lexington Press, Lexington, MA 1989, pp. 115–139.

[12]   Tatsächlich beschränkten sich nahezu alle empirischen Untersuchungen der Structural Location Theory auf christlich dominierte oder geprägte Populationen; vgl. die Literaturübersicht bei Francis, Leslie J.: *The Psychology of Gender Differences in Religion: A Review of Empirical Research*, in: Religion, 27, 1997, 81–96.

[13]   Vgl. zur Übersicht Francis, Leslie J.: *The Psychology of Gender Differences in Religion: A Review of Empirical Research*, in: Religion, 27, 1997, 81–96.

[14]   In der umrissenen Form wurde die Gender Role Socialization Theory beispielsweise vertreten von Nelsen, Hart M. und Raymond H. Potvin, *Gender and Regional Differences in the Religiosity of Protestant Adolescents*, in: Review of Religious Research, 22, 1981, 268–285; Mol, Hans, *The Faith of Australians*. George, Allen, & Unwin, Sydney 1985; Levitt, Mairi, *Sexual Identity and Religious Socialization*, in: British Journal of Sociology, 46, 1995, 529–536.

Orientierung hin zu einer weitgehend geschlechtsneutralen Erziehungspraxis, wenigstens in weiten Teilen westlicher Kulturen, deutlich an Plausibilität.[15]

Insofern stützen sich jüngste religionssoziologische Erklärungsversuche, die mit Sozialisationsbedingungen argumentieren, nicht mehr auf Geschlechtsrollenbilder, sondern auf (vermeintlich) manifestere Merkmale wie die Verteilung von Kapital bzw. Macht zwischen den beiden Elternteilen: Je egalitärer die Machtverteilung, so etwa die Annahme der Power-Control Theory,[16] desto wahrscheinlicher sei es, dass Geschlechtsunterschiede verschwänden. Allerdings konnte auch diese Theorie bisher nur einseitig, nämlich für die Sozialisation von Frauen, bestätigt werden und wurde bis dato nur an einem US-amerikanischen Sample überprüft.[17]

Psychoanalytische Annahmen

Während in der Soziologie zunächst strukturelle Merkmale als ursächlich für die unterschiedlich starke Religiosität von Frauen und Männern angesehen wurden, wurden zeitgleich in der Religionspsychologie der 1960er und 1970er Jahre psychoanalytische Theorien zur Begründung angeführt. Den Ausgangspunkt der Überlegungen bildeten Freuds These, dass die Gottesvorstellung als Projektion einer idealisierten Vaterfigur zu verstehen sei, und seine Beschreibung des Ödipus-Konflikts.[18] Es wurde argumentiert, dass Männer aufgrund ihrer ambivalen-

---

[15]   Vgl. zur Übersicht Francis, Leslie J.: *The Psychology of Gender Differences in Religion: A Review of Empirical Research*, in: Religion, 27, 1997, 81–96.

[16]   Die Power-Control Theory (PCT) ist eine Theorie, die allgemein zur Erklärung von risikobereiteren bzw. -vermeidenderen Verhaltensweisen von Männern und Frauen dienen soll, und wurde in ihrer klassischen Form von John Hagan und Kollegen formuliert; vgl. Hagan, John, John Simpson und A. R. Gillis, *Class in the Household: A Power-Control Theory of Gender and Delinquency*, in: American Journal of Sociology, 92, 1987, 788–816. Bezogen auf den Geschlechtsunterschied hinsichtlich der Religiosität wurde die PCT von Jessica L. Collett und Omar Lizardo geltend gemacht; vgl. Collett, Jessica L. und Omar Lizardo, *A Power-Control Theory of Gender and Religiosity*, in: Journal for the Scientific Study of Religion, 48, 2009, 213–231.

[17]   Vgl. Collett, Jessica L. und Omar Lizardo, *A Power-Control Theory of Gender and Religiosity*, in: Journal for the Scientific Study of Religion, 48, 2009, 213–231.

[18]   Vgl. zu Freuds Einschätzung, die Gottesvorstellung sei ein idealisiertes Vaterbild, v. a. Freud, Sigmund, *Totem und Tabu. Einige Übereinstimmungen im Seelenleben der Wilden und der Neurotiker* (1913), in Alexander Mitscherlich, Angela Richards und James Strachey (Hrsg.), Sigmund Freud – Studienausgabe. Bd. 9. Fragen der Gesellschaft – Ursprünge der Religion. Fischer, Frankfurt/M. 2000, S. 287–444, sowie ders., *Die Zukunft einer Illusion* (1927), in: Alexander Mitscherlich, Angela Richards und James Strachey (Hrsg.), Sigmund Freud – Studienausgabe. Bd. 9. Fragen der Gesellschaft – Ursprünge der Religion. Fischer, Frankfurt/M. 2000, S. 135–190. In *Totem und Tabu* wird auch der Ödipuskomplex erörtert, mit dem sich Freud später u. a. auch in *Das Ich und das Es* intensiv auseinandergesetzt hat; vgl. ders., *Das Ich und das Es* (1923), in: Alexander Mitscherlich, Angela Richards und James Strachey (Hrsg.), Sigmund Freud – Studienausgabe. Bd. 3. Psychologie des Unbewussten. Fischer, Frankfurt/M. 2000, S. 273–325.

ten Erfahrungen mit dem Vater im Zuge des Ödipus-Komplexes – einerseits Bewunderung für seine Macht und Stärke, andererseits jedoch auch Neid und Enttäuschung im Gefolge der empfundenen Konkurrenz um die Zuneigung der Mutter – auch Gott als dem hypostasierten Vater gemischte Gefühle entgegenbringen sollten. Dagegen stellt der Vater den psychoanalytischen Annahmen zufolge für Mädchen das Liebesobjekt ihrer infantilen Sexualität dar, zu dem sie sich hingezogen fühlen. Aufgrund der unbelasteteren kindlichen Erfahrung mit dem Vater sollten sie darum auch später als Frauen gegenüber der göttlichen Vaterfigur überwiegend positive Empfindungen verspüren und eine entsprechend deutlichere Religiosität ausbilden.[19]

Da die Psychoanalyse v. a. eine Variante hermeneutischen wissenschaftlichen Arbeitens darstellt, wurde die beschriebene Theorie nie umfassend empirisch getestet, sondern zumeist als post hoc-Erklärung für einzelne quantitative oder qualitative Befunde herangezogen, insbesondere bei Studien zu geschlechtsspezifischen Gottesbildern und -vorstellungen.[20] Die Befunde sind hier allerdings keineswegs einheitlich,[21] weshalb sich der psychoanalytischen Erklärungsansatz als allgemein anerkannte Begründung jenseits der psychoanalytischen Gemeinschaft nicht durchsetzen konnte.[22]

---

[19]   Vgl. die zusammenfassende Darstellung und Diskussion bei Batson, C. Daniel, Patricia Schoenrade und W. Larry Ventis, *Religion and the Individual. A Social-Psychological Perspective.* Oxford University Press, New York 1993, p. 34f.

[20]   Vgl. Vergote, Antoine und Álvaro Tamayo, *The Parental Figure and the Representation of God.* Mouton, The Hague 1981; sowie insbesondere die Beiträge im folgenden, von Fischer und Schöll herausgegebenen Sammelband: Fischer, Dietlind und Albrecht Schöll (Hrsg.), *Religiöse Vorstellungen bilden. Erkundungen zur Religion von Kindern über Bilder.* Comenius-Institut, Münster 2000.

[21]   Manche Studien geben der Theorie zumindest insofern recht, als dass sie nahelegen, dass sich sowohl Frauen als auch Männer Gott vornehmlich als väterliche Gestalt vorstellen; vgl. z. B. Vergote, Antoine, Álvaro Tamayo, Luiz Pasquali, Michel Bonami, Marie-Rose Pattyn, und Anne Custers, *Concept of God and Parental Images,* in: Journal for the Scientific Study of Religion, 8, 1969, 79–87; Vergote, Antoine und Catherine Aubert, *Parental Images and Representations of God,* in: Social Compass, 19, 1973, 431–444; Gibson, Harry M., *Adolescents' Images of God,* in: Panorama, 6, 1994, 105–114. Dagegen stehen Befunde, dass Frauen stärker als Männer Gott auch als weiblich und mütterlich wahrnehmen; vgl. Nelsen, Hart M., Neil H. Cheek und Paul Au, *Gender Differences in Images of God,* in: Journal for the Scientific Study of Religion, 24, 1985, 396–402; Hanisch, Helmut, *Die zeichnerische Entwicklung des Gottesbildes bei Kindern und Jugendlichen.* Calwer und Ev. Verlagsanstalt, Stuttgart und Leipzig 1996.

[22]   Zudem bezieht sich auch der psychoanalytische Ansatz wie schon die bisher vorgestellten Theorien im Wesentlichen wieder auf Erscheinungen christlicher Religiosität (Vorhandensein eines personal, als Vaterfigur, vorgestellten Gottesbilds).

Theorien zu allgemeinen Persönlichkeitsunterschieden zwischen Männern und Frauen

Andere psychologisch argumentierende Theorien haben sich deshalb zunächst mit der Begründung begnügt, dass sich Frauen und Männer von ihrer Persönlichkeit her grundsätzlich unterscheiden würden, so dass die unterschiedlich starke Religiosität letztlich nur eine Konsequenz der unterschiedlichen Persönlichkeitsstrukturen sei. Dabei ähneln die geltend gemachten Persönlichkeitsunterschiede sehr stark den Geschlechterstereotypen vom „harten" Mann und der „weichen" Frau, wie sie schon bei der Besprechung der Gender Role Socialization Theory wiederzuerkennen waren, nur dass sie hier eben nicht bzw. nicht allein als Folge von Sozialisationsprozessen verstanden wurden, sondern als distinktive Persönlichkeitsmerkmale, für die auch genetische Dispositionen als ursächlich gesehen werden können. Im einzeln wurde beispielsweise argumentiert, dass Frauen empfänglicher für die psychohygienischen Potenziale von Religiosität – wie Trost, Zuspruch, Bestärkung u. ä. – seien, weil sie unsicherer, ängstlicher und passiver[23] bzw. weniger autonomieorientiert und dependenter[24] seien als Männer, oder dass sich Frauen, weil sie häufiger Schuldgefühle empfänden, stärker von religiösen Strategien und Ritualen zur Schuldbewältigung angesprochen fühlen würden.[25]

Gegen das Postulat solcher grundlegender Geschlechtsunterschiede als Ursachen des mutmaßlichen Geschlechtsunterschieds bezüglich der Religiosität spricht allerdings, dass keine wissenschaftliche Einigkeit über die reale Existenz der genannten Persönlichkeitsunterschiede zwischen Frauen und Männern besteht[26] und dass empirisch die Korrelationen grundlegender Persönlichkeitsdimensionen mit Religiosität auch nicht durchs Geschlecht variiert zu werden scheinen.[27]

---

[23]   Vgl. Garai, Josef E. und Amram Scheinfeld, *Sex Differences in Mental and Behavioural Traits*, in: Genetic Psychology Monographs, 77, 1968, 169–299; Garai, Josef E., *Sex Differences in Mental Health*, in: Genetic Psychology Monographs, 81, 1970, 123–142.

[24]   Vgl. Reed, Bruce D., *The Dynamics of Religion. Process and Movement in Christian Churches*. Dartman, Longman and Todd, London 1978; sowie Walter, Tony, *Why are most Churchgoers Women?*, in: Vox Evangelica, 20, 1990, 73–90.

[25]   Vgl. Argyle, Michael und Benjamin Beit-Hallahmi, *The Social Psychology of Religion*, Routledge and Kegan Paul, London 1975.

[26]   Vgl. Francis, Leslie J.: *The Psychology of Gender Differences in Religion: A Review of Empirical Research*, in: Religion, 27, 1997, 81–96. Beispielsweise ist unklar, ob es sich bei entsprechenden Befunden auf Basis von Fragebogenstudien nicht weiten Teils um Antworttendenzen i. S. von Geschlechtsrollenerwartungen handelt.

[27]   Vgl. dazu die aktuelle Meta-Analyse von Saroglou auf Basis von 63 unabhängigen Studien zum Zusammenhang zwischen den fünf grundlegenden Persönlichkeitsdimensionen Neurotizismus, Extraversion, Offenheit, Gewissenhaftigkeit und Verträglichkeit mit Merkmalen der Religiosität; Saroglou, Vassilis, *Religiousness as a Cultural Adaptation of Basic Traits: A Five-Factor Model Perspective*, in: Personality and Social Psychology Review, 14, 2010, 108–125. Allerdings dürfte sich auch hier wieder die christentumszentrierte Verzerrung zeigen, da lediglich acht der Studien nicht aus Nordamerika oder EU-Ländern stammen.

Gender Role Orientation

Aufgrund der Skepsis gegenüber grundlegenden Persönlichkeitsunterschieden zwischen Männern und Frauen und gegenüber den entsprechenden Annahmen zugrunde liegenden Geschlechtsstereotypen wurde seit Anfang der 1990er Jahre in der Forschung verstärkt nicht mehr lediglich das biologische Geschlecht berücksichtigt, sondern die Geschlechtsrollenideologie[28] bzw. die Geschlechtsrollenorientierung[29] selbst i. S. eines Persönlichkeitsmerkmals aufgefasst und als mögliche Ursache der unterschiedlichen Religiositätsausprägungen empirisch untersucht. Ausschlaggebend ist diesem Ansatz der „Gender Role Orientation" zufolge also nicht mehr so sehr, welches Geschlecht jemand hat, sondern wie „weiblich" oder wie „männlich" sich jemand i. S. gesellschaftlicher Geschlechtsrollenerwartungen verhält (wobei die Annahme ist, dass die meisten Frauen sich eher an einer weiblichen Geschlechtsrolle und die meisten Männer eher an einer männlichen Geschlechtsrolle orientieren). Die Erwartung ist dann weiter, dass eine „weiblichere" Geschlechtsrollenorientierung mit einer größeren Affinität religiösen Überzeugungen, Gefühlen und Aktivitäten gegenüber einhergeht, während eine „männlichere" Orientierung eher mit Areligiosität assoziiert sein sollte.[30]

Der Charme des Gender Role Orientation-Ansatzes besteht nicht zuletzt darin, dass er es ermöglicht, bei Kontrolle des biologischen Geschlechts auch Variationen der Religiosität innerhalb weiblicher und männlicher Populationen erklären zu können.[31] Allerdings muss er sich den Vorwurf gefallen lassen, die

---

[28]   Vgl. Feltey, Kathryn. M. und Margaret M. Poloma, *From Sex Differences to Gender Role Beliefs: Exploring Effects on Six Dimensions of Religiosity*, in: Sex Roles, 24, 1991, 181–192.

[29]   Vgl. Thompson, Edward H., *Beneath the Status Characteristic: Gender Variations in Religiousness*, in: Journal for the Scientific Study of Religion, 30, 1991, 381–394; Thompson, Edward H. und Kathryn R. Remmes, *Does Masculinity Thwart Being Religious? An Examination of Older Men's Religiousness*, in: Journal for the Scientific Study of Religion, 41, 2002, 521–532; Gaston, Jonathan E. und Lynne B. Brown, *Religious and Gender Prototypes*, in: International Journal for the Psychology of Religion, 1, 1991, 233–241; Francis, Leslie J.: *The Psychology of Gender Differences in Religion: A Review of Empirical Research*, in: Religion, 27, 1997, 81–96; Francis, Leslie J. und Carolyn Wilcox, *Religiosity and Femininity: Do Women really Hold a more Positive Attitude toward Christianity?*, in: Journal for the Scientific Study of Religion, 37, 1998, 462–469.

[30]   So wurden z. B. Befunde, nach denen männliche Geistliche ein eher „weibliches" Persönlichkeitsprofil oder eine „weiblichere" Rollenorientierung aufwiesen, als Beispiele für die atypische Geschlechtsrollenorientierung der Betreffenden angesehen; vgl. Ekhardt, Bonita N. und W. Mack Goldsmith, *Personality Factors of Men and Women Pastoral Candidates: Part 1, Motivational Profile*, in: Journal of Psychology and Theology, 12, 1984, 109–118; Goldsmith, W. Mack und Bonita N. Ekhardt, *Personality Factors of Men and Women Pastoral candidates: Part 2, Sex Role Preferences*, in: Journal of Psychology and Theology, 12, 1984, 211–221; Francis, Leslie J., *The Personality Characteristics of Anglican Ordinands: Feminine Men and Masculine Women?*, in: Personality and Individual Differences, 12, 1991, 1133–1140; Francis, Leslie J., *Male and Female Clergy in England: Their Personality Differences, Gender Reversal?*, in: Journal of Empirical Theology, 5, 1992, 31–38.

[31]   Dies wurde beispielhaft etwa von Darren E. Sherkat vorgeführt; vgl. Sherkat, Darren E., *Sexuality and Religious Commitment in the United States: An Empirical Examination*, in: Journal for the Scientific Study of Religion, 41, 2002, 313–323.

Frage nach dem Explanans nur zu verschieben: Denn auch wenn nun etwaige Geschlechtsunterschiede hinsichtlich der Religiosität auf eine unterschiedliche Geschlechtsrollenorientierung zurückgeführt werden können, Frauen also religiöser sind, weil sie sich i. S. ihrer Geschlechtsrolle weiblicher verhalten, stellt sich dann jetzt die Frage, wieso denn eine weibliche Geschlechtsrollenorientierung eher mit höherer Religiosität verbunden ist, eine männliche hingegen mit geringerer.[32] Diese Frage führt wieder zurück zur Annahme sozialisatorischer und/oder psychologischer Ursachen, die für die Ausbildung der jeweiligen Geschlechtsrollenorientierung ausschlaggebend sind.

Risk Preference Theory

Die jüngste Theorie zur Erklärung der unterstellten unterschiedlich hohen Religiosität von Männern und Frauen hebt denn dann auch wieder auf generelle Persönlichkeitsunterschiede zwischen den Geschlechtern ab, für die nun sowohl sozialisatorische als auch evolutionär bedingte physiologische Unterschiede zwischen Frauen und Männern als ursächlich betrachtet werden. Alan S. Miller und John P. Hoffmann[33] und ihnen folgend auch Rodney Stark[34] postulieren, dass Frauen deswegen eine höhere Religiosität aufweisen, weil sie im Unterschied zu Männern Risiken eher vermeiden würden, anstatt sich ihnen bewusst auszusetzen („risk preference"). Dazu beziehen sie sich auf eine Reihe von Studien, die eine größere Risikobereitschaft von Männern gegenüber Frauen belegen,[35] und entnehmen von dort auch die Begründungen für diesen Geschlechtsunterschied:

---

[32] Vgl. Collett, Jessica L. und Omar Lizardo, *A Power-Control Theory of Gender and Religiosity*, in: Journal for the Scientific Study of Religion, 48, 2009, 213–231. Dass auch die Untersuchungen zur Relevanz der Geschlechtsrollenorientierung bisher nahezu ausschließlich an christlich dominierten Stichproben durchgeführt wurden, erübrigt sich inzwischen vermutlich schon fast explizit erwähnt zu werden.

[33] Vgl. Miller, Alan S. und John P. Hoffmann, *Risk and Religion: An Explanation of Gender Differences in Religiosity*, in: Journal for the Scientific Study of Religion, 34, 1995, 63–75, Miller, Alan S., *Going to Hell in Asia: The Relationship between Risk and Religion in a Cross Cultural Setting*, in: Review of Religious Research, 42, 2000, 5–18.

[34] Vgl. Miller, Alan S. und Rodney Stark, *Gender and Religiousness: Can Socialization Explanations be Saved?*, in: American Journal of Sociology, 107, 2002, 1399–1423; Stark, Rodney, *Physiology and Faith: Addressing the 'Universal' Gender Difference in Religious Commitment*, in: Journal for the Scientific Study of Religion, 41, 2002, 495–507.

[35] Vgl. z. B. Hagan, John, John Simpson und A. R. Gillis, *Feminist Scholarship, Relational and Instrumental Control, and a Power-Control Theory of Gender and Delinquency*, in: British Journal of Sociology, 39, 1988, 301–336, Hagan, John, Bill McCarthy und Holly Foster, *A Gendered Theory of Delinquency and Despair in the Life Course*, in: Acta Sociologica, 45, 2002, 37–46; Irwin, Charles E. und Susan G. Millstein, *Correlates and Predictors of Risk-Taking during Adolescence*, in: Lewis P. Lipsitt und Leonard L. Mitnick (eds.), Self-Regulatory Behavior and Risk Taking: Causes and Consequences. Ablex Publishing, Norwood, NJ 1991, pp. 3–21; Bromily, Philip und Shawn P. Curley, *Individual Differences in Risk Taking*, in: J. Frank Yates (ed.), Risk Taking Behavior. John Wiley & Sons, New York 1992, pp. 87–131; Byrnes, James P., David C.

Da Männer allgemein über eine größere Muskelmasse und schnellere Reflexe verfügen, seien sie körperlich eher dazu im Stande, auch körperlich gefährliche Aktivitäten auszuführen (in menschheitsgeschichtlicher Perspektive: Jagd, Krieg u. ä.), weshalb es auch in der Gegenwart noch immer als „männliche" geltende Berufszweige (z. B. Militär, Berg-, Hoch- und Tiefbau, Seefahrt, etc.) gebe. Im Zusammenhang mit der physiologischen Ausstattung werde bei der Erziehung von Jungen riskantes Verhalten eher positiv sanktioniert (z. B. sportliche Leistungsfähigkeit), wodurch eine größere Risikobereitschaft auch i. S. von Geschlechtsrollensozialisation befördert werde. Die gesellschaftliche Bewertung einschlägiger beruflicher Tätigkeiten als gefährlich (und damit „männlich") wirke schließlich im Erwachsenenalter als struktureller Faktor zusätzlich zur Sozialisation und stabilisiere die höhere Risikobereitschaft weiter.

In der Sozialisation von Mädchen werde hingegen schon deshalb Wert auf Vorsicht und Behutsamkeit gelegt, weil damit den körperlich vorgegebenen Anforderungen des Austragens und Versorgens von Nachwuchs adäquater entsprochen werde. Im Berufsleben seien dementsprechend pflegende und erzieherische Berufe auch eher weiblich konnotiert, wodurch die Disposition zu Fürsorglichkeit und zur Vermeidung von Risiken bekräftigt werde.

Dass Religiosität als Ausdruck von Risikovermeidung verstanden werden könne, begründen Miller, Hoffmann und Stark u. a. damit, dass dadurch negative eschatologische Konsequenzen (Höllenstrafen für Abfall und Ketzerei) vermieden werden könnten,[36] dass religiöse Rituale u. a. als Bemühen, Unkontrollierbares (Wetter, Jagdglück, Fruchtbarkeit etc.) kontrollierbar zu machen, verstanden werden könnten,[37] und dass religiöses Engagement generell nach rationaler Abwägung damit verbundener Kosten/Risiken und Nutzen erfolge.[38]

Die Risk Preference-Theorie darf gegenwärtig als prominenteste Erklärung für den postulierten Geschlechtsunterschied bezüglich der Religiosität gelten. Sie unterliegt freilich ebensolchen Kritikpunkten wie die zuvor dargestellten Theorien. So bieten beispielsweise physiologische Erklärungen für sich allein keine

---

Miller und William D. Schafer, *Gender Differences in Risk Taking: A Meta-Analysis*, in: Psychological Bulletin, 125, 1999, 367–383.

[36] Vgl. dazu bereits die „Wette" des französischen Philosophen Blaise Pascal, der zufolge zu glauben schlimmstenfalls keinerlei postmortale Konsequenzen hat, während nicht zu glauben schlimmstenfalls mit ewiger Verdammnis gesühnt werden muss: Pascal, B., *Gedanken über die Religion und einige andere Themen (1657). Herausgegeben von Jean-Robert Armogathe. Aus dem Französischen übersetzt von Ulrich Kunzmann.* Reclam, Stuttgart 2004, hier Teil III, § 233.

[37] Vgl. dazu den klassischen Aufsatz von Bronislaw Malinowski: Malinowski, Bronislaw, *Magic, Science, and Religion.* In Bronislaw Malinowski, Science, Religion and Reality, edited by Joseph Needham. MacMillan, New York 1925, 18–94.

[38] Vgl. Stark, Rodney und William Bainbridge, *A Theory of Religion.* Peter Lang, New York 1987; Finke, Roger und Rodney Stark, *The Churching of America, 1776–1990: Winners and Losers in our Religious Economy.* Rutgers University Press, New Brunswick, NJ 1992; Durkin, John M. und Andrew T. Greeley, *A Model of Religious Choice und Uncertainty: On Responding Rationally to the Nonrational*, in: Rationality & Society, 3, 1991, 178–196.

hinreichende Begründung für menschliche Verhaltensdispositionen,[39] und die von den Vertretern der Risk Preference-Theorie zusätzlich genannten sozialisatorischen und sozialstrukturellen Annahmen werden von derselben Kritik getroffen, die bereits an der Structural Location Theory und an der Gender Role Socialiation Theory geübt wurde.[40] Insbesondere ist die Theorie aber dadurch angreifbar, dass sie durch den Rückbezug auf physiologische und anthropologische Ursachen stärker als alle übrigen Theorien tatsächlich eine universale Erklärung zu bieten versucht. Sollten die Annahmen zutreffend sein, so müsste sich tatsächlich durchgängig Kulturen und ihre Religionen übergreifend der unterstellte Geschlechtsunterschied beobachten lassen. Dass die Risk Preference-Theorie bisher jedoch nur in den USA[41] einigermaßen befriedigend empirisch bestätigt werden konnte, während eine Reihe von internationalen Befunden nicht den Annahmen entsprechen bzw. ihnen entgegenstehen,[42] lässt Zweifel daran berechtigt erscheinen.

Zur Kritik der bisherigen Forschung

Schwachpunkte der verschiedenen theoretischen Ansätze zur Erklärung des mutmaßlichen Geschlechtsunterschieds wurden bereits im Zuge der Vorstellung der Theorien angemerkt. An dieser Stelle soll es darum vielmehr um zwei grundsätzlichere Kritikpunkte an der bisherigen Forschung gehen. Der erste betrifft die Aussagekraft der bisherigen Ergebnisse. Diese ist m. E. maßgeblich dadurch eingeschränkt, dass das Postulat eines universellen Geschlechtsunterschieds hinsichtlich der Religiosität sich bisher zum ganz überwiegenden Teil auf Befunde stützt, die anhand christlich dominierter oder doch zumindest christlich

---

[39] Vgl. Douglas, M., *Risk Acceptability according to the Social Sciences*. Russell Sage Foundation, New York 1985.

[40] Vgl. zur grundlegenden Kritik am Risk Preference-Ansatz Roth, Louise Marie und Jeffrey C. Kroll, *Risky Business: Assessing Risk Preference Explanations for Gender Differences in Religiosity*, in: American Sociological Review, 72, 2007, 205–220; sowie auch Freese, Jeremy und James D. Montgomery, *The Devil Made her Do it? Evaluating Risk Preference as an Explanation of Sex Differences in Religiousness*, in: Advances in Group Processes, 24, 2007, 187–229.

[41] Vgl. Miller, Alan S. und John P. Hoffmann, *Risk and Religion: An Explanation of Gender Differences in Religiosity*, in: Journal for the Scientific Study of Religion, 34, 1995, 63–75.

[42] So werden etwa die internationalen Befunde von Miller & Stark (Miller, Alan S. und Rodney Stark, *Gender and Religiousness: Can Socialization Explanations be Saved?*, in: American Journal of Sociology, 107, 2002, 1399–1423) auf Basis des WVS durch die erweiterte Reanalyse von Sullins zumindest teilweise in Frage gestellt; vgl. Sullins, D. Paul, *Gender and Religion: Deconstructing Universality, Constructing Complexity*, in: American Journal of Sociology, 112, 2006, 838–880. Ebenso widersprechen auch Freeses vergleichende Analysen für die USA und Italien (Freese, Jeremy, *Risk Preferences and Gender Differences in Religiousness: Evidence from the World Values Survey*, in: Review of Religious Research, 46, 2004, 88–91) zumindest anteilig den Ergebnissen des Kulturvergleichs, den Miller vorgestellt hatte: Miller, Alan S., *Going to Hell in Asia: The Relationship between Risk and Religion in a Cross Cultural Setting*, in: Review of Religious Research, 42, 2000, 5–18.

geprägter Stichproben ermittelt wurden.[43] Während sich dieser Umstand in den älteren Theorien implizit teils noch dadurch widerspiegelte, dass kirchliche Verhältnisse als gesellschaftlicher Rahmen vorausgesetzt wurden, wird er in jüngeren Theorien fast gar nicht mehr reflektiert. Insofern steht die bisherige Forschung in der Gefahr, das Verhältnis von Geschlecht und Religiosität, das sich in der westlichen Welt erkennen lässt, vorschnell als Regelfall auch für die übrige Welt und für nicht-christliche Religiosität anzunehmen.[44] Faktisch aber steht die umfassende Testung der verschiedenen Theorien in Judentum, Hinduismus, Buddhismus und Islam – und damit auch die Verifikation oder Falsifikation der behaupteten Universalität – derzeit noch aus.

Denn in den meisten Studien, in denen anteilig auch einige nicht christlich geprägte Länder untersucht wurden, wurde auf Datensätze der großen sozialwissenschaftlichen Routineerhebungen (WVS, ISSP u. ä.) zurückgegriffen, in denen häufig nur eine grobe Messung von Religiosität vorgenommen wird.[45] Religionsbezogene Merkmale, die sehr viel unmittelbarer die theoretischen Annahmen abbilden könnten (z. B. religiöse Gefühle oder die Bedeutung von Religiosität für verschiedene Lebensbereiche), werden in entsprechenden kulturvergleichenden Surveys dagegen zumeist nicht erfasst.

Zudem sind solche Routineerhebungen in aller Regel nicht dezidiert für die Testung der spezifischen Hypothesen zur Erklärung des Geschlechtsunterschieds in der Religiosität designt, so dass auch mögliche Prädiktorvariablen meist nur unzureichend operationalisiert sind.[46] Deswegen werden dann einigermaßen geeignet erscheinende Items post hoc als Proxies für die näherungsweise Abbildung der theoretischen Annahmen verwendet; eine wirklich theoriekonforme

---

[43] So sind beispielsweise im umfangreichen Appendix der Übersichtsarbeit von Francis überhaupt nur drei Studien aufgelistet, deren Datasets nicht aus den USA, Kanada, den britischen Inseln, Australien oder Neuseeland stammen; vgl. Francis, Leslie J.: *The Psychology of Gender Differences in Religion: A Review of Empirical Research*, in: Religion, 27, 1997, 81–96.

[44] Ein solch unterschwelliger Kulturchauvinismus innerhalb der westlichen Wissenschaft wird seit Edward W. Saïd zwar im Rahmen der Postkolonialismus-Debatte kritisiert, begegnet aber, wie die Forschung zu Geschlecht und Religiosität illustriert, nach wie vor gerade auch in der Religionsforschung. Vgl. zur Postkolonialismus-Debatte klassisch Saïd, Edward W., *Orientalismus*. Ullstein, Frankfurt/M. 1981; Young, Robert C., *Postcolonialism: A Historical Introduction*. Blackwell, Oxford 2001; sowie zum gegenwärtigen Stand der Diskussion do Mar Castro Varela, María und Nikita Dhawan, *Postkoloniale Theorie. Eine kritische Einführung*. Transcript, Bielefeld 2005.

[45] Oft werden in den entsprechenden Umfragen lediglich Einzelitems, z. B. zur Einschätzung der eigenen Religiosität, der Gebetshäufigkeit oder der Regelmäßigkeit des Kirchgangs, verwendet, die dann als Indikatoren für die Stärke der Religiosität genutzt werden. Hier zeigt sich im Übrigen abermals die latente Fokussierung auf christliche Religiosität, da Fragen etwa nach Gebeten und Gottesdienstbesuch ihre christlich gefärbte Konnotation kaum verhehlen können.

[46] Wenn hingegen die jeweiligen Überlegungen theoriekonform durch präzisere und validere Maße operationalisiert wurden, geschah dies bisher nur in Studien an kleineren, unausgelesenen Stichproben und noch nicht im repräsentativen Kultur- und Religionsvergleich.

Umsetzung der Hypothesen erscheint dabei jedoch fraglich.[47] Der zweite grundlegende Kritikpunkt richtet sich insofern also gegen die oftmals recht grobe Messung sowohl von Prädiktor- als auch von religiösen Outcome-Variablen.

Interreligiös vergleichende Untersuchung der Religiosität von Frauen und Männern anhand des Religionsmonitors

Angesichts der dargestellten Kritikpunkte erscheint es angebracht, die verschiedenen theoretischen Ansätze anhand differenzierterer Maße interkulturell bzw.
interreligiös vergleichend zu testen. Ein geeignetes Instrumentarium und eine
geeignete Datenbasis dazu bietet weitgehend der Religionsmonitor der Bertelsmann-Stiftung.[48] Der Religionsmonitor ist ein globaler Survey, der 2007 auf allen
Kontinenten durchgeführt wurde und die fünf Weltreligionen Judentum, Christentum, Islam, Hinduismus und Buddhismus berücksichtigt. Insgesamt fand die
Religionsmonitor-Studie in 21 Ländern statt, wobei europäische Länder einen
gewissen Schwerpunkt bildeten.[49] In allen Ländern wurden bevölkerungsreprä-
sentative Stichproben von je rund 1000 Personen befragt; in Deutschland fand
ergänzend eine Erhebung zur Religiosität von Muslimen statt, wofür zusätzlich
2000 Muslimas und Muslime befragt wurden.[50] Insgesamt wurden auf diese

---

[47]   So kritisiert Cornwall beispielsweise zu Recht an bisherigen Studien zur Risk Preference-Theorie
       die sehr unterschiedliche und unpräzise Messung von (religiös relevanter) Risikobereitschaft,
       wenn diese etwa durch die Tendenz, bei der Entscheidungsfindung grundsätzlich vorsichtig zu
       sein, durch Bereitschaft zur Provokation oder durch Angst davor, allein im Dunkeln umher zu
       gehen, operationalisiert wurde; vgl. Cornwall, Marie, *Reifying Sex Difference Isn't the Answer:
       Gendering Processes, Risk, and Religiosity*, in: Journal for the Scientific Study of Religion, 48,
       2009, 252–255.

[48]   Vgl. zum Religionsmonitor Bertelsmann-Stiftung (Hrsg.), *Religionsmonitor 2008*. Gütersloher
       Verlagshaus, Gütersloh 2007; Bertelsmann-Stiftung (Hrsg.), *What the World Believes: Analysis
       and Commentary on the Religion Monitor 2008*. Verlag Bertelsmann Stiftung, Gütersloh 2009;
       sowie die Website des Religionsmonitors unter http://www.bertelsmann-stiftung.de/cps/rde/
       xchg/bst/hs.xsl/prj_85217.htm.

[49]   In Europa fanden Befragungen in Deutschland, Österreich, der Schweiz, Frankreich, England,
       Italien, Spanien, Polen und Russland (mit jeweils christlicher Bevölkerungsmehrheit) statt; auf
       den beiden amerikanischen Kontinenten in den USA, Guatemala und Brasilien (ebenfalls mit
       christlicher Bevölkerungsmehrheit). In Afrika wurden Marokko (muslimisch) und Nigeria
       (christlich und muslimisch) untersucht, im orientalischen Raum die Türkei (muslimisch) und
       Israel (jüdisch). Ferner wurden in Asien Indien (hinduistisch), Thailand (buddhistisch), Indo-
       nesien (muslimisch) und Südkorea (teils buddhistisch, teils christlich) untersucht; außerdem
       fand noch eine Befragung in Australien (christlich) statt. Bedingt durch diese Länderauswahl
       liegen die meisten Daten für christliche Respondenten vor, gefolgt von Muslimas und Musli-
       men, Konfessionslosen sowie Buddhistinnen und Buddhisten. Hinduistische und jüdische
       Respondenten bilden jeweils den Kern der Stichproben aus Indien bzw. Israel.

[50]   Vgl. dazu Bertelsmann-Stiftung (Hrsg.), *Religionsmonitor 2008. Muslimische Religiosität in
       Deutschland. Überblick zu religiösen Praktiken und Einstellungen*. Verlag Bertelsmann Stiftung,
       Gütersloh 2008, online verfügbar unter http://www.bertelsmann-stiftung.de/cps/rde/xchg/SID-
       D9733BFE-49B37571/bst/hs.xsl/85217_85220.htm.

Weise über 23 000 Personen weltweit zu ihren religiösen Überzeugungen, Erfahrungen und Praktiken interviewt.

Im Gegensatz zu den internationalen Routinebefragungen wie WVS und ISSP, die neben einigen jährlich verwendeten Standardfragen in mehrjährigen Intervallen ein breiteres Modul mit teils wechselnden Fragen zu Religiosität und weltanschaulichen Überzeugungen nutzen, liegt dem Religionsmonitor ein integratives und stark ausdifferenziertes Modell der Religiosität zugrunde, das systematische Analysen zu den inneren Strukturen und Dynamiken unterschiedlichster individueller Religiositäten gestattet.[51] Zur Erhebung der verschiedenen Komponenten dieses Modells wurden insgesamt fast 100 Fragen zu religiösen Ausdrucksformen und Überzeugungsinhalten gestellt. Viele davon lassen sich sinnvoll für eine vergleichende Testung der verschiedenen Theorien bezüglich des universellen Geschlechtsunterschieds in der Religiosität verwenden.

In den meisten bisherigen Untersuchungen des Geschlechtsunterschieds wurde im Wesentlichen ermittelt, ob sich Frauen und Männer in Abhängigkeit von bestimmten Merkmalskonstellationen (z. B. Erwerbsarbeit oder nicht, Ausprägung bestimmter Persönlichkeitseigenschaften oder Geschlechtsrollenorientierungen) hinsichtlich ihrer allgemeinen Religiosität, die dann oft über globale Abfrage der persönlichen Religiosität, Konfessionszugehörigkeit, Kirchgang oder ähnliche Variablen operationalisiert wurde, unterscheiden. Der Religionsmonitor bietet hingegen ein breites Spektrum an Fragen und Skalen, die spezifische religiöse Überzeugungen, Empfindungen und Aktivitäten messen und sich dabei unmittelbar auf Annahmen der verschiedenen Theorien beziehen lassen. Insofern können die theoretischen Annahmen häufig *religionsimmanent* und damit direkter geprüft werden, als dies in der bisherigen Forschung geschehen ist. Da weitere, nicht-religiöse Persönlichkeits- und Überzeugungsbereiche allerdings kaum im Religionsmonitor erfragt wurden, insofern auch keine Fragen in Bezug auf Geschlechtsrollenorientierungen, ist eine unmittelbare Prüfung der Annahmen des Gender Role Orientation-Ansatzes nicht möglich. Insofern die Gender Role Orientation-Theorie jedoch auf sozialisatorische und persönlichkeitsspezifische Faktoren zurückverweist (s. v.), erscheint dieser Umstand verschmerzbar. Für alle übrigen Theorien lassen sich geeignete Indikatoren aus dem Fragenpool des Religionsmonitors entnehmen.

Sämtliche für die vergleichende Überprüfung der Theorien als Indikatoren verwendete Items und Skalen weisen ein fünfstufiges Antwortformat auf, wobei

---

[51]   In das Religiositätsmodell des Religionsmonitors gehen sowohl religionssoziologische und -psychologische als auch religionswissenschaftliche und theologische Perspektiven ein; vgl. dazu ausführlich Huber, Stefan, *Aufbau und strukturierende Prinzipien des Religionsmonitors,* in: Bertelsmann-Stiftung (Hrsg.), Bertelsmann Religionsmonitor 2008. Gütersloher Verlagshaus, Gütersloh 2007, S. 21–31; sowie Huber, Stefan, *Religion Monitor 2008: Structuring Principles, Operational Constructs, Interpretive Strategies,* in: Bertelsmann-Stiftung (ed.), What the World Believes: Analysis and Commentary on the Religion Monitor 2008. Verlag Bertelsmann Stiftung, Gütersloh 2009, pp. 17–51.

entweder Intensitäten (gar nicht, wenig, mittel, ziemlich, sehr) oder Häufigkeiten (nie, selten, gelegentlich, oft, sehr oft) anzugeben waren. Die berechneten Mittelwerte liegen somit alle zwischen 1,00 und 5,00.

Für die vergleichende Testung der verschiedenen Theorien konnten die Daten von 22 282 Personen genutzt werden, darunter 778 Juden (3,49%), 11 005 Christen (49,39%), 5607 Muslime (25,17%), 880 Hindus (3,95%), 1346 Buddhisten (6,04%) und 2666 Konfessionslose (11,96%). 52,25 Prozent der Respondenten waren Frauen, wobei der Anteil je nach Religionsgemeinschaft zwischen 56,58 Prozent (Christen) und 45,43 Prozent (Konfessionslose) variierte. Das mittlere Alter betrug 42,21 Jahre (SD = 16,68), am jüngsten waren im Mittel die Hindus (36,19 Jahre, SD = 13,94), am ältesten die Christen (45,61 Jahre, SD = 17,58).

Für alle Testungen der verschiedenen Theorien wurden zweistufige Kovarianzanalysen mit Geschlecht und Religionszugehörigkeit als unabhängigen Variablen und verschiedenen Religiositäts- und Einstellungsitems und -skalen als abhängigen Variablen berechnet.[52] Zur Kontrolle der Effekte von Alter, Bildung, Urbanität, Zivilisationsgrad (Human-Development-Index) und sozialer Ungleichheit (GINI-Koeffizient) des jeweiligen Landes wurden diese Variablen als Kovariaten in die statistischen Analysen eingeschlossen. Zur Prüfung der Geschlechtsunterschiede innerhalb der einzelnen Religionsgemeinschaften wurden zusätzliche Post-Hoc-Analysen für jede Gruppe separat berechnet.

Vergleich der religiösen Selbsteinschätzung und der Zentralität der Religiosität von Männern und Frauen

Da sich die Annahme eines universellen Geschlechtsunterschieds hinsichtlich der Religiosität maßgeblich auf Befunde zur allgemeinen Religiosität stützt, wurden zunächst zwei Kovarianzanalysen berechnet, in denen ermittelt wurde, in wieweit sich Frauen im Hinblick auf ihre religiöse Selbsteinschätzung und im Hinblick auf die Zentralität ihrer Religiosität in ihrer Persönlichkeit unterscheiden. Die religiöse Selbsteinschätzung wurde im Religionsmonitor durch eine Single-Item-Messung erhoben; die Formulierung dieses Items lautete: „Alles in allem: Als wie religiös würden Sie sich selbst bezeichnen?"[53] Zur Messung der

---

[52]   Die Datenbasis des Religionsmonitors ist breit genug, um damit grundsätzlich auch Mehrebenenanalysen durchführen zu können. Während dies z. B. zur Ermittlung von Varianzunterschieden zwischen den 21 untersuchten Länder durchaus sinnvoll wäre, wurde hier darauf verzichtet, da die für die Testung der Universalität des Geschlechtsunterschieds relevante Gruppierungsvariable Religionsgemeinschaft (sechsstufig) keine hinreichend große Anzahl von Gruppen gewährleistet.

[53]   Vgl. zu den im folgenden verwendeten einzelnen Items und Skalen Huber, Stefan, *Religion Monitor 2008: Structuring Principles, Operational Constructs, Interpretive Strategies*, in: Bertelsmann-Stiftung (Ed.), What the World Believes: Analysis and Commentary on the Religion Monitor 2008. Verlag Bertelsmann Stiftung, Gütersloh 2009, pp. 17–51; sowie Huber, Stefan, *Der*

Zentralität der Religiosität wurde die Zentralitätsskala, die den Kern des Religionsmonitor-Messmodells bildet, verwendet. Die Zentralitätsskala besteht in ihrer klassischen Version[54] aus zehn Items, in denen fünf grundlegende Ausdrucksformen der Religiosität – religiöses Interesse, religiöse Ideologie, öffentliche und private religiöse Praxis und religiöse Erfahrung[55] – gemessen werden. Die Zentralitätsskala ist bisherigen Anwendungen zufolge mit einer internen Konsistenz von Cronbachs α zwischen .89 und .94 ausgesprochen reliabel.[56] Während das Einzelitem zur religiösen Selbsteinschätzung im Wesentlichen auf das Bewusstsein über die eigene Religiosität abhebt, bildet die Zentralitätsskala dadurch, dass sie nach religiösen Erlebens- und Verhaltensmustern fragt, stärker das religiöse Sein ab.[57]

Die Ergebnisse der beiden Kovarianzanalysen sind in Tabelle 1 (S. 76–77) wiedergegeben. Geschlechtsunterschiede der einzelnen religiösen/weltanschaulichen Gruppen, die auf dem 0,05-Niveau signifikant sind, sind darin fett gedruckt wiedergegeben. Wie ersichtlich ist, scheint das Ergebnis der religiösen Selbsteinschätzung zunächst einmal das Postulat eines universellen Geschlechtsunterschieds zu bestätigen; tatsächlich weisen über alle Religionsgemeinschaften (und auch über die Konfessionslosen) hinweg Frauen jeweils eine signifikant höhere Religiosität auf.

Je nach religiös-weltanschaulicher Orientierung ergeben sich dabei auch noch einmal Unterschiede; so ist insbesondere die mittlere Religiosität konfessionsloser Frauen und Männer natürlich signifikant niedriger als diejenige der Anhängerinnen und Anhänger der verschiedenen Weltreligionen.

Beim Blick auf die Resultate der Zentralitätsskala findet sich der postulierte Geschlechtsunterschied ebenfalls signifikant bei der Mehrheit der verglichenen Gemeinschaften, allerdings unterscheiden sich jüdische Frauen und Männer hier nicht mehr signifikant voneinander, und in der Gruppe der Muslime hat sich das

---

Religiositäts-Struktur-Test (R-S-T). Systematik und operationale Konstrukte, in: Wilhelm Gräb und Lars Charbonnier (Hrsg.), Individualisierung – Spiritualität – Religion: Transformationsprozesse auf dem religiösen Feld in interdisziplinärer Perspektive. Lit-Verlag, Münster 2008, S. 137–171.

[54]   Vgl. Huber, Stefan, *Zentralität und Inhalt. Ein neues multidimensionales Messmodell der Religiosität*. Leske + Budrich, Opladen 2003.

[55]   Damit baut die Zentralitätsskala (wie auch der gesamte Religionsmonitor) auf der Phänomenologie religiöser Ausdrucksformen von Charls Y. Glock auf; vgl. Glock, Charles Y., *On the Study of Religious Commitment*, in: Religious Education, 57 (suppl.), 1962, 98–110.

[56]   Vgl. Huber, Stefan, *Kerndimensionen, Zentralität und Inhalt. Ein interdisziplinäres Modell der Religiosität*, in: Journal für Psychologie, 16, 2008, Article 05; online verfügbar unter http://www.journal-fuer-psychologie.de/jfp-3-2008-05.html.

[57]   Vgl. Huber, Stefan und Constantin Klein, *Spirituelle und religiöse Konstrukträume. Plurale Konstruktionsweisen religiöser und spiritueller Identitäten im Spiegel der deutschen Daten des Religionsmonitors 2008*, in: Arndt Büssing und Niko B. Kohls (Hrsg.), Spiritualität transdisziplinär. Wissenschaftliche Grundlagen im Zusammenhang mit Gesundheit und Krankheit. Springer, Heidelberg 2011, S. 53–66.

Tabelle 1: *Kovarianzanalysen zur vergleichenden Überprüfung von Geschlechtsunterschieden bezüglich der Religiosität*

Religiöse Selbsteinschätzung und Zentralität der Religiosität

Indikator		Juden	Christen	Muslime	Hindus	Buddhisten	Konf.-lose	gesamt	Prädiktor	F	p
Religiöse Selbst-einschätzung	♂	**2,59**	**3,04**	**3,30**	**3,50**	**2,63**	**1,55**	**2,86**	Religion	1149,63	.000
	♀	**2,82**	**3,27**	**3,43**	**3,67**	**2,77**	**1,77**	**3,10**	Geschlecht	44,60	.000
Zentralität der Religiosität	♂	3,19	**3,45**	**3,96**	**3,81**	**2,98**	**1,89**	**3,34**	Religion	1666,38	.000
	♀	3,28	**3,71**	**3,86**	**3,89**	**3,16**	**2,04**	**3,54**	Geschlecht	36,12	.000
Structural Location Theory											
Befolgen religiöser Gebote im Alltag	♂	2,90	**3,23**	**3,51**	3,41	3,01	1,77	**3,08**	Religion	37,71	.000
	♀	3,02	**3,47**	**3,65**	3,43	3,17	1,88	**3,33**	Geschlecht	4,44	.035
Bedeutung für Er-ziehung der Kinder	♂	**3,15**	3,65	**4,21**	**4,47**	4,02	2,00	**3,73**	Religion	142,72	.000
	♀	**3,50**	3,77	**4,31**	**4,62**	3,97	2,06	**3,84**	Geschlecht	8,58	.003
Öffentliche religiöse Praxis	♂	**3,07**	**3,32**	**4,01**	3,88	**3,39**	**1,35**	3,25	Religion	1139,33	.000
	♀	**2,82**	**3,55**	**3,30**	3,90	**3,56**	**1,40**	3,27	Geschlecht	19,81	.000
Gender Role Socialization Theory											
Religiöser Pluralismus	♂	**3,42**	**3,86**	4,00	4,25	4,23	**3,45**	**3,86**	Religion	111,03	.000
	♀	**3,66**	**3,95**	4,06	4,32	4,23	**3,68**	**3,97**	Geschlecht	22,70	.000
Religiöse Integration	♂	2,59	2,59	2,70	3,74	2,57	2,08	2,97	Religion	98,16	.000
	♀	2,64	2,58	2,69	3,83	2,52	2,31	2,77	Geschlecht	1,38	.240
Religiöser Exklusivismus	♂	**3,26**	**2,66**	**3,35**	3,20	2,44	**1,89**	**2,90**	Religion	122,79	.000
	♀	**2,98**	**2,57**	**3,38**	3,32	2,32	**1,58**	**2,79**	Geschlecht	13,45	.000
Religiöse Mission	♂	2,30	2,53	3,25	2,55	2,09	1,61	2,71	Religion	118,81	.000
	♀	2,17	2,47	3,34	2,76	2,32	1,35	2,88	Geschlecht	,11	.744

Psychoanalytische Annahmen

Positive religiöse Gefühle	♂	3,12	3,55	4,17	4,29	3,23	2,01	Religion	200,55	,000
	♀	3,52	3,80	4,33	4,38	3,42	2,22	Geschlecht	79,15	,000
Religiöser Gefühle: Hader	♂	2,11	2,32	2,54	3,33	2,40	1,52	Religion	69,42	,000
	♀	2,24	2,38	2,60	3,40	2,52	1,67	Geschlecht	10,66	,001

Persönlichkeitstheorien

a) Angst - Geborgenheit – Hilfe

Religiöse Gefühle: Angst	♂	2,28	2,62	3,24	3,39	2,48	1,55	Religion	106,05	,000
	♀	2,32	2,70	3,38	3,67	2,54	1,75	Geschlecht	13,91	,000
Religiöse Gefühle: Geborgenheit	♂	2,97	3,29	4,00	4,04	3,33	1,75	Religion	127,18	,000
	♀	3,23	3,52	4,18	4,20	3,43	1,99	Geschlecht	47,19	,000
Religiöse Gefühle: Hilfe	♂	3,18	3,37	4,16	4,28	3,04	1,84	Religion	195,10	,000
	♀	3,53	3,62	4,33	4,36	3,19	2,11	Geschlecht	58,54	,000

b) Schuldempfinden

Religiöse Gefühle: Schuld	♂	2,46	2,68	3,54	2,89	3,00	1,63	Religion	262,13	,000
	♀	2,38	2,73	3,60	3,05	3,10	1,69	Geschlecht	,88	,347
Religiöse Gefühle: Befreiung von Schuld	♂	2,40	2,87	3,59	3,43	2,64	1,53	Religion	111,70	,000
	♀	2,53	3,00	3,67	3,57	2,27	1,66	Geschlecht	6,03	,014

Risk Preference Theory

Religiöse Gefühle: Zorn	♂	2,09	2,24	2,55	3,01	2,44	1,52	Religion	30,69	,000
	♀	2,14	2,23	2,55	3,14	2,53	1,61	Geschlecht	1,93	,165
Beachtung von Recht u. Ordnung	♂	4,19	4,34	4,44	4,05	3,94	4,10	Religion	62,37	,000
	♀	4,28	4,45	4,49	4,19	3,98	4,33	Geschlecht	31,17	,000

Geschlechterverhältnis sogar umgekehrt: Hier weisen die Männer im Vergleich signifikant höhere Zentralitätswerte auf als die Frauen.

Dass gerade für Judentum und Islam der Geschlechtsunterschied nicht mehr zu beobachten ist, ist allerdings nicht besonders überraschend. Denn als eine Komponente der Zentralitätsskala wird auch die öffentliche religiöse Praxis erfragt, im Falle von Judentum und Islam also die Teilnahme am Synagogengottesdienst bzw. am Freitagsgebet. In beiden religiösen Traditionen handelt es sich dabei um Gemeinschaftsrituale, an denen (primär) die Männer partizipieren.[58] Insofern ist hier ein Methodeneffekt anzunehmen, der tendenziell zu einer Unterschätzung der Religiosität von Jüdinnen und Muslimas führt.[59] Dieses Ergebnis ist jedoch keineswegs untypisch, wurde doch in vielen bisherigen Studien Religiosität u. a. über Kirchgang/öffentliche religiöse Praxis operationalisiert (s. v.). Mit Recht ist deshalb z. B. von muslimischer Seite auf den Eurozentrismus vieler bisheriger Befragungsinstrumente hingewiesen und die Verwendung eigener, für die Ausdrucksformen und Spielarten muslimische Religiosität sensitiverer Maße eingefordert worden.[60] Tatsächlich zeigt sich, dass es bei Verwendung spezifisch auf den Islam abhebender Items und Skalen je nach erfragten Ausdrucksformen variiert, ob Frauen oder Männer die höheren Ausprägungen aufweisen.[61] Allerdings gestatten die bisherigen Untersuchungen an anfallenden Stichproben bisher noch keine repräsentativ gestützten Schlussfolgerungen.[62] Klar ist aber, dass muslimische Religiosität durch viele bisherige Instrumente nur auszugsweise und ggf. auch verzerrend erfasst wird.

Es ist zu vermuten, dass diese Problematik häufig auch hinsichtlich der empirischen Untersuchung anderer religiöser Traditionen besteht. Durch seine bewusst interreligiöse Ausrichtung stellt der Religionsmonitor hier allerdings einen ersten, wichtigen Schritt in die richtige Richtung dar, insofern er, teils zum ersten Mal, viele international und interreligiös vergleichbare Daten verfügbar gemacht

---

[58] Vgl. zum Hintergrund des Islam den Beitrag von Adem Aygün in diesem Buch.

[59] Vgl. Heine, Peter und Riem Spielhaus, *Was glauben Muslime?*, in: Bertelsmann-Stiftung (Hrsg.), Woran glaubt die Welt. Analysen und Kommentare zum Religionsmonitor 2008. Verlag Bertelsmann Stiftung, Gütersloh 2009, S. 609–631.

[60] Vgl. Ghorbani, Nima, Paul J. Watson und Ziasma Haneef Kahn, *Theoretical, Empirical, and Potential Ideological Dimensions of Using Western Conceptualizations to measure Muslim Religious Commitments*, in: Journal of Muslim Mental Health, 2, 2007, 113–131; González, Alessandra L., *Measuring Religiosity in a Majority Muslim Context: Gender, Religious Salience, and Religious Experience Among Kuwaiti College Students – A Research Note*, in: Journal for the Scientific Study of Religion, 50, 2011, 239–250.

[61] Vgl. beispielsweise die von González ermittelten unterschiedlichen Religiositätsmuster muslimischer Frauen und Männer; González, Alessandra L., *Measuring Religiosity in a Majority Muslim Context: Gender, Religious Salience, and Religious Experience Among Kuwaiti College Students – A Research Note*, in: Journal for the Scientific Study of Religion, 50, 2011, 239–250.

[62] Am ehesten in diese Richtung weist die Auswertung der WVS-Daten aus 14 islamisch geprägten Ländern in Moaddel, Mansoor (ed.), *Values and Perceptions of the Islamic and Middle Eastern Publics*. Palgrave MacMillan, New York 2007.

hat.[63] Wie sehen nun die Ergebnisse des Theorienvergleichs bezüglich des Geschlechtsunterschieds auf Basis weiterer Daten des Religionsmonitors aus?

Überprüfung der Structural Location Theory

Den Annahmen der Structural Location Theory zufolge ist die Rolle als Hausfrau und Mutter, wodurch der strukturelle gesellschaftliche Ort von Frauen bestimmt wird, ausschlaggebend für die höhere Religiosität von Frauen. Aufgrund ihrer innerfamiliären Zuständigkeit für den Bereich des Religiösen wäre es demnach plausibel zu erwarten, dass Frauen sich stärker als Männer im Alltag an religiösen Vorgaben orientieren. Im Religionsmonitor wurde durch das Item „Wie stark leben Sie in Ihrem Alltag nach religiösen Geboten?" nach den Konsequenzen der Religiosität im Alltag gefragt.

Der Structural Location Theory zufolge ist die höhere weibliche Religiosität weiterhin auch dadurch bedingt, dass Frauen als Mütter primär für die religiöse Erziehung der Kinder zuständig sind. Insofern ließe sich vermuten, dass Frauen eine religiöse Erziehung für wichtiger erachten als Männer. Im Religionsmonitor wurde durch eine Reihe von Fragen die Relevanz der Religiosität für verschiedene Lebensbereiche, darunter auch die Erziehung der Kinder, ermittelt. Das betreffende Item zur Wichtigkeit einer religiösen Erziehung lautete: „Wie stark wirkt sich Ihre Religiosität auf die Erziehung Ihrer Kinder aus?"

Schließlich wurde im Rahmen der Structural Location Theory postuliert, dass auch die Teilnahme an gemeinschaftlichen religiösen Aktivitäten für Frauen als Quelle der Integration und sozialen Anerkennung eine größere Bedeutung haben sollte als für Männer. Im Religionsmonitor wurde u. a. durch das Item „Wie häufig nehmen Sie an Gottesdiensten/Synagogengottesdiensten/Gemeinschaftsgebeten teil?" bzw. „Wie häufig gehen Sie in den Tempel?"[64] nach der Frequenz der Teilnahme an Gemeinschaftsritualen gefragt.

Die Ergebnisse sind jedoch für alle drei Variablen uneinheitlich (vgl. Tabelle 1). Frauen und Männer unterschieden sich in ihrer Orientierung an religiösen Geboten im Alltag nur innerhalb von Christentum und Islam signifikant, nicht jedoch in den anderen Religionsgemeinschaften. Eine religiöse Erziehung der Kinder wurde hingegen von jüdischen, muslimischen und hinduistischen Frauen signifikant wichtiger bewertet als von Männern der betreffenden Gemeinschaften; innerhalb des Christentums und des Buddhismus sowie in der Gruppe der

---

[63] Vgl. Kirste, Reinhart, *Anmerkungen zum Religionsmonitor 2008 der Bertelsmannstiftung*, in: Michael Klöcker und Udo Tworuschka (Hrsg.), Handbuch der Religionen. Kirchen und andere Glaubensgemeinschaften in Deutschland. Olzog, München 2088, EL 17, Nr. I-14.11.6; online verfügbar unter http://www.rpi-virtuell.net/workspace/users/535/Rezensionen/Rz-Religionsmonitor.pdf.

[64] Die Formulierung wurde in der Religionsmonitor-Erhebung jeweils an die Religionszugehörigkeit der Befragten angepasst.

Konfessionslosen zeigten sich hingegen keine derartigen Unterschiede. Im Hinblick auf die Teilnahme an Gemeinschaftsritualen ergab sich schließlich, dass Christinnen und Buddhistinnen tatsächlich häufiger partizipierten, wohingegen sich hinduistische Frauen und Männer nicht signifikant im Tempelbesuch unterschieden. Wohl schon zu erwarten war angesichts der traditionellen Verpflichtung jüdischer und muslimischer Männer zur Teilnahme am Synagogengottesdienst bzw. am Gemeinschaftsgebet, dass in Judentum und Islam Männer die signifikant höhere öffentliche Praxis aufwiesen. Angesichts dieser uneinheitlichen Befunde kann die Structural Location Theory als Erklärung eines universellen Geschlechtsunterschieds bezüglich der Religiosität von daher nicht herangezogen werden.

Überprüfung der Gender Role Socialization Theory

Durch seinen Fokus auf religiöses Erleben und Verhalten wurde im Religionsmonitor nicht nach geschlechtsspezifischer Erziehung durch die Eltern oder vergleichbaren Indikatoren einer geschlechtsrollenspezifischen Sozialisation gefragt. Dennoch enthält der Religionsmonitor einige Variablen, die sich auf die mutmaßlichen Resultate einer stereotypen geschlechtsrollenspezifischen Sozialisation hin applizieren lassen. Der Theorie zufolge sollten Frauen aufgrund ihrer Sozialisation eher konfliktvermeidend, vermittelnd und harmoniebestrebt sein, Männer hingegen durchsetzungsfähiger, konfrontativer und aggressiver, bereit zu Konkurrenz und Rivalität. Derartige Verhaltensdispositionen lassen sich auch auf die Situation eines mittlerweile weltweiten religiösen Pluralismus und auf die Frage nach dem Umgang mit Angehörigen anderer Religionen beziehen. Zu erwarten wäre dann, dass Frauen eher pluralistisch und offener gegenüber anderen Religionen eingestellt sein sollten, Männer hingegen eher an der Richtigkeit der eigenen Religion festhalten und an ihrer Durchsetzung interessiert sein sollten. Im Religionsmonitor wurde auf ideologischer Ebene sowohl nach einer pluralistischen („Für mich hat jede Religion einen wahren Kern") als auch nach einer exklusivistischen Orientierung („Ich bin überzeugt, dass in religiösen Fragen vor allem meine eigene Religion Recht hat und andere Religionen eher Unrecht haben"), auf der Ebene interreligiöser Praxis sowohl nach einer integrativen („Ich greife für mich selbst auf Lehren verschiedener religiöser Traditionen zurück") als auch nach einer missionarischen Haltung („Ich versuche möglichst viele Menschen für meine Religion zu gewinnen") gefragt.

Die vier Kovarianzanalysen zu interreligiösen Einstellungen und Verhaltensweisen ergaben, dass sich nur christliche und jüdische Frauen und Männer hinsichtlich ihrer pluralistischen Orientierung signifikant in der erwarteten Richtung unterschieden (und auch die Konfessionslosen), nicht hingegen Muslime, Hindus oder Buddhisten (vgl. Tabelle 1). Damit konform waren christliche, jüdische und auch konfessionslose Männer stärker von der Richtigkeit ihres Weltbilds überzeugt, allerdings zeigte sich, dass im Islam Frauen einen signifikant stärkeren Exklusivismus vertraten. Bei Hindus und Buddhisten ergab sich kein Geschlechtsunterschied. Auf der Ebene einer integrativen Praxis waren überhaupt keine signifikanten Unterschiede zu finden, während hinsichtlich ihrer missionarischen Ambitionen christliche (und erneut auch konfessionslose) Frauen erwartungskonform niedrigere Ausprägungen aufwiesen. Muslimas gaben jedoch entgegen den Erwartungen eine stärkere missionarische Haltung an als muslimische Männer; bei Juden und erneut bei Hindus und Buddhisten zeigten sich keinerlei signifikante Unterschiede zwischen den Geschlechtern.

Legt man die berichteten Befunde zu „femininem" bzw. „maskulinem" Verhalten im Umgang mit anderen Religionen zugrunde, so ergibt sich kein einheitliches Bild, durch das sich die Gender Role Orientation Theory universell belegen ließe. Da ihre Annahmen hier mit religionsimmanenten Variablen getestet wurden, erscheinen Zweifel an ihrer Gültigkeit angebracht.

Überprüfung der psychoanalytischen Annahmen

Gegenüber den Annahmen der Gender Role Socialization Theory lassen sich die psychoanalytischen wieder unmittelbarer mit den Fragen und Skalen des Religionsmonitors überprüfen. Aufgrund der unterschiedlichen kindlichen Erfahrungen mit dem Vater im Zuge des Ödipuskomplexes, die für das spätere Gottesbild entscheidend sind, sollten Frauen Gott gegenüber uneingeschränkt positive Empfindungen verspüren, während Männer Gott gegenüber ambivalente Gefühle empfinden. Der Religionsmonitor enthält sowohl eine Skala, in der eine Reihe positiver Gefühlsqualitäten Gott gegenüber abgefragt werden, als auch eine Kurzskala zum Hadern mit Gott.[65] Ein typisches Item der Skala zu positiven Gefühlen Gott gegenüber ist „Wie oft erleben Sie in Bezug auf Gott oder etwas Göttliches Freude?", eines der Items zum religiösen Hader lautet: „Wie oft erleben Sie in Bezug auf Gott oder etwas Göttliches Verzweiflung?"[66] Sofern die psychoanalytischen Annahmen zutreffen, wäre zu erwarten, dass Frauen in einem stärkeren Umfang als Männer positive Gefühlen Gott oder etwas Göttlichem gegenüber empfinden, während sie im Vergleich zu Männern geringere Ausprägungen des Haderns mit Gott aufweisen sollten.

Tatsächlich zeigt sich, dass über alle Religionsgemeinschaften hinweg mit Ausnahme des Hinduismus Frauen in einem signifikant größeren Ausmaß anga-

---

[65] Vgl. zu den verschiedenen Items und Skalen zu Gefühlen Gott gegenüber neben den bereits zuvor genannten Publikationen zum Aufbau des Religionsmonitors insbesondere auch Huber, Stefan und Matthias Richard, *The Inventory of Emotions towards God (EtG). Psychological Valences and Theological Issues*, in: Review of Religious Research, 52, 2010, 21–40.

[66] Durch die Formulierung „Gott oder etwas Göttliches" in zahlreichen Items des Religionsmonitors soll auch religiösen Traditionen entsprochen werden, in denen nicht an einen, personalen Gott geglaubt wird, sondern an verschiedene Gottheiten, ein göttliches Prinzip o. ä.

ben, positive Gefühle Gott oder etwas Göttlichem gegenüber zu verspüren (vgl. Tabelle 1). Dies ist, insbesondere im Vergleich zu den bisherigen Resultaten, ein bemerkenswert einheitlicher Befund. Die Ergebnisse im Hinblick auf religiösen Hader sind zwar ebenfalls recht konsistent, dabei jedoch keineswegs theoriekonform: Mit Ausnahme der Konfessionslosen, unter denen allerdings Frauen in stärkerem Umfang Hader angaben als Männer, unterschieden sich die beiden Geschlechter nicht signifikant voneinander. Insofern scheinen religiöse Gefühle, v. a. positive, zwar womöglich ein wesentlicher Grund für höhere Religiosität von Frauen zu sein; in wieweit dies aber als ein Beleg für die Plausibilität der psychoanalytischen Annahmen gewertet werden kann, erscheint angesichts der zuwider laufenden Ergebnisse zum Hadern mit Gott fraglich.

Überprüfung der Theorien zu allgemeinen Persönlichkeitsunterschieden

Theorien, in denen grundlegende Persönlichkeitsunterschiede zwischen Frauen und Männern als ursächlich für den Geschlechtsunterschied in der Religiosität angenommen wurden, betonten insbesondere, dass Frauen aufgrund ihrer größeren Unsicherheit und Ängstlichkeit empfänglicher für religiösen Zuspruch und Geborgenheit bei Gott sein sollten als Männer. Teilweise wurde auch vermutet, dass Frauen aufgrund ihrer häufigeren Schuldgefühle sich stärker durch religiöse Rituale und Strategien zur Befreiung von Schuld angesprochen fühlen sollten. Aus dem Pool der Items zu religiösen Gefühlen, die der Religionsmonitor bereitstellt, lassen sich auch hier einige geeignete Indikatoren zur Überprüfung dieser Annahmen nutzen. So wird unter anderem nach religiöser Angst („Wie oft erleben Sie in Bezug auf Gott oder etwas Göttliches Angst?"), allerdings auch nach religiöser Geborgenheit und Hilfe („Wie oft erleben Sie in Bezug auf Gott oder etwas Göttliches Geborgenheit?/ […] Hilfe?") gefragt. Auch ein Item zu religiösen Schuldgefühlen („Wie oft erleben Sie in Bezug auf Gott oder etwas Göttliches Schuld?") und eines zum Erleben der Befreiung von Schuld („Wie oft erleben Sie in Bezug auf Gott oder etwas Göttliches Befreiung von Schuld?") sind im Itempool enthalten. Gemäß den persönlichkeitstheoretischen Annahmen wäre zu erwarten, dass Frauen sowohl in größerem Ausmaß religiöse Angst und Schuld als auch Geborgenheit, Hilfe und Befreiung von Schuld erleben.

Tatsächlich zeigte sich ein solcher Geschlechtsunterschied bezüglich religiöser Angst jedoch nur in der Gruppe der Muslime und bei den Konfessionslosen; in allen übrigen Gruppen fanden sich keine signifikanten Geschlechtsunterschiede (vgl. Tabelle 1). Im Hinblick auf die positiven Gefühlsqualitäten Geborgenheit und Hilfe waren die Befunde etwas konsistenter: In den meisten Gruppen wiesen Frauen hier tatsächlich signifikant höhere Ausprägungen auf als Männer; lediglich bei den Buddhisten (Geborgenheit/Hilfe) und teilweise den Hindus (Hilfe) war dies nicht der Fall. Weniger einheitlich waren die Resultate für Schuldgefühle; hier wiesen nur Christen und Muslime den vermuteten Geschlechtsunterschied auf, alle übrigen Gruppen hingegen nicht. Auch für das Erleben der Befreiung von Schuld lag nur zwischen Muslimas und Muslimen und zusätzlich in der Gruppe der Konfessionslosen ein entsprechender Unterschied vor. Angesichts der dargestellten, divergierenden Befunde können die theoretischen Annahmen zu grundlegenden Persönlichkeitsunterschieden allenfalls eingeschränkt als zutreffend erachtet werden; immerhin unterstreichen die Befunde zu religiöser Geborgenheit und Hilfe die schon zuvor beobachtete Bedeutung positiver religiöser Emotionen.

Überprüfung der Risk Preference Theory

Bei der Überprüfung der Risk Preference Theory stellt sich erneut das Problem, dass aufgrund fehlender expliziter Erhebung der Risikobereitschaft bzw. -vermeidung die theoretischen Annahmen nur näherungsweise überprüft werden können. Jedoch existieren immerhin zwei Items im Religionsmonitor, die sich für eine entsprechende Analyse eignen. Zum einen wurde im Rahmen der Abfrage unterschiedlicher Gefühle Gott oder etwas Göttlichem gegenüber auch nach Zorn auf Gott gefragt („Wie oft erleben Sie in Bezug auf Gott oder etwas Göttliches Zorn?"). Zumindest, wenn man das von den Vertretern der Risk Preference Theory geltend gemachte Argument, nicht an Gott zu glauben sei angesichts möglicher jenseitiger Bestrafung ein hohes Risiko (s. v.), ernst nimmt, dann stellt in eschatologischer Perspektive auch religiöse Dissidenz und Provokation ein entsprechendes Risiko dar. Zornig auf Gott zu sein wäre demnach riskanter, als sich gehorsam dem mutmaßlichen Willen Gottes zu fügen. Der Risk Preference Theory folgend müsste demnach angenommen werden, dass Frauen es sich weniger als Männer gestatten, Zorn gegenüber Gott zu verspüren.

Das zweite Item, dass zur Testung der Annahmen des Risk Preference-Ansatzes dienen kann, stammt aus einer kurzen Serie religionsexterner Aussagen, die im Hinblick auf die gesellschaftlichen Dynamiken von Religion ergänzend zu den Kernfragen des Religionsmonitors gestellt wurden. Es lautet: „Ich bemühe mich unter allen Umständen, Gesetz und Ordnung zu respektieren." Zwar stellt dieses Item nur ein Proxy zur Operationalisierung von Risikobereitschaft dar, allerdings unterscheidet es sich damit auch nicht wesentlich von der Qualität bisheriger Maße für Risikobereitschaft/-vermeidung.[67] Gemäß der Risk Preference Theory wäre zu vermuten, dass Frauen der Aussage dieses Items in einem höheren Ausmaß zustimmen als Männer.

Im Ergebnis zeigte sich, dass sich lediglich konfessionslose Frauen und Männer hinsichtlich ihres Zorns auf Gott signifikant unterschieden (wobei Frauen jedoch den höheren Wert aufwiesen; vgl. Tabelle 1). Entweder eignet sich das

---

[67]   Vgl. Cornwall, Marie, *Reifying Sex Difference Isn't the Answer: Gendering Processes, Risk, and Religiosity*, in: Journal for the Scientific Study of Religion, 48, 2009, 252–255.

Item demnach nicht zur Überprüfung der Theorie, oder aber deren Annahmen sind nicht so plausibel, wie von Miller und Kollegen[68] behauptet. Dass Letzteres wahrscheinlicher ist, unterstreichen die Ergebnisse, die anhand des nicht-religiösen Items zur Respektierung von Recht und Ordnung ermittelt wurden. Denn erwartungskonforme Resultate ließen sich auch hier nur teilweise, in den Gruppen der Christen, Muslime und Konfessionslosen, finden, wohingegen sich Jüdinnen und Juden, weibliche und männliche Hindus sowie Buddhistinnen und Buddhisten nicht signifikant voneinander unterschieden. In der Zusammenschau machen diese Befunde die Erklärung der Risk Preference Theory nicht sehr wahrscheinlich.

Zusammenfassung und Diskussion

Überhaupt stellt sich bei einer Zusammenschau der berichteten Befunde die Frage, wie wahrscheinlich ein universeller Geschlechtsunterschied bezüglich der Religiosität denn eigentlich ist. Denn bei den über alle verwendeten Maße und die sechs religiös-weltanschaulichen Gruppen hinweg insgesamt vorgenommenen 108 Vergleichen von Frauen und Männern waren lediglich 56, signifikant, davon allerdings nur 50 erwartungskonform, also nicht einmal die Hälfte (lässt man die Konfessionslosen außer Acht, reduziert sich die Zahl sogar noch auf 37 von 90). Insofern ist zu fragen, ob das Postulat des universellen Geschlechtsunterschieds nicht im Wesentlichen auf einem Methodenartefakt beruht, nämlich zunächst einmal auf einer kleinen und nicht ausreichend differenzierten Auswahl von Items, insbesondere von Fragen zur globalen religiösen Selbsteinschätzung, die in der bisherigen Forschung zumeist verwendet wurden und bei denen Frauen anscheinend i. S. ihres religiösen Bewusstseins häufig eine höhere Religiosität angeben (ein entsprechend einheitliches Ergebnis bezüglich der religiösen Selbsteinschätzung konnte ja auch in der vorliegenden Arbeit festgestellt werden – allerdings war dies auch der einzige komplett einheitliche Befund!). Die Ursachen einer solchen möglichen Antworttendenz und der Diskrepanz religiöser Selbsteinstufungen gegenüber dem sonstigen religiösen Erleben und Verhalten wären dann freilich erst noch durch weitere Studien aufzudecken.

Die Ergebnisse legen weiterhin jedoch auch nahe, dass die Kritik einer zu stark am Christentum orientierten Forschung zutreffend ist. Denn es ist auffällig, dass

---

[68]   Vgl. Miller, Alan S. und John P. Hoffmann, *Risk and Religion: An Explanation of Gender Diffe-rences in Religiosity*, in: Journal for the Scientific Study of Religion, 34, 1995, 63–75, Miller, Alan S., *Going to Hell in Asia: The Relationship between Risk and Religion in a Cross Cultural Setting*, in: Review of Religious Research, 42, 2000, 5–18; Miller, Alan S. und Rodney Stark, *Gender and Religiousness: Can Socialization Explanations be Saved?*, in: American Journal of Sociology, 107, 2002, 1399–1423; Stark, Rodney, *Physiology and Faith: Addressing the ‚Universal‘ Gender Diffe-rence in Religious Commitment*, in: Journal for the Scientific Study of Religion, 41, 2002, 495–507.

die meisten theoriekonformen signifikanten Ergebnisse in den Gruppen der Christen und der Konfessionslosen, die fast alle aus Ländern mit christlicher Bevölkerungsmajorität und Kulturgeschichte stammen, vorliegen. Das spricht dafür, dass die Theorien am ehesten für vom Christentum geprägte Gesellschaften greifen, für andere Kulturen dagegen nur eingeschränkt. Das Postulat des universellen Geschlechtsunterschieds ist demnach auch auf eine eurozentrische bzw. westliche Überschätzung der Regelhaftigkeit christlicher Religiosität zurückzuführen.[69] Aufbauend auf wiederkehrenden Befunden, die zum ganz überwiegenden Teil anhand christlicher Populationen ermittelt worden sind, wurden so anscheinend viele Jahre lang unterschiedlichste Theorien bis hin zur physiologisch begründeten Erklärung eines universellen Geschlechtsunterschieds aufgestellt, der in dieser Deutlichkeit aber vermutlich während der ganzen bisherigen Forschungsgeschichte nie bestanden hat. Er scheint vielmehr das Artefakt einer stichproben- und Item-selektiven, dabei aber überbewerteten Empirie zu sein. Wenigstens legen die hier präsentierten Analysen nahe, dass weder die These von der Universalität des Geschlechtsunterschieds zutrifft, noch dass die zu seiner Begründung bemühten Theorien dazu geeignet sind, grundlegende Unterschiede in der Religiosität von Frauen und Männern befriedigend zu erklären.

Was lässt sich gegenüber der Kritik an der Universalitätsthese und den zugehörigen Erklärungsansätzen als konstruktives Fazit der vorgenommenen Analysen festhalten? Auffällig ist m. E. nicht allein, dass die meisten signifikanten Ergebnisse für Christen und Konfessionslose festzustellen waren, sondern auch Muslime und tendenziell Juden ließen durchaus mehr erwartungskonforme Resultate erkennen als Hindus und Buddhisten. In Tabelle 2 ist aufgeschlüsselt, bei wie vielen der 18 getesteten Variablen sich in den verschiedenen Religions- und Weltanschauungsgemeinschaften erwartungsgemäße signifikante Unterschiede beobachten ließen.

Tabelle 2: *Anzahl erwartungskonformer signifikanter Geschlechtsunterschiede bei den getesteten Variablen*

Religionsgemeinschaft	Anzahl signifikanter Geschlechtsunterschiede
Judentum	7/18
Christentum	12/18
Islam	10/18
Hinduismus	4/18
Buddhismus	4/18
Konfessionslose	13/18

---

[69] Darauf, dass gerade die am stärksten von der Säkularisierung erfasste religiöse Situation in Europa im weltweiten Maßstab keineswegs als Regelfall von Religiosität verstanden werden kann, wurde in jüngerer Vergangenheit wiederholt hingewiesen; vgl. z. B. Heine, Peter und Riem Spielhaus, *Was glauben Muslime?*, in: Bertelsmann-Stiftung (Hrsg.), Woran glaubt die Welt. Analysen und Kommentare zum Religionsmonitor 2008. Verlag Bertelsmann Stiftung, Gütersloh 2009, S. 609–631.

Die in Tabelle 2 aufgeführten Zahlen lassen vermuten, dass es in der Religiosität der drei abrahamitischen Religionen gewisse Gemeinsamkeiten gibt, die sie von Hinduismus und Buddhismus unterscheiden und die zu einer tendenziell größeren Häufigkeit von Geschlechtsunterschieden innerhalb von Judentum, Christentum und Islam beitragen. Der Gedanke liegt nahe, die Verwandtschaft der drei Traditionen und ihren gemeinsamen Monotheismus als ursächlich dafür anzusehen. Da die konsistentesten Befunde in den dargestellten Analysen für diejenigen Maße vorlagen, die religiöse Gefühle erhoben, erscheint es denkbar, dass das Gottesbild der abrahamitischen Religionen – bei allen im Detail bestehenden Differenzen – eine emotionale Qualität besitzt, die Frauen womöglich in stärkerem Umfang anspricht als Männer. Diese Vermutung wäre allerdings durch weiterführende und detailliertere Untersuchungen erst noch zu erhärten.

Deutlich ist aber in jedem Fall, dass die Dynamiken unterschiedlicher religiöser Traditionen in der zukünftigen Forschung zu Geschlecht und Religion in viel stärkerem Umfang berücksichtigt werden müssen als bisher. Denn die zuletzt angestrengten Überlegungen zur Bedeutung der verschiedenen Traditionen und ihrer Überzeugungen zeigen eben auch, dass nach der Lösung von der Vorstellung eines universellen Geschlechtsunterschieds andere Merkmale als das biologische Geschlecht selbst in den Fokus der Aufmerksamkeit rücken, z. B. eben die jeweilige religiöse Tradition. Ein abschließender Bick auf Tabelle 1 bestätigt denn auch, dass die Effekte der unterschiedlichen Religionsgemeinschaften diejenigen des Geschlechts bei weitem übertrafen.[70] Die Frage ist dann nicht mehr, ob sich Frauen und Männer tatsächlich grundsätzlich hinsichtlich ihrer Religiosität unterscheiden, sondern ob, und falls ja: warum sich in manchen Gemeinschaften die Religiosität von Frauen und Männern stärker unterscheidet als in anderen. Auch eine solche Forschung findet aber selbstverständlich erst im Vorfeld eines Gender-Diskurses darüber statt, welche positiven und negativen Konsequenzen solche Unterschiede dann in gesellschaftlicher, kultureller und religiöser Hinsicht für die jeweiligen Frauen haben.

---

[70]   Es lässt sich in diesem Zusammenhang überhaupt fragen, in wieweit sich angesichts der ungleich größeren Variabilität innerhalb der Geschlechter als zwischen ihnen Geschlecht als eine analytische Kategorie eignet; vgl. Collins, Patricia Hill, *Moving Beyond Gender: Intersectionality and Scientific Knowledge*, in: Myra M. Ferree, Judith Lorber und Beth B. Hess (eds.), Revisioning Gender. Sage Publications, Thousand Oaks, CA 1999, pp. 261–283; McCall, Leslie, *The Complexity of Intersectionality*, in: Signs, 30, 2005, 1771–1799.

Religiosität muslimischer Frauen in Deutschland: zwischen Säkularität, Frömmigkeit und Wertekonservativismus

Adem Aygün

Wie andere monotheistische Religionen auch versucht der Islam, eine Einheit auf der Basis gemeinsamer Überzeugungen und religiöser Praktiken herzustellen. Diese Einheit liegt in den verbindlichen Glaubensgrundsätzen und den fünf Säulen des Islams, die im heiligen Buch der Muslime, dem Koran, vorgeschrieben sind und sich nicht nur in den Pflichten, sondern auch in dem Gemeinschaftsgefühl der Muslime widerspiegeln. Die wichtigsten Pflichten sind die folgenden:

Der Glaubensgrundsatz: der Glaube an den einen, allmächtigen, allwissenden, allgütigen und barmherzigen Gott, also an die Einheit Gottes. Danach folgen das fünfmalige Gebet am Tag, das Fasten im Monat Ramadan, die Almosensteuer und die Pilgerfahrt nach Mekka. Diese bilden die gemeinsamen Grundsätze und Rituale, die dem Islam ein wichtiges Merkmal der Einheit und Ganzheit verleihen.

Trotz dieser allen Muslimen gemeinsamen grundlegenden Überzeugung und religiösen Pflichten sowie einer Reihe von gemeinsamen Symbolen gibt es eine kulturelle Mannigfaltigkeit in der islamischen Welt, die die Sitten und Gewohnheiten des täglichen Lebens prägen. Ausprägungen und Wahrnehmungen dieser religiösen Überzeugungen und Praktiken in Zeit und Raum sind allerdings unterschiedlich und vielfältig.[1] Aus diesem Grunde ist es wissenschaftlich nicht einfach, die Lebensformen des Islam in ihrer Gesamtheit zu erfassen und sie hinsichtlich der Fragestellung dieses Artikels, nämlich der Religiosität einzustufen. Denn einerseits gibt es die allgemein verbindlichen religiösen Grundsätze des Islams, die durch die Charakteristika einer monotheistischen Religion geprägt sind, andererseits stehen regional die kulturellen und historischen Ausprägungen in Form urtraditioneller Glaubenspraktiken und spiritueller Überzeugungen in den ethnisch und kulturell unterschiedlichen muslimischen Bevölkerungen im Vordergrund.

Ein Gläubiger ist nicht automatisch einem religiösen Menschen gleichzusetzen. Das gilt nicht nur für die gegenwärtig-pluralistischen Gesellschaften, sondern auch für die primitiv-homogenen Gemeinden. Deswegen wird der Glaube

---

[1]   Trutwin, W., *Die Weltreligionen, Islam*, 1998.

in einer religiösen Tradition von Menschen unterschiedlich wahrgenommen und im Alltag in ihren verschiedenen Formen ausgelebt. In diesem Sinne hat die islamische Religiosität durchaus einen mehrdimensionalen Charakter. Da es heute wie gestern keinen Islam als homogene Größe gibt, zeigt der Islam eine erhebliche Vielfalt in den von ihm geprägten Gesellschaften.

Ausgehend von der Beobachtung, wie sich die jungen muslimischen Frauen der Gegenwart in ihren religiösen Vorstellungen unterscheiden, stelle ich das muslimische Frauenbild in Bezug zur beobachteten Religiosität muslimischer Frauen in Deutschland und teilweise in der Türkei dar. Anhand relevanter Literatur und eigenen Untersuchungen versuche ich, die Binnendifferenzierungen der religiösen Haltung anhand von Mustern religiöser Orientierung aufzudecken. Anschließend analysiere ich die Angaben zum Thema Emanzipation anhand von weiblichen Fällen mit ihren Typisierungscharakteristika.

Religiosität bei muslimischen Frauen

Über Religionsgrenzen hinweg konnte beobachtet werden, dass Frauen schneller bis zum Äußersten gehen und dabei extremer und hartnäckiger als Männer sind, wenn es um die Religiosität oder die Religion geht. Sie sprechen häufiger über Religion, praktizieren mehr und intensiver als Männer, engagieren sich mehr im Umfeld der jeweiligen Gemeinden, fühlen sich (die Christinnen) häufiger persönlich von Jesus Christus berührt. Deshalb handelt es sich hier nicht nur um einen bloßen Glauben an eine religiöse Tradition oder um dessen Spiegelung im täglichen Leben.

Glaube ist die Art und Weise, wie eine Person sich selbst, andere und die Welt erfährt, basierend auf dem von ihr konstruierten Sinnhorizont. In diesem Sinne umfasst der Glaube auch individuelle Wertemittelpunkte, Träume und Wahrheitserfahrungen und so genannte *master stories*, über die sich der Mensch an eine religiöse Tradition anschließt. Dieser Anschluss erfordert vor allem eine kontinuierliche und rituelle Einhaltung der religiösen Vorschriften, Ablegen des dauerhaften Glaubensbekenntnisses, Vertrauen und feste Überzeugung und zuletzt die nachhaltige und demütige Unterwerfung unter eine transzendente Macht, die den Mittelpunkt des alltäglichen Lebens bildet.

In diesem umfassenden Sinne wird in der wissenschaftlichen Literatur die Frömmigkeit der Frauen im Gegensatz zu der der Männer diskutiert und untersucht. Dadurch entstand seit den 80er Jahren religionspsychologische und -soziologische Literatur, die sich durch zahlreiche Studien auf der Basis qualitativer und quantitativer Analysen mit der Frage nach geschlechtsspezifischer Religiosität auseinandersetzen.[2]

---

[2]   Z. B. Beit-Hallahmi, Benjamin and Argyle, Michael, *The Psychology of Religious Behaviour, Belief and Experience*, London: Routledge, 1997.

In diesen Fachbereichen versuchen die Untersuchungen und Analysen die Unterschiede zur Religiosität der weiblich- und männlichen Geschlechter aufzuzeigen. Die Ergebnisse dieser Studien stimmen darin überein, dass Frauen religiöser als Männer sind. Diese Befunde beziehen sich nicht nur auf die jeweiligen Entwicklungsphasen des Menschen wie das Kindesalter, Jugendalter oder Phasen des Erwachsenenlebens sondern erzielten in verschiedenen christlich geprägten Ländern wie Nord Amerika, Australien und Kanada tendenziell gleiche Ergebnisse.

Dieser Unterschied, der zwischen den Geschlechtern beobachtet wird, macht sich in unterschiedlichen Aspekten der Religiosität bemerkbar. Hier können als Beispiele die religiöse Motivation, die Intensität, die Präsenz religiöser Aktivität und das Gebet, die kirchliche Mitgliedschaft und Teilnahme am Gottesdienst in der Kirche, die religiösen Überzeugungen und Einstellungen sowie das Lesen der heiligen Schriften aufgezeigt werden, die bei den weiblichen Personen bevorzugt werden. All das zeigt, dass Frauen religiöser als Männer sind und eine emotionale Dimension zur Religiosität besitzen.[3]

Das durch die relevante Literatur belegte Phänomen, dass Frauen religiöser als Männer sind, gilt für das muslimische Milieu ebenfalls. Ähnliche Ergebnisse zur Intensität der weiblichen Religiosität wurden von zahlreichen Studien zu in Deutschland lebenden Muslimen berichtet. Laut der jüngsten Sonderstudie der Bertelsmann Stiftung sind 91 Prozent der Frauen im Gegensatz zu 90 Prozent der Männer religiös oder hochreligiös. Nach dieser Untersuchung glauben 81 Prozent der befragten Frauen (und nur 75 Prozent der Männer) fest an die Existenz Gottes und an ein Leben nach dem Tode, und dementsprechend denken sie häufiger über religiöse Fragen nach.[4]

Vergleichbare Untersuchungen aus der Türkei bestätigen die höhere Religiosität der Frauen im Vergleich zu den Männern. Nach der Sonderstudie von TESEV –*Türkiye Ekonomik ve Sosyal Etüdler Vakfı*- fiel die Intensität der Religiosität mit 51% bei den weiblichen Befragten deutlich höher aus als bei den männlichen mit 37,7 Prozent (Çarkoğlu &Toprak 2006).[5]

In diesem Kontext entstanden die Hypothesen zur Differenzierung nach geschlechtsspezifischer Religiosität und zu deren Ursachen mit Hilfe sozio-psychologischer Analysen. Dabei fallen zwei Gründe im Hinblick auf die Religiosität der Frauen im Gegensatz zu Männern auf. Der Erste fokussiert sich auf die Sozialisationsbedingungen der Frauen, in der sie gehorsamer, passiver und religiö-

---

[3] Batson, Daniel, Schoenrade, P. A., and Ventis, W. L., *Religion and the Individual. A Social Psychological Perspective*, New York, Oxford University Press, 1993; Chatters, L. M., Taylor, R. J., and Lincoln, K. D, *African American Religious Participation: A Multi-Sample Comparison*, in: Journal for the Scientific Study of Religion, 38 (1), 1999, p. 132–145.

[4] Wunn, Ina, *Religiosität muslimischer Frauen*, In Religionsmonitor 2008; Muslimische Religiosität in Deutschland von Bertelsmann Stiftung, S. 60–68

[5] Çarkoğlu, A. & Toprak, B., *Değişen Türkiye'de Din, Toplum ve Siyaset*, TESEV 2006, S. 40.

ser als ihre Gegengeschlechter erzogen werden; eine wahrscheinliche Ursache für die intensivere Religiosität der Frauen (Francis, 1997).[6]

Die Rolle der Religiosität im Alltag

Die muslimischen Frauen halten sich nicht bloß für religiös oder fromm; gleichzeitig versuchen sie, die Vorschriften, Ver- und Gebote ihrer Religion im Alltag zu erfüllen. In diesem Zusammenhang stellen die muslimischen Jugendlichen unabhängig von ihrem Geschlecht z. B. die fünfmaligen Gebete als Maßstab für Religiosität und als Pfeiler der Religion dar.[7] Dabei wird ein signifikanter Unterschied zwischen den Geschlechtern deutlich. Laut der Sonderstudie von Bertelsmann halten Frauen und Mädchen die rituellen Praktiken öfter als Männer ein. Wenn sie gefragt werden, welche Rolle die Religiosität im alltäglichen Leben spielt, beantworten sie zu 56% im Gegensatz zu den Männern mit 47%, dass die Religiosität im Leben für sie sehr wichtig sei.

Diese Wichtigkeit findet ihren Ausdruck nicht nur im Diskurs, sondern auch in der alltäglichen religiösen Praxis der muslimischen Frauen. Sie räumen dem persönlichen Gebet (du'a) mit 51% eine höhere Wichtigkeit ein als Männer mit 33%. Konsequenter sind Frauen auch bei den religiösen Pflichten. Zum Beispiel halten sie mit 59% das Pflichtgebet für sehr wichtig. Dagegen nehmen nur 43% der muslimischen Männer das Pflichtgebet ernst.[8]

Obwohl die muslimischen Frauen in den religiösen Organisationen öfter engagiert und ihren religiösen Überzeugungen treuer als Männer sind, können sie bei der Teilnahme am Gemeinschaftsgebet nicht mit den Männern konkurrieren. Die Teilnahme an der öffentlichen Gebetspraxis ist mit 51% bei den muslimischen Männern und mit 21% bei den Frauen eindeutig eine Männerdomäne[9] (zu den Ursachen vgl. auch Wunn Petry in diesem Buch). Diese Befunde sind weltweit in den islamischen Gemeinden und Gesellschaften gleich. Die Daten, die zwischen den Jahren 1972–2002 von der General Social Survey in den USA gesammelt worden sind, zeigen einen signifikanten Zusammenhang zwischen Religiosität und Geschlecht sowie von Religionszugehörigkeit und Geschlecht. Dabei wird deutlich, dass bei den weiblichen Christen die Aktivitäten und die Kirchenbesuche höher als bei Männern sind, während bei den Juden keine signifikanten

---

[6] Francis, L. J., *The Psychology of Gender Differences in Religion: A Review of Empirical Research*, Religion, (27), 1997, p. 81–96.

[7] Aygün, A., *Religiöse Sozialisation und Entwicklung bei muslimischen Jugendlichen in Deutschland und in der Türkei: empirische Analyse und religionspädagogische Herausforderungen*, http://bieson.ub.uni-bielefeld.de/volltexte/2010/1758/, Bielefeld 2010, S. 99.

[8] Wunn, I., *Religiosität muslimischer Frauen*, in Religionsmonitor 2008; Muslimische Religiosität in Deutschland von Bertelsmann Stiftung, S. 62.

[9] Wunn, I., *Religiosität muslimischer Frauen*. In Religionsmonitor 2008; Muslimische Religiosität in Deutschland von Bertelsmann Stiftung, S. 65.

Unterschiede erkennbar sind. Die General Social Survey bestätigte die Ergebnisse, dass die Teilnahmerate der gemeinsamen Gottesdienste oder der Moscheebesuch bei Männern höher als bei Frauen ist.[10] Der Grund für die religionsspezifischen Unterschiede kann mit der Position und Stellung der Frauen in den jeweiligen Religionen in den christlichen und islamischen Kulturräumen erklärt werden: Im Christentum vor allem in den USA wird die Kirche als ein Mittelpunkt der sozialen Aktivitäten der Gesellschaft gesehen; deswegen ist die Häufigkeit und Bedeutung von Kirchenbesuchen für die Frauen in den christlichen Gesellschaften anders als der Moscheebesuch für die Frauen in den islamischen Gesellschaften, denn im Islam wird nicht erwartet bz. Nicht gern gesehen (und in einigen Ländern nicht einmal gestattet), dass Frauen die Moschee besuchen und an den dortigen Aktivitäten teilnehmen. Diese Situation stellt intentionelle Barrieren dar, so dass die Frauen von den gemeinschaftlichen Gebeten so gut wie ausgenommen sind.

Die Untersuchungen[11], die in der Türkei durchgeführt sind, zeigen allerdings keine Übereinstimmung in ihren Ergebnissen in Bezug auf das Verhältnis zwischen Religiosität und Geschlecht. Laut dieser Forschungen erfüllen die Männer die rituellen Praktiken öfter als Frauen. Dagegen gibt es auch die Studien, dass die religiöse Praxis bei den weiblichen Befragten unter den Studierenden höher als bei den männlichen ist. Mit diesen Ergebnissen stimmte eine Studie12 überein, in der die weiblichen befragten Studierenden bei den unterschiedlichen religiösen Dimensionen wie der Präferenz und Bedeutung der Religion, der Bitte um Vergebung bei Gott und dem persönlichen Gebet eine höhere Prozentzahl aufweisen als die männlichen.

Ihre Familienvorstellungen

Die religiöse Intensität bei den muslimischen Frauen ist nicht nur im Vergleich zu den muslimischen Männern höher, sondern auch als die Frauen der anderen Religionsgemeinschaften. Hierfür gibt es in der Literatur Beispiele, wonach die weiblich-muslimischen Jugendlichen eine starke oder sehr starke Religiosität mit 55% im Vergleich zu anderen weiblichen religiösen Gläubigen aufweisen.[13] Diese Intensität macht sich in den Dimensionen des Lebens sowie in der Weltanschauung bemerkbar. Vor allem wird eine zunehmende Tendenz zu konventionell,

---

[10]   Davis, J. A., T. W. Smith, and P. V. Marsden, *General Social Surveys: 1972–2002 Cumulative Codebook.* Chicago: University of Chicago, National Opinion Research Center, 2003.

[11]   Köktaş, M. E., *Türkiye'de Dinî Hayat*, İstanbul 1993; Karaca, F., *Ölüm Psikolojisi*, İstanbul 2000; Mehmedoğlu, A. U., *Kişilik ve Din*, İstanbul 2004; Onay, A. *Dindarlık, Etkileşim ve Değişim*, İstanbul 2004.

[12]   Yapıcı, A., *Ruh Sağlığı ve Din: Psiko-Sosyal Uyum ve Dindarlık*, Adana: Karahan, 2007.

[13]   Boos-Nünnig, Ursula & Karakasoglu, Yasemin, *Viele Welten leben. Zur Lebenssituation von Mädchen und jungen Frauen in der Migration.* Münster 2005, S. 243.

konservativen Werten und Einstellungen bei muslimischen Frauen besonders im Verhältnis der Ehe und der geschlechtsspezifischen Rollenverteilung in der Familie deutlich. In der Literatur gibt es Befunde zu den Geschlechtsrollenorientierungen und Männlichkeitskonzepten bei den muslimischen Jugendlichen verschiedener Herkunft.[14] Damit zusammenhängend kann an dieser Stelle erwähnt werden, dass manche Studien von einer hohen Neigung zu traditionellen Familienkonzepten im Falle einer hohen Religiosität berichten.[15]

Bei der Untersuchung der Bertelsmann Stiftung wird deutlich, dass die Ehe bzw. die Familie von beiden Geschlechtern für sehr wichtig und bedeutend angesehen werden (88%). Bei der Bedeutung der Großfamilie driften jedoch die Meinungen und Vorstellungen der unterschiedlichen Geschlechter auseinander. Für die männlichen Probanden ist die Großfamilie mit 81% sehr wichtig. Dagegen liegt Prozentzahl bei den Frauen nur bei 77%.[16] Das kann mit der Position der Frau in der Familie erklärt werden denn sie ist die Person, die ihre Familienmitglieder pflegt und versorgt. In einer Großfamilie hat sie mehr Arbeit und Verpflichtungen, die sie belasten. Da durch die moderne Gesellschaft die Frau auch neben ihren Pflichten in der Familie außerhalb des Hauses arbeitet, bevorzugt sie eine Kleinfamilie. Doch der Mann fühlt sich seinen Eltern gegenüber verpflichtet und möchte aus diesem Grunde für sie sorgen und mit ihnen zusammen leben.

Auf der Basis der erwähnten Hypothese, die die höhere Religiosität der Frauen mit den Sozialisationsbedingungen erklärt, kann also die Relevanz zwischen der geschlechtsspezifischen Rolle bzw. der Rolle der Mutter und der Intensität der Religiosität belegt werden.[17] Diese Religiosität zeigt sich in der Erziehung der Kinder, ihrer Vorbereitung auf das Leben und in der Kontinuität der Familienfürsorge. All diese Funktionen werden von der Mutter in der Familie übernommen. Außerdem sieht sich die Mutter als ein Vorbild für ihre Kinder. Das führt sie in eine intensive Religiosität.

Eine zweite Hypothese behauptet, dass die Frauen wegen ihrer Position in der Gesellschaft religiöser als Männer sind. Aus dieser Perspektive gesehen sind die Frauen wegen der erzieherischen Verantwortung ihrer Kinder am Erwerbsleben weniger beteiligt als Männer. Das führt dazu, dass sie sich mehr mit der Religion beschäftigen.[18]

---

[14] Wetzels, P. & Brettfeld, K., *Auge um Auge, Zahn um Zahn? Migration, Religion und Gewalt junger Menschen*, Münster 2003

[15] Şen, Faruk & Sauer, M., *Islam in Deutschland. Einstellungen der türkischstämmigen Muslime. Religiöse Praxis und organisatorische Vertretung türkischstämmiger Muslime in Deutschland. Ergebnisse einer bundesweiten Befragung*, Essen 2006.

[16] Wunn, Ina, *Religiosität muslimischer Frauen*, in Religionsmonitor 2008; Muslimische Religiosität in Deutschland von Bertelsmann Stiftung, S. 61.

[17] Levitt, M., *Sexual Identity and Religious Socialization,* in British Journal of Sociology, (46), 1995, p. 529–536.

[18] Campiche, R., *A classical question: Are women really more religious than men? Presented at the annual meeting of the society for the scientific study of religion*, North Carolina 1993.

Bei der Auswahl der Partnerschaft spielt die Religion dementsprechend besonders für weibliche Muslime eine entscheidende Rolle. Sie legen einen höheren Wert auf einen Partner mit gleicher Religion als männliche Muslime. Dies wird als Reaktion auf die in dieser Hinsicht höhere normative Erwartung der Eltern an sie gedeutet.[19] Meiner Ansicht nach können jedoch noch weitere Gründe angeführt werden: Die genannten Ergebnisse der Studien sind damit zu erklären, dass der Islam die Ehe einer muslimischen Frau mit einem Nicht-Muslim basierend auf die Koranverse (60:10; 2:221) nicht toleriert.

Kopftuch

Viele muslimische Frauen zeigen sich in der Öffentlichkeit mit ihrem Kopftuch. Das Kopftuch als äußeres Erscheinungsbild signalisiert die Zugehörigkeit zum Islam. In diesem Artikel soll nun nicht in die Kopftuchdebatte eingegriffen und um ein theologisches Argument erweitert werden, sondern hier geht es um die Bedeutung und Interpretation des Kopftuches aus der Sicht der muslimischen Frauen. Laut der Ergebnisse der bundesweiten Befragung von Sen und Sauer[20] tragen 46,6% der Frauen in der Öffentlichkeit ein Kopftuch. Dabei dokumentieren die wissenschaftlichen Befunde zur Bewertung des Kopftuches unter Muslimen alles andere als einheitliche Auffassungen. Einerseits wird das Kopftuch seit der Iranischen Revolution als ein politisches Symbol gesehen, andererseits wird es als Ausdruck von Religiosität oder auch als Indikator der Zugehörigkeit zu einer bestimmten Kultur wahrgenommen. In diesem Zusammenhang gibt es auch Vorwürfe von unterschiedlichen Seiten, die behaupten, dass die Frauen in der islamischen Gesellschaft gezwungen sind, ein Kopftuch zu tragen, obwohl 38 Prozent der Frauen und nur 28 Prozent der Männer das Tragen eines Kopftuches für sehr wichtig halten.[21] Laut der Ergebnisse der Studie von Çarkoğlu&Toprak tragen 48,8% der Frauen in der Türkei ein Kopftuch, 11,4% ein Turban, wenn sie ausgehen. Dagegen trägt 36,5% der Frauen kein Kopftuch.[22] Natürlich gibt es immer Gründe, diese Vorwürfe zu verifizieren, denn die muslimischen Männer selbst können hinsichtlich den von ihnen als verheerend empfundenen Auswirkungen der Moderne auf die Religion kaum Flagge zeigen. Sie bevorzugten daher, ihre religiöse Identität über ihre Frauen, ihre Töchter oder ihre weiblichen Verwandten zu dokumentieren und zu bewahren. Jedoch stellt die äußere Er-

---

[19]   Kelek, N., *Islam im Alltag: Islamische Religiosität und ihre Bedeutung in der Lebenswelt von Schülerinnen und Schülern türkischer Herkunft*, Münster 2002.

[20]   Şen, F.&Sauer, M., *Islam in Deutschland. Einstellungen der türkischstämmigen Muslime. Religiöse Praxis und organisatorische Vertretung türkischstämmiger Muslime in Deutschland. Ergebnisse einer bundesweiten Befragung.* Essen:2006.

[21]   Wunn, I., *Religiosität muslimischer Frauen*, in Religionsmonitor 2008: Muslimische Religiosität in Deutschland von Bertelsmann Stiftung, S. 65.

[22]   Çarkoğlu, A.&Toprak, B., *Değişen Türkiye'de Din, Toplum ve Siyaset*, TESEV 2006, S. 58.

scheinung des Menschen – besonders für die nicht kopftuchtragenden Mädchen – keinen Maßstab für den reifen Gläubigen dar. Viele weibliche Jugendliche sind heute der Auffassung, dass man sich im Islam nicht bedecken müsse. Ihrer Ansicht nach reicht es, ein reines Herz zu haben sowie aufrichtig und aus ganzem Herzen an Gott zu glauben.[23]

Toleranz

Wie bereits dargestellt, sind muslimische Frauen religiöser als muslimische Männer. Gleichzeitig sind sie aber auch gegenüber anderen Religionen toleranter und offener. Sie haben religiöse Vorstellungen, konservative Einstellungen und Verhaltensmuster, das heißt aber nicht, dass sie nicht offen gegenüber anderen Religionen sind. Im Gegenteil: die meisten jüngeren muslimischen Frauen sind der Meinung, dass sich bei den Konflikten zwischen Muslimen und anderen Gläubigen keiner in die Angelegenheiten des anderen einmischen sollte. Darüber hinaus denken sie, dass jeder dem anderen mit Respekt begegnen, ihn tolerieren und den Dialog suchen soll[24], denn sie sind neben der Neigung zu konservativen Werten, religiösem Verhalten und Einstellungen ganz offen und interessiert an anderen Religionen und Kulturen. Wenn sie mit anderen Religionsgemeinschaften verglichen werden, ist ein deutliches Mehr an Interesse gegenüber anderen Religionen und mehr Toleranz und Verständnis für diese zu beobachten.[25] Diese Ergebnisse werden von der Untersuchung in der Türkei von Cirhinlioğlu und Ok bestätigt.[26]

Ursachen der Unterschiede zwischen weiblich-männlichen Religiosität:

In der Literatur kursiert eine Reihe von Theorien, die erklären sollen, warum Frauen religiöser sind und sich zu konservativen und dogmatischen Werten und Einstellungen im religiösen Bereich tendieren:

Die traditionellen Werte und Einstellungen, die von der ganzen Gesellschaft bewahrt werden, unterstützen den sozialen Status der Frauen. Sie bieten ihnen eine Zuflucht, wo sie sich in Sicherheit fühlen und die Angst und Verzweiflung

---

[23]   Aygün, A., *Religiöse Sozialisation und Entwicklung bei muslimischen Jugendlichen in Deutschland und in der Türkei: empirische Analyse und religionspädagogische Herausforderungen*, http://bieson.ub.uni-bielefeld.de/volltexte/2010/1758/, Bielefeld 2010, S. 104.

[24]   Ebd. S. 109.

[25]   Boos-Nünnig, U.&Karakasoglu, Y., *Viele Welten leben. Zur Lebenssituation von Mädchen und jungen Frauen in der Migration*, Münster 2005, S. 243.

[26]   Cirhinlioğlu, F. G.&Ok Ü., *Kadınlar mı yoksa Erkekler mi daha Dindar? Who are more religious: Women or men?* in Zeitschrift für die Welt der Türken/Journal of World of Turks, Vol. 3/1, 2011, S. 121–141.

fernhalten. Die religiösen Werte, Regeln und Vorschriften transferieren die die gesellschaftlichen Regeln in eine metaphysische und damit unangreifbare Dimension.

Dadurch fühlen sich die Frauen, die mehr Wert auf Frömmigkeit legen, in jeder Hinsicht in Sicherheit. Im Allgemeinen sind die Motivation und das Verantwortungsgefühl bei Frauen hoch, die die Institution der Familie schützen. Deshalb ist jede Institution und jeder Wert für die Frauen bedeutsam, der die Integrität der Familie unterstützt und fördert. All dies kann ein Grund für die Intensität ihres religiösen Engagements sein. Natürlich ist ebenfalls relevant, dass die Frauen in den von der islamischen Tradition geprägten Gesellschaften angeleitet werden zu gehorchen. Gehorsam ist oft kompatibel mit religiösen Vorschriften und Einstellungen, denn das unkritische Festhalten an traditionellen Werten wird von der Religion in den Vordergrund gestellt.

Die Untersuchungen in der Türkei zeigen, dass die muslimischen Frauen sich nicht für die rationale und wissenschaftliche Dimension der Religion und anderer Weltanschauungen und Ideen interessieren. Für sie sind die emotionalen und relationalen Dimensionen der Religion interessant. Die muslimischen Männer jedoch legen einen großen Wert auf die kognitiven und ganzheitlichen Aspekte der Religion.[27]

Die bis hierhin gezeigten empirischen Ergebnisse belegen bei muslimischen Frauen eine Tendenz in Richtung zu konventionellen, konservativen Werten, Einstellungen und Überzeugungen im religiösen Bereich, die die traditionellen religiösen Stile bilden. Davon ausgehend kann man behaupten, dass sie sich zwischen mythisch-wörtlichen und synthetisch-konventionellen Stufen des Glaubens befinden, wenn man diese Ergebnisse aus der Perspektive der Glaubensentwicklungstheorie von Fowler interpretiert.

Nach Fowler werden auf der Stufe des mythisch-wörtlichen Glaubens religiöse Vorstellungen und Überzeugungen der Umgebung und von Figuren aus religiösen Geschichten nachgeahmt. Durch die Vorstellungsbilder gelangt man zu einem ersten Verständnis des Verbotenen und Heiligen und wird so zu einem moralischen Wesen. Auf der synthetisch-konventionellen Stufe macht sich der Mensch Mythen, Überzeugungen und Rituale zu Eigen, die die Zugehörigkeit zur eigenen religiösen Gemeinschaft symbolisieren. Die religiösen Überzeugungen und Symbole werden als wahr und real betrachtet. Wichtigstes Merkmale der beiden Stufen ist, dass die religiösen Vorstellungen, Überzeugungen, Riten und Vorschriften von den Gläubigen übernommen werden, ohne durch die eigene Vernunft überdacht und reflektiert zu werden.[28] Diese Stile entsprechen der traditionellen Volksfrömmigkeit in den islamischen Gesellschaften. Die traditionelle Volksfrömmigkeit ist eine sozio-religiöse Form, die aus einer landesspezifischen Verquickung der urkulturellen Traditionen mit den schriftlich-islamischen

---

27 Ebd. S. 121–141.
28 Fowler, J. W., *Stages of Faith,* 1981.

Theologien entstand. Deshalb hat diese Variante des Islams synthetisch-konventionelle Eigenschaften. In diesem Religionsstil verbinden sich die religiösen Elemente, die zur schriftlichen und offiziellen Religion gehören, und die religiösen
Überzeugungen der Volkstradition zu einer harmonischen Einheit.[29]

Die Formen der Religiosität bei weiblichen Muslimen

Es gibt zahlreiche Studien, die sich mit der Religiosität, religiösen Vorstellungen
und der Bedeutung der islamischen Religion im muslimischen Alltag auseinandersetzen. Jedoch fehlen Untersuchungen, in denen die analytische Trennung
unterschiedlicher Dimensionen der Religiosität bei Muslimen Forschungsgegen-
stand ist. Es bedarf solcher Studien besonders in der Religionssoziologie und in
der Religionspsychologie, die das gesamte Bild der muslimischen Religiosität aus
unterschiedlichen Dimensionen und Perspektiven zeigen.

Da dieser Artikel von der Religiosität muslimischer Frauen handelt, ist es
besonders wichtig, die Studien zu erörtern, die sich auf die weibliche Religiosität
konzentrieren.[30] Mit Hilfe der Ergebnisse dieser Frauenstudien stelle ich nachfol-
gend die Binnendifferenzierungen der religiösen Haltung und die Muster religiöser Orientierungen von Muslimen dar.

Klinkhammer stellte drei Typen moderner islamischer Lebensführung bei
Migrantinnen sunnitischer und türkischer Abstammung unter Anknüpfung an
deren Verhältnis zur Religion fest, die als die traditionalisierenden, universalisierenden und exklusivistischen islamischen Lebensführungen bezeichnet werden.

Bei der traditionalisierenden islamischen Lebensführung gehört der Islam
zum biographischen Selbstverständnis und ist im familiären Alltag und in festli-
chen Anlässen verankert. Deshalb ist ein Hineingeboren-Sein stärker als die
bewusste Entscheidung für die Religion und bewahrende Haltung religiöser
Traditionen, und es ist keine Verinnerlichung oder Subjektivierung der islamischen Praxis zu beobachten.

Bei der universalisierenden islamischen Lebensführung ist keine biographisch
plausible Einstellung zur Religion erkennbar. Diese Lebensführung sieht sich als

---

[29]   Vgl. Aygün, A., *Religiöse Sozialisation und Entwicklung bei muslimischen Jugendlichen in
       Deutschland und in der Türkei: empirische Analyse und religionspädagogische Herausforderun-
       gen*, http://bieson.ub.uni-bielefeld.de/volltexte/2010/1758/, Bielefeld 2010
[30]   Karakaşoğlu-Aydın, Y., Islamische Religiosität und Erziehungsvorstellungen. Eine empirische
       Untersuchung zu Orientierungen bei türkischen Lehramts- und Pädagogik-Studentinnen in
       Deutschland, Frankfurt am Main 2000; Klinkhammer, G., Moderne Formen islamischer Le-
       bensführung: Eine qualitativ – emprische Untersuchung zur Religiosität sunnitisch geprägter
       Türkinnen in Deutschland, Marburg 2000: Nökel, S., Die Töchter der Gastarbeiter und der
       Islam: zur Soziologie alltagsweltlicher Anerkennungspolitiken – eine Fallstudie. Bielefeld 2002;
       Boos-Nünnig, U.&Karakasoglu, Y., Viele Welten leben. Zur Lebenssituation von Mädchen und
       jungen Frauen in der Migration, Münster 2005.

Vermittlerin zwischen den Welten. Die rituellen Praktiken werden nur dann ausgeführt, wenn sie in der Gemeinschaft oder mit den Kindern praktiziert werden. Eine Hinwendung an die Religion kann erst durch Erkenntnis von Sinntranszendenz stattfinden und eine bewusste Veränderung im Umgang mit dem Islam aufgrund lebensgeschichtlicher Erfahrungen auftreten. Daneben hat der Islam jedoch keine Funktion, die das ganze Leben bestimmt oder sich auf das soziale Verhalten auswirkt.

Bei der exklusivistischen islamischen Lebensführung spielt eine emotionale Innerlichkeit und islamisch geprägte Denkweise eine entscheidende Rolle. Diese Lebensführung weist auf eine biographische Entwicklung, in der sich eine muslimische Frau den emanzipatorischen Gehalt des Islams aneignet. Durch die Zugehörigkeit zur Religion findet eine biographische Selbstthematisierung statt. Es ist hier zu beobachten, dass eine enge authentische Entscheidung für den Islam bei diesen Frauen und eine Distanzierung von den religiösen Formen der Eltern auffällig ist, indem sie ihr gesamtes Leben islamisieren.

Karakasoglu-Aydin stellt fünf unterschiedliche religiöse Erfassungsmuster in ihrer Untersuchung fest, in der die Dimensionen und die Intensität der religiösen Selbstverortung in Verbindung mit familiären, religiösen und schulisch-pädagogischen Paradigmen erfasst werden. Diese Typen wurden die Atheistinnen und die Spiritualistinnen, die alevitischen Laizistinnen und die sunnitischen Laizistinnen, die pragmatischen Ritualistinnen und die idealisierten Ritualistinnen benannt. Laut dieser Studie spielt das Elternhaus nicht nur eine prägende Rolle bei den weiblichen Probanden, sondern sie zeigen auch unterschiedliche Ausprägungen bezüglich ihrer Religion. Weder haben sie eine volksreligiöse Einstellung noch neigen sie zu einer politisch-fundamentalistischen Auslegung des Islams. Die festgestellten religiösen Orientierungen der Untersuchung stellten die Varianten eines modernistischen Islam dar.

Für die Atheistinnen ist die Wissenschaft als eine Art unsichtbare Religion zu sehen, und an etwas Transzendentales ist nicht zu glauben. Deswegen wird dieser frauentyp in der genannten Studie zu den Atheistinnen gezählt und als Wissenschaftsgläubige bezeichnet. Diese Gruppe kann ihre Meinungen aufgrund der möglichen Ausgrenzung aus der Gesellschaft nicht offen gegenüber der sunnitisch-türkischen Gesellschaft äußern und kann daher nur einen formalen Bezug zum Islam aufrecht halten.

Spirituellen Vorstellungen wurden besonders unter der alevitischen Gruppe festgestellt, die rituelle und ideologische Glaubensdimensionen ablehnt. Für sie sind der religiöse Glaube und das religiöse Erlebnis von Bedeutung. Sie fühlen sich von einem höheren Wesen geleitet und finden den Glauben an Gott im sozialen Miteinander wieder. Ihrer Meinung nach ist die Religiosität eine ethisch-moralische Richtschnur im Leben.

Bei den alevitischen Laizistinnen wird die Glaubens- von der Lebenswelt getrennt wahrgenommen, und daher wird die Etikettierung als Atheistin abgelehnt. Doch bei der Abgrenzung der religiösen und ethnischen Bereiche zeigt sich eine

Unschärfe. Die Informationen über das Alevitentum erhalten diese Personen meistens nur durch die mündlichen Überlieferungen. Da sie großen Wert auf Informationen über das Alevitentum legen, tragen sie dazu bei, dass sich auch in der Elterngeneration eine bewusste religiöse Praxis entwickelt.

Für die sunnitischen Laizistinnen ist die Religion bei der Identitätsfindung sehr wichtig. Sie besitzen eine individualisierte, selbstbestimmte Auffassung und sind diesseitsorientiert. Deshalb ist diese Auffassung ein Vorzeichen für ein säkulares Religionsverständnis.

Die Gruppe der pragmatischen Ritualistinnen sieht den Glauben als primären Faktor ihres Lebens an, da rituelle Praxis und religiöses Erleben für sie wichtige Aspekte sind. Das Vollziehen religiöser Formeln bzw. Gebote, die Betonung ethischer Werte und soziales Engagement, das als Teil der rituellen Praxis angesehen wird, sind Aspekte, die in ihrem Leben eine große Rolle spielen. Alle rituellen Pflichten haben für sie eine Begründung. Die Unterstellung, das Kopftuch zu tragen, weil sie sich einer politisch-religiösen Richtung angeschlossen hatten, empfinden sie als Missachtung ihres persönlichen, individualistischen Verständnisses des Islam.

Für die idealisierten Ritualistinnen wird die Religiosität zum Lebensstil. Durch die Religion bildet sich eine Identität, aufgrund der man mit Gleichgesinnten in einer Gemeinschaft handelt und dadurch Geborgenheit erfährt. Begründungen der rituellen Pflichten werden nicht in Betracht gezogen. Für sie ist der Wille Gottes nicht hinterfragbar. Sie sind der Meinung, dass die rituelle Praxis den Alltag strukturieren muss.

Allgemeine Charakterzüge ihrer Religiosität

In den empirischen Studien, die hier als Beispiele angeführt wurden, zeigt sich ein breites Spektrum religiöser Orientierungen, das sich auf unterschiedliche Formen der Bewältigung der muslimischen Migrationserfahrungen zurückführen lässt. Neben den deutschen Studien gibt es auch zahlreiche türkische Forschungsarbeiten, die sich mit der Religiosität unabhängig von den Geschlechtern auseinandersetzen. Jedoch fehlt es insbesondere an mehrdimensionalen Perspektiven und empirisch fundierten Referenztheorien, mit denen die religiösen Einstellungen muslimischer Frauen differenziert beschrieben werden können.

Die weibliche Religiosität im Islam zu erforschen ist nicht einfach, da die Religiosität ein allgemeines Thema ist und alle Menschen, ihre Erfahrungen, Vorstellungen, Weltanschauungen, Verhaltens- und Denkweisen umfasst. Die Dynamik unseres Glaubens bzw. unserer Weltanschauungen und Verhaltensweisen bestimmt die Art und Weise unserer Religiosität, die sich über die gesamte Lebensspanne entwickelt.[31] In diesem Zusammenhang ist hier über das Verhältnis

---

[31]   Fowler, J. W., *Stages of Faith*, 1981.

zwischen der Religiosität und Geschlechtern hinaus die Dynamik mit ihren Dimensionen aus verschiedenen Sichtweisen herauszufinden. Vielleicht kann das deshalb schwierig sein, den Unterschied zwischen weiblicher und männlicher Religiosität aufzuzeigen, da die Religiosität ein allgemeines Thema ist und keine Flexibilität bei der geschlechtsspezifischen Differenzierung besitzt.

Natürlich ist die religiöse Praxis ein Hauptthema bei der Darstellung der Religiosität, bei dem sich bei muslimischen Frauen eine verstärkte Intensität beobachten lässt. Ihre Religiosität zeigt überwiegend traditionelle Charakterzüge. Aber dies gilt nicht nur für die Frauen, sondern ist mehr oder weniger weltweit unabhängig vom Land, von der Religion und auch von den Geschlechtern gleich.

Obwohl die islamische Tradition ein muslimisches Frauenbild bildet, das sich vom Männerbild unterscheidet, gestalten die muslimischen Frauen doch die Gesellschaften durch die Modernisierung und post-moderne Tendenzen, Urbanisierung und Globalisierung intensiv mit, da die Auswirkungen der Moderne mit dem unvermeidlichen sozio-wirtschaftlichen Wandel einen beherrschenden Einfluss auf die Wahrnehmungen und Religiosität der Frauen haben. In der Übergangsphase von der traditionellen Gesellschaft zur Moderne wurde die Frau in den Vordergrund gestellt. Es kann hier nicht behauptet werden, dass es einen Unterschied zwischen Frauen und Männern im Kontext der religiösen Dimensionen gibt. Dabei ist auffällig, dass der Glaube an Transzendenz nicht mit dem Geschlecht korrespondiert, sondern eine angeborene Veranlagung und ein psychologisches Bedürfnis ist. Deswegen gelten die Typisierungen und Einstufungen bezüglich der muslimischen Frauen selbstverständlich auch für muslimische Männer. In diesen Typisierungen und Einstufungen ist es wichtig, dass die muslimischen Frauen ihre eigene Position in dieser Vielfalt selbst beschreiben können, indem sie ihr Selbst in den historischen, religiösen Interpretationen unterscheiden und einen weiblichen Beitrag zu diesen Interpretationen leisten.

In diesem Sinne kann man unter weiblichen Muslimen beobachten, dass sie sich bewusst sind, wo sie von der Gesellschaft oder von der theologischen Perspektive im Laufe der Geschichte ignoriert oder vernachlässigt worden sind. Deswegen wird der Kampf um die Emanzipation von ihnen stark artikuliert, unabhängig von ihren unterschiedlichen religiösen Stilen, die sich in einer von mir durchgeführten Untersuchung in vier Typen dokumentieren lassen.[32] In dieser Untersuchung werden die Unterschiede in den religiösen Stilen mit Hilfe von Fallanalysen veranschaulicht. Daraufhin wird jedes Interview bezogen auf die verschiedenen Dimensionen typisiert. Die Datenerhebungsmethode und Auswertungsweise dieser empirischen Untersuchung basieren auf der aktuellen Methodenliteratur der Forschung zur Glaubensentwicklung, dem Manual for

---

[32] Aygün, A., *Religiöse Sozialisation und Entwicklung bei muslimischen Jugendlichen in Deutschland und in der Türkei: empirische Analyse und religionspädagogische Herausforderungen*, http://bieson.ub.uni-bielefeld.de/volltexte/2010/1758/, Bielefeld 2010.

Faith Development Research.[33] In der nach diesen Kriterien erfolgten Auswertung befinden sich die türkisch-muslimischen Jugendlichen überwiegend auf der synthetisch-konventionellen Glaubensstufe, wo man den Vorstellungen vertraut, die in ihm ein Verlangen nach einer persönlicheren Beziehung zu Gott hervorrufen[34]. Dabei werden die Einstellungen von der Umgebung identifiziert und durch sie verinnerlicht. Auf diese Weise werden der Glaube und die Werte des Individuums gebildet. Dieser Glaube und die Werte werden so wahrgenommen, dass von außen kaum Kritik ausgeübt werden kann.

Als Ergebnisse dieser Forschung kam eine Typisierung der grundlegenden religiösen Orientierungen der türkisch-muslimischen Jugendlichen in Verbindung mit den historischeren Glaubensverständnissen vor. Diese Typisierung, die durch die Dimensionen der Sozialisationsinstanzen, biographische Folgeprozesse, die kognitiv-strukturelle Bearbeitungsweise der religiösen Themen und Inhalte, die Zukunftsperspektiven, Bewältigungsstrategien und Emanzipation sowie Gleichberechtigung herausgebildet wurde, lässt sich in traditionelle, ideologische, laizistische und individuelle Typen einteilen.

Innerhalb dieser Typen wurde keine geschlechtsspezifische Unterscheidung vorgenommen. Trotzdem gibt es eine markante Besonderheit in den Angaben der weiblichen Probanden hinsichtlich Gleichberechtigung und Emanzipation. Unabhängig von den Typen zeigen die weiblichen Probanden nämlich implizit und unbewusst eine Tendenz zur Emanzipation. Einige von ihnen glauben, dass die Kultur bzw. die Gesellschaft die Frauen vernachlässigt, andere wiederum behaupten, dass die Religion oder die islamische Theologie die Rechte der Frauen ignoriert. Im Folgenden lassen sich die Angaben zum Thema Emanzipation anhand von Fällen mit ihren Typisierungscharakteristika darstellen:

Traditionsgeleiteter Typ Buse (18)

Buse (18) ist in einer traditionell-alevitischen Familie in der Türkei aufgewachsen. Was sie anders macht, ist ihre Zugehörigkeit zur alevitischen Konfession, die vom Staat und den sunnitischen Institutionen ignoriert wird. Sie lebt in einer großen Stadt, in einem Viertel mit vielen Konfessionen. In der Schule musste sie am obligatorischen, sunnitisch orientierten Religionsunterricht teilnehmen. Nebenbei engagiert sie sich in Cem-Evi (Andachthaus von Aleviten). Dies sind die wichtigsten Faktoren, die ihre Ideen, ihren Lebensstil und ihre Zukunft prägen. Sie zeigt einen synthetisch-konventionellen Stil im religiösen Glauben.

---

[33] Fowler, J. W.&Streib, H.&Keller, B., *Manual for Faith Development Research* (3rd ed.), Atlanta: Center for Research in Moral and Faith Development, Bielefeld: Research Center for Biographical Studies in Contemporary Religion 2004.

[34] Aygün, A., *Religiöse Sozialisation und Entwicklung bei muslimischen Jugendlichen in Deutschland und in der Türkei: empirische Analyse und religionspädagogische Herausforderungen*, http://bieson.ub.uni-bielefeld.de/volltexte/2010/1758/, Bielefeld 2010.

Durch die Einflüsse des verstorbenen Onkels ist sie empfindlich gegenüber sozial-politischen Themen. Sie sieht ihren Onkel als Vorbild. In der gleichen Weise ist die Vernachlässigung ihrer Mutter als Frau sowohl in der Familie als auch in der Gesellschaft ein wichtiger Motivationsfaktor, der sie zum Erfolg im Leben motiviert. Sie möchte Jura studieren, um einen höheren Status in der Gesellschaft zu erlangen und einen guten Arbeitsplatz zu bekommen – letztlich, um ihre Mutter glücklich zu machen. Ihre religiösen Vorstellungen sind nicht anders als die ihrer Peers.

Sie sagt, dass ihre Mutter eine wichtige Person in ihrem Leben sei, weil sie sich mit ihren schulischen Angelegenheiten und ihrer Zukunft beschäftige. Ihr Vater sei in ihren Augen nur derjenige, der das Geld verdient und ihrer Mutter Geld gibt. Er würde sich kaum um ihre Probleme kümmern. Ihre Mutter sei Hausfrau und hoffe, dass Buse studieren und einen guten Job bekommen wird. Das motiviert Buse zum Studium. Ausgehend von der Geschichte ihrer Mutter versucht Buse, sich zielstrebig und selbstbewusst auf die Zukunft vorzubereiten. Denn sie glaubt, dass ihre Mutter von ihrer Familie vernachlässigt worden und deshalb ungebildet und finanziell von ihrem Mann abhängig geblieben ist. Aus diesem Grund möchte sie selbst weiter studieren, später einen guten Job haben und dadurch die Vorurteile gegenüber Frauen abbauen. Ein anderer Umstand, der von ihr überhaupt nicht akzeptiert werden kann, ist der gesellschaftliche Druck. Sie kritisiert, dass die Gesellschaft die Frauen nach ihrer Kleidung bewertet. Ihrer Meinung nach stigmatisiert die Gesellschaft die Frauen moralisch defizitär, wenn sie sich nicht bedeckten. Hier sieht man ihre Emanzipation in Bezug auf die Lebensgeschichte ihrer Mutter und den gesellschaftlichen Druck.

Ideologischer Typ Asu (24)

Asu ist in einer religiös-konservativen Familie und Umgebung in der Türkei aufgewachsen und sozialisiert worden. Die staatliche Verfolgung, die ihr Vater wegen seiner ideologisch-politischen Einstellungen in seinem beruflichen Leben erlebte, spielt eine prägende Rolle bei ihrer Sozialisation. Dass sie einen Schulabschluss eines Vorbeter-Prediger-Gymnasiums (Imam-Hatip-Schule) hat, führt in ihrer Studienzeit in einer liberalen und wenig religiösen Stadt zu einer Auseinandersetzung nicht nur mit der Rolle als Absolventin einer solchen Schule, sondern auch mit ihren Vorstellungen, Überzeugungen und ihrer Weltanschauung. Doch diese Konfrontation bewirkt bei ihr keine Kritik an ihren Vorstellungen, sondern führt zu einem Streben nach Bewahrung ihres Moralsystems. Deshalb stellt ihre Bearbeitungsweise der religiösen Themen eine synthetisch-konventionelle Art dar. Bei der Bewältigung der Schwierigkeiten des Lebens spielen die religiös-ideologischen Gefühle als Verhütungsfunktion eine wichtige Rolle. Dadurch erlangt sie ein starkes Selbstbewusstsein. Ihre ideologischen Vorstellungen und ihr Emanzipationskampf um das Verhalten ihres Vaters geben ihr eine Zukunftsperspektive.

Die Bildung ihres Vaters ist Asu ein Ansporn. Ihren Vater betrachtet sie als Vorbild. Dagegen ist ihre Mutter eine Frau vom Lande. Sie liebt ihre Kinder über alles und ist eine aufopfernde Frau. Obwohl ihr Mann so oft ins Exil musste, ist sie bei ihren Kindern geblieben, um sich um sie zu kümmern. Asu glaubt, dass sie und ihre Geschwister auf kultureller Ebene nichts von ihrer Mutter gelernt haben. Ihre Mutter hat lediglich die Grundschule besuchen können. Sie wollte Lehrerin werden; weil sie ein Mädchen war, hatte ihr Vater sie aber nicht zur weiterführenden Schule geschickt. Aus diesem Grund wünscht sie sich, dass Asu Lehrerin wird.

Obwohl der Vater ihr ein Vorbild ist, hat sie mit der Zeit und mit zunehmenden Erfahrungen gemerkt, dass er zwar ein lockerer Mensch ist, Entscheidungen aber wie ein Diktator trifft, was womöglich durch das Amt als Rektor eines Imam-Hatip Gymnasiums erklärt werden kann, das er 20 Jahre lang ausübte und in dem er sehr streng gewesen ist. Dann kommt sie darauf zu sprechen, dass er zwar ein sehr guter Vater, aber aufgrund seiner Eifersucht und Vernachlässigung seiner Frau ein schlechter Ehepartner ist. Die Vernachlässigung ihrer Mutter führt Asu unbewusst zu einem Bemühen um die Gleichstellung von Mann und Frau in der türkischen Gesellschaft. Sie möchte die Schwierigkeiten ihrer Mutter in ihrem eigenen Leben nicht erleben. Deswegen strebt sie einen erfolgreichen Studienabschluss an.

Laizistischer Typs Ece (20)

Ece ist die Tochter einer wohlhabenden Familie aus der Türkei. Ihre religiöse Erziehung ist auf den obligatorischen Religionsunterricht in der Schule, an dem jeder türkische Jugendliche teilnehmen muss, begrenzt. Jedoch haben ihre religiösen Vorstellungen tiefere und reichere Inhalte als die des traditionellen und ideologischen Typs. Ihre Kritik richtet sich nicht gegen die Religion. Stattdessen kritisiert sie die Personen, die die Religion in den Mittelpunkt ihres Lebens stellen und die Religion in der Öffentlichkeit thematisieren. Sie spricht der Religion durchaus Bedeutung zu, ihrer Meinung nach sollte sie aber ausschließlich im Privatleben einen Platz haben. Allerdings hält sie sich nicht für religiös, da sie die Religion in ihrem Leben nicht praktiziert. Für sie ist es sehr schwierig, als Frau in der Türkei zu leben. Deswegen fühlt sie sich verantwortlich gegenüber sich selbst und ihren Eltern, ihr Studium zeitnah abzuschließen und Arbeit zu finden. Ihr Zukunftsplan besteht darin, einen angesehenen Beruf zu ergreifen. Hierin zeigt sich ihr Emanzipationsstreben, denn ihrer Meinung nach ist der berufliche Erfolg in einer patriarchalischen Gesellschaft wie der Türkei für die Frau mit Schwierigkeiten verbunden.

Individueller Typ Seda (21)

Seda ist ein gutes Beispiel für all die Jugendlichen, die in einem ländlichen Gebiet der Türkei und einer konservativ-traditionellen Umgebung aufgewachsen und sozialisiert worden sind. Dazu gehört auch das patriarchalische Familienverhältnis. Sie hat einen Gymnasialabschluss der Imam-Hatip-Schule und studiert Islamische Theologie, obwohl sie lieber Politikwissenschaft in einer weiter entfernten Großstadt studiert hätte. Während der Gymnasialzeit war sie durch den Missbrauch und die Verleumdung durch einen Dorfvorbeters schmerzhaft betroffen – eine Erfahrung, die sie nachhaltig beeinflusst. Das alles verursachte bei ihr Spaltungen zwischen religiösen und kulturellen Traditionen. Durch das Theologiestudium stellt sie ihr Wissen über den Islam, besonders die Stellung der Frauen im Islam auf den Prüfstand. Sie verzichtet auf das Tragen des Kopftuches im Studium, jedoch kritisiert sie, dass Kopftuch-Trägerinnen der Zugang zum Studium verwehrt wird. Sie zeigt eine traditionelle, aber reflektierte Haltung bezüglich vieler religiöser Themen. Gleichzeitig übt sie Kritik am Leben des Propheten Mohammed und der Vorschriften Gottes. Deswegen befindet sie sich an einer Stelle zwischen traditioneller und individueller Religiosität. Seda ist ein gutes und repräsentatives Beispiel für die Vernachlässigung der Frauen. Sie finden wenig Unterstützung bei ihrer Auseinandersetzung mit ihren Zweifeln und Fragen in Bezug auf Politik und die institutionellen religiösen Lehren, die sich im Kontext eines Studiums und neuer Erfahrungen beim Übergang zum individuellen religiösen Stil ergeben. Sie meint, dass ihr Vater gut ausgebildet sei, sieht ihn jedoch auch unter dem Einfluss der ländlichen Umgebung. Hierfür kritisiert sie ihn aber nicht. Beim Nachdenken über ihre Mutter entwickelt sie den Wunsch, keine dörfliche Frau wie ihre Mutter zu werden. Ihrer Meinung nach verursacht Egoismus Schäden in den Beziehungen zwischen Menschen. Seda äußert Sorgen in Bezug auf die Moral der Gesellschaft und befürchtet, dass Frauen auf ihren Körper reduziert würden. Sie gestaltet ihr Leben um diese Faktoren herum und richtet ihre Prioritäten danach aus. Familie, Ehe und Religion sind daher der Mittelpunkt ihres Lebens und somit sind die türkischen Bräuche und Tradition unmittelbar ihre wichtigsten Gestaltungselemente. Diese Institutionen bieten dem Individuum eine konventionelle Glaubens- und Wertetradition in der Gesellschaft. In diesem Fall bleibt die Interviewpartnerin auf der einen Seite im Konsens mit persönlich wertvollen Repräsentanten von Glaubens- und Wertetraditionen, übt aus einer feministischen Perspektive auf der anderen Seite aber Kritik an der gesellschaftlichen Benachteiligung der Frauen.

Schlussfolgerung

Es gibt verschiedene Gründe, warum die Frauen religiöser als Männer sind und warum sie zu traditionellen und konservativen Einstellungen und Werten im religiösen Bereich tendieren. Vor allem liegt dies daran, dass sie zum größten Teil außerhalb der Arbeitswelt bleiben und sich um ihre Familien kümmern, wie klassische Hypothesen der Religionspsychologie und -soziologie darlegen.

Die weibliche Religiosität wird vom orthodoxen Islam und der Volksfrömmigkeit geprägt, deswegen konserviert sie teilweise altkulturelle Elemente. Jedoch ist eine Veränderung in der religiösen Wahrnehmung der neuen weiblichen Generation durch das erhöhte Bildungsniveau vor allem durch das Individuum, das von der Modernisierung geprägt ist, wahrzunehmen. Als Folge dieser Veränderung kommt ein religiöses Stil bei weiblichen jungen Muslimen vor, der sich von dem Stil ihrer Elterngeneration unterscheidet und bewusst distanziert. Doch diese weibliche Typisierungen können auch für Männer gelten, so dass Männer und Frauen grundsätzlich die gleichen religiösen Stile darstellen.

Trotz dieser allgemeinen Geltung religiöser Stile weichen die weiblichen Muslime in bestimmten Punkten in diesen religiösen Stilen von Männern ab. Diese Abweichung findet ihren Ausdruck in den Schwierigkeiten des Frauendaseins in einer patriarchalischen Gesellschaft (in der Türkei). Die Vernachlässigung der Frauen in der Familie, vor allem das Fehlen von Bildungschanchen und der Gleichstellung der Geschlechter in der Gesellschaft sind Brennpunkte der weiblichen Kritik. Laut meiner Untersuchung behaupten männliche Probanden, dass sie in Deutschland wegen ihrer Herkunft diskriminiert werden. Neben diesen Diskriminierungserfahrungen denken die weiblichen Probanden mit Kopftuch, dass sie wegen ihres Kopftuches in Deutschland diskriminiert werden. Wir beobachten, dass die jüngeren muslimischen Frauen mit einer wenig starken Stimme über die Gleichberechtigung und Gleichstellung der Geschlechter in der Türkei reden, indem sie von der Vernachlässigungsgeschichte ihrer Mütter ausgehen, auch wenn sie heute selbst davon nicht betroffen sind.

Allerdings tritt unter den muslimischen Frauen, die eine religiöse Erziehung auf einer akademischen Ebene genossen haben, das Bewusstsein in den Vordergrund, dass die muslimischen Frauen in der religiösen Tradition trotz des Korans und der Anwendungen der *sunna* des Propheten vernachlässigt wurden und werden.

All diese gesellschaftlich-patriarchalischen und religiösen Vernachlässigungen führten die muslimischen Frauen dazu, sich auf den Erfolg in der Gesellschaft zu konzentrieren, für die Teilhabe am gesellschaftlichen Leben zu motiveren und sich hier zu entfalten. Sie glauben, dass sie über eine gute Bildung zu wirtschaftlicher und damit auch persönlicher Unabhängigkeit gelangen können, denn gerade die wirtschaftliche Unabhängigkeit ändert den Blick der Gesellschaft auf die Frauen und erleichtert deren Akzeptanz und Wahrnehmung als Individuum. Bei dieser Meinung spielt natürlich die Auswirkung der Modernisierung eine entscheidende Rolle, da die Modernisierung das Idividuum in den Mittelpunkt des Lebens stellt. Es gibt hier wenige und noch schwache Ansprüche, im Rahmen eines Kampfes um Gleichberechtigung die religiösen und rechtlichen Bestimmungen und deren Anwendungen neu zu interpretieren, die die Frauen besonders im Bereich des islamischen Rechtes, benachteiligen. Allerdings werden diese Ansprüche mit der Zeit lauter und effektiver umgesetzt werden, da ein religiös motivierter Emanzipationskampf vor allem unter den jugen Frauen mit dem hohen Bildungsniveau stattfindet.

Überlieferungen und Auslegungen mit Spuren vorislamischer Traditionen, die den Hauptquellen des Islams wie dem Koran und der authentischen Sunna des Propheten nicht entsprechen, führten zur Vernachlässigung der Bildung von Frauen in der islamischen Welt. Seit Jahrhunderten wurde die Hälfte der islamischen Gesellschaft zur Unwissenheit verurteilt, indem die Frauen vom sozialen und kulturellen Leben, der Bildung und von Aktivitäten in der Moschee ausgeschlossen wurden.

Diese geschlechtsdifferenzierten Prozesse resultierten aus den patriarchalisch-vorislamischen Gesellschaftsordnungen der ersten muslimischen Bevölkerungen wie Arabern, Persern, Indern und Türken. Diese Faktoren führten dazu, dass eine Reihe der sozialen, wirtschaftlichen und politischen Rechte der muslimischen Frauen unter Druck der patriarchalischen Gesellschaft ignoriert wurden. Das geschah insbesondere durch ihren Ausschluss aus der Moschee und von den gemeinsamen Gottesdiensten, die als Mittelpunkt der gesellschaftlichen Integration im Islam gesehen werden. Dadurch blieb den muslimischen Frauen kaum öffentlicher Raum, in dem sie sich individuell und sozial entfalten konnten.

Eine Veränderung in der Wahrnehmung der muslimischen Frauen erfolgt nur dann, wenn die Frauen selbst zur Neuinterpretation der religiösen Tradition beitragen, ohne sich davon auszuschließen. Obwohl die Frauen bisher keine hohen Ansprüche an die Neuinterpretation der Vorschriften und Praxen im Islam stellen, erfordert die heutige Zeit eine ästhetische Version des Islams und ein islamisches Verständnis, das von beiden Geschlechtern gestaltet wird. Diese genuin islamische Version von Gendergerechtigkeit soll einen Beitrag zum zeitgemäßen Verständnis des Islams leisten, das in allen Breichen des Lebens wie in der Wissenschaft, Kunst und Kultur dringend benötigt wird.

Theologische Grundlagen

Reflexion über die theologischen Prämissen der Methoden feministischer Koraninterpretation

Bertram Schmitz

Vorbemerkung

Für die Koraninterpretation steht grundsätzlich eine Vielzahl von Ansätzen und Möglichkeiten zur Verfügung. Die feministische Exegese verwendet einige von ihnen, denen gerade durch die feministischen Perspektive eine spezifische Bedeutung zukommt. Diese Möglichkeit der Methoden unterscheidet sich zum Teil deutlich von denen, die etwa im Christentum für die Bibel oder speziell für das Neue Testament verwendet werden. Dies liegt vor allem daran, dass die jeweilige Textgrundlage einen völlig anderen Stellenwert hat: Geht es im Christentum darum, das Christusereignis anhand des Zeugnisses des Neuen Testaments auszulegen, zu verstehen und zu vermitteln, so bildet demgegenüber im Islam der Koran selbst das Eigentliche, das es auszulegen gilt. Der Unterschied von Personalreligion (Christentum) und Buchreligion (Islam) wird in diesem Gebiet der Auslegung besonders deutlich. Deshalb wird der christliche Leser in den folgenden Ausführungen mit anderen Fragestellungen konfrontiert, als er oder sie es bislang gewohnt ist. Für muslimische Lesende hingegen dürften die Fragen und Themen nahe liegend sein, auch wenn solch eine reflektierend erwägende Zusammenstellung aus der Außenperspektive eher fremd erscheinen mag. Es wird vor allem darum gehen, welche impliziten Denkvoraussetzungen und welches Grundverständnis des Korans den jeweiligen Auslegungsmethoden zugrunde liegen und welche Bedeutung diesen für die feministische Exegese zukommt. Da es vor allem um diese Grundlagen geht, wurde auf direkte Zitate aus der feministischen Koranexegese verzichtet.

Soll der Koran in seiner Ganzheit verstanden werden, wird jede zusätzliche Perspektive, die ihn grundsätzlich achtet, seinem universalen Anspruch weitere Tiefe verleihen. Im Folgenden wird es bei den einzelnen Beispielen weniger um den Auslegungsinhalt gehen. Vielmehr steht eine Reflexion über mögliche Auslegungsmethoden selbst im Vordergrund und die Frage, was sie für die feministische Koranauslegung in Theorie und Praxis bedeuten können. Eine Wertung dieser Methoden findet dabei nicht statt. Es liegt in diesem Fall an der religionswissenschaftlich betrachtenden Perspektive, dabei einzelne Methoden nebeneinander zu stellen.

Über das sachliche Interesse des Religionswissenschaftlers hinausgehend liegt meine eigene Motivation zu diesem Thema zum einen darin, dass ich während meiner Dozententätigkeit in einem Ausbildungsprojekt für Islamlehrer in Osnabrück (2004–2006) den Bereich feministischer Theologien in anderen Religionen ins Gespräch brachte und daraufhin von Studentinnen zum Islam befragt wurde. Zum anderen sehe ich in der feministischen Auslegung einen notwendig ergänzenden Teil der Koranauslegung und frage mich selbst dabei: Was passiert bei dieser Art von Auslegung, wie verändert sich die Bedeutung des Korantexts und wie wird diese Auslegungsweise von Musliminnen begründet? Zum dritten schließlich sehe ich in der Beschäftigung mit diesem Bereich eine Chance, miteinander ins Gespräch zu kommen, zwischen Männern und Frauen, Muslimen und Nichtmuslimen, Religionswissenschaftlern und religiösen Auslegern.

Prämissen möglicher Methoden der Koranauslegung

Jeder religiösen Schrift werden Auslegungsweisen zugeordnet, die sie mit Schriften anderer Religionen teilt, und solche, die nur bei ihr allein Sinn machen. Dabei kann zunächst die Grundlage festgelegt werden, die die Schrift – religiös gesehen – bildet, die ausgelegt werden soll. Beim Koran wird in der religiösen Auslegung davon ausgegangen, dass der Koran insgesamt und in seiner vorliegenden Form von Gott offenbartes Wort darstellt. Sollte hingegen der Koran als von einem Menschen verfasste Schrift angesehen werden, würden sich die religiösen Auslegungsmethoden deutlich verändern. Dies gilt bereits, wenn nur ein Teil des Korans als *Menschenwerk* angesehen würde. Sofort käme die Frage, welche Verse oder Abschnitte *echt* seien und damit Vorrang hätten, und welche Teile aus diesem Autoritätsanspruch auszuscheiden seien.

Hierin liegt ein grundsätzliches Problem: Sollte damit begonnen werden, zunächst nur wenige Teile des Korans auszuscheiden, wäre nicht abzusehen, ob dieser Prozess je eine Ende nehmen würde, bis nichts mehr vom Anspruch des Korans übrig bliebe. Diese Gefahr mag als weiteres Moment die eingangs genannte Haltung feministischer Exegese erklären, den Offenbarungsanspruch des Korans keinesfalls in Frage stellen zu wollen. Was unter *Offenbarung* zu verstehen sei, kann dabei zunächst offen bleiben. Im Folgenden wird dieser grundsätzliche Anspruch der Exegetinnen nicht in Frage gestellt. Der Koran bildet für diese Überlegungen die Grundlage, hinter die nicht zurückgegangen wird.

Grundprämisse: Der Koran gilt insgesamt und in seinen Teil als von Gott offenbartes Wort. Er ist nicht Menschenwerk. Damit erhält der gesamte Koran in all seinen Worten gleichermaßen autoritativen Offenbarungsanspruch.

In diesem Sinn soll der Koran im Folgenden als *ewig* verstanden werden. Dass er inhaltlich nicht gänzlich losgelöst von Raum und Zeit gedacht werden kann, wird schon allein dadurch möglich, dass er die damals gegenwärtige Situation aktuell in sich aufnimmt und interaktiv direkt auf sie reagiert. Dennoch muss er nicht an die Situation gebunden sein, d. h. seine Verse stehen zwar in Beziehung zur Situation (sie sind *relational*), aber sie müssen dadurch nicht bedingt sein (sie wären dann *nicht relativiert*). Dies sind zwei deutlich voneinander zu trennende Faktoren.

Auf dieser Grundlage ergeben sich für den Koran – abgesehen von den klassischen normierten und anerkannten Auslegungsverfahren wie z. B. des *Analogieschlusses* (Qiyas) oder des *Konsens* (Idschma) – verschiedene Möglichkeiten der Auslegung. Diese Vielzahl der Auslegungsmöglichkeiten wird im Folgenden zumindest in einer Auswahl, weitgehend in Gestalt von Alternativpaaren, genannt. Auf diese Weise wird die Kontur des jeweiligen Verfahrens deutlich. Dabei wird die Spannung zu seinem je alternativen Pol hin fassbar. Zudem wird ein Eindruck von der Vielzahl der Möglichkeiten aufgezeigt, die z. T. explizit, zumeist aber implizit für die Koranauslegung angewendet werden bzw. angewendet werden könnten. Die meisten dieser Möglichkeiten werden im Verlauf der Darlegung nach ihrer Auswirkung für das Auslegungsergebnis hin befragt. Selbst wenn – wie als Grundprämisse für das Folgende festgelegt – der Koran im oben genannten Sinn als *ewig, d. h. hier als Gottes Wort,* angesehen wird, so kann doch seine Aussage entweder in wörtlicher Weise als unveränderlich verstanden werden, oder als kontextuell. Die unveränderliche Aussage kann wiederum juristisch oder ethisch, poetisch oder prosaisch, flexibel oder fixiert, ad sensum oder literalistisch, diskursiv oder normativ, gendergemäß oder patriarchalisch, traditionell oder progressiv, lexikalisch festgelegt oder den semantischen Raum ausschöpfend, chiffriert oder eindimensional, metaphorisch oder konkret, sich ergänzend oder durch zeitliche Ordnung abrogiert verstanden werden. Bei der kontextbezogenen Auslegung kommen noch weitere Aspekte hinzu: der Kontext kann als pagan, altarabisch religiös, jüdisch oder christlich verstanden und jeweils als situationsbedingt gesehen werden. Zum Teil überschneiden sich in der Praxis die einzelnen Bereiche; so kann etwa eine bestimmte Auslegung patriarchalisch, literalistisch und zugleich traditionell sein sowie etwa einen Bezug zum Christentum haben. Doch diese genannten Bereiche müssen nicht übereinstimmen und werden deswegen bei den weiteren Ausführungen getrennt.

Darüber hinaus finden sich im Islam ohnehin verschiedene Rechtsschulen und Auslegungstraditionen – die jedoch alle von Männern dominiert sind und nur die Sichtweise von Männern repräsentieren. Wenn der Koran als universal verstanden wird – so *könnte* argumentiert werden – fehle damit die weibliche Seite der Auslegung, um ein weitgehend umfassendes Verständnis des Korans zu finden (und es fehlte die Auslegung der im Koran angesprochenen Nichtmuslime, um dieses Bild zu vervollständigen).

Im Folgenden wird erörtert, was verschiedene Auslegungsweisen für die feministische Koranauslegung bedeuten bzw. bedeuten könnten, auf welchen theoretischen Grundvoraussetzungen sie beruhen müssten und welche Auswirkungen sie für die gelebte Praxis haben würden bzw. werden. Einige dieser Methoden werden bereits von Musliminnen verwendet, andere treten als mögliche Vorschläge hinzu. Die Darstellung der Methoden erhebt keinen Anspruch auf Vollständigkeit. *Die angegebenen Beispiele dienen nur (!) dazu, die Methode anschaulicher zu machen, sollen aber selbst keine Auslegung im eigentlichen Sinn sein.* Sie sind also in diesem Zusammenhang eher Mittel zum Zweck. Die Übersetzung der Koranverse ist von Hans Zirker (Der Koran) übernommen. Auf eigene Übersetzungen wurde schon aus dem Grund verzichtet, um nicht in den Verdacht zu kommen, eine eigene Exegese leisten zu wollen. Ebenso sollen die Beispiele zu nichts anderem dienen, als die unterschiedlichen Auslegungsarten ins Bewusstsein zu rücken. Dementsprechend handelt es sich nur um *Skizzen*.

A. *Der Koran in seiner allgemeinen Bedeutung*

Mit dieser Prämisse wird davon ausgegangen, dass nicht nur der Koran nicht an Raum, Zeit und Situation gebunden ist (s. o. Grundprämisse), sondern dass auch seine Auslegung von solchen Momenten unabhängig ist (vgl. dagegen die Methoden unter B).

1. Juristisch oder ethisch

Es wird gegeneinander gestellt, ob die Anweisungen des Koran in erster Linie a) als ethische Leitlinien zu b) oder ob sie auch als rechtsrelevante Maßstäbe oder gar direkt als Rechtsordnung zu verstehen sind, oder ob sie c) vor allem die Kriterien nennen, nach denen Gott beim Endgericht den Menschen richten wird. Für alle diese Alternativen gibt der Koran entsprechende Verse als Beispiele, so dass sie in Betracht gezogen werden müssen.
  Beispiel:

> *„Prüft die Waisen, bis sie das Heiratsalter erreicht haben! Wenn ihr bei ihnen rechte Lebensweise bemerkt, dann händigt ihnen ihr Vermögen aus. [...] Wer reich ist, der soll die Hände davon lassen. Wer aber arm ist, der soll rechtmäßig davon zehren."* (An-Nisā 4: 6)

Die ethische Aussage des Verses scheint klar zu sein: Solange Waisenkinder noch nicht selbstverantwortlich mit ihrem Vermögen umgehen können, soll es – wie das Vermögen anderer Kinder auch – von Erwachsenen stellvertretend für sie verwaltet werden. In diesem Fall ist von Mädchen die Rede. Das Geld soll ihnen selbst zugute kommen und niemand anderem, denn es ist ihr Geld. Nur im Notfall soll nach bestem Wissen und Gewissen jemand anderes davon Gebrauch machen. – Bemerkenswert ist im Koran, dass bei solchen Anweisungen grundsätzlich eine Verantwortung des Menschen gegenüber Gott angefügt wird: „Gott genügt als einer, der abrechnet." Besonders bei Anweisungen, die kaum oder nicht nachgeprüft werden können, oder die von dem Umgang mit sozial oder politisch Schwächeren handeln, bleibt oft keine weltliche Instanz, um Recht zu schaffen. In solchen Fällen wird im Koran Gott als Zeuge genannt, denn die jeweils Machtlosen sind auf ihn und sein (Mit)Wissen angewiesen. Und dieses göttliche Mitwissen wird hinreichend deklariert. Die eigentliche Gerechtigkeit des weltlich nicht Verfügbaren kann nur durch ihn vollzogen werden. Umgekehrt ist alles weltlich nicht Verfügbare bei ihm ausgehoben und geht nicht verloren. Damit formuliert der Koran, dass weltliche Gerechtigkeit höchstens einen Näherungswert anstreben kann. Diesen sollte sie allerdings juristisch wie ethisch zu erreichen versuchen, auch wenn sie bedingt und fehlbar ist, sich beeinflussen und täuschen lässt. Doch vor Gott selbst gibt es keine Macht, keine Hierarchie und keine Möglichkeit, etwas zu vertuschen. Damit wird vor Gott das Recht des Waisenmädchens einklagbar, selbst wenn es in der Welt keinen Fürsprecher haben sollte.

In diesem Sinn geht die Ethik oft weiter als das juristische Recht, das nur in der menschlichen Sphäre (und Fehlbarkeit) den Rahmen schaffen kann. Aus diesem Vers könnte eine Rechtsableitung erfolgen, etwa über den Besitzanspruch von Waisenkindern und darüber, dass sie evtl. erst bei der Eheschließung ihren Besitz erhalten sollten; – der Kontext lässt diese Anweisung nach dem Vers folgen, dass einem „Toren" besser kein Geld anvertraut wird. Sollte das Waisenmädchen auf eine solche Stufe gestellt werden? Dies wäre auf der Ebene des noch nicht Mündigen denkbar.

Es ist zu unterscheiden, ob aus den Versen des Korans eine Ehe- und Scheidungsethik geschlossen werden soll, oder ob sie die Grundlage einer Rechtsordnung bilden (vgl. etwa Fouad Khalil, Rechtskulturelle Grundlagen des syrischen Scheidungsrechts – Eine Untersuchung islamischer Rechtsgrundsätze, o. O., 2005). Wenn entsprechende Korantexte eine Rechtsgrundlage bilden, wird es zu einer besondern Frage, inwieweit – im Sinn eines ganzheitlichen, universalen Verständnisses – auch die feministische Auswahl und Interpretation dieser Verse für eine ausgewogene Rechtsdarstellung und Rechtsausübung einzubeziehen wären. Soweit Koranverse als rechtsrelevant verstanden werden, gilt zu unterscheiden, ob sie in direkter oder indirekter Weise einfließen, d. h. ob die Verse als Aussagen verstanden werden, die unvermittelt zum Gesetzestext werden (dann läge ein möglicher feministischer Beitrag nur in der Mitsprache bei der Auswahl der Verse), oder ob sie mittelbar Leitbilder für den Gesetzestext abgeben (dann läge der mögliche Beitrag in der Akzentuierung und interpretatorischen Umsetzung der Koranaussagen in Rechtsgrundlagen). Demgegenüber können entsprechende Verse als Hinweis, Mahnung, Weisung oder etwa göttliches Gerichtsparameter verstanden werden. Dann könnte es an der feministischen Akzentuierung liegen, welcher dieser unterschiedlichen Momente betont wird.

2. Poetisch oder prosaisch

Die Verse des Korans können als poetische Gebilde verstanden werden, die ein bei Gott intendiertes Verhalten anschaulich, aber in offener Form umschreiben, oder als Aussagen, die unvermittelt umgesetzt werden sollen.

Beispiel: „In der Nacht des Fastens ist euch der Verkehr mit euren Frauen erlaubt. Sie sind euch ein Kleid und ihr seid ein Kleid für sie. Gott weiß, dass ihr euch stets selbst betrogen habt" (2,187; aus den Anweisungen zum Ramadan). In diesem Vers könnte in poetischer Weise das gesamte Verhältnis von Mann und Frau grundsätzlich als gegenseitig, gleichwertig und äquivalent dargestellt werden. Es ist in erster Linie ein Verhältnis der gegenseitigen Liebe, auch der geschlechtlichen, in dem einer dem anderen Halt und Trost gibt. Dabei steht keiner über dem anderen. Diese Aussage würde in prosaischer Auslegung etwa gegen Vers 4,34 stehen, in dem gesagt wird, dass der Mann über der Frau stehe. Dieser Versteil von 4,34 wird im Zusammenhang mit dem christlichen Kontext weiter besprochen werden. Die poetische Auslegungsweise zeigt m. E. grundsätzlich eher die Richtung des Gemeinten an, als dass eine Normierung gemeint wird. So würde dieser Vers ein möglichst ausgewogenes Verhältnis zwischen beiden Geschlechtern intendieren.

Es würden nur deswegen in den Versen ausschließlich Männer angeredet werden, weil es ein Mann ist, der zu ihnen spricht, nämlich Muhammad, der den Koran verkündet. Ebenso aber könnten spezifisch Männer ermahnt werden, nicht zu versuchen, eine überlegene, beherrschende Rolle gegenüber der Frau einzunehmen, weil sie daran erinnert werden, dass sie ebenso die Decke (oder Bekleidung) der Frau sind, wie die Frau ihnen Decke ist, und sie beide einander gleichermaßen bedürfen und sich nur gegenseitig erfüllen können. Deutlicher als durch ein solches poetisches Bild solcher (sogar intimer) Wechselseitigkeit kann die gegenseitige Gleichwertigkeit kaum bildlich dargestellt werden.

Dieses Bild kann auf der poetischen Ebene ebenso für Nichtmuslime bedeutsam werden: es kann sie ansprechen, anrühren, ergreifen, ihnen zu denken geben und ihnen gar eine Hoffnung oder Mahnung sein, selbst wenn sie den Koran nicht als autoritative Instanz begreifen. Es tut diesem minimalisierten poetischen Bild keinen Abbruch, wenn sich Männer und Frauen, spezifisch Feministinnen auch anderer Religionen oder Religionslose von diesem Bild ansprechen lassen und sich zu diesem äußern. Dies gilt für viele andere Bilder und Verse des Korans gleichermaßen – selbst wenn die Stufe der Verbindlichkeit selbstverständlich eine andere ist. Für Musliminnen ist es ihr Koran und es steht die Forderung im Raum, sich von dem Bild angesprochen zu fühlen. Zunächst bleibt es offen, ob diese Forderung einen poetischen, prosaischen oder etwa juristischen Aspekt meint. Angehörige anderer Religionen hingegen *können* sich angesprochen fühlen. Diese Unterscheidung gilt allerdings nur, solange man davon ausgeht, dass sich der Koran inhaltlich nur an Muslime richtet. Die Offenbarungssituation deutet allerdings eher daraufhin, dass er universalistisch alle Menschen grundsätzlich anspricht. Würde die letzte Bedeutung ernst genommen, wären auch Nichtmuslime und spezifisch Nichtmusliminnen aufgefordert, sich ansprechen zu lassen und sich dementsprechend zu artikulieren. – Es wäre zumindest denkbar, dass bei dem oben genannten Beispiel der „Decke" die Auslegung des Gemeinten durch eine Nichtmuslimin näher an dem Verständnis einer Muslimin läge, als das entsprechende Verständnis eines muslimischen Mannes.

Gegenüber Nichtmuslimen formuliert der Koran, dass *die Religion bei Gott der Islam* sei – damit läge bei allen, Frauen wie Männern, die Anfrage, was *der Islam* sei. Im Koran ist der Islam nicht von vorn herein als die geschichtliche Religion zu verstehen, sondern als Hingabe an Gott und im Weiteren als die (von Gott gebotene) Ausgestaltung dieser Hingabe.

3. Ad sensum oder literalistisch – gendergemäß oder patriarchalisch

Die Verse des Korans können als im Wortlaut verbindlich verstanden werden, oder sie sind ihrem zu erfragenden Sinn nach zu interpretieren. Wenn der Wortlaut zugrunde gelegt wird, bleibt zu entscheiden, welche lexikalische Bedeutung den einzelnen arabischen Worten bzw. Termini zukommen soll und inwiefern der Text durch Einfügungen in seiner Bedeutung geklärt bzw. modifiziert werden darf. – Und es bleibt zu erörtern, ob die bisherigen Übersetzungen und Erklärungen tendenziös von einer patriarchalischen Grundausrichtung ausgingen und nun gendergemäß ergänzt werden müssten.

Alle Verse des Korans wurden an Muhammad offenbart. Die meisten der Verse, selbst wenn sie sich auf Frauen beziehen, werden dennoch zunächst an Männer weitergegeben. Sie sollen ihren Frauen dieses oder jenes antun oder anordnen. Dieses Bild spiegelt eine Gesellschaft wieder, in der in der Öffentlichkeit weitgehend die Trennung von Geschlechtern vorherrscht. Diese gesamte Struktur könnte theoretisch dann fallen, wenn Frauen ebenso gleichberechtigt und anerkannt in denselben Berufen in der Öffentlichkeit tätig sind. Dann kann direkt zu ihnen selbst gesprochen werden. Und dann können sie selbst die Entscheidung darüber treffen, wie das zu verstehen sein, was ihnen (durch Offenbarung) gesagt wurde. Weiterhin können sie selbst entscheiden, wie sie sich verantwortungsvoll in der Öffentlichkeit präsentieren. Zu allen Versen, die die Kleiderordnung betreffen, könnte es damit heißen:

Sie werden literalistisch verstanden – dann wäre die Frage, wie sie Wort für Wort zu verstehen seien, und was die Wörter im Einzelnen meinen, oder aber sie könnten zusammengefasst ad sensum verstanden werden. Dieses Verständnis

könnte etwa meinen, sich so zu verhalten und zu kleiden, dass kein Ehe gefähr-
dendes Verhalten bei (Männern! – die ebenfalls „ihre Blicke senken sollen" und)
Frauen intendiert wird. Andererseits sollten Männer – explizit bei Witwen (oder
von dort ausgehend überhaupt bei unverheirateten Frauen?) – nicht zögern zu
zeigen, wenn ihnen eine gefällt, und damit müssten Frauen *zeigen* können, dass
sie, wenn sie nicht (mehr) verheiratet sind, einer Beziehung nicht grundsätzlich
abgeneigt sind (2,235).

Überhaupt scheint das Männer-Frauenverhältnis im Koran gleichberechtigt,
fair und offen, solange kein Ehebruch vorliegt, der auf beiden Seiten dringend zu
vermeiden ist – dafür aber kennt der Koran für beide Seiten (zumindest kann
man ihn so lesen) die Scheidung und für diesen Fall die Absicherung der Frau
bzw. zusätzlich die eines gerade geborenen Kindes (2,233). Ad sensum, d. h. dem
Sinn nach, ist also gesellschaftlich rechtlich dafür zu sorgen, dass Mann und Frau
beiderseitig geschieden werden können, *ohne* dass einer von beiden in ein finan-
zielles, soziales oder gesellschaftliches Loch fällt. Patriarchalische Auslegungen
würden den Mann im Entschluss über die Scheidung und in allen anderen Bereichen (finanziell, sozial, gesellschaftlich etc.) wohl den Vorzug geben.

Eine literarisch feministische Auslegung etwa von Vers 4,34 lässt den arabischen Vers wörtlich stehen, gibt ihm jedoch durch Einfügung von weiteren (er-
klärenden) Worten einen spezifischen Sinn; etwa dass der Mann der Frau zwar
vorsteht, aber nur im Sinnes eines Haushaltsvorstands (wenn er der Geld Ver-
dienende ist – aber was ist, wenn die Frau das Geld verdient, oder zumindest
mehr als er?). Zugleich wird gegen Ende des Verses erwähnt, dass der Mann das
Recht habe oder sogar aufgefordert wird, die Frau zu schlagen (dribu-hunna:
schlagt sie). Das zugrunde liegende arabische Verb *daraba* kann in seiner lexika-
lischen Tiefe ausgeschöpft werden, so dass es alles andere bedeutet, nur nicht
schlagen.

Doch auch in klassischen Übersetzungen und Deutungen wird das Schlagen
des Mannes mitunter modifiziert, um die Herrschaft über die Frau zu wahren
(Die Ausgabe „Study the Noble Quran, Word-for-Word, Riyadh 1999, Vol. I 193,
übersetzt im Wort für Wort – Text wörtlich zunächst: *schlagen*, fügt dann aber in
der durchgehenden Übersetzung in Klammern hinzu: *leicht, soweit es nützlich
ist*). Andere Auslegungen betonen demgegenüber, dass es sich bei dem Schlagen
um ein (aller)letztes Mittel handelt. Dieses Verständnis kommt eventuell der
historischen Bedeutung näher.

Es hat sich allgemein in Koranübersetzungen eingebürgert, die Bedeutung der
Verse durch Einfügungen zu verdeutlichen; ein Extremfall bietet etwa die Übersetzung von Rudi Paret. So verwendet nun auch die feministische Auslegung
dieses Mittel, um ihr Verständnis des Verses zu verdeutlichen. Aus der Außenperspektive muss allerdings darauf hingewiesen werden, dass es sich dann nicht
mehr um eine Übersetzung handelt, sondern um eine Auslegung – bei Paret wie
bei allen anderen „Klammer-Ausgaben", denn das Eingeklammerte steht nicht

im Text. Die Deutung durch Hinzufügungen in den Übersetzungstext birgt noch
weitere Probleme. Zunächst suggeriert sie dem Unkundigen, dass das Hinzuge-
fügte in dem Text stünde und verleitet ihn damit grundsätzlich zu einem tenden-
ziösen Verständnis des arabischen Originaltexts. So werden die Klammern oft
bei Zitaten aus Koranübersetzungen wie selbstverständlich mit zitiert und einbezogen, als wenn das Eingeklammerte im Korantext stünde. Deshalb erscheint es
m. E. sinnvoller Text und Interpretation deutlich voneinander zu trennen und in
der Übersetzung die Offenheit des arabischen Textes möglichst zu belassen.

Auf diese Weise käme auch der chiffrenhafte Charakter des Korantexts weit
besser zum Ausdruck, als wenn er in feste, normierte Formen gebracht und
durch Hinzufügungen in eine spezifische Bedeutungsrichtung gelenkt würde.
Die Kraft seiner Anweisungen und Formulierungen würde auf diese Weise freier
wirken können, als wenn er in genormte Bahnen gelenkt wird. Darauf könnte
dann in der je spezifischen Auslegung gezeigt werden, wie der Text gerade interpretiert wird. Vielleicht böte insgesamt die chiffrierte, offene und dennoch deutliche (oder umso deutlichere) Gestalt des Korans wesentlich mehr Möglichkeiten
für eine feministische Exegese, als die, einer (meinetwegen: maskulinen) Normierung nun eine feministische Normierung entgegenzusetzen, – doch auch in einer
solchen Überlegung besteht schon die Gefahr sich Genderklischees hinzugeben.
Eine Alternative wäre, die Offenheit der Koranaussagen bestehen zu lassen und
gemeinsam nach einem möglichst adäquaten und tief greifenden Sinn zu fragen.

Dieser Sinn wäre selbstverständlich weder willkürlich, noch normativ, sondern würde das im Koran Verkündete etwa unter der Voraussetzung auslegen,
dass Gott Frau und Mann gleichermaßen geschaffen hat und nicht will, dass
einer von ihnen bevorzugt oder benachteiligt wird, sondern beide zu dem leiten
will, was vor Gott, in der Welt und für sie selbst das Beste ist. Dieses dürfte dann
nicht dem Spannungsfeld verschiedener Anweisungen widersprechen, sondern
müsste sich in der offenen Bestimmtheit des bzw. der jeweiligen Koranverse
wieder finden. Ein wesentliches Moment bei dieser Auslegungsart wäre, ebenso
darauf zu achten, was die Koranverse sagen, wie auch festzustellen, was sie *nicht*
sagen (und sei es nur, dass ein Pronomen fehlt). Daraufhin könnte hinterfragt
werden, warum das nicht Gesagte nicht gesagt wurde. Wenn es hätte gesagt werden *sollen*, stellt sich die Frage, warum es dann nicht explizit gesagt wurde. Stattdessen scheint es, wird bei Einfügungen und Interpretationen aus dem Kontext
erschlossen oder aus welchen Gründen auch immer ergänzt.

B. Die zeitlich bedingte Bedeutung der Auslegung

*Zwar ist der Koran an sich überzeitlich und ewig, doch sind seine Verse in be-
stimmte Situationen und in eine bestimmte gesellschaftliche, religionsgeschichtliche
und politische Situation hineingesprochen und waren für diese adäquat. Doch für
eine andere Situation würden sie anders lauten: Wenn der Koran heute offenbart*

würde, dann würde er anders sprechen. – Oder aber: Wenn auch die Versinhalte
überzeitlich sind, so ist doch die Exegese jeweils kontextgebunden und kann in
einem anderen Kontext zu anderen Ergebnissen kommen.

1. Kontext, *ad sensum* und Metapher

Bei den zuvor dargestellten Auslegungsmethoden wird der arabische Text selbst
als *ewig* verstanden. Seine Übersetzung und seine Deutung hingegen gelten als
kontext- und zeitbedingt. Wird damit der Text zu etwas anderem? Wieweit haf-
ten Text und Bedeutung aneinander? Diese Frage wird sich jede Auslegung stellen müssen, auch die traditionelle.

Mit einer solchen Auslegung wie der genannten feministischen zu Vers 4,34
ist eine Entscheidung getroffen: Der Text wird literalistisch ausgelegt und dennoch in eine spezifische Richtung gebracht. Damit wird die zeitgenössische Interpretation in den Vers und seine erweiterte Übersetzung hineinverlagert. Dieser genannte Zugang unterscheidet sich etwa von einer *ad sensum*- oder einer
Kontext-Interpretation deutlich, die den Vers in seinem klassischen Verständnis
stehen lässt, aber z. B. sagt: das Verhältnis zwischen Mann und Frau sollte –
zumindest für einen gewissen, verantwortbaren Zeitraum – aufrecht erhalten
werden, bis es nicht mehr geht, d. h. bis es in psychische oder physische Gewalt
ausartet (vgl. oben das „Schlagen"), und nicht bei der kleinsten Langeweile, Un-
stimmigkeit oder Unlust von einem von beiden aufgekündigt werden. Dies
könnte etwa eine moderne *ad sensum* – Interpretation sein.

Eine Auslegung, die die historischen Bedingungen berücksichtigt, könnte etwa
lauten: es mag für damalige Gesellschaftsordnungen üblich gewesen sein, dass
dem Mann die körperliche Züchtigungsfreiheit über die Frau gegeben war, –
heute wäre dies untragbar. Deshalb kann Vers 4,34 nur im Zusammenhang mit
Vers 4,128f gelesen werden, dass eine Versöhnung zwischen beiden anzustreben
sei, und die Frau nicht dem Widerwillen des Mannes ausgeliefert sein darf. –
Wenn aber eine Versöhnung (die Gott schätzen würde, vgl. ebd.; ebenso sieht es
die jüdische Tradition, wenn sie sich im Fall einer Scheidung auf Maleachi 2,13
beruft) nicht zu erwarten ist, kann eine Trennung erfolgen, und „dann macht
Gott jeden aus seiner Fülle reich" (4,130).

In einer metaphorischen Sprache könnte hier von dem Verhältnis Mann-Frau,
Frau-Mann, oder noch weitergehend von jedem Partnerverhältnis die Rede sein.
Mag es zunächst auf Liebe gegründet sein (2,187), so kann es doch in inneren
Streit ausarten und für einen von beiden oder für beide zerbrechen; – dann ist
nicht leichtfertig aufzugeben, sondern nach Versöhnung zu suchen (wenn sie
gelingt – Gott selbst ist vergebend – wäre es gut). Wenn sie nicht gelingt, dann ist
Trennung angesagt, und beide werden in Gott den rechten Weg finden.

So stehen sich verschiedene Arten und Möglichkeiten der Interpretation
gegenüber. In jeder dieser Beispiele lag eine Nuance (oder mehr), die über die
Tradition hinausgeht. Wichtig ist auch bei (allen!) diesen Beispielen, dass ihre

Auslegungsmethode eine jeweils deutlich andere ist, die mitunter zu ähnlichen, mitunter zu anderen bis hin zu entgegengesetzten Ergebnissen führt. Mitunter ändert sich damit auch die Haltung, die dem Koran insgesamt gegenüber eingenommen wird. Ob die Interpretation als universal gesehen wird, oder nur auf Muslime bezogen, als normativ oder wegweisend, oder etwa als in der Auslegung kontextuell oder absolut angesehen ist, und inwiefern nur die Spezialisten oder alle (aus)gebildeten Exegeten und Betroffenen in der Auslegungstätigkeit angesprochen sind.

2. Diskursiv oder normativ, sich ergänzend oder durch zeitliche Ordnung abrogiert

Wenn zu einem Sachverhalt mehrere verschiedene Äußerungen des Korans vorliegen, könnten sie einander ergänzen, ein inhaltliches Aussagenfeld bilden, oder aber es wird eine Hierarchie festgelegt, etwa, dass die spätere Offenbarung den Inhalt der früheren aufhebt.

Eine weiterer Spielraum liegt – von außen betrachtet (es steht mir nicht zu, zu entscheiden, welche Möglichkeiten islamisch legitim sind) – in dem Umgang mit Fällen, in denen zu einem Thema mehrere, mitunter unterschiedliche Anweisungen gegeben wurden. Der klassische Umgang liegt darin, dass die spätere Erwähnung die je frühere(n) abrogiert, d. h. annulliert. Man mag darin ein situationsbedingtes Moment finden: je nach Gegebenheit zeigte sich eine andere Anweisung als sinnvoller. – Warum aber sollte dann die je letzte Äußerung die einzig gültige sein, nur weil keine andere mehr danach erfolgte?

Oder man versteht (in einigen neueren Auslegungen) den Unterschied didaktisch: Zunächst wurde eine einfacher zu befolgende Anweisung gegeben. Erst nach und nach wurde der Glaubende zum Eigentlichen geführt. Eine weitere Möglichkeit besteht darin, die Vielfalt der Anweisungsmodifikationen nebeneinander bestehen zu lassen. Zumeist ist das grundsätzlich Gemeinte jedem, der verstehen will, ohnehin deutlich.

Eine weitere Möglichkeit besteht darin, die unterschiedlichen Aussagen als Modifikationen eines Themas zu verstehen, die zusammen ein Bedeutungsfeld bilden. In diesem Feld von unterschiedlichen Anweisungsmodifikationen kann sie oder er sich bewegen. Dabei wäre es wichtig, dass der Auslegende sich nicht gerade je nach Umstand die Lösung heraussucht, die ihm oder ihr am besten passt, sondern nach dem sucht, was insgesamt am Weitesten dem Anliegen des Korans bzw. Gottes entsprechen müsste. Es wird im Koran eindeutig sein, dass etwa zwischen Frau und Mann ein aufrichtiges, ehrliches, vertrauens- und liebevolles Verhältnis erwünscht wird. Sollte dieses sich nicht erfüllen oder in die Brüche gehen oder gesellschaftlich nicht verwirklicht werden, so gilt zunächst das Bemühen beider, einen solchen Zustand (wieder)herzustellen. Ist dies nicht zu erwarten oder geht nur auf Kosten des einen, soll eine ebenso faire Trennung vollzogen werden. Die Modifikationen führen dann aus, wie dieses Verhältnis bzw. die Trennung im Einzelnen je nach Situation zu verwirklichen ist.

Dies gilt nach diesem Auslegungsverständnis – um noch einmal auf einen anderen Akzent als die feministische Auslegung hinzuweisen – etwa auch für das Verhältnis zu Nicht-Muslimen, das möglichst ideal gestaltet werden sollte. Das *möglichst* wird dann je nach Situation geschildert und modifiziert. Zumindest aber sollte es nicht an dem Muslim liegen, wenn es nicht ideal ist. Mir scheint, dass der Koran dies an allen Stellen deutlich genug sagt!

Daran könnte sich eine feministische Frage an die traditionelle Vorstellung knüpfen, die sich auf den Koran beruft, dass nur Frauen keine nichtmuslimischen Männer heiraten dürfen, muslimische Männer aber nichtmuslimische Frauen, zumindest wenn diese jüdisch oder christlich sind. Vers 2,231 stellt zumindest eine Parallelität für Männer und Frauen her und nach Vers 9,30 müsste sie sogar gegenüber allen anderen Religionen, einschließlich (!) Christentum und Judentum gelten. Die eigentlich feministische Frage könnte aber darin liegen, ob es (heutzutage?) für einen Mann genauso anstößig sein müsste, wenn seine (emanzipierte?) Frau etwas gegen seine Religion sagen würde, wie umgekehrt. Warum also sollte (heutzutage) für den Mann damit etwas anders gelten als für die Frau, denn eigentlich müsste es ja darum gehen, dass der eine die Religion des anderen (spezifisch: den Islam) achtet. Dies müsste für beide Geschlechter gleichermaßen gelten. Für die Außenwelt ist eine solche klassische Unterscheidung in der Gegenwart ohnehin schwer nachvollziehbar, in der Innenwelt scheint sie einen chauvinistischen Charakter zu erhalten. Ebenso wird heutzutage eher gedacht werden, dass man (oder frau) erwartet, dass die jeweils eigene Religion auch vom Lebenspartner geachtet wird. Daraus folgt, dass die Religion des jeweils anderen ebenso geachtet wird wie die eigene. Wenn aber von einem christlichen Mann dann erwartet wird, dass ihm seine Religion nicht so viel wert sei, wie (die Religion) seine(r) Frau, wäre dies auch feministisch zu begründen oder infrage zu stellen.

3. Die Auslegung im Kontext des Christentums oder Judentums

Christentum und Judentum bilden den entscheidenden Teil des religionsgeschichtlichen Kontexts im Koran. So kann die kontextuelle Interpretation entsprechende Koranverse im (damaligen) Gegenüber zu beiden verstehen, sie bestätigend oder sich distanzierend.

Der oben genannte Versteil der Überlegenheit des Mannes (4,34) könnte z. B. im Kontext des (damaligen) Christentums verstanden werden. Die Autoren der Briefe im Neuen Testament nennen zunächst wörtlich den Mann als Oberhaupt der Frau. In diesem Fall würde sich der Koran gerade nicht von dem, „was zuvor zu Euch herab gesandt wurde" unterscheiden, wenn er, wie die christliche und jüdische Tradition, den Mann als Vorstand der Frau bezeichnet.

Diese Position ließe sich allerdings zumindest aus christlich theologischer Sicht wieder zurücknehmen, denn auch Paulus war bewusst, dass es sich bei der Unterordnung der Frau um eine Bestrafung für die Sünde Evas handelt (Genesis 3,16). Die Bestrafung müsste jedoch eigentlich durch die Gnade Christi im Glauben aufgehoben sein, und überhaupt lässt sich die Unterlegenheit der Frau unter den Mann letztlich, so Paulus nach einigen Überlegungen, gar nicht wirklich begründen, es sei denn mit der Tradition, – oder nicht? (vgl. 1. Kor 11,2–16). Paulus scheint an dieser Stelle mit seiner männlichen Tradition über seine universale Theologie zu stolpern; dies gilt besonders, wenn er über die Kleiderordnung der Frau beim Gebet spricht, der letztlich die eigentliche Begründung fehlt; deshalb schließt er mit der Aufforderung: „Urteilt selbst!"

4. Der gesellschaftliche Kontext

Neben dem religiösen kann auch davon unterschieden der gesellschaftliche Kontext in die Interpretation aufgenommen werden.

Wie sah die Rolle der Frau aus, bevor der Koran offenbart wurde? Da nicht viele definitiv aussagekräftige Zeugnisse vorliegen, schwanken die Einschätzungen, vereinfacht gesprochen, zwischen den Extremen: Die Stellung der Frau war vor der Offenbarung besser als in der islamischen Tradition und wurde durch diese eher eingeschränkt oder sie war schlechter und wurde – zumindest um ein gewisses Maß – verbessert. Das historische Faktum ist kaum zu eruieren und kann an dieser Stelle auf sich beruhen.

Entscheidend ist die Frage jedoch insofern, als der Koran vor dem Hintergrund solcher Vorstellungen interpretiert wird. So ist es gleichermaßen möglich, alle Frauen betreffenden Stellen schon für die damalige Situation so emanzipiert wie möglich zu interpretieren, weil die Rolle der Frau vor dem Koran bereits so war und durch den Koran noch gestärkt wurde, – abgesehen von der Rollenverteilung, die in damaligen Gesellschaften üblich war. Doch Frauen in Muhammads nächster Umgebung konnten offensichtlich Handelsunternehmen leiten oder Schlachten anführen. Oder aber man sieht die Rolle der damaligen Frau als völlig unterdrückt und es sei schon viel, wenn der Koran sie überhaupt positiv würdigt und ihnen einen Erbteil zubilligt. Dass er geringer sein sollte als der eines Sohnes mag mit der damaligen Besitzteilungssituation in der Ehe begründet werden – wobei wieder die Frage nach der kontextuellen Auslegung im Raum steht: Braucht die Frau ihren unantastbaren Besitz, oder führen beide Partner ihren jeweiligen Besitz zusammen bzw. wie soll jeweils getrennt werden, wenn eine Scheidung ansteht. Das ist individuell bzw. (staats)rechtlich kontextuell geregelt. Doch wie die Position der Frau im Koran gesehen wird, hängt insge-

samt an der Vorentscheidung ab, wie man ihre Position zur Zeit vor der Koran-
offenbarung sehen will und mit welcher Tendenz man die jeweiligen Koranverse
selbst auslegt.

Abschluss

Im Vorangegangen wurden einige Auslegungsweisen mit Beispielen skizziert.
Die Auslegung erfolgt dabei aus einem Woher (d. h. aus dem Text) und zu einem
ein Wohin (d. h. in die Situation). Gerade das Wohin scheint in traditioneller
islamischer Auslegung seltener thematisiert worden zu sein und tritt ganz hinter
das Woher zurück. Doch die Auslegungen werden – bei allen Auslegungsregeln
und -methoden – doch von Menschen vollzogen, in je ihrem Kontext, ihrem
Selbstbewusstsein und ihrer Intention. Gerade wenn die Auslegung praktisch
wird, zur Norm oder Lebensleitung, spielen die eigene und die gesellschaftliche
Situation eine Rolle.

Die Kunst der Auslegung stellt der oder dem Auslegenden eine Reihe von
(mehr oder weniger legitimen) Auslegungsmöglichkeiten zur Verfügung und
erwartet, dass die Auslegung nicht im Beliebigen ausartet, sondern sich am Text
orientiert, ihn zum Sprechen bringt, wenn auch durch die auslegende Person
hindurch. Sie verlangt ein gewisses Handwerkszeug, – aber die feministische
(und auf ihre Weise auch die nichtmuslimische) Auslegung kann sich vorstellen,
dass jede ausgebildete Person zur Auslegung imstande ist und das Auslegung
nicht nur auf bestimmte Methoden und auf ein Geschlecht oder gar auf ein Ergebnis hin festgelegt ist. Die innere Auslegung für den Glauben kann dabei nur
aus dem Glauben heraus erfolgen. Einen solchen Anspruch können und sollen
meine Ausführungen nicht erheben. Es fragt sich jedoch, ob der ewige Koran in
seiner Wirkung nicht sogar reicher und komplexer erfasst wird, wenn eine weitere Dimension wie die feministische (in all ihrer aktuellen oder möglichen
Komplexität) oder gar die nichtmuslimische Dimension zu seiner Auslegung
hinzutritt, selbst wenn diese der Tradition mitunter befremdlich erscheinen
könnte.

Soll dem Koran universale Bedeutung zukommen, so muss er diese gleichermaßen für Frauen wie für Männer, für Alte wie Junge und in gewisser Weise
sogar für Nichtmuslime haben. Denn alle diese Gruppierungen werden im Koran
angesprochen. Sie werden damit zum Bestandteil seines Inhalts: Männer und
Frauen, Muslime und Nichtmuslime. Für alle hat der Koran direkt oder indirekt
Bedeutung. Aus diesem Grund wäre es nahe liegend, wenn sich dementsprechend
die verschiedenen Gruppierungen zum Koran äußern. In der Geschichte haben
sie jedoch nur wenig Gebrauch davon gemacht. Nichtsdestoweniger hat natürlich für die Gestaltung der Religion selbst das Wort eines Nichtmuslims keine
Religionsautorität und -verbindlichkeit. Auch soll die autoritative Auslegung der
Gelehrten mit den erfolgten Ausführungen nicht infrage gestellt werden.

Vom Koran zu Muhammad und Maria

Bertram Schmitz

Der Koran: Norm und Poesie

Was ist der Koran? Von seiner religionsgeschichtlichen Bedeutung her bildet er Fundament und Beginn des Islam als geschichtliche Religion. Er gilt den Glaubenden als Offenbarung Gottes. Doch Form und Inhalt müssen in diesem Zusammenhang noch weiter bestimmt werden, denn es wird auf beides und deren Definitionen ankommen: In poetischer oder auch gemäß islamischer Tradition überpoetischer Weise liegt die Offenbarung Gottes in arabischer Sprache vor; sie ist in einem Buch zusammengestellt, eben dem Koran, der 114 Abschnitte enthält, die Suren. So einfach diese elementare Darstellung ist, so weiterführend kann sie auch sein. Diese Weiterführung wird schon dadurch erreicht, dass Alternativen aufgezeigt werden: Der Koran ist poetisch und damit kein Prosatext. Was kann das für die Auslegung bedeuten? Es sind nicht allein aneinander gereihte faktisch-prosaische Aussagen, in denen der Koran sich darstellt, sondern schillernde Begriffe, die die semantische Tiefe eines Gedichts haben können – auch wenn sie mitunter klar und eindeutig sind. Erlaubt oder fordert gar die Exegese aus diesem Grund, die poetische Gestalt mit zu berücksichtigen und neben dem Inhalt auch die Form zu berücksichtigen, die dem Inhalt erst seine Gestalt gibt? Wird der Koran als Poesie aufgefasst, so liegt es nahe, den einzelnen Begriffen eher ein Bedeutungsfeld zuzugestehen als sie auf einen spezifischen Inhalt festzulegen. Es wird weit mehr nach der Intention des Gesagten zu fragen sein, als allein nach der bloßen Faktizität, die die Worte selbst darstellen. Um es nüchtern zu sagen: die Aussagen des Koran müssen dadurch nicht schwammig werden, aber sie werden intentional und leben von dieser Intention und ihrer Entfaltung. Für die Berücksichtigung dieses schillernden Elements sprechen die vielfach ähnlichen Bemerkungen des Koran etwa in der Darstellung des Vorgangs des göttlichen Gerichts. Ginge man von einer starren Fixierung der Wortbilder des Koran aus und stellte sie nebeneinander, könnte man von Unstimmigkeiten sprechen. Dies gilt für viele andere Bereiche des Koran auch, bis in die Rechtssprechung oder das – situationsbedingte – Verhältnis zu anderen Religionen. Berücksichtigt man (oder frau) jedoch den poetisch intentionalen und damit auch chiffrierten Charakter des Textes, so kann etwa die Intention des Gerichtsvorgangs in ihrer Aufforderung zu einem verantwortungsvollen Leben vor Gott und den Menschen als gleich bleibend betont werden. Die Differenzen in diesen Wortbildern treten dann dahinter ebenso zurück wie etwa bei den Dar-

stellungen des Paradieses, die dieses gleichnishaft (maschal; vgl. Sure 2,26) als
Oase des Glücks, der Ruhe bei Gott und des Friedens darstellen, wie auch immer
es im Einzelnen aussehen wird. Ebenfalls könnte aus dieser poetisch intentional
und gleichnishaft ausgerichteten Perspektive die Betonung darauf gelegt werden,
dass etwa in der Scheidung keinem der beiden Teile der Ehe Unrecht getan werden, sondern vielmehr beide möglichst zu ihrem Recht gelangen sollen. Keinen zu
übervorteilen, weder wenn man die Macht dazu hätte, noch wenn man glaubte,
es sähe ja keiner (nicht einmal Gott), wird dann zur entscheidenden Aussage.

Intention als Mittel der Interpretation

Mit der Betonung auf die Intention ist bereits ein weiteres Moment angesprochen, das von dem genannten Punkt des Gleichnischarakters nicht ganz loszulö-
sen ist, sondern gerade dessen Bedeutung zeigt. Noch einmal zurück zur Koran-
definition: Der Koran ist in Sprache niedergelegt, genauer noch in arabischer Sprache, in einer spezifischen Form des Arabischen des 7. Jahrhunderts. Man könnte
diesen Text als offenbarten Text verstehen und ihn damit in seiner Erscheinungsform absolut setzen. So wie er vorliegt, gilt der Koran als unverfälschte
Offenbarung einzig abhängig von Gott. Um ihn irgendwie zur Kenntnis zu nehmen, muss er rezitiert oder gelesen werden. Dabei kann durchaus davon ausgegangen werden, dass der damals nur in einer Konsonantenschrift geschriebene
Koran weitestgehend richtig vokalisiert wird. Von diesem Punkt ausgehend liegt
dann alles am Verständnis der einzelnen *Wörter* – die mitunter vieldeutig, schil-
lernd oder gar nicht eindeutig verständlich sind, der *Satzteile* – und ihrer zum
Teil notwendigen Einfügungen um inhaltlich geschlossene Satzgebilde aus ihnen
zu machen, der *Sätze* – die mitunter abbrechen, ein Moment nur andeuten und
dann zum nächsten springen, der *Abschnitte* – bei denen es darauf ankommen
kann, an welchem Punkt man eine Sinnpause einsetzt und welche Verse man in
ihnen wie gewichtet und betont, und schließlich der Suren selbst – die man in
Teile zerlegen oder als Ganzheit verstehen kann. Die klassische deutsche Koran-
übersetzung von Rudi Paret mag als Beispiel für all diese Probleme gelten, denn
sie fügt z. B. nach Wörtern Alternativübersetzungen ein, ergänzt Teile, diskutiert
im Kommentarband Verständnismöglichkeiten etc., – wobei zu beachten ist,
dass andere Alternativübersetzungen möglich sind und die ergänzten Wörter ja
nicht im Text stehen, sondern eben ergänzt sind (es könnten oftmals auch andere
Ergänzungen eingefügt werden und in Sure 62 etwa erscheint mir gerade der
entscheidende Schluss in sein Gegenteil geformt zu werden, zumindest aber in
eine suggerierte Version, die so zumindest nicht im arabischen Text seht). Hinzu
kommt die Frage, wieweit die Vers- und Sureninhalte durch den Kontext etwa
des damaligen und dortigen Christentums oder Judentums verständlicher werden, gerade an den Stellen, an denen entscheidende Satzteile notgedrungen mitgedacht werden müssen. Also selbst wenn von einem „absoluten Text" der Offenbarung ausgegangen wird, so gibt es keine „absolute Interpretation"

Gleichnis oder Machtmittel

Nach klassischen männlich-weiblich Stereotypen könnten man/frau die Art, wie mit den gerade dargestellten Punkten umgegangen wurde, vielleicht als tendenziell „männlich" bezeichnen. Zwar wurde das poetisch-überpoetische Moment zumeist für den Bereich der Gottesverehrung gelassen und betont, doch spielte es für die Auslegung, insbesondere für die theologische und religionsgesetzliche Anwendung, weniger einer Rolle. So wurde z. B. versucht, die schillernden arabischen Wörter zu fixen Begriffen zu definieren. Sollten sie sich trotz aller Mühe diesem Vorgang versperren, zog man sich auf ein Interpretationsverständnis zurück, das Eindeutigkeit schaffen sollte: Liegen die Wörter in verschiedenen Bedeutungen und Aussagen in verschiedenen Inhalten vor, so hat stets die spätere Überlieferung gegenüber der früheren den Vorrang. Damit wurde der flexible Charakter möglichst weit ausgeschaltet. Durch die Tradition wurde festgelegt, welches die Reihenfolge der Suren sei (die Kriterien dafür sollen hier nicht diskutiert werden, die es erlauben, solche poetischen Gebilde der Reihenfolge nach aufzulisten) – wobei immerhin zu bedenken ist, dass diejenigen, die die Suren im Koran anordneten, zumindest auf diese Frage keine Antworten geben wollten, obwohl es für sie noch am leichtesten gewesen sein müsste. Und es wurde mehr und mehr festgelegt, wie die Suren zu verstehen seien und was in den offenen Stellen ergänzt und mitgedacht werden müsse. Da diese Theologen Männer waren, lässt sich zumindest fragen, ob das Vorgehen durch Frauen anders ausgesehen hätte – rein spekulativ könnte ja z. B. das poetische Element und die Offenheit des Korans von seinen einzelnen Wortbedeutungen bis hin zum Ganzen gegenüber der Fixierung viel mehr gepflegt worden sein. Der Maschal (Gleichnis) Charakter der Bilder hätte betont werden können. Die wahrscheinliche und oft sogar artikulierte Intention eines jeweiligen Gesamtgebildes (etwa zur Scheidung) hätte gegenüber den Einzelregeln Vorrang haben können, die dann nach der Intention ausgelegt werden würden. Bei den Einzelregelungen wiederum hätten die eher egalisierenden Momente hervorgehoben werden können. Und, soweit Frauen in den jeweiligen Gesellschaften nicht die juristischen, familiären oder politischen Machtpositionen gehabt hätten, hätte das Moment betont werden können, dass Gott sähe, was entschieden wäre, und sich die Männer in allem vor ihm zu verantworten hätten.

Religionsvergleich und Genderfrage

Die zusätzliche Perspektive einer Person anderen Geschlechts bringt eine zweite Dimension des zu interpretierenden Gegenstands hinein. Insgesamt könnte der Gegenstand damit vollständiger oder tiefer erfasst werden – auch wenn diese Aussage selbstverständlich allgemein für Personen eines gänzlich anderen Horizonts gilt, die zu einem vollständigeren Bild anleiten können. So erscheint mir die Interpretation etwa des Neuen Testaments ohne die jüdische Perspektive der damaligen Zeit unvollständig, z. T. auch kaum wirklich möglich. Meine spezifische Möglichkeit, mich sinnvoll zu diesem genannten Oberthema zu äußern, sehe ich gerade in der Außenperspektive, durch die ich etwa den Koran nicht so verstehen muss, wie ich ihn – etwa durch das Studium der Islamwissenschaft oder vielmehr noch durch Erziehung – zu verstehen habe, sondern ich mir viel mehr leisten kann, auf das zu schauen, was ich sehe, wenn ich auf den Koran blicke. Doch auch die Genderfrage verstehe ich nicht allein als Frage an und für Frauen, sondern etwa, konkret auf den Koran bezogen, auch in der Verantwortung, wie ich in meiner Koraninterpretation in meinen Artikeln, Bücher, Seminaren und Vorlesungen entsprechende Verse (Männern und) Frauen gegenüber auslege – auch die Unterlassung einer Perspektive (etwa von Frauen, Gegnern, Andersgläubigen, Ungläubigen, Armen oder Reichen etc.) ist Bestandteil dessen, was man tut.

Als Religionswissenschaftler stehen mir Perspektiven anderer Religionen offen, aus denen ich im letzten Abschnitt dieses Artikels noch einen, meines Wissens nach bisher noch nicht geäußerten Vergleich als ein vielleicht fernes und ungewohntes Beispiel der Vielfalt offener Interpretationsmöglichkeiten zur Sprache bringen möchte. Aus dem positionellen Religionsvergleich ist das bekannteste Beispiel zwischen Islam und Christentum, dass der Koran im Islam dem Jesus Christus im Christentum insofern entspricht, als er ebenfalls den Begegnungspunkt zwischen Gott und Mensch, Immanenz und Transzendenz, das greifbare Fundament des Glaubens etc. bildet. Diese Gegenüberstellung wird zwar gelegentlich zitiert, hat aber kaum zur Folge, dass die muslimische Achtung gegenüber dem Christus und die christliche (auch wissenschaftliche) gegenüber dem Koran gestiegen wäre. Das Problem könnte darin liegen, dass die Erscheinungsform in beiden Fällen so unterschiedlich ist: einmal ein Buch, einmal eine Person. In diesem Sinn ist zwar der Islam eine Buchreligion, denn der Koran ist das Wort Gottes, das Christentum jedoch ist eigentlich eine Personalreligion, denn in ihr ist Jesus Christus das Wort Gottes (vgl. Johannes-Evangelium 1,1) und die Bibel, also das Buch, erhält seine theologische Bedeutung dadurch, dass es Zeugnis von Jesus als dem Christus abgibt. Zu deuten, wie dies im Einzelnen zu verstehen sei, ist Aufgabe der Religionen, und auch die feministische Exegese wird ihre Antwort gegeben, inwiefern der Koran Gottes Wort ist, wie dies zu verstehen sei und inwiefern es sich um Anweisungen Gottes, um Poesie, um Mahnung handelt und wie daraufhin (!) die Verse und Abschnitte im Einzelnen auszulegen seien.

Muhammad und Maria

Doch nun zu einem Vergleich, der anfänglich ebenso befremden mag wie der zuvor genannte von Jesus Christus und dem Koran. Wenn auf einer solchen Ebene des Positionsvergleichs Muhammad nur sehr bedingt Jesus entsprechen würde, wem im Christentum entspräche er dann? Eine Antwort wäre: der einzigen Frau, die im Koran namentlich genannt wird, Mariyam, Maria! Muhammad entspricht der christlichen Maria insofern, als er wie sie das Wort Gottes in sich getragen hat. Er ging quasi mit ihm schwanger und entließ es dann in die Welt. Maria gebar Jesus Christus, das Wort Gottes, so die christliche Variante – Muhammad verkündete den Koran, das Wort Gottes, so der Islam. Maria und Muhammad stellen damit, jeweils in ihrer Religion und nach ihrem je internen Verständnis, den Körper dar, in dem sich das Wort Gottes innerhalb der Welt verkörpert und Gestalt angenommen hat. Damit wird der Körper Marias zum unschätzbaren Körper im Christentum und Muhammad zum unschätzbaren Körper im Islam: Beides sind Gefäße des Göttlichen, des Wortes, die sich Gott – gemäß den jeweiligen Überlieferungen – gewählt hat; in denen sein Wort wohnen sollte und in die Welt kam.

So fern ist die Parallele vom Koran und einem Kind in Bezug auf Muhammad nicht. Auch der Koran vermittelt, dass Muhammad keinen Sohn habe (zumindest keinen, der am Leben blieb) und ihm damit als Person, als Vater, als Mann in einer arabischen Gesellschaft jener Zeit etwas Elementares fehlte. Doch quasi dafür hat er viel mehr erhalten, er hat den Koran. Er gebiert gewissermaßen (das sagt der Koran nicht mehr) den Koran als sein Kind – das ebenso (so wie alle Kinder von Gott kommt. Da das arabische Verb „walada" (zeugen, gebären; davon abgeleitet auch: Kind; Sohn) sowohl für den Mann als auch für die Frau gebraucht wird, könnte man metaphorisch formulieren, dass zwar Muhammad seiner Frau keinen Sohn (walad) gezeugt (walada) hat, so dass sie ihn – als Geschenk und Gabe Gottes – gebären (walada) könnte, doch Gott hat Muhammad den Koran geschenkt, den er nun zur Welt bringt (walada), indem er ihn verkündet. Die Hochschätzung der Körperlichkeit findet sich in diesem Fall in der Körperlichkeit des Propheten, des Gesandten Gottes. Nicht umsonst wird in der islamischen Tradition gerade auch die Körperlichkeit dieses Mannes so betont, geachtet, geehrt und als Vorbild gesehen, wie dies bei keinem anderen Wesen, allerdings auch keiner Frau, der Fall ist. Doch ist auf einer grundsätzlichen Ebene in diesem Körper eine Dimension des Weiblichen: Sie trägt das von Gott Gegebene in sich. Vielleicht ließe sich über eine solche Parallelität die christliche Marienfrömmigkeit Muslimen verständlich machen, wie umgekehrt ein Verständnis für die Würde Mariens nicht nur als Mutter Jesu, sondern gar – wie es auf den Ikonen immer heißt – als Mater Theou, als Mutter Gottes oder auch Christusgebärerin wecken – selbst wenn beides dem je anderen aus theologischen Gründen inhaltlich extrem fern ist.

Da diese Metapher jedoch einen Aspekt enthält, der auch für eine feministische Exegese fruchtbar gemacht werden könnte (!), sollten die Ausführungen an dieser Stelle beendet werden, in der Hoffnung, dass diese spezifische, genderrelevante Exegese ihren Weg finden bzw. weiter fortführen wird und wie bei anderen Religionen oder überhaupt Lebensbereichen zu einer Aufhebung eines blinden Flecks und einer Vervollständigung der Gesamtsicht führen kann, die sich auf Einfühlungsvermögen, Perspektive (von Frauen als für viele Verse auch gerade der Betroffenen oder Angesprochenen) und tiefes, solides Sprach-, Literatur und Textstudium stützt.

Frauen im Koran und der historische Kontext

Nahide Bozkurt

In der Menschheitsgeschichte hat sich das Verständnis der Geschlechterrolle entsprechend der Kulturen, des Formen des Glaubens und des Zeitalters verändert. In diesem Artikel werde ich das Verständnis von Frauen im Koran, dem heiligen Buch der Muslime, anhand von Beispielen analysieren.

Der Koran legt Bestimmungen und Empfehlungen zur Schöpfung der Frauen, der Identität der Frauen und der und der Art und Weise der Beziehungen zwischen den Geschlechtern dar. Wenn man die Bestimmungen hinsichtlich der Frauen im Koran betrachtet, können zwei verschiedene Standpunkte unterschieden werden. Einer von ihnen stützt sich auf Verse, welche auf die Gleichheit von Mann und Frau zielen. In diesem Zusammenhang stellt der Koran die Einheitlichkeit der Schöpfung von Männern und Frauen fest und betont, dass beide gleichermaßen erschaffen wurden.

> *O ihr Menschen, fürchtet euern Herrn, der euch erschaffen aus einem Wesen ...* (An-Nisā 4: 1)

Im Koran ist festgelegt, dass die Männer und Frauen, welche die muslimische Gemeinschaft bilden, für einander sorgen.

> *Und es antwortete ihnen ihr Herr: „Siehe, Ich lasse nicht verlorengehen das Werk des Wirkenden unter euch, sei es Mann oder Weib; die einen von euch sind von den andern.* (Al-'Imran 3: 195)

Darüber hinaus erklärt der Koran, dass diejenigen, die an Allah glauben und gute Taten vollbringen, ihre Belohnungen unabhängig von ihrem Geschlecht erhalten werden und dass Personen nur hinsichtlich ihrer taqwa (Hingabe an Allah). höhergestellt sein können. Beispiele für diese Gruppe der Verse, die darauf hinweisen, dass Männer und Frauen gleichberechtigt sind:

> *Siehe, die muslimischen Männer und Frauen, die gläubigen, die gehorsamen, die wahrhaftigen, standhaften, demütigen, almosenspendenden, fastenden, ihre Scham hütenden und Allahs häufig gedenkenden Männer und Frauen, bereitet hat ihnen Allah Verzeihung und gewaltigen Lohn.* (Al-Ahzab 33: 35)

> *Und es antwortete ihnen ihr Herr: „Siehe, ich lasse nicht verlorengehen das Werk des Wirkenden unter euch, sei es Mann oder Weib; die einen von euch sind von den andern.* (Al-'Imran 3: 195)

Wer das rechte tut, sei es Mann oder Weib, wenn er nur gläubig ist, den wollen Wir lebendig machen zu einem guten Werke und wollen ihn belohnen für seine besten Werke. (An-Naḥl 16: 97)

Und die Gläubigen, Männer und Frauen, sind einer des anderen Freunde; sie gebieten das Rechte und verbieten das Unrechte und verrichten das Gebet und zahlen die Armensteuer und gehorchen Allah und Seinem Gesandten. (At-Tauba 9: 71)

Wer aber Rechtes tut, sei es Mann oder Weib, und er ist gläubig – jene sollen eingehen ins Paradies und sollen nicht um ein Keimgrübchen im Dattelkern Unrecht erleiden. (An-Nisā 4: 124)

Verheißen hat Allah den Gläubigen, Männern und Frauen, Gärten durcheilt von Bächen, ewig darinnen zu verweilen, und gute Wohnungen in Edens Gärten. Aber Wohlgefallen bei Allah ist besser als dies. Das ist die große Glückseligkeit. (At-Tauba 9: 72)

Wer Böses getan hat, dem soll nur mit Gleichem gelohnt werden, und wer das Rechte getan hat, sei es Mann oder Weib, wofern sie gläubig waren, die treten ein ins Paradies, in dem sie ohne Maß versorgt werden sollen. (Gafir 40: 40)

Eines Tages wirst du die Gläubigen, Männer und Frauen, sehen, ihr Licht ihnen voraneilend und zu ihren Rechten: „Frohe Botschaft euch heute! Gärten, durcheilt von Bächen, ewig darinnen zu weilen! Das ist die große Glückseligkeit." (Al-Hadid 57: 12)

O ihr Menschen, siehe, Wir erschufen euch von einem Mann und einem Weib und machten euch zu Völkern und Stämmen, auf dass ihr einander kennet. Siehe, der am meisten geehrte von euch vor Allah ist der Gottesfürchtigste unter euch; siehe, Allah ist wissend und kundig. (Al-Huǧurāt 49: 13)

In den oben stehenden Versen des Korans wurden Männer und Frauen gemeinsam genannt, und es wird ausgesagt, dass Menschen beider Geschlechter ihre Belohnungen für ihre guten Taten erhalten und für ihre schlechten Taten bestraft werden. Trotzdem wurden Frauen isoliert, ausgeschlossen vom sozialen Leben, als unfähig zu intelligentem Denken und zum Glauben angesehen und als den Männern nicht ebenbürtig betrachtet. Es muss daher konstatiert werden, dass die patriarchische, subjektive Auslegung des Korans der Grund für diese Wahrnehmung ist.

Hier sind einige Beispiele für diese patriarchische, subjektive Auslegung innerhalb dieser Kultur.

Wie wird die Schöpfung der Frauen im Koran erzählt?

O ihr Menschen, fürchtet euern Herrn, der euch erschaffen aus einem Wesen und aus ihm erschuf seine Gattin und aus ihnen viele Männer und Weiber entstehen ließ. Und fürchtet Allah, in dessen Namen ihr einander bittet, und eurer Mutter Schoß. Siehe, Allah wachet über euch. (An-Nisā 4: 1)

Der obenstehende Vers legt wesentliche Aspekte der Schöpfung von Adam und seiner Frau (Eva) dar. Es gibt in diesem auf die Genesis bezogenen Vers keinen Hinweis darauf, dass Adams Frau aus dessen Rippe erschaffen wurde; allerdings taucht der Hinweis auf die Erschaffung Evas aus einer Rippe in religiösen Erzählungen auf. In den Hadithen, die Mohammed zugeschrieben werden, wird ausgesagt, dass „Frauen aus einem Rippenknochen geschaffen wurden und dass der Rippenknochen krumm ist und nicht korrigiert werden kann und bei dem Versuch, ihn zu korrigieren, wird er brechen."

Dieser Diskurs wurde Grundlage der Literatur des *Tafsir* (Koranexegese) und damit gleichzeitig Grundlage für alle Interpretationen, welche Frauen als untergeordnet ansehen. Zum Beispiel die folgende Erzählung aus dem Korankommentar (Tafsir) des berühmten Koranexegeten Taberi (gestorben 922): „Adam fühlte sich schläfrig; da nahm ein Engel die gebogenen Rippenknochen von ihm und füllte die Lücke mit Fleisch. Bevor er aufstand, hatte der Allah, der Höchste, Eva als Frau aus seinem Rippenknochen für Adams Wohlergehen geschaffen."

Diese Deutung nach den Hadithen wird inzwischen stärker berücksichtigt als die ursprünglich koranische Aussage, dass beide Geschlechter gleichen Ursprungs und mit den gleichen Eigenschaften ausgestattet sind. Allerdings wird die koranische Version durch weitere Koranverse gestützt:

Und zu seinen Zeichen gehört es, dass Er euch von euch selber Gattinnen erschuf, auf dass ihr ihnen beiwohnet, und Er hat zwischen euch Liebe und Barmherzigkeit gesetzt. (Ar-Rum 30: 21)

Der Schöpfer der Himmel und der Erde hat für euch Gattinnen gemacht von euch selber, und von den Tieren Weibchen; hierdurch vermehrt Er euch. Nicht ist gleich Ihm, und ER ist der Hörende, Schauende. (As-Sura 42: 11)

Ebenso sagt der Koran in der Schöpfungsgeschichte, dass Adam <u>und</u> seine Frau von Satan getäuscht wurden.

Und wir sprachen: „O Adam, bewohne du und dein Weib den Garten und esset von ihm in Hülle und Fülle, wo immer ihr wollt; aber nahet nicht jenem Baume, sonst seid ihr Ungerechte!" (Al-Baqara 2: 35)

Aber der Satan ließ sie aus ihm straucheln und vertrieb sie aus der Stätte, in der sie weilten. Und Wir sprachen: „Hinfort mit euch! Der eine sei des andern

Feind; und auf der Erde sei euch eine Wohnung und ein Nießbrauch für eine Zeit.“ (Al-Baqara 2: 36)

Der Überlieferung zufolge wurde jedoch Adam von Eva getäuscht. Zum Beispiel erzählt Taberi folgende Geschichte: „Als der Satan Adam und seine Frau aus dem Himmel (Eden) vertreiben wollte, schlüpfte er in den Körper einer Schlange. Nachdem er den Himmel erreicht hatte, schlüpfte er aus dem Körper der Schlange, nahm eine Frucht vom verbotenen Baum und ging zu Eva und sagte: O Eva, schau auf diesen Baum. Sein Duft, sein Geschmack, seine Farbe ist so wunderbar. Nachdem Eva die Frucht probiert hatte, zeigte sie es Adam und sagte: Schau auf diesen Baum. Sein Duft, sein Geschmack, seine Farbe ist so wunderbar. Adam ließ sich täuschen und aß die verbotene Frucht.“

Der ägyptische Gelehrte Mahmud Akkad (gestorben 1964) greift nun die Frau an, anstatt den Satan für verantwortlich zu halten, betont die sexuelle Provokation durch die Frau und sieht diesen Akt als „Evas allgemeines Erbe an die Frauen.“

Wie von diesen Beispielen gesehen werden kann, wurde der Koran von einer patriarchalischen und subjektiven Warte aus gesehen. Jedoch ist Objektivität eines der wichtigsten wissenschaftlichen Validitätskriterien. Einen Text ohne Vorurteile zu verstehen, ist das oberste Prinzip der Objektivität. Zu versuchen zu verstehen, was der Text beinhaltet, und nicht einen Text zu lesen, um unsere Vorurteile zu bestätigen, ist essentiell für die Objektivität.

Obwohl der Koran aussagt, dass sowohl Männer als auch Frauen auf der gleichen Grundlage erschaffen wurden, ist die vorherrschende, der kulturellen Tradition geschuldete Sichtweise, dass Adams Frau aus seiner Rippe geschaffen wurde. In gleicher Weise, obwohl der Koran darlegt, dass Adam und seine Frau zusammen vom Satan getäuscht wurden, wird in den patriarchalischen Interpretationen angenommen, dass Adams Frau Adam täuschte. Wie können wir diese Interpretationen als Ergebnis eines objektiven Ansatzes akzeptieren?

Die zweite Gruppe der Aussagen des Korans bezüglich der Frauen gründet auf der Existenz von Versen, welche die Überlegenheit von Männern gegenüber Frauen begründen sollen.

Hier sind einige Beispiele für diese Art von Versen:

Die Männer sind den Weibern überlegen wegen dessen, was Allah den einen vor den anderen gegeben hat, und weil sie von ihrem Geld (für die Weiber) auslegen. Die rechtschaffenen Frauen sind gehorsam und sorgsam in der Abwesenheit (ihrer Gatten), wie Allah für sie sorgte. Diejenigen aber, für deren Widerspenstigkeit ihr fürchtet – warnet sie, verbannet sie in die Schlafgemächer und schlagt sie. Und so sie euch gehorchen, so suchet keinen Weg wider sie; siehe, Allah ist hoch und groß. (An-Nisā 4: 34)

Oh, die ihr glaubt, wenn ihr euch mit einer Schuld auf einem benannten Termin verschuldet, so schreibet ihn auf, und es schreibe zwischen euch ein Schreiber wie es rechtens ist … und nehmet von euern Leuten zwei zu Zeugen. Sind nicht zwei Mannspersonen da, so sei es ein Mann und zwei Frauen, die euch zu Zeugen passend erscheinen, dass, wenn die eine von beiden irrt, die andere sie erinnern kann … (Al-Baqara 2: 282)

Allah schreibt euch vor hinsichtlich euer Kinder den Knaben zweier Mädchen Anteil zu geben … (An-Nisā 4: 11)

Aus den obenstehenden Versen kann geschlossen werden, dass Frauen den Männern nicht gleichwertig sind, wenn diese Verse ohne Berücksichtigung ihres historischen Kontexts gesehen werden. Der historische Kontext beinhaltet die Bewertung der Lebensbedingungen der Zeit und ein vollständiges Verständnis des damaligen Zeitgeistes. In anderen Worten bedeutet den historischen Kontext zu verstehen, die Zeit, in der das Ereignis geschah, mit ihren kulturellen, politischen und religiösen Überzeugungen zu verstehen und zu entdecken. Deshalb können wir zu keinem angemessenen Verständnis der Heiligen Schriften kommen, wenn wir die historischen Bedingungen der Zeit ausschließen; insbesondere, weil die Heiligen Schriften, in diesem Artikel speziell der Koran, sowohl ein Einschnitt in der Geschichte als auch eine praktische Lebenshilfe sind und sie die Lebensumstände und Lebensbedingungen jener Zeit spiegeln. Der Text des Korans ist also innerhalb eines bestimmten Milieus entstanden, mit anderen Worten, in einer gegebenen Kultur mit ihren entsprechenden Ausprägungen.

Viele Koranverse sind schwer zu verstehen, wenn keine Informationen über die historischen Bedingungen dieser Zeit vorliegen. Ich möchte die Wichtigkeit des Wissens über diese Zeit zum besseren Verständnis des Korans anhand der folgenden Beispiele verdeutlichen.

Gehört hat Allah das Wort jener, die mit dir über ihren Gatten stritt und sich bei Allah beklagte; und Allah hörte euren Wortwechsel,; siehe, Allah ist hörend und sehend. Diejenigen von euch, welche sich von ihren Weibern scheiden, in dem si sprechen: „Du bist mir wie der Rücken meiner Mutter" – ihre Mütter sind sie nicht. Siehe, ihre Mütter sind nur diejenigen, welche sie geboren haben, und siehe, wahrlich, sie sprechen ein widerwärtiges Wort und Unwahrheit. (Al-Mugadala 58: 1–2)

Die oben genannte Zihar ist eine der Scheidungsmethoden, welche verheiratete Männer nutzen, um ihre Frauen zu verlassen. Zihar bedeutet wortwörtlich „Rücken einer Person". Männer weisen ihre Frauen ab, indem sie zu ihnen sagen: „Für mich ist dein Rücken wie der Rücken deiner Mutter." So konnte ein Mann sich seiner ehelichen Pflichten entledigen und die Frau konnte keinen anderen Mann heiraten, weil sie noch als seine Frau angesehen wurde. Es ist nicht möglich, den oben genannten Vers ohne diesen kulturellen Hintergrund zu verstehen.

Auch die folgende Gruppe von Versen ist kaum vollständig zu verstehen, ohne die Kenntnis des historischen Zusammenhangs.

> *O Weiber des Propheten, ihr seid nicht wie eins der (andern) Weiber. Wenn ihr gottesfürchtig seid, so seid nicht entgegenkommend in der Rede, so dass der, in dessen Herz Krankheit ist, lüstern wird, sondern sprecht geziemende Worte. Und sitzet still in euren Häusern und schmücket euch nicht wie in der früheren Zeit der Unwissenheit ...* (Al-Ahzab 33: 32–33)

Die oben genannten Verse richten sich an Muhammads Frauen und bitten sie, sich nicht so zu verhalten, wie sie es in der Jahiliyya-Periode taten. Aber, was ist diese Jahiliyya-Periode und welche Merkmale zeigt sie?

> *Verderben über die Hände Abu Lahabs und Verderben über sie! ... Brennen wird er im Feuer, dem lohenden, während sein Weib das Holz trägt ...* (Al-Masad 111: 1–4)

Wer sind Abu Lahab und seine Frau und warum werden sie im Feuer verbrannt werden?

> *Siehe, das Verschieben (des Monats Moharram auf den Monat Safar) ist eine Mehrung des Unglaubens ... Sie erlauben es in einem Jahr und verwehren es in einem andern Jahr, damit sie die Anzahl der von Allah geheiligten Monate ausgleichen ...* (At-Tauba 9: 37)

Welches sind die Verbotenen Monate und was bedeuten sie?

> *Was meint ihr nun von al-Lat und al Uzza, und Manat, der dritten daneben?* (Al-Nagm 53: 19–20)

Was bedeuten diese Namen?

> *Und auch bei Badr half euch Allah, als ihr verächtlich erschienet ...* (Al-'Imran 3: 123)

Was ist Badr, wo Allah ihnen half?

> *Wahrlich, schon half euch Allah auf vielen Kampfgefilden und an dem Tag von Hunain ...* (At-Tauba 9: 25)

Was ist der Tag von Hunain?

Die Antworten auf all diese Fragen führen zur Kenntnis des historischen Kontexts. Deshalb ist es notwendig, das Arabien, in das der Koran herabgesandt wurde, in geographischer, kultureller, sozialer, politischer, wirtschaftlicher und religiöser Hinsicht zu kennen, um die Verse des Koran zu verstehen. Meiner Ansicht nach ist es zwingend notwendig, den historischen Kontext zum besseren Verständnis des Koran zu kennen, der geschrieben wurde, um verstanden zu werden und dessen Text durch damalige Lebensweise und Kultur geformt wurde.

An diesem Punkt muss eine wichtige Frage geklärt werden. Die Frage lautet: Ist es möglich, die Heiligen Schriften, die einen historischen Bezug haben, als zeitlos zu verstehen? Wenn die Frage hinsichtlich unseres Forschungsgegenstandes betrachtet wird, können die Verse des Koran, welche Lösungen für die Position der Frauen im sozialen Leben hinsichtlich der historischen, kulturellen, ökonomischen und traditionellen Position der Frauen brachten, heute genau so interpretiert werden, wie sie damals interpretiert wurden?

Beispielsweise im 11. Vers der Sure an-Nisa (4. Die Weiber) wird ausgesagt, dass „Allah uns hinsichtlich der Verteilung des Erbes an die Kinder anweist: Für die Männlichen genau so viel wie für zwei Weibliche."

Nach dem berühmten Koranexegeten Fahreddin er-Razi (gestorben 1210) müssen Männer einen größeren Erbteil als Frauen erhalten, weil Frauen sich gegenüber Männern in einer untergeordneten Position befinden, weil sie das Haus nicht verlassen, und wegen ihrer Dummheit und ihrem Hang zu betrügen und betrogen zu werden.

Lebte Razi heutzutage und sähe er die erfolgreichen Geschäftsfrauen, würde er die Verse zur Aufteilung des Erbes an die Frauen auf gleiche Weise interpretieren?

Diese Art der Interpretationen, die versuchen, die Erbteilung durch Beschimpfung der Frauen zu erklären, ohne die Bedingungen der genannten Zeit zu berücksichtigen und die wörtliche Bedeutung des Textes betonen, sind Ausdruck einer patriarchalischen Mentalität.

Wenn der Koran in seinem historischen Kontext interpretiert wird, kann man verstehen, dass er die traditionelle soziale Organisation in der damaligen Gesellschaft berücksichtigt. Der soziale und wirtschaftliche Status der Frauen in der Gesellschaft war bestimmt durch die Zeit, in welcher der Koran verfasst wurde.

Der Diskurs des Korans, welcher Diskriminierung hervorrufen kann und der in der sozialen Struktur jener Zeit begründet liegt, sollte auf Grundlage seiner traditionellen Strukturen bewertet werden. Darüber hinaus muss die Betonung der Gleichheit von Männern und Frauen im Koran ein Ausgangspunkt für uns sein, und dieser Ansatz muss unsere Lebensphilosophie dominieren.

Übersetzung aus dem Englischen: Patrick Urban

Die Stellung der Frau im Islam

Beyza Bilgin

Wir müssen zunächst zwei Begriffe voneinander unterscheiden: Islam und islamische Kultur, denn der Begriff Islam beschränkt sich nicht nur auf die über den Koran und den Propheten Mohammed weitergegebenen Weisheiten und Lehren der Religion, sondern er erinnert uns auch daran, wie diese Glaubensgrundlagen über Jahrhunderte hinweg sowohl von muslimischen Gelehrten als auch in muslimischen Ländern vom Volk verstanden und praktiziert wurden.

Die Suren des Koran sind reich an Versen mit Hinweisen für die Frauen. Wir könnten sie auch als Koranverse bezeichnen, die die Frauenrechte regeln, denn damals waren die Frauenrechte wie Frauenunrechte. Es lohnt sich aber zu untersuchen, wie weit diese Hinweise im Laufe der Zeit im Alltag umgesetzt wurden.

Ich werde meine Ausführungen zunächst auf das türkische Verständnis beschränken. Zweifelsohne wurden das türkische religiöse Denken und Handeln vom religiösen Denken und Handeln anderer muslimischer und nichtmuslimischer Länder beeinflusst. Vor allem die Traditionen der Araber und Perser aus der vorislamischen und islamischen Zeit und der griechisch-römischen Welt haben auf die türkischen und islamischen Länder eingewirkt.

Nun enthielt die Ordnung des Islam zwar für Sitte und Brauchtum wichtige Veränderungen; im Ganzen gesehen konnten jedoch die Hinweise einer Religion die Überlieferungen nicht eigentlich verändern.

Die unterschiedliche Einstufung von Mann und Frau

Zu jener Zeit, als der Koran herabgesandt wurde, war es fast auf der ganzen Welt üblich, die Frau zunächst unter die Vormundschaft ihres Vaters, später unter die ihres Ehemanns zu stellen. Hatte sie weder Vater noch Ehemann, so übernahm ein männlicher Verwandter diese Aufgabe. Nun kann sich Vormundschaft leicht in Autorität wandeln und restriktiv gehandhabt werden. Ein Beispiel hierfür ist die Tatsache, dass man aus religiöser Perspektive Frauen bis heute nicht erlaubt, allein auf Reisen zu gehen. Eine Frau darf weder die Hadsch, die große Pilgerfahrt vor dem Opferfest, noch Umre, die Pilgerfahrt nach der Heiligen Zeit allein unternehmen. In jedem Fall muss sie ein Mann aus dem Kreis ihrer näheren Angehörigen begleiten oder sie muss sich einer Gruppe von Frauen anschließen, die ihr den nötigen Schutz zu garantieren vermögen. Der Koran kennt eine derartige Entmündigung nicht. Im Koran wurden die Frauen genau so wie Männer, die die Reise ins Auge fassen (*saihatin*, 66,5; *saihun*, 9,112), gelobt. Sicherheit sollte eine Selbstverständlichkeit sein. Die arabische Gesellschaft, in die der Koran herab gesandt wurde, war eine Gesellschaft der Männer. Da die Männer nicht nur das dominierende, sondern auch den einzigen anerkannten Bevölkerungsteil darstellten, konnten die ausschließlich männlichen Religionsgelehrten mit der Zeit leicht die Rechte aus den Augen verlieren, die der Islam den Frauen gebracht hatte. Weil das türkisch-muslimische Volk den Koran nur im arabischen Wortlaut ohne Sinnverständnis zu lesen lernten, bemerkten sie die Unrichtigkeiten gar nicht. Sie waren der Ansicht,, alles stamme aus dem Koran und sei das erhabene Wort Gottes.

Ich war am 27-29 November 1995 als Teilnehmerin auf einer Tagung mit dem Titel *Religiöse Unterweisung für Schülerinnen und Schüler islamischen Glaubens* in Soest, Nordrhein Westfalen. Das Buch *Curriculumentwicklung* hatten wir schon vorher bekommen. Ich hatte es eingehend gelesen und festgestellt, dass für die verfassungsrechtlichen Probleme eines islamischen Religionsunterrichts noch keine legitime Lösung gefunden worden ist. Die Frage ist die inhaltliche Unvereinbarkeit des islamischen Religionsunterrichts mit dem Grundgesetz. Wenn von einem Widerspruch der Lehren des Islam zur Werteordnung des Grundgesetzes gesprochen wird, werden in erster Linie immer die gleichen Argumente herangezogen. Das erste war: *Die Stellung der Frau nach dem Koran; die Ungleichbehandlung zwischen Mann und Frau*. Ich habe mich dort um dieses Thema sehr bemüht; insbesondere hinsichtlich einiger die Frauen betreffenden Erklärungen.

Tatsächlich sind ja die meisten muslimischen Männer immer noch der Meinung, dass nach dem Koran *von der Schöpfung her die Männer über den Frauen stehen* und führen als Beleg einen Koranvers nach veraltetem Verständnis an (→ Schmitz: Methoden …) Danach sieht es dann so aus, als sei die Ungleichbehandlung von Mann und Frau in den islamischen Ländern koranisch begründet, also Gottesgebot (*Ahkam*). In Wahrheit aber, und das werde ich in diesem Artikel belegen, stammen entsprechende Deutungen nicht direkt aus dem Koran, sondern resultieren aus den damaligen Auffassungen (İdschtihad). Die alten traditionellen Interpretationen sind nämlich von noch älteren außerkoranischen Schöpfungsberichten beeinflusst, die das Geheimnis der Schöpfung erklären wollten. Einen dieser Schöpfungsberichte finden wir im Alten Testament. Dort wird dargelegt, dass die Tatsache, dass *die Männer eine Stufe über den Frauen stehen und für sie verantwortlich sind*, als Strafe für die sündenfällig gewordene Eva zu verstehen ist: *Er soll dein Herr sein!* Darauf werde ich später zurückkommen.

Ich glaube, je mehr wir uns der Bedeutung dieser mythischen Erzählungen nähern, desto besser verstehen wir die Heiligen Texte. Neue Interpretationen werden sowohl in der Türkei als auch in den anderen islamischen Ländern mit Erfolg vorgenommen. Wir hoffen, uns mit der Zeit von den verschiedenen von den alten Erzählungen beeinflussten Auffassungen zu befreien und damit auch glücklicher zu werden. Dazu folgendes Beispiel: Vom 3.–7. Juli dieses Jahres fand an der Universität Gesamthochschule Kassel ein Symposium statt, an dem ich teilnahm. Dort gibt es eine fleißig arbeitende Institution: *Interdisziplinäre Arbeitsgruppe Frauenforschung*. Das Symposium hieß *Frauenbewegung in islami-*

schen Ländern. Da waren ausgebildete Frauen aus verschiedenen islamischen Ländern, die die reale Situation der Frau in ihren Ländern erklärten und die über neue Strömungen in der theologisch-juristischen Reflektion hinsichtlich der Stellung der Frau sprachen. Als ich dort dem Vortrag einer pakistanischen Theologin zuhörte, war ich darüber erfreut. Sie erklärte, dass sie sich lange Jahre über die Frage Gedanken gemacht hat, warum die Männer in den islamischen Ländern immer noch glauben, dass sie für die Frauen verantwortlich seien und dass sie einen Vorrang vor ihnen haben. Sie erzählte, dass sie unter dieser Prämisse den Koran noch einmal vom Anfang an bis zum Ende eingehend geprüft habe und ebenso die Sammlungen des Hadith. Was sie im Koran feststellte war, dass Gott die Menschen als Mann und Frau ganz gleich aus demselben Wesen (an-nafs) erschaffen hatte und dieses Wesen weiblich war:

O ihr Menschen, fürchtet eueren Herrn, Der euch aus einem einzigen Wesen erschaffen hat; aus ihr erschuf Er seine Gattin, und aus den beiden ließ Er viele Männer und Frauen entstehen. (An-Nisa 4: 1)

Nach diesem Text erschuf Gott Mann und Frau aus einer einzigen *Nafs.* Er erschuf die Gattin also nicht aus dem Körper oder der Rippe Adams, wie es im Alten Testament steht. Die pakistanische Theologin fragte sich daher: Wenn nach der Schöpfungsgeschichte des Koran Mann und Frau ganz gleich aus einem einzigen Wesen geschaffen waren, wie darf man sie dann ungleich behandeln? Sie hatte darüber hinaus festgestellt, dass sich der Koran im Laufe der Geschichte nicht verändert hat, sondern wortgetreu überliefert wurde, während sich die überlieferten Worte des Propheten (Hadith) und die Traditionen der Muslime zum größten Teil mit vorislamischen Elementen gemischt hatten. Folglich gelte es, über die Interpretierungen zurück zum Koran selber zu gehen und durch ihn die irreführenden Auffassungen zu korrigieren.

An der Theologischen Fakultät Ankara bemühen wir uns seit Jahren, in diesem Sinne zu arbeiten, um die alten, sich auf überkommene Überlieferungen stützenden falschen Auffassungen zu korrigieren. Die erwähnte pakistanische Theologin war derselben Meinung, und ihre ernsten, offenen Erklärungen freuten mich Denn was ich neulich von Pakistan erfuhr, war nichts Erfreuliches. Ein türkischer Doktorand, der in Pakistan studiert hat, erzählte mir, dass sich die Studenten der dortigen Usul al-Din Fakultät dagegen sträuben, in der Zentral-Bibliothek zu arbeiten, weil es dort keine Trennung von männlichen und weiblichen Besuchern gibt.

Kommen wir zu den betreffenden zwei Versen des Koran:

Und den (Frauen) stehen die gleichen Rechte zu wie sie (die Männer) zur gütigen Ausübung über sie haben. Doch die Männer stehen eine Stufe über ihnen. (Al-Baqara 2: 228)

Die Männer stehen den Frauen in Verantwortung vor, weil Gott die einen vor

den anderen ausgezeichnet hat und weil sie von ihrem Vermögen hingeben.
(An-Nisa 4: 34)

In dem ersten Vers wurde erklärt, dass die Frauen und Männer die gleichen Rechte haben. Dann aber macht man (angeblich) eine Ausnahme und es wird gesagt: *Doch die Männer stehen eine Stufe über den Frauen, weil Gott die einen vor den anderen ausgezeichnet hat, weil sie von ihrem Vermögen hingeben.* Was bedeutet das? frage ich. Hat Gott alle Männer immer und überall vor allen Frauen ausgezeichnet? Sind alle Männer wirklich immer und überall klüger, kräftiger, gesünder und reicher als alle Frauen? Natürlich nein! Also bedeutet dieser vers, wie im zuerst zitierten Koranverse erklärt, dass Frauen und Männer von der Schöpfung her die gleiche Rechte haben, in zeitgenössischen Gesellschaft aber aufgrund ihrer wirtschaftlichen Lage die Männer eine Stufe über den Frauen stehen und Verantwortung für sie tragen. Gebräuche und gesellschaftliche Stellungen aber können sich verändern und damit auch die Vorrechte.

Eine andere die Frau betreffende Überlieferung über die Vertreibung von Adam und Eva aus dem Paradies ist dagegen wieder von vorislamischen Überlieferungen übernommen worden. Wie bereits gesagt, entstammen die entsprechenden Aussagen dem Alten Testament. Nach alttestamentlicher Überlieferung trägt die Frau wegen der Übertretung des Verbotes, vom Baum der Erkenntnis zu essen, die Schuld für das für die Vertreibung aus dem Paradies. Hier findet sich auch die Aussage, dass Satan zuerst die Frau verführte, weil die Frauen leichter als die Männer verführt werden können. Die Gläubigen sollten solche Aussagen symbolisch verstehen, um das dahinter stehende Geheimnis verstehen zu können, aber auch das ist ein Desiderat geblieben.

Der Koran dagegen enthält keine derartige, die Frau deklassierende Aussage, sondern ganz im Gegenteil trägt im Koran die Schuld an der Vertreibung aus dem Paradies der Mann:

Und wahrlich, Wir schlossen zuvor einen Bund mit Adam, aber er vergaß (ihn). Wir fanden in ihm kein Ausharrungsvermögen ... Jedoch der Satan flüsterte ihm Böses ein ... da aßen sie beide davon ... und Adam befolgte das Gebot seines Herrn nicht und ging irre (Ta Ha 20: 115–122)

Trotz dieser (eindeutigen!) Verse übernahmen die islamischen Gelehrten und Autoren von den eroberten Kulturen diese Erzählungen des Alten Testaments. Auch in der heutigen Zeit veröffentlicht man solche Bücher, und sie finden immer noch viele Leser. Noch Schlechter ist das daraus resultierende Ergebnis, nach dem die Frau wegen ihrer Schuld von Gott gestraft wurde. Islamische Gelehrte fügten sogar zu den biblischen Strafen noch einige hinzu und sagen, dass den Mädchen deshalb als Anteil von der Erbschaft nur die Hälfte des Erbteils des Mannes zusteht, und die Regelung dass als Zeugen an der Stelle eines Mannes zwei Frauen nötig sind, gehört auch zu diesem uralten Strafsystem. Diese Strafe verhängte Gott über sie, genau so wie im Alten Testament steht:

Ich will dir Mühsal schaffen, wenn du schwanger wirst; unter Mühen sollst du Kinder gebären. Und dein Verlangen soll nach deinem Manne sein, aber er soll dein Herr sein. (1.Mose 3,4)

Ich darf und durfte auf dem erwähnten Symposium an dieser Stelle aber in Klammern eine Frage an die europäisch-christliche Seite stellen: *Stellen diese biblischen Verse keinen Widerspruch zur Werteordnung des deutschen Grundgesetzes dar?*

Eine andere Ungleichbehandlung fand sich im Curriculumbuch wie folgt:

Diese Ungleichbehandlung zwischen Mann und Frau wird auch an den islamischen Heiratsvorschriften deutlich, nach denen zwar der Mann eine Jüdin oder Christin heiraten darf (Al-Maida 5: 6),

eine moslemische Frau allerdings keinen andersgläubigen Mann (Al-Mumtahina 60: 10).

Ich glaube, dass hier ein Missverständnis vorliegt, denn das in diesen Sätzen stehende Wort *„andersgläubige"* entspricht dem Terminus *„Ungläubig"*(kâfir) im Koran.

O die ihr glaubt, wenn gläubige Frauen als Flüchtlinge zu euch kommen, so prüft sie … Wenn ihr sie dann gläubig findet, so schickt sie nicht zu den Ungläubigen zurück. Diese Frauen sind ihnen nicht erlaubt … Und haltet nicht am Eheband mit den Ungläubigen Frauen fest … Das ist Gottesgebot. (Al-Mumtahana 60: 10)

Man sieht, dass in diesen Versen auch den Männern nicht erlaubt ist, die ungläubigen Frauen zu heiraten. Dass eine moslemische Frau keinen andersgläubigen Mann heiraten darf, steht im Koran nicht. Es gibt nur einen Vers bezüglich der Heirat von Andersgläubigen und dieser bezieht sich nur auf Männer:

Heute sind euch alle guten Dinge erlaubt … Und ehrbare gläubige Frauen und ehrbare Frauen unter den Leuten, denen vor euch die Schrift gegeben wurde, wenn ihr ihnen die Brautgabe gebt, und nur für eine Ehe und nicht für Unzucht und heimliche Liebschaften. (Maide 5: 5)

Weil in diesem Vers nur die Männer wörtlich geführt wurden, die andersgläubige Frauen heiraten dürfen, wurde es in der islamischen Kultur den muslimischen Frauen nicht erlaubt, andersgläubige Männer zu heiraten. In Wahrheit gibt es im Koran für Frauen, bezüglich dieses Thema, weder Erlaubnis noch Verbote.

Die Ungleichbehandlung von Söhnen und Töchtern

Die Gesellschaft, in die der Koran herab gesandt wurde, verzeichnete wegen der Stammesfehden ein Ungleichgewicht in der Bevölkerung zwischen Männern und

Frauen. Der Frauenüberschuss brachte es mit sich, dass es als Schande galt, Töchter zu haben. Man war der Meinung, nur Söhne könnten das Fortbestehen eines Stammes garantieren. Nahm die Zahl der Mädchen überhand, so tötete man sie, indem man sie lebendig im Boden verscharrte. Dabei wurde die Stellung der Mädchen an anderer Stelle hervorgehoben. Die Engel zum Beispiel sind als „Töchter Gottes" anerkannt:

> Und sie schreiben Gott die Töchter zu. Gepriesen sei Er! Die Söhne, die sie begehren, sollen ihnen selbst zukommen. Und wenn einem von ihnen die Nachricht von der Geburt einer Tochter gebracht wird, so verfinstert sich sein Gesicht, indes er den inneren Schmerz unterdrückt. Er verbirgt sich vor den Leuten aufgrund der schlimmen Nachricht, die er erhalten hat: Soll er sie trotz der Schande behalten oder in Staub verscharren? Wahrlich, übel ist, was sie entscheiden.   (An-Nahl 16: 59–61)

Der Koran hat dieses Verhalten mit „Furcht vor Verarmung" erklärt, hat diese Praxis aber für Mädchen und Jungen, also für alle Kinder verboten:

> Tötet euere Kinder nicht aus Furcht vor Armut; Wir sorgen für sie und für euch. Fürwahr, sie zu töten ist große Sünde.   (Al-Isra 17: 31)

Dass zur Erhaltung der Menschheit die Mädchen ebenso wichtig sind wie die Jungen, trat im Leben des Gesandten Gottes zutage. Dem Propheten Mohammed waren vier Töchter und drei Söhne geboren worden. Die Jungen starben bereits als Säuglinge, was seinen Widersachern Freude bereitete. Sie sagten: „Mohammeds Geschlecht ist zu Ende gegangen, ein kraftloses Geschlecht; sein Name wird nicht weiter bestehen, er wird verschwinden, wird vergessen werden." Das alles drückt der Begriff Ebter aus. Dazu hat der Koran in der Kevser Sure Stellung genommen, und Kevser in der Bedeutung von Fülle, Überfluss, Erhabenheit, reiche Nachkommenschaft ist genau das Gegenteil von Ebter. In eben dieser Kevser Sure hat Gott den Propheten folgendermaßen angesprochen:

> Wahrlich, wir haben dir die Fülle des Guten gegeben. So bete deinem Herrn, und opfere. Fürwahr, es ist dein Feind, der ohne Nachkommenschaft sein soll.
> (Al-Kavsar 108)

Außer der jüngsten Tochter Fatima sind alle drei älteren Töchter und deren Kinder vor dem Propheten Mohammed gestorben. Diese einzig verbliebene Tochter und die Erinnerung an ihre Kinder reichten aus, dass Gott das Geschlecht Seines Gesandten hat fortbestehen lassen. Der Prophet hat immer wieder auf die Frauen, vor allem auf die Mütter hingewiesen. Die Verdienste jener beiden Frauen, die historische Bedeutung erlangt haben, also seine Frau Hatice und seine Tochter Fatima, hat er stets gerühmt. und als Vorbilder hingestellt. Leider gab es jedoch nur wenige Leute, die über dieses Verhalten nachdachten. Heutzutage besteht für eine Trennung von Jungen und Mädchen keine Veranlassung mehr. Unter Berücksichtigung der materiellen und ideellen Situation ihrer Familien können sie alle ihren Eigenschaften entsprechend ausgebildet werden. Trotzdem setzt sich eine der vorislamischen Gewohnheiten, nämlich die der unterschiedlichen Behandlung von Jungen und Mädchen, in hohem Maße fort. Selbst in den türkischen Familien, wo im ursprünglichen Brauchtum eine derartige Unterscheidung unbekannt war, zeigt sich diese Sitte in der Bevorzugung von Knaben.

Heirat und Scheidung

Zu der Zeit, da der Koran offenbart wurde, lebten die Leute in Stammesverbänden. In unendlich vielen Auseinandersetzungen wurden die Männer getötet, Frauen und Kinder blieben allein zurück. Die schutzlos Zurückgebliebenen wurden der Fürsorge eines anderen Mannes anvertraut. Waren diese Männer gute Menschen, so konnten Frauen und Kinder ihr Leben ruhig weiterführen. Aber die Wohlgesinnten stellten nicht eben die Mehrheit dar, und viele der Männer haben die Witwen und Weisen zum eigenen Vorteil ausgenutzt. Zum Beispiel: Waren die Frauen oder Mädchen gut aussehend, so hat man sie, ohne lange zu fragen, gegen Geld oder Ware mit irgendwelchen Personen verheiratet oder es wurde wegen einer Eheschließung verhandelt. Waren die vaterlos gebliebenen Jungen wohlhabend, so nutzte man ihr Vermögen zum eigenen Vorteil. Viele wurden dadurch reich, dass sie Witwen und Waisen in Obhut nahmen. Manche Männer heirateten auch solche Frauen oder Mädchen in „Ehen auf Zeit", und wenn es ihnen passte, verstießen sie sie wieder. Selbst die Übernahme des Erbguts der Frauen wurde zum Thema. Gott hat im Koran derartiges Unrecht verboten:

> Und wenn ihr (als Vormund) fürchtet, ihr würdet nicht gerecht gegen die Weisen handeln, dann heiratet nicht sie, sondern Frauen, die euch genehm dünken, zwei oder drei oder vier. Wenn ihr aber fürchtet, so viele nicht gerecht zu behandeln dann nur eine ... So könnt ihr am ehesten vermeiden, Unrecht zu tun. (An-Nisa 4: 3)

Wir sehen, um an verwaisten Mädchen und Frauen kein Unrecht zu begehen, ist es den Männern erlaubt, bis zu vier nicht verwaiste Frauen zu heiraten. Diesen Frauen wiederum wird zugestanden, ihre Rechte geltend zu machen. Trotzdem wird Männern, die befürchten, unter ihren Frauen Ungerechtigkeiten zu begehen, empfohlen, nur eine Frau zu heiraten. Entsprechend wird in einem anderen Koranvers verkündet, dass es unmöglich sei, unter den Gattinnen Gerechtigkeit walten zu lassen:

> Und ihr könnt kein vollkommenes Gleichgewicht zwischen eueren Frauen halten, sosehr ihr es auch wünschen möget.   (An-Nisa 4: 129)

Hier wird offenkundig, dass von den Koranischen Empfehlungen her im Islam
die Einehe favorisiert wird. Die Aussage des Korans ist, wie gezeigt wurde, an die
gerichtet, die sich fürchten, eine Ungerechtigkeit zu begehen. Ein Mensch aber,
der sich nicht fürchtet, eine Ungerechtigkeit zu begehen, der kennt auch keine
Furcht vor Gott, und einem solchen (gottlosen) Menschen kann keine Religion
einen Rat geben!

Es ist eine allgemein bekannte historische Tatsache, dass der Prophet bei der
Verheiratung seiner Töchter mit den Schwiegersöhnen Verträge abschloss, die
ihnen weitere Eheschließungen verboten. Als Einige Ali eine weitere Frau zufüh-
ren wollten, trug Fatima ihrem Vater, dem Gesandten Gottes, die Angelegenheit
vor: „Lieber Vater, man sagt, du seiest wegen deiner Töchter noch nie in Zorn
geraten. Aber sieh, Ali verlobt sich mit der Tochter Abu Cahil."

Der Prophet stand in allen Fällen auf Seiten der Gerechtigkeit und wollte für
seine Tochter keine Ausnahme erlauben. So stand er auf, ging zur Moschee, stieg
auf die Kanzel und hielt eine Rede. Er sagte: „Nur wenn Ali meine Tochter ver-
stößt, kann er das andere Mädchen heiraten. Meine Tochter Fatima ist ein Teil
von mir. Was sie betrübt, betrübt auch mich. Ja, natürlich, unsere Tochter ist ein
Teil von uns, und was sie betrübt, betrübt auch uns." Der Prophet erwähnte
weiter, dass seine anderen Schwiegersöhne ihr Wort gegeben und gehalten hätten und stieg von der Kanzel. (Muslim VII, 356 bis 359) Daraufhin nahm Ali
neben Fatima keine weitere Frau. Noch schlimmere Haltungen gegenüber
Frauen erlebte man bei der Scheidung. Nach der Aussage des Korans bedarf es
sowohl bei der Eheschließung als auch bei der Scheidung der Anwesenheit
zweier Zeugen:

Nehmet die Frauen in Güte zurück oder trennt euch in Güte von ihnen, und
rufet zwei rechtliche Leute aus euerer Mitte zu Zeugen; und lasst es ein wahr-
haftiges Zeugnis vor Gott sein. Das ist eine Mahnung für den, der an Gott und
an den Jüngsten Tag glaubt. (At-Talak 65: 2)

Bedauerlicherweise räumte man dieser Forderung Gottes in der islamischen
Rechtsprechung keinen Platz ein. Die sensiblen Gleichgewichte wurden leider bei
der Anwendung nicht gewahrt. Das Recht wendet sich damit klar gegen die
Frauen. Die an Gott und an den Jüngsten Tag glaubenden Muslime konnten ihre
Frauen mit einem einfachen Wort „Bosch ol! = Sei geschieden!" verstoßen. Ein
weiterer Vorgang, der im Zusammenhang mit der Scheidung im islamischen
Recht unvollständig und falsch vollzogen wird, ist die nur ein einziges Mal ausge-
sprochene, eigentlich drei verschiedene Male durchzuführende Scheidung. Man
nennt sie *„Talak-ı Selase".* Nach koranischer Aussage kann sich der Ehemann
von seiner Gattin zweimal trennen und wieder zurücknehmen. Sie dürfen nicht
sofort eine andere Person heiraten. Es muss einige Zeit abgewartet werden, bis
feststeht, ob die Frau etwa schwanger ist oder nicht. Diese Zeitspanne nennt man
„Iddet". Wenn der Mann in der Iddet-Zeit sein Handeln bedauert und beide
Seiten einverstanden sind, so kann die Ehe wieder für gültig angesehen werden.

Dieses Verfahren kann man zweimal, aber kein drittes Mal durchführen. Nach der dritten Scheidung ist eine Fortsetzung der Beziehungen zur geschiedenen Frau religionsrechtlich verboten. Heiratet die Frau jedoch zunächst einen anderen Mann und wird von ihm wieder geschieden, kann sie daraufhin ihren ersten Mann erneut heiraten, das heißt, sie ist ihm aus der Sicht der Religion wieder erlaubt. Diese Regeln finden wir im Koran:

> *Die Scheidung ist zweimal. Dann in gemessener Weise behalten oder im Guten entlassen ... Und wenn er sie entlässt, dann ist sie ihm nicht mehr erlaubt, solange sie nicht einen anderen Mann geheiratet hat. Wenn dieser sie entlässt, ist es kein Vergehen für beide, wenn sie zueinander zurückkehren, sofern sie annehmen, dass sie die Gebote Gottes einhalten können.* (Al-Baqara 2: 228–230)

In der Praxis allerdings setzte sich die folgende Regelung durch: hatte ein Mann seiner Frau gegenüber die Scheidungsformel dreimal hintereinander ausgesprochen, so galt der dreimalige Vorgang der Scheidung als erfüllt und die Geschiedenen waren einander religionsrechtlich verboten. Wollte der Ehemann seine Frau nicht wirklich verstoßen und hatte er diese Worte im Zorn, im Zustand der Trunkenheit oder als Druckmittel ausgesprochen, konnte man eine Art Zwischen-Ehe eingehen. Die Frau wurde beispielsweise nach vorheriger Absprache mit einem anderen Mann verheiratet, wurde von ihm geschieden und heiratete darauf ihren ersten Ehemann wieder. Alle islamischen Rechtsgelehrten haben dieses Vorgehen nicht für richtig gehalten. Auch meinten einige wenige Juristen, man könne die Formel „sei geschieden!" nicht nur dreifach, sondern sogar dreiunddreißigfach ausstoßen, und dennoch gelte das nur als ein einziger Scheidungsvorgang. Tatsächlich gilt aber rechtlich: wenn ein Mann einmal die Formel „sei geschieden!" ausspricht, ist er von seiner Frau geschieden. Wenn nun dieser selbe Mann ein zweites und drittes Mal diese Formel ausspricht, von welcher Frau könnte er sich scheiden lassen? Die Frau ist nicht mehr seine Frau, sie ist schon seine geschiedene Frau. Aber trotz dieses eklatanten Fehlers wagen die Juristen keinen Vorstoß gegen gängige Scheidungsverfahren. Was die unterschiedlichen Regelungen für Mann und Frau im Hinblick auf die Scheidung angeht, so stammen auch diese nicht unmittelbar von koranischen Vorschriften, sondern sie basieren aif den persönlichen Urteilen der islamischen Gelehrten. Nach dem Koran dürfen nämlich auch die Frauen die Ehescheidung aussprechen Diesmal muss die Frau die Brautgabe dem Mann hingeben:

> *Und so ihr befürchtet, dass beide Allahs Gebotes nicht halten können, so begehen beide keine Sünde, wenn sie sich mit etwas loskauft.* (Al-Baqara 2: 229)

Am besten ist es aber nach den Vorschriften des Koran, wenn die beiden Seiten sich gemeinsam und in gegenseitigem Einverständnis für eine Scheidung entscheiden. Dafür gibt es ein schönes Beispiel aus dem Leben Prophet Mohammeds im Koran:

Sprich zu deinen Frauen: Wenn ihr das Leben in dieser Welt und seinen Schmuck begehrt, so kommt, ich will euch eine Gabe reichen und euch dann auf schöne Art entlassen! (Al-Ahzab 33: 28)

Die höher stehenden, gebildeten Familien trieben die Rechte der Frauen bei Heirat und auch Scheidung voran und stellten sie durch Verträge sicher. Aber die armen und ungebildeten Ehefrauen, denen man bei der Eheschließung ihre Rechte nicht mitteilte, lebten unwissend hinsichtlich der ihnen nach dem Koran zustehenden Rechte. Weil die ungebildete einfache Musliminnen den Koran nur auswendig zu rezitieren lernten und davon nichts verstehen konnten, hatten sie nichts gegen ungerechte Behandlung auch in Zusammenhang mit einer Scheidung zu sagen, sondern waren der Ansicht, dass es sich hierbei um eine koranische Vorschrift handele. Im Verlauf der Jahrhunderte wurde dadurch viel Kummer auf Seiten der Frauen verursacht. In der Literatur fand dieses Kapitel Eingang bis hin in die Komödien.

Die meisten Rechtsgelehrten standen unter dem Einfluss des zu ihrer Zeit gepflegten Brauchtums und verharrten bei ihren überkommenen Auffassungen Später in der Geschichte des Islams fühlte man sich überhaupt nicht mehr verpflichtet, in Sachen Rechtsprechung in den Koran zu schauen. Man begnügte sich mit den dogmatischen Interpretationen der Juristen und drang nicht mehr zu der im Heiligen Buch verankerten Gerechtigkeit vor.

Heute hat dieses islamische Recht alter Tradition in der Türkei nicht mehr staatliche Gültigkeit. Aber die Sache ist damit nicht zu Ende. Vor kurzem, anlässlich des diesjährigen (1994) Muttertags, sprach der *Türkische Präsident für Religiöse Angelegenheiten* davon, dass die Islam-Juristen die Scheidung sehr erleichtert hätten. Obwohl heutzutage die standesamtliche Trauung Gültigkeit besitzt, messen manche gläubigen Menschen der alt-religiösen Trauung den gleichen Wert bei. Genau wie sie neben der standesamtlichen Zeremonie auf einem religiösen Ritual bestehen, so gehen sie auch bei der Scheidung in zweifacher Weise vor. In Wut geraten, rufen die Männer gegen ihre Frauen das „sei geschieden!" aus. Sagen sie es dreimal hintereinander, so können sie ihre Gattinnen nicht wieder heiraten, sie gelten als rituell geschieden. In diesem Falle wendet man sich dann in der Hoffnung auf Hilfe an das Präsidium für Religiöse Angelegenheiten (DIYANET). Dazu erzählte der Präsident: „*Für jene Gemeinde, die sich in dieser Sache an uns wendet, werden wir eine Lösung bei diesen in der Minderheit gebliebenen Rechtsgelehrten finden.*" Es ist bemerkenswert, dass selbst der Präsident des DIYANET als ein Religionsbeauftragter es nicht fertigbringt, Traditionen hinter sich zu lassen, auf geradem Weg zum Koran zu kommen und hier die für eine Lösung zutreffenden Empfehlungen zu finden.

Die Erbschaft

In der vorislamischen Ära zählten bei den Arabern weder Jungen noch Mädchen noch Frauen zu den Erbberechtigten. Damals hieß es: „*Wer die Lanze nicht schwingt und das Land nicht verteidigt, kann nicht erben.*" Während der Zeit in Medina ereigneten sich diesbezüglich manche Vorfälle. Beispielsweise starb einer der führenden Muslime aus Medina, Evs Ibn Sabit. Er hinterließ Frau und drei Töchter. Als Testamentsvollstrecker agierte ein noch nicht zum Islam bekehrter Verwandter des Verstorbenen. Er und seine Angehörigen kamen, nahmen die gesamte Erbschaft und überließen der Witwe und ihren Mädchen nichts. Daraufhin ging die Frau zum Propheten und beklagte sich. Anlässlich dieses Geschehnisses wurden jene Koranverse herabgesandt, die das Erbrecht von Frauen und Kindern regeln. Im Koran lautet das so:

> *Den Männern gebührt ein Anteil von dem, was die Eltern und nahe Anverwandte hinterlassen; Und den Frauen gebührt ein Anteil von dem, was die Eltern und nahe Anverwandte hinterlassen, ob es wenig sei oder viel, ein bestimmter Anteil. Und wenn andere Verwandte und Waisen und Arme bei der Erbteilung zugegen sind, so gebt ihnen etwas davon und sprecht Worte der Güte zu ihnen ... Gott verordnet euch für euere Kinder: ein Knabe soll soviel Anteil erhalten wie zwei Mädchen.* (An-Nisa 4: 7–11)

Die Verse empfehlen, nicht nur den Frauen und Kindern, sondern auch Angehörigen, Waisen und Bedürftigen, die während der Erbteilung anwesend sind, etwas von der Hinterlassenschaft zu geben. Hinsichtlich der Aufteilung lautet die Empfehlung Gottes, der Anteil der Knaben solle bis zum Doppelten von dem der Mädchen betragen. Diese ungleich scheinende Aufteilung war allerdings spezifisch auf die damalige Situation von Mann und Frau zugeschnitten. Die Männer waren im Allgemeinen die Verantwortlichen für wirtschaftlich von ihnen abhängige Frauen. Sie mussten für ihr Auskommen und das von ihren Angehörigen (Frauen und Kinder) sorgen. Die Anteile von Mutter und Vater des Verstorbenen dagegen waren ganz gleich. Jedoch haben muslimische Juristen (unter dem Einfluss vorislamischer und orientalischer Sitten) den Hinweis, dass der Anteil des Mädchens die Hälfte der Erbschaft betragen solle, nicht als Empfehlung, sondern als Gottes Befehl zum Gesetz erhoben, denn sie dachten, dass die Männer für immer und überall ohne Ausnahme für die Frauen verantwortlich wären. Die damalige praxisorientierte Anwendung ist inzwischen erstarrt (Schließung der Tore des Idschtihad) und wurde nie mehr geändert.

Die Gläubigen sehen heute die Paragraphen des Islamischen Rechts häufig als Koranverse an. Aber die Paragraphen des Islamischen Rechts sind keine Koranverse; sie sind die persönliche Auslegung von Juristen. Die Beteiligten können heutzutage bei der Erbteilung nach eigenem Willen verfahren, sie können also dem alten (Sharia) oder dem neuen Gesetz folgen. Interessant ist dabei, dass keine Frau eine Teilung nach altem Recht wünscht.

Die Verhüllung

Wie im Koran mitgeteilt wird, war es im Paradies nicht nötig, sich zu bedecken, bis der Satan die Menschen veranlasste, von der Frucht des verbotenen Baumes zu essen:

> *Da aßen sie beide von dem Baum, so dass ihre Blöße ihnen offenbar wurde, und sie begannen, die Blätter des Gartens über sich zusammenzustecken.* (Ta Ha 20: 115–122)

Daraus geht hervor, dass es die ersten Menschen selbst für nötig erachtet haben, sich zu bedecken. Der Koran kennt drei Arten von Bekleidung: sich zu bedecken, sich zu schmücken und Frömmigkeit zu zeigen:

> *O Kinder Adams, hinab sandten Wir auf euch Kleidung, eure Blöße zu bedecken, und Prunkgewandung; aber das Kleid der Gottesfurcht, das ist besser.* (Al-Araf 7: 26)

Der gleiche Sure empfiehlt, sich stets ordentlich anzuziehen und die Moschee in schönen Kleidern zu betreten, dabei aber die Grenzen nicht überschreiten:

> *O Kinder Adams, legt euren Schmuck an jeder Gebetsstädte an, und esst und trinkt, und überschreitet das Maß nicht.* (Al-Araf 7: 31)

Jedoch sind es nicht diese Koranverse, die sich am meisten mit der Kleidung der Frauen befassen:

> *Sprich zu den gläubigen Frauen, dass sie ihre Reize nicht zur Schau tragen sollen, bis auf das, was davon sichtbar sein muss, und dass sie ihre Schleier über ihre Busen ziehen sollen.* (Luqman 31: 24)

Es ist fast eine Sitte geworden, diesen Vers alleine und aus dem Zusammenhang gerissen zu behandeln. Aber man muss ihn mit den vorherigen Vers, der die Männer anspricht, zusammen lesen:

> *Sprich zu den gläubigen Männern, dass sie ihre Blicke zu Boden schlagen und ihre Keuschheit wahren sollen. Das ist reiner für sie. Wahrlich Gott ist dessen, was sie tun, recht wohl kundig.* (An-Nur 24: 30)

Man kann sehr leicht verstehen, dass hier die Rede von der beiderseitigen Reinheit ist. Frauen und Männer dürfen ihre Sexualität nicht zur Schau stellen, sie sollen ihre Keuschheit wahren; nicht nur die Frauen gegenüber den Männern, sondern beide Seiten sind dem anderen gegenüber verantwortlich, um rücksichtsvoll zu handeln.

Die beiden Punkte, die von den Islamgelehrten für die Frauen unterschiedlich interpretiert werden, sind die Wörter „*Reize*" und „*Schleier*", denn sie sind im Koran nicht näher erklärt.

Die Kopfbedeckung gab es bei den Arabern des Klimas wegen für Frauen wie für Männer. Auch heute noch wird bei der traditionellen arabischen Tracht der Kopf des Mannes verhüllt. Die Islamgelehrten aber haben es geschafft, dass der Kopf der Frau absolut bedeckt ist. Sie haben sogar eine Einengung dahingehend bewirkt, dass kein einziges Haar herausgucken darf. In der islamischen Rechtwissenschaft ist dagegen die Aussage einiger Rechtwissenschaftler festgehalten, nach der es im Koran keine Bestimmung zum Haar gibt. (Cassas, Ahkam al-Kur'an, III, 317–317) Es ist hier also wiederum festzustellen, dass es letztlich die unterschiedlichen Gewohnheiten der Völker waren, die unterschiedliche Arten von Kleidung hervorbrachten. So fordert ein die Verhüllung betreffender Rat, dass Frauen sich in bestimmter Weise zu kleiden hätten, wenn sie das Haus verlassen, um ihr Bedürfnis zu verrichten. Da die Abtritte damals fernab von den Häusern lagen, spielte sich das die Hygiene betreffende Leben vielfach auch draußen ab, und daher bezieht sich der entsprechende Hinweis vornehmlich auf nächtliches, einem natürlichen Bedürfnis geschuldeten Ausgehen, das sich in dem zugrunde liegenden Koranvers sogar explizit auf die Frauen des Propheten bezieht:

O Prophet! Sprich zu deinen Frauen und deinen Töchtern und zu den Frauen der Gläubigen, sie sollen ihre Übergewänder reichlich über sich ziehen. So ist es am ehesten gewährleistet, weil sie erkannt und nicht belästigt werden. Und Allah ist Allverzeihend und barmherzig. (Al-Ahzab 33: 59)

Dass die Verhüllung besonders in der ersten Zeit sehr betont wurde war einem sozialen Aspekt geschuldet: Die Kopfbedeckung war ein Sonderrecht der freien Frauen. Sklavinnen durften nicht einmal beim rituellen Gebet den Kopf verhüllen, worüber wir genaue Kenntnis besitzen. So hat der Kalif Omar einer Sklavin, die ihr Gebet mit einem Kopftuch verrichtete, das Tuch vom Kopf gezogen und dazu bemerkt: „Willst du die freien Frauen nachahmen?" Bei den Türken trugen Männer und Frauen in etwa ähnliche Kleidung. Für ein Leben auf dem Land änderte sich an der Tracht der Frauen auch während der Geschichte des Osmanischen Reiches kaum etwas. Ließen sich die (ethnischen) Türken jedoch in Städten oder Marktflecken nieder, so bemühten sich die Frauen, die jeweils übliche Bekleidungsweise anzunehmen. Zur Zeit des Niedergangs des Osmanischen Reiches wurde dann von den Frauen hinsichtlich der Gewandung mehr und mehr Disziplin verlangt. Alles Tadelnswerte brachte man mit einem Niedergang der Moral in Verbindung. Anstatt nun in Erziehung und Ausbildung ein Mittel in Richtung Reform zu sehen, ging man daran, den Aktionsradius der Frauen in Richtung einer Entmündigung zu beschneiden. Die Maßnahmen gingen von Männern aus, und die hatten für sich selbst, bewusst oder unbewusst, niemals aus moralischen Gründen Einschränkungen vorgeschlagen, die einer Entmündigung gleichgekommen wären.

Mit der Neuordnung, die die Republik brachte, erhielten die Frauen endlich einen Großteil jener Rechte, die ihnen der Islam eigentlich von Anfang an zuge-

steht, etwa die Berufstätigkeit oder das Studium. Da man aber bei der Bekannt-
gabe der neuen Rechte an das Volk versäumte, die Verbindungen zu den eigentlichen Empfehlungen der Religion herauszustellen, wollten sich viele Fromme
und traditionalisten nicht überzeugen lassen. Man war der Meinung, dass jeder
Beschluss, der dem Islam-Recht zuwiderlief, auch mit dem Koran nicht vereinbar
sei. Stattdessen verbreitete sich die irrige Ansicht, dass die alten, angeblich koranischen Vorschriften mit der neuen Regierung oder mit dem neuen Leben nicht
vereinbar seien.

Das interessiert natürlich besonders die modernen Frauen. Wird der Begriff
Islam-Recht „*Sharia*" ausgesprochen, so bekommt ein erheblicher Teil der türkischen Frauen Angst. Wo findet man aber das Richtige – im Koran, auf dem es
die Sharia eigentlich fußt, oder in den alten Irrtümern des islamischen Rechts?

Die Zeugenschaft

Ein weiteres Kapitel im Islam-Recht, das den Frauen Ungerechtigkeit zumutet,
ist die Zeugenschaft. Neben dem Hinweis, dass als Zeugen anstelle eines Mannes
zwei Frauen in Anspruch zu nehmen sind, finden sich Regeln zum Handelsgeba-
ren, zur Schuldverschreibung und zum Zins.

Nach Sure 2, der Bakara Sure, Vers 282, muss, wenn einer vom anderen ein
befristetes Darlehen nimmt, die Vereinbarung unbedingt niedergeschrieben
werden. Verleiher wie Schuldner müssen die Abmachung aufschreiben lassen.
Während der Niederschrift sollen zwei männliche Zeugen anwesend sein. Sind
zwei Männer nicht verfügbar, so können es auch ein Mann und zwei Frauen sein,
wenn sie als Zeugen passend erscheinen. Sollte die eine Frau etwas vergessen, so
kann die zweite ihrem Gedächtnis zu Hilfe kommen. Die Situation entspricht
genau der einer heutigen entsprechenden Vereinbarung vor einem Notar. Die
koranischen Gebote über die Zeugenschaft im Allgemeinen lauten wie folgend:

> *O die ihr glaubt, seid auf der Hut bei der Wahrnehmung der Gerechtigkeit und*
> *seid Zeugen für Gott, auch dann, wenn es gegen euch selbst oder gegen Eltern*
> *und Verwandte geht. Ob der eine reich oder arm ist, so ist Gott näher als beide;*
> *darum folgt nicht den persönlichen Neigungen, auf dass ihr gerecht handeln*
> *könnt. Und wenn ihr aber die Wahrheit verdreht, oder euch von der Wahrheit*
> *abwendet, so ist Gott eueres Tuns kundig.* (An-Nisa 4: 135)

In diesem Vers und an keiner anderen Stelle im Koran wird die Zeugenschaft der
Frauen erwähnt, denn für die Zeugenschaft ist nur wichtig, dass die Zeugen die
Wahrheit vor Gott sagen, die Wahrheit nicht verdrehen und nicht wenden, ob
sie Männer oder Frauen sind. Die islamischen Rechtsgelehrten haben jedoch für
jeden Fall die Zeugenschaft eines Mannes mit der Zeugenschaft zweier Frauen
gleichgesetzt. Dazu wird das in oben genannter Sure vorkommende Wort „*vergessen*" vorgeschoben. In Wirklichkeit bezieht sich dieses Vergessen aus dem

Koranvers lediglich auf besondere Situationen. Wäre das Vergessen ganz allgemein eine weibliche Eigenschaft gewesen, so wäre darauf an erster Stelle in den Aussprüchen des Propheten Mohammed – *Hadis Rivayeti* – die in den Religionswissenschaften einen wichtigen Platz einnehmen, aufmerksam gemacht worden. Aber dort wurde die Qualität der Zeugenschaft der Frauen niemals angezweifelt. Die meisten Aussprühe des Propheten wurden überdies von dessen Frauen überliefert.

Erziehung und Bildung

Obwohl im Koran betont wird, dass zwischen den Menschen allgemein, besonders aber zwischen Mann und Frau im Hinblick auf ihre Erschaffung kein Wertunterschied besteht, hat sich das Schicksal der Frauen in der Gesellschaft in keiner Weise zum Positiven verändert. Von den Rechten und Möglichkeiten, die des Islam den Frauen zugestanden hat, wurden sie – ausgerechnet wiederum im Namen des Islam – ferngehalten. Aber daran sind die Frauen nicht ganz schuldlos. Zur Entstehung von Ungerechtigkeit braucht es zwei Parteien: zum einen diejenigen, die die Ungerechtigkeit begehen, zum anderen jene, die die Ungerechtigkeit trifft. Um Ungerechtigkeiten auszuräumen, bedarf es dann der Zusammenarbeit beider Seiten. So wurde die Frau als ein Wesen hinter dem Vorhang dargestellt, und die Frauen nahmen das kritiklos hin. Für den Gläubigen, Mann oder Frau, ist es eigentlich kanonische Vorschrift, sich mit den Wissenschaften zu befassen; aber die Bildung der Frau wurde unter Hinweis auf den Koran auf die bloße Lesefähigkeit begrenzt, und die Frauen haben das – widerrechtlich – akzeptiert. Darüber hinaus wurde das alles unter Berufung auf den Islam, die Tradition, und was noch schlimmer, unter Berufung auf die Prophetentochter Fatima als Tugend hingestellt. Der menschliche Wert der Frauen wurde allein auf ihre Eigenschaft als Mutter von Kindern gesehen. Ja, wo ist dann der menschliche Wert jener Frauen geblieben, die nicht verheiratet sind und die keine Mütter werden konnten? Will man Frauen mit dem Auftrag, Kinder zu erziehen, vom Lesen, Schreiben, von den Büchern und von vielen Bereichen der Kultur fernhalten? Glaubt man wirklich, man könne ohne alle Bildung und Interessen Kinder aufziehen? Allein für die richtige Ernährung eines Kindes braucht man heutzutage ein profundes Wissen. Die Lebensumstände haben sich geändert. Nun müssen sich auch Ansichten und Verhalten ändern.

Folgerungen

In der heutigen Türkei lebt man bereits auf eine neue, nicht traditionelle Weise. Während man in der Vergangenheit die Mädchen nicht unterrichten ließ, weil man befürchten musste, sie könnten ihrem Liebsten einen Brief schreiben, sind es heute besonders die Mädchen mit Kopftuch, die an den Universitäten auf höchster Ebene mit Gleichaltrigen konkurrieren. Mädchen und Frauen erkennen endlich, dass ihre Rechte aus der islamischen Religion herzuleiten sind, und sie kämpfen darum.

Nach meiner Auffassung geht ihr Ringen in zwei verschiedene Richtungen. Zum einen wollen sie über das Tragen eines Kopftuchs die Zustimmung der Eltern und konservativen Kreise erlangen, weil sie andernfalls nie den Zugang höheren Schulen, Bibliotheken oder kulturellen Veranstaltungen finden würden. Vor den Umwälzungen dürften die Mädchen keinesfalls eine höhere Schule, also eine Medrese besuchen. Man behauptete, dass die Mädchen zu Hause bleiben, einen Mann heiraten und Kinder aufziehen müssten. Sie waren zwar ausreichend verhüllt, um sich in der Öffentlichkeit bewegen zu können, aber trotzdem durften sie nicht studieren. Ich glaube, dass heutzutage verhüllte und sich trotzdem intensiv bildende Mädchen und Frauen auf diese Weise die Fehler korrigieren, die seit Jahrhunderten im Namen des Islam begangen wurden. Auch korrigieren sie die falsche Denkweise derjenigen, die den Islam für alle Rückständigkeit verantwortlich machen.

Mädchen und Frauen verhüllen ihre Köpfe, aber den darin wohnenden Verstand machen sie weithin sichtbar. Ich erachte das für sehr wichtig.

Ebenfalls kann das Kopftuch als Symbol und sein Einsatz als politisches Mittel richtig sein. Manche Schriftsteller sagen offen, dass das Kopftuch nicht ein Schutz gegen die bösen Männer sei, sondern ein Zeichen des Islam an die Frauen wäre. Wird nicht jeder geeignete Bereich für die Politik und als Signal genutzt?

Der Missbrauch von Religion und Religiosität ist ein Phänomen, das zu allen Zeiten zu beobachten war. Wichtig ist, Religion in positiver Weise einzusetzen. Die Religion ist ein sehr breit gefächertes Feld. Es gibt viele Wege, diesen Reichtum auszuschöpfen. Wenn es nicht Menschen mit guten Absichten tun, so bleibt es jenen überlassen, die schlechte Absichten hegen. Ich meine, wir sollten uns dessen bewusst sein und das Geschehen aus verschiedenem Blickwinkel betrachten. Und als Theologen und Theologinnen müssen wir über die traditionellen Deutungen hinaus zurück zum Heiligen Texten selbst gehen und von da her wieder zurückkommen, um mit den auf diese Weise korrigierten Auffassungen den Gläubigen zu helfen. Ich glaube, all dies ist nicht die primäre Sache des Staates, sondern die Sache jedes einzelnen gläubigen Muslims und seiner Gemeinschaft.

Aus dem Türkischen von Sigrid Weiner

Islam und Feminismus im sozialen Kontext

Die Verschleierung der Frau aus der Sicht meiner Erfahrung

Beyza Bilgin

Einleitung

Der Religionsunterricht wurde in der Türkei zwischen den Jahren 1928 und 1948 im Zuge der Umsetzung des laizistischen Staatsmodells vollständig aus den Schulen verbannt. Als im Jahre 1949 der Religionsunterricht erneut Einzug in die türkischen Grundschulen hielt, hatte ich die Grundschule gerade beendet. Genauso verhielt es sich mit der Mittelschule und dem Lyzeum. Kaum hatte ich diese Schulen absolviert, wurde der Religionsunterricht wieder neu eingerichtet. Der Umstand, während meiner gesamten Schulzeit keinen Religionsunterricht genossen zu haben, hat in mir das Gefühl hervorgerufen, eine unzulängliche Bildung genossen zu haben. Als Schüler erlangten wir zwar in allen Fächern durch Schulbücher und durch die Anleitung unserer Fachlehrer wissenschaftliche Kenntnisse; Kenntnisse über die Religion blieben uns jedoch verwehrt, und dies, obwohl damals die Religion unter den Menschen sehr lebendig war. Über Allah, das Jenseits, das Paradies und die Hölle wurde allerorten ausgiebig gesprochen, und selbst Menschen ohne Schulbildung und selbst solche, die weder des Lesens noch des Schreibens mächtig waren, konnten problemlos über diese Themen reden. Da die Menschen als Quelle ihrer Erzählungen ‚das Buch‘ angaben, wagte es dann natürlich niemand zu widersprechen. Ich glaubte, die Menschen meinten mit dem ‚Buch‘ den Koran, jedoch konnten diejenigen, die den Koran lasen, ihn gar nicht verstehen! Das Koranlesen war aufregend, und man begegnete den Menschen, die ihn lasen, mit großer Ehrerbietung. Jedoch entsprach die Wiedergabe dessen, wovon die Menschen glaubten, es stünde im ‚Buch‘, nicht den Kenntnissen, die man erlangt, wenn man den Koran wirklich lesen konnte. Zwischen Männern und Frauen gab es dahingehend keine großen Unterschiede. Da den Männern jedoch das Erlernen des Schreibens und Lesens zu keiner Zeit verboten war, war die wissenschaftliche Betätigung lange Zeit ein

Privileg der Männer, und die Kenntnisse der Frauen waren begrenzt durch die Auslegungen der Männer.

In meiner Familie wurde gebetet und das Fastengebot wurde beachtet. Montags und donnerstags wurde in meiner Familie immer der Koran rezitiert, aber meine Mutter trug außer zum Gebet sehr selten das Kopftuch.

Da die Offenbarung des Koran sich zur Lebenszeit des Propheten Mohammed zutrug, hat sich die Situation der Frau durch den Propheten sehr verbessert. Wie späterhin auch der Kalif Omar bekannte, habe man die Frauen zu jener Zeit nicht so grob und entmündigend behandelt wie vor der islamischen Offenbarung, da man befürchtete, eine Offenbarung zu Gunsten der Rechte von Frauen könnte erfolgen. Nach dem Ableben des Propheten kehrte man aber zu alten Verhaltensweisen zurück. Späterhin wurde bestimmt, dass als Mittelpunkt des Lebens der Frauen das Haus zu gelten habe, und die Frauen wurden aus dem öffentlichen Leben verbannt. Diese Lebensweise hat sich im Gedächtnis der Menschen über die Zeit verankert. Die Türken hatten als Muslime während der Völkerwanderung, als sie von Mittelasien nach Westen zogen, durch den Einfluss und die Auseinandersetzung mit den Kulturen der Perser, Römer, Araber und Griechen ein wichtiges Prinzip ihrer eigenen Kultur, die Gleichheit zwischen Mann und Frau, weitestgehend vergessen. In allen genannten Kulturen gab es keine Gleichheit von Mann und Frau, im Gegenteil waren die Frauen unterdrückt. In der Epoche des Verfalls des Osmanischen Reiches wurden wichtige Änderungen auf der staatlichen Ebene beschlossen, da man neues Humankapital gewinnen musste. Als dabei die Grundschulpflicht für alle Jungen und Mädchen eingeführt wurde, argumentierten die Gegner dieser Neuerung, dass durch den Einfluss von ausländischen Kulturen die Frauen nun auf die Strassen drängen, man sich vom Islam entfernen und den Niedergang damit noch beschleunigen würde. Diese Behauptungen waren so wirkungsvoll, dass das Leben der Frauen stark unter Druck geriet. Durch Verdikte des Sultans begann man das Leben der Frauen stark zu begrenzen. Es wurde bestimmt, mit welcher Kleidung, mit welcher Stoffdicke und in welcher Farbe Frauen sich in der Öffentlichkeit bewegen dürften; an welchen Wochentagen Parkanlagen für Frauen zugänglich waren und in welchen öffentlichen Verkehrsmitteln Frauen unter welchen Bedingungen einsteigen und Platz nehmen durften. Als Konsequenz dieser staatlichen Regelungen, in deren Folge eine strikte Trennung der Lebensweise von Mann und Frau eintrat, wurden Bücher mit dem Titel ,Islamische Rechtslehre für Frauen' publiziert, die diese Lebensweise predigten, bis heute erscheinen und von vielen Frauen ohne Widerrede angenommen werden. Darüber hinaus wurden Frauen, die diese Lebensweise kritisierten, als Ungläubige oder Feinde der Religion angeprangert. Meine Gründe für diesen historischen Abriss sind darin zu suchen, dass ich ein Verständnis dafür schaffen will, dass die Begeisterung für das Kopftuch heutzutage in Zusammenhang mit diesen Geschehnissen gesehen werden muss.

Als ich 1960 als eine von zwei Frauen, mein Studium an der Theologischen Fakultät abgeschlossen hatte, entsandte man mich als Fachlehrerin an die Predigerschule nach Yozgat und meine Kommilitonin an die Predigerschule nach Antalya. Bis dahin wurden an die Predigerschulen als Berufsfachlehrer keine Frauen entsandt. An diesen Schulen gab es keine Mädchen, alle Schüler waren Jungen. Als uns dann einige Eltern sahen, verbanden sie damit die Überzeugung, künftig könnten auch Mädchen auf diesen Schulen eingeschrieben werden, weshalb einige ihre Töchter auf diesen Schulen einschreiben wollten. Anfänglich wehrte man sich von Seiten der Schulleitung mit dem Hinweis, dies sein eine Berufsschule und Mädchen könnten nicht aufgenommen werden. Da die Eltern jedoch weiterhin darauf bestanden und in den amtlichen Vorschriften dieser Schulen keine gegenteiligen Bestimmungen zu finden waren, wurden drei Mädchen aufgenommen. Ähnliches spielte sich an der Predigerschule in Antalya ab. Damals wurde aber die Forderung nach dem Kopftuch nicht gestellt. Nach einem Jahr in Yozgat wurde ich krank und wurde nach Ankara versetzt. Nach meinem Ausscheiden kam jedoch die Forderung nach dem Kopftuch auf. Gestellt wurde diese Forderung von Unterstützungsvereinen der Predigerschulen mit der Begründung, diese Mädchen seien nun in der Pubertät und nach dem Islam sei es nicht zulässig, dass sie unbedeckt gemeinsam mit Jungen das Klassenzimmer teilten, weshalb sie das Kopftuch tragen müssten. Dies war der Beginn der Kopftuchfrage in der Türkei. Einige Jahre später, 1967–68, nahm die Kopftuchdiskussion an der Theologischen Fakultät der Universität Ankara eine neue Dimension an. Die Vorfälle wurden verwässert, sie wurden durch die Medien hochstilisiert und zu einem Politikum, weil sich plötzlich Parteien dieser Frage annahmen. Da die Kopftuchfrage nicht mehr nur als eine Frage der Bildung und der Universitäten betrachtet wurde, sondern durch Parteien politisiert wurde, konnte sie nie einer grundlegenden, befriedigenden Lösung zugeführt werden.

Mit dem Beginn der Arbeitsmigration von türkischen Arbeitnehmern nach Europa in den 60er Jahren und der späteren Familienzusammenführung wurde das Kopftuchproblem auch nach Europa exportiert. Die Familien der Arbeitsemigranten stammen überwiegend aus ländlichen Regionen, und das Kopftuch gehört in diesen Kreisen zum Bestandteil der Kleidung von Frauen. Immer mehr Kinder besuchten die Schulen, und die Bedeutung des Kopftuchs nahm zu. Im Unterschied zur Türkei begannen hier jedoch auch schon kleine Mädchen mit dem Tragen des Kopftuchs. Man wählte diesen Weg, weil Mädchen, die von klein auf schon das Kopftuch tragen, nur schwerlich wenn sie größer werden das Kopftuch ablegen werden. Diese Mädchen immatrikulierten sich dann auch an Universitäten, und als Absolventinnen besaßen sie eine Berufsausbildung, die sie zum Beispiel dazu befähigte, Lehrerinnen mit Kopftuch zu werden, um bei einem aktuellen Problem zu bleiben. Die Muslime in der heutigen Zeit stehen vor der gleichen Herausforderung wie zu Zeiten der islamischen Eroberungen: der Vermengung der Kulturen. Die islamische Welt ist jedoch unter den heutigen politischen Gegebenheiten noch nicht auf einem Niveau angekommen, an dem sich die islamische Identität gegenüber anderen Kulturen in ihren Eigenheiten behaupten könnte. Jedoch ist es auch nicht mehr möglich, die Frauen aus dem öffentlichen Leben fern zu halten und sie auf die Privatsphäre zu reduzieren. Diejenigen, für die die Bewahrung der islamischen Identität im Vordergrund steht, erachten die äußerliche Form der Abgrenzung von Frauen durch das Kopftuch als einzige Möglichkeit, dieses Ziel erreichen zu können. Für ihren Erfolg betrachten jene auch das Kopftuch als von Allah geboten und damit als religiöse Pflicht. In der Türkei ist das Tragen des Kopftuchs im öffentlichen Raum nicht zulässig, Lehrerinnen müssen ohne Kopftuch in der Schule ihre Arbeit verrichten. Hierbei gibt es jedoch keine Konformität zwischen verschiedenen Einrichtungen des türkischen Staates. Der Hohe Rat für Religionsangelegenheiten als eine staatliche Institution bestimmt in ihrer Fetwa (religiöses Gutachten), dass Frauen jederzeit und bedingungslos das Kopftuch tragen müssten, weil es eine religiöse Pflicht sei. Alternative Sichtweisen dieses religiösen Gutachtens werden nicht akzeptiert. Dem gegenüber verbieten das türkische Bildungsministerium und der Türkische Hochschulrat das Tragen des Kopftuchs für Lehrerinnen und Schülerinnen.

Man hat mich oft gefragt, wie ich als Muslim und Theologin vertreten kann, dass ich kein Kopftuch trage. Dies möchte ich im Folgenden gerne erläutern. Hierbei werde ich die im Koran erwähnten Kleidungsvorschriften und das Kopftuch zusammen mit den Verhältnissen in der frühen Zeit des Islam untersuchen, und zwar unter dem Gesichtspunkt der kategorischen Propagierung, die Kleidungsvorschriften sei unabänderbarer Befehl Allahs, was auch heutzutage noch gilt. Als eine Vertreterin der Meinung, die Verschleierung sei keine notwendige Pflicht der Religion, werde ich versuchen, die Beweisführung durch Indizien zu belegen.

‚Die Verschleierung der Verantwortung steht über allem'

Die erste Koranische Erwähnung des Verschleierns lässt sich in einer Sure aus der Frühzeit des Islam in Mekka finden. Der Vers handelt von der Erschaffung des Menschen. Demnach hat Allah den Menschen ein Paradies geschaffen und sie lediglich davor gewarnt, sich einem bestimmten Baum zu nähern. Jedoch hat der Satan den beiden Menschen, die sich ihrer Nacktheit unbewusst waren, irritierende Gedanken ins Ohr geflüstert, so dass sie beide von den Früchten des Baumes aßen. Kaum hatten sie die Früchte gegessen, wurden sie sich ihrer Nacktheit bewusst und versuchten gerade mit Blättern des Baumes ihre Scham zu bedecken, als sich ihr Herr an sie wandte: „Habe ich euch nicht diesen Baum verboten und euch vor dem Satan als euren Feind gewarnt?" Allah hat sie aus dem Paradies auf die Erde vertrieben, wo sie für eine gewisse Zeit ihr Leben fristen, zusammen leben und sterben sollten, bevor sie von dort wieder in das Paradies Einzug halten sollten. Nach dieser Beschreibung kommt den Koranversen bezüglich der Verschleierung: ‚*O Kinder Adams, Wir gaben euch Kleidung, eure Scham zu bedecken, und zum Schmuck; doch das Kleid der Frömmigkeit – das ist das Beste. Dies ist eins der Zeichen Allahs, auf dass sie eingedenk sein mögen*‘. (Al-Araf 7:26)

Mit dem Kleid der Frömmigkeit oder der Askese ist sowohl die Gottesfurcht als auch die Einhaltung der religiösen Verbote gemeint. Dies könnte man auch als gute Moral und Tugend bezeichnen. Gute Moralität und Tugendhaftigkeit ist aber nur durch die Bekleidung, bzw. Verschleierung, durch das Bedecken mit Stoffen und anderen Dingen in gegenständlicher Form, nicht zu erreichen. Hier ist eine Verbindung mit geistigen Werten unkblässlich. Der Koranvers bezeichnet des Weiteren eine solch geartete Verschleierung als erstrebenswerter und vortrefflicher als die bloße Bedeckung der Nacktheit oder überbordenden Putz und Zierrat. Bei Süleyman Ateş findet sich folgende Interpretation dieses Koranverses:

Der sublime Allah lenkt die Aufmerksamkeit nach dem Hinweis auf die Bedeckung des Körpers auf die Frömmigkeit als Bedeckung der menschlichen Seele. Das Kleid der Frömmigkeit ist vortrefflicher, weil dadurch die Seele geschützt wird, die weit wichtiger als der Körper ist.   (Koranexegese II, S. 979–80, Verlag Yeni Ufuklar, Istanbul-Milliyet 1995)

‚Die Kleidung sorgt für eine bessere Annerkennung und Nicht-Kränkung der Frauen‘

Bestimmungen bezüglich der äußeren Kleidung sind enthalten in einem Koranvers aus der zweiten Phase des Islam in Medina. Diese betreffen das Leben des Propheten selbst, regeln seine Familienbeziehungen und betreffen Verhaltensweisen speziell für seine eigenen Frauen. Der Vers lautet:

‚*O Prophet! Sprich zu deinen Frauen und deinen Töchtern und zu den Frauen der Gläubigen, sie sollen ihre Tücher tief über sich ziehen. Das ist besser, damit sie erkannt und nicht belästigt werden. Und Allah ist allverzeihend und barmherzig.*‘   (Al-Ahzab 33: 59)

M. Tahir b. Aşur, ein Vertreter der tunesischen Ulemà aus der neueren Zeit, äußert sich zu diesem Koranvers, der die Kleidung der Frau bestimmt: ‚*Dieser Koranvers drückt eine Rechtsordnung aus, die auf dem Hintergrund der arabischen Traditionen betrachtet werden muss. Diejenigen Stämme, die keine Tradition der speziellen Verschleierung (Cilbab) besitzen, betrifft diese Rechtsvorschrift nicht.*[1]

---

[1]   Tahir b. Aşur, M., *Philosophie des islamischen Rechts*, 1988, S. 104.

Süleyman Ateş erklärt mit Hilfe einiger Beispiele, dass der Befehl der Ver-
schleierung von Frauen aus der Familie des Propheten und anderer gläubiger
Frauen, wenn sie in die Öffentlichkeit treten, durch das Fehlverhalten einiger
Männer in einer Gesellschaft, die zwischen Freien Menschen und Sklaven unterschied, zustande kam. Ateş fährt fort, das es Tradition der freien Frau in jener
Zeit war, einen Überhang aus Filzstoff zu tragen. Sklavinnen war es verboten, das
Aussehen von freien Frauen anzunehmen. Wie im Koranvers beschrieben, war
die Absicht dieser freien Frauen, durch Verschleierung keinen Anlass für Belästi-
gungen durch sündige Männer und solcher minderer Natur zu bieten. Die Musliminnen war auf eine unauffällige, einfache Kleidung bedacht, die ihnen keine
unerwünschte Aufmerksamkeit von Seiten der Männer eintrug. (Band IV, S.
2089–91) Diese Art von Beschreibungen lassen sich in allen Büchern der Koranexegese finden. Muhammed Esed hat bei der Auslegung dieses Koranverses folgende wichtige Ergänzung gemacht: ‚*Der Koranvers beinhaltet mehr einem zu
beachtenden moralischen Wegweiser in einer Epoche, in der eine ständige Veränderung der sozialen und zeitlichen Rahmenbedingungen vonstatten ging. Er enthält weniger eine festgeschriebene allerorts und jederzeit zu beachtende Verhaltensnorm für Frauen, die sich in der Öffentlichkeit bewegen. Diese Sichtweise wird
untermauert durch die Gnade und Vergebung Allahs, die am Ende dieses Koranverses erwähnt wird*‘.[2]

Süleyman Ateş verweist darauf, dass der folgende Koranvers (Vers 60) dieses
Thema weiterbehandelt. ‚*Dieser Vers ist eine Drohung an jene Unehrenhaften, die
Krankheit im Herzen, also solche die schlechten Nachrichten in der Stadt, die Un-
sinn über den Propheten und Lügen über ehrenwerte Menschen verbreiten und
ehrenhafte Frauen belästigen. Wenn jene diese Handlungen nicht unterließen,
würden sie schwer bestraft werden, sogar verdammt und ermordet.* Die Botschaft
handelt hier also nicht von der Bekleidung der Frauen, sondern betrifft die Sicherheit und Behaglichkeit der Gesellschaft. Hier wird also nicht die Vorschrift
gegeben, dass die Frau sich für alle Zeiten mit Schleier und Kopftuch zu kleiden
habe, sondern es werden Maßnahmen getroffen, mit denen Frauen vor der Belästigung von sündigen und minderen Männern geschützt werden können.

Das Ausbreiten des Kopftuchs über offene Kragenränder

Die Bezeichnung Kopftuch kommt im Koran in der Sure vor, in der hauptsächlich auf die Beziehungen zwischen Mann und Frau und die notwendigen Moralvorschriften, die diesen Beziehungen zugrunde liegen, eingegangen wird. Diese
Vorschriften sind gleichermaßen vom Mann wie von der Frau zu beachten, jedoch teilt Gott diese Vorschriften nicht selbst mit, sondern der Prophet hat diese
Aufgabe. Zum Beispiel:

---

[2]   Esed, Muhammed, *Fussnoten und Exegese bezüglich* Kuran Mesajı – Meal Tefsir –, 2002.

Sprich zu den gläubigen Männern, dass sie ihre Blicke zu Boden schlagen und ihre Keuschheit wahren sollen

und

Und sprich zu den gläubigen Frauen, dass sie ihre Blicke zu Boden schlagen und ihre Keuschheit wahren sollen.

Für die Frauen beinhaltet dieser Koranvers weitere Verpflichtungen:

Und dass die Frauen ihre Reize nicht zur Schau tragen sollen, bis auf das, was davon sichtbar sein muss, und das sie ihre Tücher über ihren Busen ziehen sollen und ihre Reize vor niemanden enthüllen als vor ihren Gatten, oder ihren Vätern … (An-Nur 24: 31)

Die Natur dieser Aussage ist weniger ein Befehl, denn eine Empfehlung. Weiter unten werde ich darauf eingehen, dass Koranexegeten und islamische Rechtswissenschaftler in späteren Epochen für die Umdeutung dieses Koranverses in einen Befehl verantwortlich waren. Muhammed Esed hat, angelehnt an die ersten Korankommentatoren, folgende Erklärung für die Bezeichnung ‚was davon sichtbar sein muss‘: ‚*Auch wenn die traditionellen Vertreter des islamischen Rechts dazu neigten, diejenigen Stellen, die unbedeckt sein können, auf das Gesicht der Frau, ihre Hände und Füße zu reduzieren und sogar stellenweise weitergehende Begrenzungen auf diese Stellen anwandten, beinhaltet dieser Vers meines Erachtens eine viel weitergehende Definition. Tatsächlich beinhaltet diese Ausdrucksweise eine Absicht der Unklarheit und Mehrdeutung, da es in der moralischen und gesellschaftlichen Entwicklung notwendig ist, auf sich verändernde Gegebenheiten mit der Zeit reagieren zu können. Wenn man diesen Vers mit den vorhergehenden zusammen betrachtet, sieht man, dass mit den gleichen Worten den Botschaftsinhalt sowohl für Frauen als auch für Männer gilt, sie sollte ihren Augen vor Verbotenem abwenden und ihre Keuschheit bewahren. Der Mensch hat während seines gesamten Lebens die Prinzipien der gesellschaftlichen Moralvorschriften zu beachten. Maßgebend für das Aussehen und die Kleidung sind diese Prinzipien.‘* Bezüglich des Absatzes dieses Verses, ‚*und dass sie ihre Tücher über ihren Busen ziehen sollen*‘ gibt Esed wiederum in Anlehnung an die frühsten Korankommentare folgende Erklärung: ‚*Das Tuch (Himar) war ein traditionelles Kleidungsstück, welches von den Frauen auch schon vor dem Islam benutzt wurde. Nach den klassischen Kommentaren wurde dieses Kopftuch von den Frauen vor dem Islam ein wenig auch als Zierrat benutzt, wobei die Enden zusammengebunden wurden und der Rücken frei blieb. In der damaligen Mode war das Dekolté weit verbreitet, die Blusen oder Hemden der Frauen hatte Einblick auf den Busen gewährt. Das Bedecken dieser Blöße durch das Kopftuch sagt nichts darüber aus, ob es dafür auch nicht andere Möglichkeiten gegeben hätte. Es zeigt aber lediglich, dass die weit verbreitete Blöße des Busens nicht zu den Orten zu zählen ist, was davon sichtbar sein muss und deswegen verdeckt werden muss und nicht gezeigt werden darf.*[3] Es ist einsichtig, dass es in einer Zeit, in der man keine Unterwäsche kannte und nicht verschiedene Kleidungsstücke übereinander trug, leicht vorkommen konnte, dass durch das Dekolleté der ganze nackte Körper zu sehen war, wenn man sich bückte oder verrenkte. Auf diesen Punkt möchte ich großen Wert legen. In einer Gesellschaft, in der die Frauen traditionell das Kopftuch trugen, hat man in pragmatischer Weise eine Verschleierungsmethode empfohlen, das Kopftuch nach vorne über den Busen zu ziehen. In Lebensformen, in denen es anfänglich traditionell kein Kopftuch gab, war es möglich, diejenigen Stellen, die zu bedecken waren, auch mit anderen Kleidungsstücken zu verhüllen. Der wichtigste Unterschied besteht in der Tatsache, dass die Koranexegeten zwischen der Kleidung von freien Frauen und Sklavinnen unterschieden. Zwischen Koranexegeten und Kommentatoren herrscht Einigkeit darüber, dass das Gebot der Verschleierns und der Kleidungsvorschriften für die freie Muslimin galt, die Sklavin aber davon nicht betroffen war. Die freien Frauen waren Damen, denen die Sklavinnen und Sklaven zum Dienst unterstellt waren. Die klassische Ulemá hat das Gebot propagiert, dass freie Frauen ihr Dasein im Haus verbringen und nur in die Öffentlichkeit treten, wenn eine Notwendigkeit besteht. Wenn eine solche Notwendigkeit bestand, hatten sie nach dem Koranvers eine spezielle Ausgehkleidung anzulegen, damit man sie als Damen auch erkannte und ihnen die Ehre erweisen konnte. Für gläubige Sklavinnen waren weder die Kleidungsvorschriften noch das Kopftuch zu beachten. Für sie galt das gleiche Bekleidungsgebot wie für die Männer: das Bedecken zwischen Bauch und den Knien, sprich die Verhüllung der weiblichen Organe von vorne wie von hinten. Wenn das Kopftuch also demnach ein allgemeingültiges Gebot Gottes für alle Zeiten gewesen wäre, wieso musste sich dann die Sklavin nicht daran halten? Waren sie etwa keine Musliminnen oder keine Frauen? Da sie sowohl Frauen als auch Musliminnen waren, steht hinter dem strikten Kopftuchgebot als immergültiges religiöses Gebot ein grundsätzliches Fragezeichen. Der Koranvers hat den freien Frauen ein passendes Kleidungsstück empfohlen, damit man sie erkannte und nicht belästigte. Da sich weder in den Hadithen noch im Koran Hinweise finden lassen, dass die gläubige Sklavin ein Kopftuch tragen muss, gibt es Koranexegeten, die die Sklavin nicht als Ausnahme sehen. Ratschläge und Gebote Gottes für die Menschen gelten für alle Menschen, da es für Allah keine Unterschiede unter den Menschen gibt. Die Frau ist Frau und der Muslim ist Muslim. Der einzige Unterschied besteht in der Frömmigkeit, alles andere ist Brauch oder Sitte.

Heutzutage gibt es Exegeten und Kommentatoren, die mit der klassischen Ulemá übereinstimmen. Einer dieser ist zum Beispiel Hayrettin Karaman, der auf einer Veranstaltung der Stiftung für Islamische Forschungen folgendes aussagen konnte: *‚Nicht Allah oder der Prophet haben die Unverschleierung der Skla-*

---

[3]   Ateþ, Süleyman, *Yüce Kur'an'nýn Çaðdaþ Tefsiri*, 1988, S. 2089–91.

vinnen bestimmt, sondern die Ulemá, weil es dafür ein Bedürfnis gab. Die Arbei-
ten, die zu verrichten waren, wurden durch die Sklavinnen ausgeführt. Es gab
gläubige und ungläubige Sklavinnen, wobei Sklavin Sklavin war und als Gläubige
sich nicht verschleiern musste. Ob beim Gebet oder außerhalb des Gebets, die Skla-
vin wurde nicht als religiös verboten angesehen. Da die Arbeiten durch Sklavinnen
verrichtet wurden, hatten freie Frauen diese Arbeiten nicht verrichtet, sie wuschen
nicht und erledigten auch keine Hausarbeiten und mussten keine anderen Dienst-
leistungen erledigen. Ob gläubig oder ungläubig, wurden alle diese Dienstleistun-
gen von den Sklavinnen verrichtet.[4] Hayrettin Karaman stellt sich während seines
Vortrages eine Frage und berührt auch einige andere Themen: ‚*Heutzutage gibt*
es in unserer Gemeinschaft keine Sklavinnen mehr und alle Hausarbeiten werden
von gläubigen Frauen verrichtet. Die Haushälterinnen kommen in unsere Häuser,
putzen die Fenster und das Haus. Diese Arbeiten können aber nicht mit dem
Tschador verrichtet werden. Die Ärmel werden hochgekrempelt, wie auch vieles
mehr unbedeckt bleibt. Ich frage mich, was die Koranexegeten in der heutigen
Situation, in der es keine Sklavinnen mehr gibt und Frauen arbeiten oder arbeiten
müssen, bestimmt hätten. Hätten sie die Zulässigkeit für dieses Tun gegeben? Dies
ist eine Frage, kein Urteil‘.[5] Hayrettin Karaman fällt hier zwar kein Urteil, aber er
deutet doch klar etwas an, auch wenn er es nicht offen ausspricht. Obwohl Bekir
Topaloğlu sich im Rahmen der klassischen Ulemá bewegt, ist er jemand, der
durch seine Neuerung bezüglich des Bartes beispielhaft aufgezeigt hat, ob bezüglich des Kopftuchs nicht ebenfalls mit einer Neuerung aufgewartet werden
könnte. Bekir Topaloğlu hat bezüglich des Bartes der Männer eine außerge-
wöhnliche Bemerkung gemacht: ‚*Welches Buch sie auch öffnen, der Bart ist ent-*
weder rituell vorgeschrieben oder eine kanonische Pflicht. Meines Erachtens wurde
die Aussage auf dem Hintergrund von Sitten und Bräuchen getroffen. Aber heute
gibt es Menschen, die den Bart verteidigen und dafür sogar den Verlust ihrer Ar-
beitsstelle in Kauf nehmen. Werdet nicht Beamte, der Lebensunterhalt Allahs lässt
sich auch andernorts bestreiten, lauten die Ratschläge. Jedoch sind wir hier zu-
sammengekommen, um über dieses Thema zu diskutieren. Unter uns gibt es sol-
che, denen der Bart Probleme bereitete und ihn deswegen abrasiert haben. Es ergibt
sich deswegen das Bedürfnis in diesen Fällen ins Detail zu gehen. Ergebnis des
positiven Wissenschaftsverständnisses ist es auch dann, wenn man Erklärungs-
probleme bekommt, Gewohnheiten zu überprüfen und andere Dinge, die vorher
nicht beachtet wurden und vielleicht zweitrangig erschienen, auf ihre Anwendung
hin zu überprüfen.[6] Wenn wir jetzt anstelle des Bartes im obigen Beispiel das
Kopftuch setzen und alles noch einmal lesen, versteht man vielleicht besser, welche Aussage ich treffen wollte. Wenn es für notwendig erachtet wird, die Situa-

---

[4]   Karaman, Hayrettin, *Kleidung, Bekleidung und Schleier im Islam*, 1991.
[5]   Karaman, Hayrettin, *Kleidung, Bekleidung und Schleier im Islam*, 1991, S. 163.
[6]   Bekir Topaloğlu in: Karaman, Hayrettin, *Kleidung, Bekleidung und Schleier im Islam*, 1991, S.
      153.

tion von Männern, die zwischen dem Bart und ihrem Beruf sich entscheiden müssen, neu zu betrachteten, dann ist es auch erstrebenswert, detaillierte Untersuchungen für die Frauen anzustellen, um Gewohnheiten abzulegen, damit sie nicht zwischen Kopftuch und Beruf sich entscheiden müssen. Da die Männer sich für solche Forschungen nicht interessieren und bisher auch nicht angestoßen haben, ist es die Pflicht von uns reformorientierten Frauen, diese Dinge voranzutreiben. Nur weil bisher in diesem Bereich nichts getan wurde, heißt dies nicht, dass künftig nichts unternommen werden kann. Detaillierte Untersuchungen und daraus resultierende neue Anwendungen müssen von den Frauen selbst vorangetrieben werden. Wie Tahir b. Aşur mitteilt, können zwar sehr viele Gebote durch die Koranexegese der Gelehrten beurteilt werden, jedoch immer unter der qualitativen Betrachtung der Universalität des Islam. Daneben besteht jedoch in Anlehnung an den Vers 101 der Sure Al-Maida, bei klaren und unmissverständlichen Geboten des Propheten keine Notwendigkeit, zusätzliche Bestimmungen herauszuarbeiten, weil dies später zu Problemen führen könnte. Eindeutige Gebote des Korans und des Propheten beinhalten im Gegensatz zu solchen, die als rechtsverbindliche Gesetze eingerichtet sind, zusätzliche und weiterführende Verpflichtungen. Hier sieht Aşur den Grund für das Verbot des Propheten, keine anderen als seine eigenen Überlieferungen in den Koran niederzuschreiben, damit der Koran nicht verwässert wird. Der Universalismus des Islam als einer Religion, die allen Menschen eine Einladung zum Glauben ausspricht, beinhaltet die logische Konsequenz, der Allgemeinheit und der weltweiten Verbreitung des Islam für alle Zeiten.

Bei diesem Aspekt möchte ich auch auf die Meinung Mehmet S. Hatiboğlus zurückgreifen, der aussagt: ‚*Neben den Grundprinzipien, nach denen die Menschen ihr weltliches Leben ausrichten, beinhaltet der Koran auch Verse, die verschiedene soziale Probleme der Muslime aus der ersten Zeit behandeln. Aus diesem Grund behandeln diese Verse spezielle Probleme aus jener Zeit und jener Region. Ich denke, dass die Herausforderung und Aufgabe der Muslime in der heutigen Zeit darin besteht, Befehle dieser Art im historischen Kontext zu betrachten, die innere Aussage dieser zu erkennen und nicht eine wortwörtliche Übernahme dieser zu propagieren.*[7]

Zum Schluss möchte ich auf die Ansichten des ehemaligen Mitglieds des Hohen Rates der Religionsangelegenheiten, Fahri Demir, eingehen. Fahri Demir stellt seine Promotionsthese auf Tatsachen ab und kritisiert das o. g. Buch zu den Kleidungspraktiken und der Verschleierung. Ein Kritikpunkt richtet sich gegen den Satz: ‚*Da das Kopftuch als notwendiges Gebot gesehen wird, gibt es eine Übereinkunft der Meinungen*‘. Er wirft die Frage auf, ob das Kopftuch eine kanonische Vorschrift ist oder nicht. Beinhaltet das betreffende Gebot einen Gotteslohn im Jenseits oder ist es eine weltliche Angelegenheit? Seine Antwort lautet: ‚*Nach meinem bisherigen Kenntnisstand ist das Verschleierungsgebot ein Befehl der An-*

---

[7]   Hatiboğlu, Mehmet S., *Der Umstand der lokalen Gebote des Korans*, 2004, S. 7–12.

leitung. Es ist ein Rat dahingehend, andere nicht aufzuwiegeln, keiner Verführung anheimzufallen, keine Sünden zu begehen, und sich selbst vor Qual, Belästigung und Verführung zu schützen. Dazu sind Frauen wie auch Männer gleichermaßen verpflichtet. Die islamischen Gelehrten sind aus diesem Grund in allen Kommentaren bei der Frage nach der Verschleierung der Frau zum Ergebnis gekommen, die Unbedecktheit sei religiös verboten. Man hat bis in die heutige Zeit hinein anstelle von neuen Koranexegesen alte Kommentare übernommen und dabei aber die Aussageform verändert. Bei der Verschleierung setzte man anstelle von nicht zulässig die Bezeichnung rituell vorgeschrieben. Das Gebot der kanonischen Vorschrift der Verschleierung lässt sich in keinem alten Korankommentarbuch finden. Die Besorgnis der Verführung kann mit dem Anblick der Kleidung noch verstanden werden, jedoch gibt es keinen Zweifel daran, dass der Blick auf die Kleidung nach den islamischen Religionsgesetzen zulässig und erlaubt ist, dies kann nicht mit der Sorge um Verführung verbunden werden. Dies bedeutet, der Grund für die Verschleierung ist die Sorge um Verführung und nicht, um die Keuschheit zu bewahren. Die Kleidung kann kein Schutz für die Keuschheit sein. Für die sunnitische Gemeinschaft ist das Kopftuch kein Thema des Glaubens.[8] Diese wissenschaftlichen Erkenntnisse Fahri Demirs wurden vom Hohen Rat der Religionsangelegenheiten nicht übernommen. Der Hohe Rat für Religionsangelegenheiten hat 1980 einstimmig eine Fetwa verabschiedet, die das Kopftuch als notwendiges Gebot Allahs bezeichnet. In dieser Sitzung waren Fahri Demir und einige wenige Andere, die seiner Ansicht sind, nicht zugegen. Auf einer Konsultationssitzung des Hohen Rates für Religionsangelegenheiten zum Thema ‚Aktuelle Religiöse Probleme' im Jahre 2000 gab es keine Erlaubnis, über das Kopftuch zu diskutieren, obwohl es eine spezielle Sitzung nur für Frauenfragen gab. Der Hohe Rat für Religionsangelegenheiten hat seine Fetwa aus dem Jahre 1980 wiederholt, diese Fetwa ist nach wie vor im Internet einzusehen, und eine Fetwa anderen Inhalts wird nicht ausgefertigt.

Fazit

Durch die wissenschaftlichen Untersuchungen, denen ich hier Raum geboten habe, ist deutlich geworden, dass das Kopftuch eine weltliche Angelegenheit ist, und zwar eine Anleitung und keine kanonische Vorschrift. Der Denkfehler derjenigen, zu denen ich auch den Hohen Rat für Religionsangelegenheiten zähle, die die Verschleierung wie das Gebet oder das Fasten als kanonischen Befehl des Islam bezeichnen, liegt darin, dass sie historische Umstände als religiöse Befehle fehlinterpretieren. Darauf noch weiter zu beharren ist sinnlos. Das Kopftuch ist weder unter den ‚32' und ‚54' kanonischen Vorschriften vom traditionellen Is-

---

[8]   Esed, Muhammed, *Kur'an Mesajý (türkische Übersetzung von Cahit Kaytak&Ahmet Ertürk)*, 1996.

lam, noch findet es Erwähnung unter den Grossen und Kleinen Sünden. Heutzutage nehmen die Frauen aktiv am öffentlichen Leben teil, sie gehen zur Schule und erlernen Berufe. Daraus ist zu ersehen, dass die Übereinkunft der Ansichten sowieso nicht mehr greift, wie auch die Hälfte der Argumente nicht mehr greifen. Die Beschränkung der Frauen auf das häusliche Leben, das Nichterlernen des Schreibens und Lesens und das Verbot, in die Öffentlichkeit zu gehen, wenn keine Notwendigkeit besteht, wurde als religiöse Verpflichtungen bezeichnet. Wenn man akzeptiert, dass die Hälfte der Übereinkünfte der Meinungen sich geändert hat, gibt es keinen ersichtlichen Grund, dass sich auch nicht die andere Hälfte ändert. Ansonsten gäbe es keine Logik dieser Behauptung. Ich fordere lediglich den weitergehenden Austausch und die Diskussion dieses Themas und die daraus notwendig resultierende Anerkennung neuer Ergebnisse.

Aus dem Türkischen von Dirk Tröndle, KAS-Ankara

Feminismus, Säkularität und Islam

Frauen zwischen Modernität und Traditionalismus

Birgit Rommelspacher

In den derzeitigen Debatten um „den" Westen und „den" Islam spielen Frauen eine eminente Rolle. Die Stellung der Frauen in der jeweiligen Gesellschaft wird zum Maßstab für Modernität, Demokratie und für die Einhaltung der Menschenrechte.

Historisch betrachtet ist es erstaunlich, dass ausgerechnet die Position der Frauen zum Prüfstein der Moderne geworden ist, denn die Frauen standen zur Zeit der bürgerlichen Revolutionen keineswegs für Aufgeklärtheit und Fortschrittlichkeit. Im Gegenteil: Irrationalität und Traditionalität wurden den Frauen zugeschrieben, wohingegen die Männer das Allgemeine der Vernunft und Menschlichkeit für sich reserviert hatten. Die französischen Revolution hatte mit der Losung „Freiheit, Gleichheit, Brüderlichkeit" die Schwestern nicht eingeschlossen, und in der Aufklärung, der Kernideologie der westlichen Moderne, wurde den Frauen eine mindere Natur zugeschrieben. Andererseits hatte dieselbe Aufklärung auch die Gleichheit aller Menschen behauptet, und dieses universale Versprechen war es auch, das die Hoffnungen der Frauen beflügelte und Ansatzpunkte für ihren politischen Kampf um Gleichberechtigung bot. Gleichwohl traten sie damit ein recht zwiespältiges Erbe an. Heute scheint dies vergessen und Modernität und Feminismus so gut wie Synonyme zu sein.

Die Frage stellt sich nun, wie diese Metamorphose von statten ging und wie der Feminismus sich die Ideologie der Moderne so zu eigen machte, dass er heute weit über die frauenpolitische Szene hinaus in Anspruch genommen werden kann, um die Vorrangstellung „des" Westens gegenüber anderen Gesellschaften und Kulturen zu behaupten. Zu fragen ist also, wie die feministische Theorie mit ihrer eigenen widersprüchlichen Geschichte heute umgeht. Denn je mehr sie – so die These – die Ambivalenzen ihrer Geschichte abspaltet und sie gegen alle Vielschichtigkeit und Widersprüchlichkeit vereindeutigt, desto weniger ist sie auch für die Komplexität und Widersprüchlichkeit anderer Lebenskontexte offen; desto mehr wird sie dazu neigen, apodiktische Urteile über andere zu fällen und keinen Widerspruch zu dulden. Und mehr noch, in der Widerspiegelung von Uneindeutigkeit, Vielschichtigkeit und Komplexität durch andere Frauen wird sie sich herausgefordert fühlen und diese an ihnen bekämpfen.

Geschlechterordnung in der säkularen Moderne

Die Spaltung in einen öffentlichen und privaten Bereich im Zuge der Etablierung einer bürgerlichen Gesellschaftsordnung in Europa ist eng mit dem Geschlechterverhältnis verbunden. Frauen, denen im Mittelalter die meisten Berufe offen standen, wurden nun aus ihnen vertrieben. Sie wurden aus den Heilberufen, aus politischen Ämtern und allmählich auch aus den meisten Zünften verdrängt. Zudem wurde die häusliche Tätigkeit aufgrund der industriellen Fertigung von Nahrungsmitteln vielfach ihrer produktiven Komponente entleert, so dass die bürgerlichen Frauen am Ende dieses Prozesses eines Gutteils ihrer ökonomischen und politischen Macht beraubt waren. Ihr Anteil an bezahlter Arbeit ging zum Beispiel in England zwischen dem 17. und 20 Jahrhundert kontinuierlich zurück, so dass diese Frauen vielfach ihre ökonomische Unabhängigkeit verloren[1]. Ihren eigenen Unterhalt konnten sie kaum mehr selbst bestreiten, denn die bürgerlichen Frauen wurden zu Hausfrauen und damit von ihren Männern abhängig gemacht, während die Frauen der unterprivilegierten Schichten in so schlecht bezahlte Arbeitsverhältnisse gezwungen wurden, dass auch sie von ihrem Verdienst kaum mehr leben konnten.

Diese Entwicklung wurde begleitet und gerechtfertigt von einer Philosophie, die der Frau eine dem Manne grundlegend unterschiedliche Natur zuschrieb, die sich im Sinne einer Komplementarität gegenseitig ergänzen sollten. Der Entmachtung im politischen und ökonomischen Bereich entsprach eine anthropologische Entwertung, die die Frauen zur abhängigen, passiven und vor allem emotional unreifen und unvernünftigen Personen machte. Die Frauen traten mit der Aufklärung also ein höchst *zwiespältiges Erbe* an, denn trotz des universalen Anspruchs auf die Gleichheit aller Menschen waren sie von dem Allgemeinen des Menschseins ausgeschlossen. Dies war nun im männlichen Geschlecht verkörpert, während für die Frauen eine „Sonderanthropologie"[2] entwickelt worden war. Insofern ist die Zweitrangigkeit der Frau ein konstitutiver Bestandteil des Aufklärungsdenkens und nicht ein bedauernswerter Überrest vormoderner Traditionen.

Mit der Konstitution einer privaten gegenüber einer öffentlichen Sphäre wurde dem Öffentlichen Männlichkeit und eine generalisierte Vernunft zugeschrieben, so dass das Allgemeine vom Besondern, das Universale vom Partikularen getrennt wurde. Dieser Prozess war jedoch nicht nur gegen die Frauen gerichtet, sondern auch vom Kampf gegen die Vormachtstellung der christlichen Kirchen getragen. Die Kirchen sollten von unmittelbarer politischer Einflussnahme ausgeschlossen werden und ihr Monopol auf Welterklärung an die Wissenschaften abtreten. Diese sollten nun das Menschen- und Gesellschaftsbild

---

[1]   Vgl. Brennan, Teresa/Patemann Carole, „*Merre Auxiliaries to the Commonwealth*": *Women and the Origins of Liberalism*, 2003, S. 108.

[2]   Honegger, Claudia, *Die Ordnung der Geschlechter. Die Wissenschaft vom Menschen und das Weib*, 1991.

bestimmen. Dieser mit Säkularisierung bezeichnete Prozess ist insofern vielschichtig, als damit nicht nur die Trennung von Kirche und Staat und die Entmachtung der kirchlichen Institutionen gemeint ist, sondern auch die schwindende Geltungskraft von Religionen generell.

Auf diesen Prozess der *Säkularisierung* wird nun im Folgenden genauer eingegangen, da er eng mit der Positionierung der Frauen in der Gesellschaft verknüpft ist. Gelebte Religiosität galt nun vor allem als eine Sache der Frauen, während die wichtigen Funktionen in den Kirchen Männern vorbehalten blieben. Die Frauen wurden nun zum moralischen Geschlecht erklärt, das, die Tugend verkörpernd, die Nachkommen nach christlichen Grundsätzen zu erziehen hatte. Und tatsächlich nahmen die Frauen diese Rolle an. Die Religion wurde immer mehr zu einer Angelegenheit von Frauen, so dass man im 19. Jahrhundert von einer *Feminisierung der Religion*[3] sprechen kann. Diese zeigte sich in einer geradezu explosionsartig anwachsenden Gründung von Nonnenklöstern; aber auch in einer zunehmenden Diskrepanz der Religiosität von Frauen und Männern. Die Religionsausübung veränderte sich dadurch insofern, als nun verstärkt „emotionale und romantische Frömmigkeitsformen"[4] praktiziert wurden; zum Beispiel in Form intensiver Marienverehrung.

Mit der Säkularisierung ging also die „Verweiblichung" der Religion Hand in Hand, und insofern fragt sich auch hier, inwiefern die Moderne den Frauen Fortschritt gebracht haben soll. Vielmehr scheint es so zu sein, dass je mehr die Frauen aufgrund der Prinzipien universaler Menschenrechte auch für sich Gleichheit hätten einfordern können, desto mehr wurde ihre Andersartigkeit, ihre Traditionalität und Unvernunft betont. Die Moderne trieb gewissermassen die Frauen in die Tradition und versprach zugleich, sie daraus zu erlösen.

Diese „Erlösung" war nur zu erreichen, wenn die Frauen zu *modernen* Frauen wurden und die Religion hinter sich ließen. Denn die Säkularisierung war zum *Prüfstein der Moderne*: Man war überzeugt davon, dass mit der weiteren Entwicklung der Wissenschaften das Leben insgesamt immer weiter der Rationalisierung unterworfen werde, und sich die Religion damit immer mehr selbst überflüssig machen würde. Diese an Max Weber angelehnte *Modernisierungstheorie* geht davon aus, dass Religion etwas mit der Moderne zu Überwindendes sei, oder dass der Religion zumindest etwas Vormodernes anhafte, etwas Unzeitgemäßes, das abgesehen von eng umschriebenen Anlässen zunehmend verschwinde.

Aber die Religionen sind entgegen dieser Annahmen in der Moderne nicht verschwunden. Im Gegenteil, zumindest global betrachtet gewinnen Religionen immer mehr an Einfluss[5]. Was Europa anbetrifft, so war das 19. Jahrhundert, also das Jahrhundert der industriellen Revolution und umfassender gesellschaftlicher

---

[3]   Ziemann, Benjamin, *Sozialgeschichte der Religion*, 2009.
[4]   Ziemann, Benjamin, *Sozialgeschichte der Religion*, 2009, S. 117.
[5]   Vgl. Norris, Pippa/Inglehart, Ronald, *Sacred and secular. Religion and politics worldwide*, 2007.

Modernisierungen, stärker religiös als alle Jahrhunderte zuvor und danach[6]. Insofern sollte man, so Smith, von einem *„Mythos der Säkularisierung"* sprechen.

Schließlich ist auch heute noch die Trennung von Kirche und Staat – angesichts der beträchtlichen politischen und kulturellen Präsenz christlicher Kirchen in der Öffentlichkeit – ein schwieriges und weiterhin umstrittenes Terrain. Alleine in Bezug auf eine Entkirchlichung, d. h. des Verlusts der Glaubwürdigkeit der Kirchen, und in Bezug auf die Individualisierung der Religiosität scheinen die Prognosen der Modernisierungstheorie in weiten Teilen Europas zuzutreffen.

Wie immer man jedoch die realen Folgen der Säkularisierung einschätzen mag, als Ideologie ist sie bis in die heutigen Tage äußerst wirksam. Deshalb soll sie hier nun in ihren Grundzügen kurz dargestellt werden, um dann zu fragen, welchen Einfluss sie auf die feministische Theoriebildung hat.

Exkurs: Säkularismus als Ideologie

Säkularismus ist nicht einfach das, was nach dem Rückzug der Religion übrig geblieben ist, sondern es ist ein Konzept mit einer eigenen Weltsicht, ein Komplex von Denk- und Handlungssystemen und von spezifischen Ethiken. So beschreibt der aus Saudi Arabien stammende und in New York lehrende Anthropologe Talal Asad[7] das Spezifische der westlichen Säkularisierung: Es ist nicht die Trennung von Kirche und Staat, denn die hat es auch in anderen Epochen und anderen Gesellschaften – so auch in den muslimischen – gegeben. Der westliche Säkularismus lebt vielmehr seiner Meinung nach davon, dass er aus und zugleich im Kampf gegen die christliche Religion entstanden ist. Das bedeutet zum einen, dass er einen Transfer von religiösen Denkmustern in die säkularen umfasst, wie dies auch mit der Begriff der „Sakralisierung des Profanen" beschrieben wird; zum anderen meint er die Entgegensetzung, den Kampf gegen dieses religiöse Erbe. Insofern hat der Begriff säkular zwei Bedeutungen: eine *engere*, die sich auf die anti-religiöse Perspektive bezieht und eine *weitere*, die das religiöse Erbe wie auch deren Kampf dagegen zugleich umfasst.

Das christliche Erbe zeigt sich nach Asad etwa in einem säkularistischen *Fortschrittsmythos*, der von der christlichen Idee der Erlösung getragen ist, denn es geht dabei nicht einfach nur um den technischen, sondern immer auch um einen moralischen Fortschritt. Es geht darum, das Böse in der Welt zu überwinden, die Menschen zu besseren zu machen und Gewalt und Unterdrückung im Notfall auch mit Gewalt zu bekämpfen. Dieser Fortschrittsmythos hat zudem auch den Absolutheitsanspruch des Christentums übernommen, so dass mit dem Glauben an seine alleinige Wahrheit die moralische Pflicht verbunden ist, diese auch an-

---

[6]   Vgl. Smith, Graeme, *A short History of Secularism*, 2008.
[7]   Asad, Talal, *Formations of the secular. Christianity, Islam, modernity*, 2007, S. 191.

deren mitzuteilen, um ihnen die Chance der Erlösung zu gewähren; ja die eigene Erlösung ist untrennbar mit der aller anderen verknüpft. Der Glaube, im Besitz einer „transzendentalen Wahrheit" zu sein, macht ihn zu einer „totalisierenden" Ideologie, die die Welt in der binären Perspektive von Wahr und Falsch wahrnimmt und dementsprechend auch eine Politik des Entweder-Oder verfolgt[8]. Diese kann aber nach Meinung Asads nicht der komplexen Wirklichkeit sich ständig überschneidender, fragmentierter Kulturen, hybrider Selbstverständnisse und sich ständig auflösender und neu bildender sozialer Formationen gerecht werden.

Die säkulare Erlösungsidee ist zum einen ein optimistisches Projekt in der Gewissheit universeller Ermächtigung, auf der anderen Seite geht sie von einem pessimistischen Menschenbild in der Annahme aus, die Menschen seien verblendet und moralisch verkommen; der dunkle Ort Welt brauche die Erlösung. „Der Aufgeklärte muss ständig gegen die Dunkelheit der Welt draußen kämpfen, die den ‚zivilisierten Raum bedroht'"[9] – wie einen Garten, der ständig Gefahr läuft, von einem Dschungel überwuchert zu werden. Das führt dazu, dass im Namen der Freiheit Gewalt ausgeübt und Unterdrückung gerechtfertigt werden kann.

Die Säkularisierung hatte jedoch nicht nur eine „Sakralisierung des Profanen", d. h. den Transfer christlicher Motivstrukturen und Denktraditionen in weltliche Kontexte zur Folge, sondern sie transportierte ebenso auch anti-religiöse Impulse weiter. Diese haben sich vor allem in der Idee der *Autonomie des Menschen* niedergeschlagen. Demnach ist der Mensch frei von Abhängigkeit und frei von „höheren" Mächten. Der Triumph des autonomen Subjekts liegt in der Fähigkeit, sich selbst aus dem Nichts zu erschaffen[10]. Das gilt nicht nur für den Menschen als solchen, sondern auch für das moderne Europa, das sich aus sich selbst heraus erfunden zu haben glaubt. Unberücksichtigt bleiben in seiner Historiographie vor allem die Geschichten der unterschiedlichen gegenseitigen Beeinflussungen, Abgrenzung gegenüber anderen und asymmetrischen Beziehungen – allen voran die Kolonialgeschichte, die wesentliche Voraussetzung für die Modernisierung Europas war und sein Selbstverständnis nachhaltig geprägt hat. Europa ist Produkt von „entangeled histories"[11] und nicht ein Solitär in der Globalgeschichte.

Der *Mythos der Selbsterschaffung* ist beseelt von einer positiven Selbstdarstellung, die die Geschichte der Gewalt und Inhumanität des Kolonialismus ebenso abspaltet, wie auch die innerhalb Europas, die das 20. Jahrhundert nach Eric Hobsbawn[12] zu dem „gewalttätigsten, blutigsten und genozidalsten der Menschheitsgeschichte" machte. Schließlich werden im europäischen Selbstbild auch all die Regionen abgespalten, die angeblich nicht richtig zu Europa gehören, wie der ganze Bereich des orthodoxen Christentums und „Randregionen" wie der Bal-

8   Asad, Talal, *Formations of the secular. Christianity, Islam, modernity*, 2007, S. 15.
9   Asad, Talal, *Formations of the secular. Christianity, Islam, modernity*, 2007, S. 59.
10   Vgl. Asad, Talal, *Formations of the secular. Christianity, Islam, modernity*, 2007, S. 73.
11   Conrad, Sebastian/Randeria, Shalini (Hrsg.), *Jenseits des Eurozentrismus. Postkoloniale Perspektiven in den Geschichts- und Kulturwissenschaften*, 2002, S. 17.
12   Vgl. Hobsbawn, Eric J., *Das Zeitalter der Extreme. Weltgeschichte des 20. Jahrhunderts*, 2009.

kan, so dass etwa die bosnischen Muslime zwar in Europa leben, aber nicht eigentlich als europäisch gelten. Europa wird so zu einem Verdrängungsbegriff.

In dieser Selbst-Erschaffung Europas kommt wiederum sein spezifisches *christliches Erbe* zum Vorschein, nämlich das römische Christentum, das sich ebenso als Gegensatz zum oströmischen wie als Gegensatz zum Islam versteht. In diesem Erbe wird die uralte Idee des Anti-Christen tradiert, der spätestens seit der Zeit der Kreuzzüge die westliche Christenheit zu bedrohen schien. Dieses christliche Misstrauen gegenüber dem Islam wie auch das gegenüber dem Judentum in Form des Antijudaismus wurde mit der Moderne in den biologisch argumentierenden Antisemitismus und den antimuslimischen Rassismus transferiert. Dennoch sieht die Ideologie des Säkularismus sich alleine in der Tradition des Liberalismus als einer Geschichte der allmählichen Befreiung aller Menschen bis hin zur universalen Emanzipation.

Diese Ambivalenz gegenüber der Religion ebenso wie die widersprüchliche Geschichte von Befreiung und Unterdrückung wird im Säkularismus in eine eindimensionale Geschichte der Moderne gepresst, die alleine von ihrer Opposition gegenüber Kirche und Tradition wie auch von zunehmender Zivilisierung und Befreiung erzählt. Charakteristisch für diese Narration ist das Abspalten negativer Aspekte vor allem mithilfe eines *eindimensionalen Zeitverständnisses*: Die Zeit bewegt sich aus einer finsteren Vergangenheit linear in eine fortschrittliche Zukunft und hat dann auch keinen Platz mehr für die „Gleichzeitigkeit des Ungleichzeitigen" (Kosselek).

Auch die Frauenbewegung hat, wie wir sahen, ihre eigene Geschichte vereindeutigt und sie auf die Schiene kontinuierlichen Fortschritts gesetzt. Sie hat weder ihrer Zurücksetzung durch die Moderne noch ihre Traditionalisierung und Religiosifizierung ernsthaft zur Kenntnis genommen. Sie hat sich eine säkularistischen Ideologie angeeignet und sich damit als „modern" bewiesen.

Einem solch die Wirklichkeit verzerrenden Säkularismus liegt auch die Behauptung zu Grunde, die BRD sei eine säkulare Gesellschaft, in der der Staat allen Religionen gegenüber neutral sei. Tatsache ist jedoch nicht nur, dass der deutsche Staat exklusiv die christlichen Kirchen und die jüdische Gemeinschaft finanziell teils erheblich fördert, sondern dass das Christentum als notwendige Basis einer produktiven Gemeinschaft gilt, die gerade in der heutigen Zeit der Verunsicherung und Globalisierung für den Zusammenhalt der Gesellschaft unerlässlich sei. Ohne Religion würde, so etwa eine der aktuellen Diskussionen, die rare Ressource Ethik zu versiegen drohen. Dementsprechend sollte die „postsäkulare Gesellschaft" den Beitrag der Religionen für die positive Motivierung der Menschen anerkennen[13].

So wird einmal das Verschwinden der Religion behauptet, ein andermal deren unabdingbare Notwendigkeit für die heutige Gesellschaft; dann wird von der

---

[13]   Vgl. Habermas, Jürgen/Benedictus/Schuller, Florian, *Dialektik der Säkularisierung. Über Vernunft und Religion*, 2007, S. 33.

Neutralität des Staates gesprochen und zugleich die massive politische Einflussnahme der christlichen Kirchen als selbstverständlich hingenommen, und
schließlich trifft das wachsende Misstrauen gegenüber der Institution Kirche auf
eine anhaltende persönliche Religiosität. Diese Widersprüchlichkeiten in Sachen
Religion lassen sich nirgend besser besichtigen als in dem seit gut einem Jahrzehnt in der BRD anhaltenden *Kopftuchstreit.*

Den Streit um die Frage, ob eine muslimische Lehrerin in der Schule ein Kopftuch tragen darf, hat inzwischen die Hälfte der Bundesländer negativ beantwortet, während die andere Hälfte dazu schweigt. Eine besondere Herausforderung
an die Findigkeit von Juristen stellten diejenigen Länder dar, die zwar das muslimische Kopftuch verbieten, den Nonnenhabit und die jüdische Kippa aber
erlauben wollten. Für diese zur Zeit der Entscheidungsfindung alle von christlichen Parteien regierten Länder sollte die christliche Religion sehr wohl ihren
angestammten Platz in der Öffentlichkeit behaupten, auch wenn man sich
zugleich zur Neutralität des Staates bekannte. Entgegen dem säkularen Selbstverständnis sollte das Christentum öffentlich auch in Schulen Präsenz zeigen dürfen– wie die Urteile zum Kruzifix und den christliche Religionsunterricht in den
Schulen zeigen –, nicht aber der Islam. Deshalb musste das muslimische Kopftuch von einem *religiösen* zu einem *politischen* Symbol umgedeutet werden; die
christlichen Symbole hingegen von einem *religiösen* zu einem *kulturellen*[14]. Mit
diesen Interpretationen gelang es diesen Ländern, den Vorwurf der Ungleichbehandlung von Religionen zu umgehen. So glauben sie, den Platz ihrer eigenen
Religion wahren und gleichzeitig andere ausgrenzen zu können, und das auf der
Basis eines Grundgesetzes, das die Religionsfreiheit als Grundwert betrachtet und
den Staat zur Neutralität allen Religionen gegenüber verpflichtet. Die Stimmen,
die diese Gerichtsentscheide für unzulässig halten, wie etwa der ehemalige Bun-
desverfassungsrichter Ernst-Wolfgang Böckenförde, schienen nicht ins Gewicht
zu fallen. Er sieht in dem Verbot des muslimischen Kopftuchs eine Ungleichbehandlung und Diskriminierung, das nur dann rechtmäßig gewesen wäre, wenn
es sich auf alle Bekenntnisbekundungen erstreckt hätte[15].

Dies Beispiel zeigt eindrücklich, dass wir von einer Neutralität des Staates weit
entfernt sind. Desungeachtet lebt der Glaube fort, dass Deutschland ein moder-
nes Land sei, das aufgrund seiner eigenen Aufgeklärtheit mit gutem Recht all die
bekämpfen könne, die als Feinde der Moderne gelten. Vorreiter einer solch missionarischen Moderne sind nicht zuletzt auch feministische Theorien geworden,
die mit ihrem Anliegen der Gleichstellung der Frau für viele zu Kronzeuginnen
menschlichen Fortschritts und moderner Liberalität geworden sind.

Dazu eignen sie sich freilich nur, insofern sich hier auch wesentliche Elemente
des *Säkularismus* oder *Modernismus* wieder finden. Säkularismus und Moder-

---

[14]   Vgl. Berghahn, Sabine, *Deutschlands konfrontativer Umgang mit dem Kopftuch der Lehrerin*, 2009.
[15]   Vgl. Berghahn, Sabine, *Deutschlands konfrontativer Umgang mit dem Kopftuch der Lehrerin*,
       2009, S. 188.

nismus sind insofern weitgehende Synonyme, wie Asad[16] ausführt, als das Kernstück des modernen Selbstverständnisses von Europa in der geglaubten Überwindung der Religion besteht. Auch José Casanova[17] bezeichnet den Säkularismus als eine Form der Konversion zur Modernität. Für unseren Zusammenhang ist ebenfalls das Verhältnis zur Religion ein zentrales Merkmal westlicher Modernisierungsideologie, da einmal die Geschichte der Frauenbewegung zeigt, dass der Bezug zur Religion für die Frauen ganz wesentlich war, und weil zum anderen in der gegenwärtigen Debatte um „den" Islam wiederum das Thema Religion im Zentrum steht.

Feminismus und Religion

In der europäischen feministischen Theorie spielt, mit Ausnahme der feministischen Theologie, Religion so gut wie keine Rolle. Ja Religion – gleichgültig welche – wird vielfach als eine grundlegend antifeministische Weltanschauung betrachtet. Dazu gibt es sicherlich auch viele gute Gründe. Gleichwohl zeigt die Geschichte, dass frau mit einer solchen Einschätzung weit an der Realität der Frauenbewegung vorbei geht. Fast alle engagierten Frauen der ersten Frauenbewegung in Europa, von wenigen Ausnahmen im radikalen Flügel abgesehen, verstanden sich als religiös, und auch die religiösen Frauenverbände haben in der damaligen Zeit einen erheblichen Beitrag zur Gleichstellung der Frauen geleistet.

Obgleich die christlichen Religionen in ihrem Weiblichkeitsbild äußerst repressiv sind, enthalten sie doch auch ein gewisses emanzipatorisches Potential. So gab es, wie bereits erwähnt, mit der Moderne eine Schub in Richtung „*Feminisierung der Religion*", indem die Religionsgemeinschaften eine erhöhte Aktivität von Frauen verzeichneten z. B. in Form von Klostergründungen für Frauen oder in Form von weiblicher Missionstätigkeit, die den Frauen die Möglichkeit bot, in die ganze Welt hinaus zu ziehen. Ebenso konnten sie sich etwa als Diakonissinnen beruflich engagieren. In dieser Zeit verstärkten sich auch die Formen „weiblicher" Gläubigkeit etwa im Sinne intensiver Marienverehrung. Diese Feminisierung entwickelte sich vor allem in der 2. Hälfte des 19. Jahrhunderts. und der ersten Hälfte des 20. Jahrhunderts – also genau in der Zeit, in der die Frauenbewegung erhebliche Fortschritte machte[18].

Diese Feminisierung basiert auf dem Versprechen des Christentums, dass beide Geschlechter bei all ihrer Verschiedenheit vor Gott gleich seien. Den Frauen wurde also *Gleichheit in der Spiritualität* versprochen. Eine solche spirituelle Gleichheit gilt nicht nur für das Christentum, sondern auch für die andere großen Religionen wie den Islam und den Buddhismus. Insofern bezeichnet

---

[16]   Vgl. Asad, Talal, *Formations of the Secular: Christianity, Islam, Modernity*, 2003.
[17]   Vgl. Casanova, Jose, *Die religiöse Lage in Europa*, 2007.
[18]   Vgl. Taylor Allen, Ann, *Religion und Geschlecht. Ein histiographischer Überblick zur neueren Geschichte*, 2008, S. 203.

Peter Stearns diese Religionen als „spirituelle equalizer"[19], indem sie den Frauen eine transzendentale Kraft und vor allem auch eine moralische Autorität verleihen, die es ihnen unter bestimmten Bedingungen erlaubt, sich einen gewissen Freiraum zu erobern.

Das soll jedoch nicht über den *Antifeminismus* innerhalb dieser Religionen hinwegtäuschen. So geht das Christentum von einem Geschlechterkonzept aus, bei dem die Frau es ist, die das Unheil in Form der Sünde in die Welt gebracht hat. Nur absolute „Reinheit" wie bei dem irrealen Vorbild der „unbefleckten" Mutter Maria könnte diesen elementaren Makel löschen. Aber selbst in der jungfräulichen Position wurde die Frau auf den Dienst am Mann verpflichtet.

So sehr also auf diesem Hintergrund eine Ablehnung des Christentums nachvollziehbar ist, so wenig entspricht diese jedoch der historischen und vermutlich auch der aktuellen Realität frauenbewegter Frauen. Auch heute verstehen sich viele Frauen als religiös und feministisch zugleich. Das heißt, dass die Bedeutung von Religion nicht so eindeutig festgeschrieben werden kann, wie das eine säkularistische Position tut. Diese geht davon aus, dass Feminismus und Religion unvereinbar seien und Säkularisierung und Emanzipation lediglich zwei Seiten derselben Medaille. Moderne wird damit jedoch am Verhalten der Männer gemessen, die sich tatsächlich mit der Säkularisierung immer mehr von Kirche und Religion abwandten, während ihnen die Frauen bei dieser Kirchenflucht zumindest bis in die Mitte des 20. Jahrhunderts nicht folgten, sondern im Gegenteil in der Kirche einen Raum sahen, der ihnen eine Möglichkeit bot, aus der Enge des familialen Raumes zu entfliehen und zumindest teilweise öffentlich aktiv zu werden.

Das heißt allerdings nicht, dass die Frauen etwa in den evangelischen und katholischen Frauenverbände zu Beginn des 20. Jahrhunderts – als vor allem die Frage des Frauenwahlrechts auf der Tagesordnung stand – die Gleichberechtigung von Frauen in der Politik angestrebt hätten. Diese Verbände förderten zwar den politischen Aktivismus der Frauen, stellten jedoch nie die Geschlechterhierarchie in Frage. Aber: „Selbst Frauen, die die Emanzipation ablehnten, waren damit beschäftigt, sich selbst zu emanzipieren"[20]. So wurden sogar Frauen, die gegen das Wahlrecht für Frauen waren, in den Reichstag gewählt.

Solch widersprüchliche Positionen finden wir in allen patriarchalen Parteien. Ein aktuelles Beispiel hierfür ist die *Refahpartei*[21] in der Türkei, die seit ihrer Gründung zu Beginn der 80er Jahre viele Frauen dazu ermuntert hat, sich ihrer Organisation anzuschließen. Sie tat das mit großem Erfolg: Bereits 1995 arbeiteten allein in Istanbul 18 000 Frauen für diese Partei und bildeten damit ein

---

[19] Stearns, Peter N., *Gender in world history*, 2008, S. 39.
[20] Schaser, Angelika, *Nation, Identität und Geschlecht. Nationalgeschichtsschreibung und historische Frauen- und Geschlechterforschung*, 2008, S. 78.
[21] Die Refah Partei (Wohlstandspartei, RP) ist eine islamistische Partei, die 1983 gegründet wurde. 1997 wurde sie vom türkischen Verfassungsgerichtshof wegen des Verstosses gegen das Laizismusprinzip verboten.

enormes Mobilisierungspotential[22]. Diese Frauen waren in unzähligen Frauenkommissionen organisiert und konnten damit nicht nur ihre privaten Räume verlassen, sondern auch Netzwerke mit anderen Frauen bilden. Zwar wurden diese Gruppierungen vielfach als Frauenghettos kritisiert, aber für viele Frauen bedeutete die Teilnahme daran einen sozialen Aufstieg, der ihnen nicht zuletzt auch mehr Anerkennung in ihren Familien verschaffte. Das politische Engagement war für sie zu einem Statussymbol geworden.

Die Partei bot dabei eine *ideologische Brücke* zum öffentlichen Engagement, indem sie die Frauen explizit in ihrer Religiosität ansprach: Das Engagement wurde als eine im religiösen Sinn „gute Tat" gedeutet und so nicht nur erlaubt, sondern war nun sogar geboten. Diese Verbindung von Politik und Religion begeisterte die Frauen. Natürlich wurde von ihnen Loyalität gegenüber den Männern in der Partei erwartet, ebenso wie das Abfinden mit ihrer weitgehenden Machtlosigkeit. Dennoch hat die RP damit nach Eraslan die politische Kultur in der Türkei grundsätzlich verändert und einen neuen Typ Frau in die Politik eingeführt.

Dabei fragt sich jedoch, welche Folgen ein solcher Bruch in der politischen Kultur tatsächlich haben kann, wenn damit das traditionelle Frauenbild verstärkt wird und möglicherweise dadurch, dass es nun auch von den Frauen selbst propagiert wird, sogar noch mehr Glaubwürdigkeit erhält. Diese Paradoxie fanden wir, wie gesagt, auch in den christlichen Parteien und Organisationen im Zusammenhang mit dem Kampf um das Frauenwahlrecht. D. h. wenn Frauen politisch aktiv werden, heißt das nicht, dass sie dann ihre traditionelle Rolle in Frage stellen, obwohl sie es faktisch durch ihr Engagement in der Öffentlichkeit tun. Die *Form* der Teilhabe widerspricht hier den dabei vertretenen *Inhalten*.

Oder anders formuliert: *Gleichheit wird* bis zu einem gewissen Grad *praktiziert und Ungleichheit propa*giert; Ungleichheit im Sinne der Verschiedenheit der Frauen, die im Zweifel jede Zurücksetzung rechtfertigt. Das ist einer der wesentlichen Gründe, warum der westliche Feminismus, zumindest in seiner vorherrschenden liberalen Form, den sogenannten *Differenzfeminismus* ablehnt, der eine unterschiedliche Wesenhaftigkeit von Frauen und Männern behauptet. Der liberale Feminismus geht davon aus, dass jegliche Form der Differenzkonstruktion ein Hemmnis für Fortschritt und Gleichberechtigung darstellt. Allerdings wird er damit auch wiederum nicht der Geschichte der Frauenbewegung gerecht. Denn wie in punkto Religion waren in Bezug auf die Frage von Differenz und Gleichheit die meisten politisch aktiven Frauen damals „unmodern". Sie gingen von einer unterschiedlichen Wesenhaftigkeit von Frauen und Männern aus und entwickelten daraus unter anderem das Konzept *sozialer Mütterlichkeit,* womit sie ihr Engagement in Politik und Öffentlichkeit zu legitimieren versuchten.

Ein solches Konzept der sozialen Mütterlichkeit spielte auch in der jüngeren Geschichte der Türkei eine große Rolle, als Attatürk mit seinem Modernisie-

---

[22]   Vgl. Eraslan, Sibel, *Das politische Abenteur. islamistischer Fraeun in der Türkei*, 2001, S. 52.

rungsprojekt auch den Frauen einen Zugang zur Öffentlichkeit verschaffte. Die Türkei war damals ein Vorbild für viele Gesellschaften, wie etwa der Internationale Frauenkongress 1935 in Istanbul zeigte. Dabei wurde auch im Kemalismus, wie Ayse Kadioglu[23] schreibt, die neue Rolle der Frau mit der alten auszubalancieren versucht. Die Frauen „sollten einerseits den Erfordernissen der Modernität entsprechen, und andererseits einige traditionelle Werte wie z. B. Geschlechtslosigkeit und Keuschheit im öffentlichen Raum wahren."[24] Sie sollten nun nicht mehr alleine die Erzieherinnen ihre Kinder sein, sondern auch die der Gesellschaft. Dementsprechend waren sie primär als Lehrerinnen, Sozialarbeiterinnen und Krankenschwestern zugelassen.

Diese Beispiele aus der Geschichte der Frauenbewegung in der Türkei wie auch in Deutschland zeigen, dass eine feministische Theorie dieser Geschichte nicht gerecht wird, wenn sie die darin enthaltenen Widersprüche und Paradoxien nicht zur Kenntnis nimmt. D. h. sie muss auch religiöse wie säkulare, differenz- wie gleichheitsfeministische Positionen einbeziehen. Es müsste also der Primat einer säkularistischen Ideologie, die ein eng gefasstes Emanzipationskonzept als das einzig befreiende und wahre behauptet, gebrochen werden, um den Blick für die vielfältigen Lebensrealitäten und Positionen von Frauen öffnen zu können. So zieht auch Taylor Allen in Bezug auf den liberalen Feminismus das Fazit: „Eine Theorie, die die Erfahrungen so vieler Frauen ignoriert, kann uns nicht helfen, Frauen- und Geschlechtergeschichte zu verstehen."[25] Demgegenüber plädiert sie für einen Feminismusbegriff, der vom Selbstverständnis der Frauen selbst ausgeht und zitiert in dem Zusammenhang Karen Offen, für die Feminismus das Ziel hat „den Wert eigener Interpretationen der Lebensrealität und Bedürfnisse von Frauen (zu) erkennen und die Werte, die Frauen öffentlich als ihre eigenen proklamieren, ernst zu nehmen". Der Feminismus sollte ihrer Meinung nach dafür kämpfen, im Bewusstsein der institutionalisierten Ungerechtigkeit gegenüber Frauen „alle Ideen, sozialen Institutionen und Praktiken zu ändern, die die männlichen Vorrechte in einer spezifischen Kultur aufrecht erhalten"[26].

Das ist schwieriger, als es aussieht. Denn oft ist es keinesfalls klar, ob eine bestimmte Position Ungleichheiten zwischen den Geschlechtern abbaut oder eher befördert. So umfasst etwa die differenzfeministische Position – wie ja auch die religiöse – *repressive und emanzipatorische* Dimensionen zugleich: Auf der einen Seite verweist die Position der Differenz die Frauen auf ihre spezifische „natürliche" oder auch gesellschaftliche „Zuständigkeit" und öffnet damit der Diskriminierung Tür und Tor; auf der anderen Seite gibt sie den Frauen ein

---

[23] Vgl. Kadioglu, Ayse, *Die Leugnung des Geschlechts*, 2001.
[24] Vgl. Kadioglu, Ayse, *Die Leugnung des Geschlechts*, 2001, S. 35.
[25] Taylor Allen, Ann, *Religion und Geschlecht. Ein histiographischer Überblick zur neueren Geschichte*, 2008, S. 212.
[26] Taylor Allen, Ann, *Religion und Geschlecht. Ein histiographischer Überblick zur neueren Geschichte*, 2008, S. 212.

Bewusstsein einer Alternative zu männlichen Rollenbildern und Lebenskonzepten. Sie bestätigt Frauen in der Verschiedenheit ihrer Erfahrung, was auch kritische Sichtweisen gegenüber den herrschenden patriarchalen Lebensverhältnissen mobilisieren kann.

Diese Ambivalenz ist einer der Gründe, warum die vor allem in den 70er Jahren heftig geführten Debatten um Differenz- versus Gleichheitsfeminismus in den westlichen Ländern sang- und klanglos verschwunden sind, denn es ist mehr oder weniger deutlich geworden, dass weder Gleichheit im Sinne einer „Vermännlichung", noch Differenz im Sinne eines Beharrens auf „weiblicher Verschiedenheit" die Lösung verspricht, sondern dass solange ein Changieren zwischen Gleichheit und Verschiedenheit notwendig sein wird, so lange Frauen und Männer unterschiedliche Erfahrungen machen und unterschiedliche Positionen in der Gesellschaft einnehmen.

Möglicherweise ist Entwicklung gar nicht anders denkbar als in solchen Widersprüchen. So meint auch Wohlrab-Sahr[27], dass im Fall der Aktivierung muslimischer Frauen gerade die Betonung der Geschlechtergrenzen, deren Überwindung möglich machte. Sie spricht von einer *„Öffnung durch Schließung"*[28] als einer Form der sozialen Kompromissbildung. In welche Richtung sich ein solcher Kompromiss weiter entwickeln wird, hängt dann vermutlich noch von anderen Faktoren ab. Sie kann von ökonomischen Fragen ebenso abhängen wie von spezifischen politischen Konstellationen und kulturellen Spannungen – also auch von Faktoren, die nicht alleine im Geschlechterverhältnis begründet sind. Insofern wären solche Paradoxien auch Ausdruck für die prinzipielle Offenheit von politischen Prozessen.

Die *Eindimensionalität* einer säkularistischen oder modernistischen Position verführt hingegen dazu, all das abzuspalten, was der Vorstellung der *Linearität* von Geschichte widerspricht. Dazu gehört im liberalen Feminismus vor allem, die Positionen religiöser und differenzfeministisch argumentierender Frauen zu bekämpfen beziehungsweise sie gleich gar nicht zu Kenntnis zu nehmen. Damit wird er aber weder den einzelnen Frauen noch der Geschichte der Frauenbewegung gerecht. So kann der liberale Feminismus nicht sehen, wie sehr der Feminismus selbst in der Religion gründet und sich zugleich gegen sie stellt. Säkularisierung bedeutet, wie gesagt, Fortsetzung *und* Gegnerschaft zum Christentum.

Was die Auseinandersetzung mit den eigenen religiösen Wurzeln der Frauenbewegung anbetrifft, so finden wir vor allem im Feminismus der 70er Jahre des 20. Jahrhunderts teils heftige Auseinandersetzungen mit dem christlichen Erbe – insbesondere im Zusammenhang mit der Geschichte der Hexenverfolgungen[29].

---

[27]   Vgl. Wohlrab-Sahr, Monika/Rosenstock Julia, *Religion – soziale Ordnung – Geschlechterordnung. Zur Bedeutung der Unterscheidung von Reinheit und Unreinheit im religiösen Kontext*, 2004.

[28]   Wohlrab-Sahr, Monika/Rosenstock Julia, *Religion – soziale Ordnung – Geschlechterordnung. Zur Bedeutung der Unterscheidung von Reinheit und Unreinheit im religiösen Kontext*, 2004, S. 382.

[29]   Vgl. etwa Daly, Mary, *Gyn-Ökologie. Eine Meta-Ethik des radikalen Feminismus*, 1978.

Diese blieben allerdings in der Regel in einer anti-religiösen Position befangen. Heute ist auch diese Diskussion, zumindest in Deutschland, weitgehend verstummt, und das Erbe des Christentums wird nunmehr nur noch in unterschiedlichen Formen der Identifikation von „Feinden" sichtbar. Ein Beispiel hierfür ist die *antisemitische* Debatte in den 80er Jahren, als der säkulare Feminismus den Ursprung des Patriarchats vor allem in der jüdischen Religion ausmachte. Dabei wurde ihm das Christentum als die eigentlich emanzipatorische Religion gegenüber gestellt. Franz Alt[30] machte diese Idee mit seinem Buch „Jesus, der neue Mann" so populär, dass Micha Brumlik[31] es als den ersten antisemitischen Bestseller in Deutschland seit 1945 bezeichnete.

Heute erleben wir eine ähnliche Debatte im Zusammenhang mit *antimuslimischen Postionen*, die auch sehr stark von liberalen Feministinnen mit getragen werden[32]. Säkularistisch daran ist, dass die eigene, die christliche Religion meist als stillschweigend mit der Moderne vereinbar angenommen wird, der Islam hingegen zu ihrem Gegenbild gemacht wird. Denn es ist durchaus typisch für einen christlich-säkulare Standpunkt, dass er die eigenen christlichen Positionen gar nicht wahrnimmt. Er setzt sie in der Regel als selbstverständlich voraus. Selten nur werden sie thematisiert oder gar problematisiert. Dafür bringt er sich jedoch umso kritischer gegenüber anderen Religionen in Stellung. Säkularismus in seinem christlichen Kontext heißt, sich auf unbestimmte, oft auch unbegriffene Weise dem Christentum verbunden zu fühlen und gleichzeitig den anderen Religion gegenüber höchst kritisch, wenn nicht gar aggressiv ablehnend zu sein.

Säkularismus ist also nicht per se a-religiös, sondern schließt die Religion mit ein, die als modernisierungsfähig gilt, und das ist scheinbar in erster Linie das Christentum – gegebenenfalls auch das Judentum. Sie wendet sich aber gegen jene, die all das zu verkörpern scheinen, was im anti-religiösen Affekt weiter mit getragen wird. Und das ist derzeit in erster Linie der Islam. Von ihm wird strikte Säkularität eingefordert, die aber selbst nicht praktiziert wird. So verwundert es nicht, dass im muslimischen Kontext „säkular" seit den 90er Jahren zu einem Kampfbegriff geworden ist. Er gilt hier als ein Synonym für „westlich" und „unauthentisch"[33].

---

[30] Interessant ist, dass auch hier der Feminismus plötzlich von konservativen Männern für sich entdeckt wurde wie dies heute vielfach in Bezug auf den Anti-muslimischen Rassismus geschieht.

[31] Vgl. Brumlik, Micha, *Der Anti-Alt. Wider die furchtbare Friedfertigkeit*, 1991.

[32] Ausführlicher dazu siehe Rommelspacher, Birgit, *Feminismus und kulturelle Dominanz. Kontroversen um die Emanzipation der muslimischen Frau*, 2009.

[33] Vgl. Badran, Margot, *Zur Verortung von Feminismen: Die Vermischung von säkularen und religiösen Diskursen im Masriqh, der Türkei und dem Iran*, 2001.

Zwischenfazit

Der liberale Feminismus westlicher Provenienz ist Sprachrohr einer säkularistischen Ideologie geworden, die sich mit dem Glauben an die Moderne als eines
linearen Weges hin zur Befreiung aller Menschen ein Monopol auf Welterklärung zuschreibt. Die Gewissheit, im Besitz der absoluten Wahrheit zu sein, verleiht nicht nur das Recht sondern sogar die Pflicht, diese „erlösende" Wahrheit
allen anderen mitzuteilen.

Dieser Monopolanspruch verengt jedoch nicht nur den Blick auf die Anderen,
sondern auch den Blick auf die eigene Geschichte, die nicht als eine widersprüchliche erkannt wird, die Emanzipation und Unterdrückung ebenso wie
Traditionalität und Moderne oder auch Religiosität und Anti-religiöser Kampf
zugleich umfasst. Die Religion etwa hatte für die Frauen durchaus ambivalente
Funktionen: Sie bot spirituelle Egalität bei institutioneller Diskriminierung. Sie
bot Raum für die gesellschaftliche Aktivierung von Frauen und propagierte
zugleich ihre Zweitrangigkeit in Politik und Öffentlichkeit.

Mit dem Säkularismus übernimmt der Feminismus jedoch die Erzählung
einer linear fortschreitenden Modernisierung als Ent-Religiosifizierung und
allgemein menschlicher Befreiung. Sie übernimmt die männliche Selbstidealisierung und wird dadurch insofern selbst antifeministisch, als sie zu Gunsten dieser
männlichen Erzählungen die vielseitige und widersprüchliche Geschichte der
Frauen verdrängt. Je eindimensionaler sich die feministische Position geriert,
desto weniger wird sie ihrer eigenen Geschichte gerecht. Sie kann dann weder die
Situation all der Frauen erfassen, die früher den Weg für die Gleichstellung der
Frau ebneten, noch sieht sie die eigenen Verankerung in einer christlichen Gesellschaft, die sich zugleich auch gegen das Christentum stellt.

Die Frauen wurden in der europäischen Moderne in Traditionalität und
Religiosität getrieben, um sie daraus wiederum zu erlösen. Nun versetzen westliche Frauen die als fremd betrachteten, nicht-westlichen Frauen in die Position
des Traditionalismus, um auch sie durch Feminismus und Säkularisierung zu
befreien. Insofern greift der Feminismus auch den christlichen Missionsauftrag
in säkularisierter Form auf.

Feminismus als säkularistische Mission

Die meisten Feministinnen sind davon überzeugt, dass die westliche Zivilisation
die Frauen der ganzen Welt in die Befreiung führt. Spektakuläre und viel refe-
rierte Beispiele hierfür sind etwa der Kampf gegen die Witwenverbrennung (Sati)
in Indien oder auch das Verbot des Füße-Einbindens in China oder heute das
Verbot der Genitalverstümmelung. So sehr diese Kampagnen ihre Berechtigung
hatten und haben, sowenig sagen sie darüber aus, welche Wirkungen sie tatsächlich auf die Lebenssituation der jeweiligen Frauen hatten. Und sie überspielen
zugleich auch all die Fälle, in denen Frauen durch die westliche „Zivilisierung" in

ihrer Bewegungsfreiheit eingeschränkt oder aus angestammten Machtpositionen verwiesen wurden. Das gilt namentlich für die vielen Frauen in afrikanischen Ländern und in dem von den Europäern eroberten späteren Amerika, die es gewohnt waren, an politischen Entscheidungen in ihrem Gemeinwesen teilzunehmen, sich öffentlich zu artikulieren und die verschiedensten, von den westlichen Missionaren als männlich apostrophierten Tätigkeiten auszuführen.

Für die kolonisierten Frauen galt, dass sie sich eine christliche Ideologie weiblicher Sündhaftigkeit zu eigen machen mussten und sich einer besonderen Verpflichtung zu einem „moralischen" Lebenswandel zu unterwerfen hatten. Der Kampf gegen die „sittliche Verrohung" der kolonisierten Frauen und die Erziehung zu „Häuslichkeit" und „Familientugenden" standen an erster Stelle. Nicht die Befreiung der Frauen war das eigentliche Thema, sondern ihre Christianisierung und säkulare Verwestlichung[34]. Oder anders formuliert: Die Christianisierung hatte die doppelte Funktion, nämlich einmal die der religiösen Bekehrung und zum anderen die der Konversion zur Moderne.

Aber ebenso wie die Moderne die westlichen Frauen zunächst in die Zweitrangigkeit verbannte, so versetzte die westliche Moderne im Zuge des Imperialismus die außereuropäischen Länder, Religionen und Kulturen in das Dunkel der „Unzivilisiertheit". Denn im Glauben an die soziale Evolution, an das Fortschreiten der Zivilisation von ihren „primitiven" Ursprüngen hin zu ihrer vollen Entfaltung in Freiheit und Gleichheit, wurden die anderen Kulturen auf die niedrigeren Stufen dieser Skala platziert. Insofern war für sie die westliche Moderne mit mindestens ebenso starken Ambivalenzen behaftet, wie das für die westlichen Frauen der Fall war. Zwar brachte der Westen die Ideen von Demokratie und Menschenrechten mit sich, die sollten aber für die anderen Zivilisationen erst dann gelten, wenn sie sich dem westlichen Vorbild angeglichen hatten.

Auch die westlichen Frauen beteiligten sich an der Durchsetzung dieser globalen Hierarchisierung. Für sie war dies auch eine Chance, damit ihre eigene Modernität unter Beweis zu stellen und Teilhabe an der Dominanzkultur einzufordern. Ja umso mehr sich die westlichen Frauen als Missionarinnen, als Pädagoginnen oder Ärztinnen der Befreiung der anderen Frau widmeten, desto mehr konnte sie ihren Status als die „moderne Frau" beweisen. Die missionarische Tätigkeit gegenüber den muslimischen Frauen hatte in dem Zusammenhang insofern eine besondere Bedeutung, als hier die Frauen geltend machen konnten, dass alleine sie in das Innere der Frauenräume vordringen konnten. Sie wurden zu Expertinnen ihrer unterdrückten „Schwestern".

Damit beweisen sich nun die westlichen Frauen auch als Vorreiterinnen von Aufklärung und Fortschritt. Auch heute finden Frauen, die sonst in der öffentlichen Meinung schnell als Feministinnen diskreditiert werden, zwanglos Anschluss an den Mainstream, wenn sie sich über die Rückschrittlichkeit der ande-

---

[34] Siehe zuf. Stearns, Peter N., *Gender in world history*, 2008.

ren Frau empören. In der Betonung der gemeinsamen Kultur, dem gemeinsamen Anliegen der Moderne – oder auch durch die Gemeinsamkeit der „Rasse", wie dies etwa im Nationalsozialismus geschah, werden – um in der marxistischen Terminologie zu sprechen – die Widersprüche zwischen Männern und Frauen in der Dominanzgesellschaft zu Nebenwidersprüchen im Vergleich zum Hauptwiderspruch der Kultur.

Wenn jedoch europäische Feministinnen sich an der Kulturalisierung und Diskreditierung der anderen Frauen beteiligen, gleichzeitig jedoch Gleichheit für alle Frauen fordern, dann fragt sich, inwiefern man diese Position überhaupt als *Feminismus* bezeichnen kann. Hier gilt es, die unterschiedlichen Loyalitäten zu betrachten, in die diese Frauen eingebunden sind beziehungsweise waren. Der Universalismus des Feminismus unterstellt, dass die Lebenslage als Frauen alle Frauen der Welt miteinander verbindet. Nun gehören die Frauen aber auch unterschiedlichen sozialen Klassen, Ethnien, Regionen, Religionen, Nationen etc. an. Sie haben also auch einen sehr unterschiedlichen Zugang zu Ressourcen und Macht. So können sich auch unter Frauen elementare Interessensgegensätze auftun. Diese werden in der Vision globaler Weiblichkeit in den Hintergrund gedrängt oder gar ganz negiert und zwar meist gerade von den Frauen, die relative Machtpositionen einnehmen.

Diese Frage stellt sich nicht nur im kolonialen Kontext, sondern ebenso innerhalb der westlichen Gesellschaften, wenn Frauen mithilfe von Rassismus, Antisemitismus oder auch sozialem Elitarismus (Klassismus) Barrieren zwischen sich und den „anderen" Frauen errichten. Dabei muss das Geschlechterverhältnis nicht unbedingt selbst angetastet werden – etwa wenn die Frauen der etablierten Kreise für ihre Emanzipation die Frauen der diskriminierten Gruppen in Dienst nehmen und damit das bestehende Geschlechterverhältnis eher festigen. Das lässt sich in Deutschland derzeit vor allem an der *sozialen Unterschichtung* durch die EinwanderInnen beobachten, bei der diese meist die unteren gesellschaftlichen Positionen übernehmen und damit den alteingesessenen deutschen Frauen einen sozialen Aufstieg ermöglichen. Die Arbeit der EinwanderInnen ist oft auch zur Voraussetzung für die Vereinbarkeit von Beruf und Familie für die mittelständischen einheimischen Frauen geworden. Sie können aus der Privatsphäre in die Öffentlichkeit des Erwerbsbereichs treten, denn an ihre Stelle rücken Migrantinnen und Frauen ohne Papiere nach – im Sinne eines role replacements. Damit verdankt sich die Emanzipation der Frauen nicht so sehr der Umverteilung im Geschlechterverhältnis, als vielmehr einer ethnischen Privilegierung.

Nun steht für die Mehrheitsfrauen nicht mehr in erster Linie das Geschlechterverhältnis im Vordergrund, sondern sie arbeiten sich stärker an der Kontrastierung zwischen sich und der unterdrückten anderen Frau ab. Sie bemessen ihre Emanzipation nicht mehr so sehr an ihrer Position bezüglich der Männer, sondern vielmehr an ihrem Abstand zu den anderen Frauen. Es scheint, wie wenn die Geschlechterhierarchie durch eine ethnische Hierarchie kompensiert würde.

So wird das Geschlechterverhältnis vom Veränderungsdruck entlastet und der Konfliktstoff gewissermaßen externalisiert. Entsprechend engagiert sind auch plötzlich viele Männer der Mehrheitsgesellschaft in Sachen Gleichberechtigung, geht es doch nun vor allem um die Selbstbestätigung aufgrund der eigenen „fortschrittlichen" Verhältnisse.

Im Feminismus wird also nicht unbedingt immer in erster Linie die *egalitäre*, sondern auch die *elitäre* Tradition der Aufklärung weiter fortgeschrieben. Wollte sich demgegenüber jedoch der Feminismus stärker auf deren egalitäre Tradition beziehen, müsste er alle Formen von Herrschaft in Frage stellen und mit der Ungleichheit der Geschlechter auch die Hierarchie zwischen den sozialen Klassen, den Ethnien und Religionen hinterfragen. Das war jedoch in der europäischen Frauenbewegung selten der Fall, denn der universalen Solidarität aller Frauen stand immer auch die Loyalität gegenüber der eigenen Klasse, Nation, „Rasse" oder Religion gegenüber. Insofern gilt es, den Begriff des Feminismus zu kontextualisieren, ihn jeweils auf die sozial sehr unterschiedlichen Situationen zu beziehen und damit auch den Anspruch auf eine überzeitliche Allgemeingültigkeit zu dekonstruieren.

Fazit

Der grundlegende Widerspruch der Aufklärung, die Gleichheit aller Menschen zu behaupten und zugleich die meisten Menschen zu Ungleichen zu erklären, setzt sich auch im westlichen Feminismus fort. Die europäischen Frauen übernahmen mit dem Säkularismus mehrheitlich eine Ideologie, die sie zu Sendboten einer europäischen Dominanzkultur machten. Der Glaube an eine universale Befreiungsmission rechtfertigte für sie auch Kolonialismus und rassistische Entwertung der „anderen" Frau.

Die Ironie liegt dabei in der Tatsache, dass die europäischen Frauen in der Aufklärung selbst vor allem deren exklusive, ausgrenzende Seite zu spüren bekamen, deren Barrieren sie erst in einem lang anhaltenden Kampf bis zu einem gewissen Grad überwinden konnten. Im Kampf um Gleichheit und Freiheit mussten sie sich auf dieselbe Aufklärung berufen, die sie zu minderwertigen Menschen gemacht hatte. Heute scheint dieser Konflikt nicht mehr existent. Der liberale Feminismus scheint sich weitegehend mit Modernismus und Säkularismus zu identifizieren und alleine von einer unaufhaltsam fortschreitenden Befreiung zu erzählen. Damit werden nicht nur wichtige Teile der eigenen Geschichte verdrängt, sondern auch die spezifischen Kontexte der Frauen aus andern Schichten, Ethnien und Kulturen in eine eindimensionale Perspektive gezwungen. In dieser Eindimensionalität liegt nicht nur das Potential für Konflikt und Missverständnisse, sondern auch für Dominanz und Ausgrenzung.

„Rittlings auf den Barrikaden" –
Zur komplexen Lage islamischer
Pro-Glaubensaktivistinnen und Feministinnen

Machtanalytische Annäherungen an das Untersuchungsfeld *Musliminnen im Kontext Integration, Gender und Islam*

Corrina Gomani

> „Es gibt nicht auf der einen Seite den Diskurs der Macht und auf der anderen Seite den Diskurs, der sich ihr entgegensetzt. Die Diskurse sind taktische Elemente oder Blöcke im Feld der Kraftverhältnisse: Es kann innerhalb einer Strategie verschiedene und sogar gegensätzliche Diskurse geben (…)."[1]

Immer mehr muslimische Frauen drängen auf Machtgewinn in religiösen, sozialen, politischen und wissenschaftlichen Feldern. Mit ausschlaggebend dafür sind ihre jeweiligen Vorstellungen von den Geschlechterrollen, der weiblichen Emanzipation, der islamischen Theologie und Rechtslehre, den Lesarten des Korans sowie unter welchem Blickwinkel sie die bestehenden sozialen und politischen Macht- und Herrschaftsverhältnisse sehen. Davon abhängig wiederum ist, ob, inwieweit und mit welchen Zielsetzungen sie sich auf Basis ihrer religiösen und/oder Geschlechtszugehörigkeit (in der Regel themenbezogen) miteinander solidarisieren oder zusammenschließen (können), auf welche Diskurse sie wie Einfluss nehmen (können) und beabsichtigen oder es ihnen überhaupt gelingt, männliche Muslime und/oder nicht-muslimische Akteure und Akteurinnen als Bündnispartner oder -partnerinnen zu gewinnen.

Da die Frauen aufgrund ihrer verschiedenen Wahrnehmungs- und Orientierungsmuster unterschiedliche Ziele haben/verfolgen hat das unter ihnen längst zu einer Ausdifferenzierung verschiedener (Teil-)Milieus geführt. Diese sind in Deutschland wie auch in anderen europäischen Ländern nicht mehr nur – wie das noch bis in die späten 80er Jahren überwiegend der Fall war bzw. so gesehen wurde – hauptsächlich durch lokale und regionale, meist herkunftsbezogene Besonderheiten, sondern auch durch spezifische Einstellungen und Handlungsstrategien gekennzeichnet, die sowohl Prozesse der Emanzipation und Entwicklung als auch Konflikte anstoßen (können).

Aufgrund der zunehmenden Ausdifferenzierung und Diversifizierung in den

---

[1]   Foucault, Michel: *Der Wille zum Wissen*, 1977, S. 123.

Einstellungen, Strategien und (Teil-)Milieus gewinnt das Themen- und Untersuchungsfeld *Musliminnen im Kontext der Integration, Gender und Islam* immer mehr an Komplexität und Vielschichtigkeit hinzu. Aktuelle Forschungen werden dem kaum noch gerecht.

Besonders über die kollektiven Handlungszusammenhänge und das interessengeleitete Beziehungshandeln muslimischer Frauen liegen bislang keine fundierten Aussagen vor. Noch ist kaum erhellt, welche (religiösen) Identitätsentwürfe und Erfahrungen dazu führen, dass muslimische Frauen sich miteinander solidarisieren, auf welche Weise und aufgrund welcher Beweggründe sie sich in bestimmten Zusammenhängen organisieren, inwieweit ihnen das im Einzelnen in Abgleich mit ihren jeweiligen Zielorientierungen tatsächlich gelingt und welche Widerstände und Unterstützungen sie dabei in unterschiedlichen Gruppen- und Handlungszusammenhängen erfahren.[2]

Während sich die deutsche Islamforschung weiterhin hauptsächlich auf institutionelle Aspekte des Islam in Staat und Gesellschaft konzentriert, die Migrationsforschung nach wie vor die aktive Subjektrolle muslimischer Frauen im Kontext sozialer und religiöser Entwicklungsprozesse so gut wie ausblendet und die Frauenforschung überdies sowieso immer noch die Bedeutung der Religion in Bezug auf den weiblichen Emanzipationsprozess nicht oder nur mit weit reichender säkularer Skepsis in den Blick nimmt, drängt dieses Forschungsdesiderat immer mehr auf Bearbeitung. Dafür ist meines Erachtens wenig hilfreich, allein auf die Religiosität der Frauen als Identitätsfaktor abzuheben und darauf bezogen ihre Einstellungen und Handlungsstrategien zu beleuchten. Eine wesentlich grundlegendere und umfassender angelegte analytische Betrachtung ist dafür erforderlich. Deshalb schlage ich einen multiperspektivischen Mehrebenansatz mit machttheoretischen und -analytischen Implikationen vor, für den folgende Hypothesen leitend sind:

(1) Der grundlegende *soziologische Unterschied* zwischen Menschen und Menschengruppen besteht nicht in kulturellen, sondern in Unterschieden der Machtausstattung. Schiefe Machtbalancen konstituieren mehrdimensionale asymmetri-

---

[2]   Im deutschen Diskurs bietet die jüngst veröffentlichte Studie von Markus Gamper (*Islamischer Feminismus in Deutschland. Religiosität, Identität und Gender in muslimischen Frauenvereinen.* 2011) hier eine erste Ausnahme. Allerdings fükussiert diese, ohne Anspruch auf repräsentative Ergebnisse erheben zu dürfen, hauptsächlich den Identitätsfaktor und auch nur eine Gruppe muslimischer Frauen (und Vereine) in Deutschland. Im Mittelpunkt stehen Frauen und Vereine, die einen feminin-emanzipatorischen Ansatz im Kontext eines „islamischen Feminismus" vertreten. Es fehlen die nötigen Abgleiche und Kontrastierungen mit dem Gesamtsampel muslimischer Frauen und Muslime allgemein. Das verhindert die fundierte Kontextualisierung der Ergebnisse und beschriebenen Beobachtungen.
In der selben Studie wird jedoch der hier von mir angesprochene Forschungsstand sehr gut und umfassend beschrieben (S. 27–80). Vgl. dazu den beschriebenen Forschungsstand von Natus (Natus, Annika: *Verschleierte Gemeinsamkeiten. Muslime sprechen über Geschlechterrollen.* 2008, S. 15–43). Natus Studie ist ebenfalls nur bedingt repräsentativ für die Einstellungen der Muslime und Musliminnen zu den Geschlechterrollen, trotzdem durchaus aufschlussreich. Das von ihr angesprochene „Zitierkartell" ist im deutschen diskurs zudem nach wie vor wirksam (S. 15ff).

sche, zeit-räumlich strukturierte Beziehungen zwischen Menschen und Menschengruppen auf verschiedenen Ebenen. Diese sind grundsätzlich konflikthaft. Heute werden solche Konflikte vielfach als Kulturkonflikte gedeutet. Im Grunde aber handelt es sich bei ihnen immer um Integrationskonflikte, bei denen sich entweder die Machbalance zugunsten der einen und zuungunsten der anderen Gruppe verschiebt oder eine bestimmte Gruppe auf symmetrische Machtverhältnisse, Reziprozität und Partizipation drängt bzw. auf Anerkennung und Bildung eines neuen *Konsens*. Dem wird aufgrund des damit einhergehenden drohenden Machtverlusts oder -gewinns entgegengesteuert oder nachgegeben.

(2) Daraus folgt, dass auch bei der Betrachtung muslimischer Gender-Diskurse wie zum Beispiel der des „islamischen Feminismus" oder „Gender Jihad" (als Diskurs und/oder Projekt) figurationssoziologische und machtanalytische Aspekte von entscheidender Bedeutung sind.[3] Zudem ist notwendig, die Betrachtung mehrdimensional und auf mehreren Ebenen durchzuführen. Denn nur so können Entwicklungsstand und Machtposition(en) ausreichend geklärt werden. In den Blick genommen werden müssen dabei auch die bestehenden Machtdifferentiale im Diskurs[4] bzw. die Verteilung der Bennennungs- und Deutungsmacht, die Machtkapitalausstattung (kulturelles, soziales und ökonomisches Kapital), die jeweiligen gruppen- bzw. milieuspezifischen Kohäsionsgrade sowie die „konsensuale Macht"[5] im Kontext von Politik *und* Religion.

(3) Muslimische Glaubensaktivistinnen und Feministinnen (inklusive Frauenaktivistinnen) sitzen in der Regel zwischen allen Stühlen. Innerhalb ihrer eigenen Religion und Religionsgruppe agieren und operieren sie zwischen den Geschlechtern, Generationen und unterschiedlichen Geschlechterpolitiken, zwischen säkularen, muslimischen, islamistischen und Feministinnen anderer Her-

---

[3]   Feminismus wird hier grundsätzlich als ein analytischer bzw. diagnostischer und korrigierender
      Diskurs verstanden. Zu den nicht gerade unumstrittenen Begriffen „Islamischer Feminismus"
      und „Gender Jihad" siehe weiter unten.
[4]   Damit ist nicht zuletzt auch die wissenssoziologische Dimension von Macht und Diskurs angesprochen. Diskursteilnehmer, gleich welcher Herkunft und Zugehörigkeit, verfügen je nach ihrer persönlichen Machtposition innerhalb der Diskursformation sowie der Machtrate ihrer Gruppe oder Gesellschaft, der sie angehören oder lediglich zugeordnet werden, über geringere oder größere Chancen auf den Diskurs hinsichtlich seiner Ausrichtung und Nennungen Einfluss zu nehmen. So kanalisiert zum Beispiel die aus Unterscheidung resultierende Distinktion, bei der für die einen mehr Möglichkeiten als für andere bestehen, in der Öffentlichkeit zu erscheinen bzw. überhaupt wahrgenommen zu werden, miteinander zu sprechen oder auf politische Entscheidungen Einfluss zu nehmen, auch die *Verhandlungsmacht* im öffentlichen Raum.
[5]   Arendt, Hannah: *Vita activa oder vom tätigen Leben*. 1983, S. 193. Ausgehend von der Annahme, dass Macht im Grunde niemand besäße, sondern zwischen den Menschen entstünde, wenn diese zusammen handeln, führt Hannah Arendt einen Machtbegriff ein, der quer zu dem gängigen teleologischen Handlungsmodell steht. Ihr Machtbegriff leitet sich von der Konsens erzielenden Kraft des Sich-Zusammenschließens verschiedener Menschen zum gemeinsamen Handeln ab. Mittels Kontrastierung zur Gewalt impliziert Macht im Arendtschen Verständnis also nicht die Fähigkeit bzw. Chance sich durchzusetzen – wie dies zum Beispiel der klassischen soziologischen Machtdefinition von Max Weber entspräche – sondern das Vermögen, sich in zwangloser Kommunikation auf gemeinschaftliches Handeln zu einigen.

kunft oder Zugehörigkeit sowie zwischen progressiven, traditionalistischen und konservativen Richtungen/Gläubigen des Islam. Sozial, politisch und kulturell bewegen sie sich zudem noch zwischen Minderheit und Mehrheit, Herkunfts- und Ankunftsgesellschaft, Anerkennung und mangelnder Wahrnehmung bis Diskriminierung, Etablierten und Außenseitern sowie sozialen Aufstiegs- und Abstiegsprozessen. All das ist in der Betrachtung vor einem zeitdiagnostisch angemessenen, mit theoretisch wie empirisch plausiblem Hintergrund mit zu berücksichtigen.

Insofern ist einsichtig, warum sich dem Themen- und Untersuchungsfeld *Musliminnen im Kontext Integration, Gender und Islam* analytisch nur mittels einer Mehrebenenbetrachtung genähert werden kann. Letztlich ist auch nur anhand eines derart erweiterten Blickwinkels hinreichend zu klären, ob es sich beim so genannten *islamischen Feminismus* oder *Gender Jihad* lediglich um analytische Ausdrücke, Projekte oder sogar um soziale Bewegungen mit entsprechendem Protestpotential handelt.

1. Soziologie des Unterschieds: Zur allgemeinen Ausgangslage machtstrukturierter Konfliktaustragung

Seit Jahren drängen Musliminnen und Muslime in Europa vermehrt auf mehr gesellschaftliche und politische Anerkennung, Teilhabe und Mitsprache. Neuerdings artikulieren sie dies auch mit Verweis auf ihre religiöse Zugehörigkeit *sowie* ihren Staatsbürgerstatus.[6] Die sich damit abzeichnende Verschiebung in der

---

6   Vgl. Birt, Jonathan: *Lobbying and Marching. British Muslims and the State.* In: Abbas, Tahir/ Modood, Tariq (Hg.): Muslim Britain. Communities under pressure. 2005, S. 92–106; Schiffauer, Werner: *Die Islamische Gemeinschaft Milli Görüs – ein Lehrstück zum verwickelten Zusammenhang von Migration, Religion und sozialer Integration.* In: Bade, Klaus J. (Hg.): Migrationsreport ...: Fakten, Analysen, Perspektiven. 2004, S. 67–96; Tietze, Nikola/Utz, Ilse: *Islamische Identitäten. Formen muslimischer Religiosität junger Männer in Deutschland und Frankreich.* 2001; Amiraux, Valérie: *Acteurs de l'islam entre Allemagne et Turquie. Parcours militants et expériences religieuses.* 2001; Geaves, Ron: *Sectarian Influences within Islam in Britain with Reference to the Concepts of ,ummah' and ,community'.* 1996. Betont säkulare Kräfte verstehen vielfach in der Absicht, den Islam öffentlich und demonstrativ zu leben, die versuchte Negierung des europäischen bzw. westlich-modernen Wertekonsens (vgl. Amir-Moazami, Schirin: *Politisierte Religion. Der Kopftuchstreit in Deutschland und Frankreich.* 2007; Asad, Talal: *Europe against Islam. Islam in Europe?* In: The Muslim World, Jg. 87, H. 2, 1997, S. 183– 195; ders.: *Formations of the Secular: Christianity, Islam, Modernity.* 2003; Bielefeldt, Heiner: *Muslime im säkularen Rechtsstaat. Integrationschancen durch Religionsfreiheit.* 2003; ders.: *Das Islambild in Deutschland. Zum öffentlichen Umgang mit der Angst vor dem Islam.* In: Schneiders, Thorsten Gerald (Hg.): Islamfeindlichkeit. Wenn die Grenzen der Kritik verschwimmen. 2009, S. 167–200; Esposito, John L.: *"Clash of Civilisations"? Contemporary Images of Islam in the West.* In: Martín Muñoz, Gema (Hg.): Islam, modernism and the west. Cultural and political relations at the end of the millennium. 1999, S. 94–108; Göle, Nilüfer/Ammann, Ludwig [Hg.]: *Islam in Sicht. Der Auftritt von Muslimen im öffentlichen Raum.* 2004; Hafez, Kai: *Öffentlichkeitsbilder des Islam. Kultur- und rassismustheoretische Grundlagen ihrer politikwissenschaftli-*

sozialen und politischen Machtbalance genauso wie die sozialen Aufstiegspro-
zesse dieser vormals randständigen Bevölkerungsgruppe(n) führen zu teils
höchst kontrovers ausgetragenen Konflikten.[7]

Wie Gesellschaften, Institutionen und soziale Räume sind auch die aus den
Kontoversen um die Integration bzw. Desintegration des Islam, der Muslime und
Musliminnen in Europa erwachsenden Diskurse machtstrukturiert. Indem bestimmte Teilnehmer und Teilnehmerinnen hier mehr Benennungs- und -Deu-
tungsmacht haben, intendierte oder nicht-intendierte (Fehl-)Informationen
besser oder häufiger platzieren (können) als andere, werden Wahrnehmungs-
richtungen, Deutungsschemata und Bilder selektiv, (re-)produziert und ge-
steuert.

Solche diskursiven Strukturmerkmale bzw. „strukturierenden Strukturen"[8]
lassen sich gut in den öffentlichen (medialen und politischen) Diskursen über
den Islam und muslimische Frauen in Deutschland beobachten.[9] Insbesondere
die Auseinandersetzungen um das Kopftuch muslimischer Frauen oder repräsentative Moscheebauten machen deutlich, wie sehr hier um die Verschiebung in
der Machtbalance gerungen wird.[10] Machtsoziologisch handelt es sich dabei um

---

chen Erforschung. In: Disselnkötter, Andreas [Hg.]: Evidenzen im Fluss. Demokratieverluste in
Deutschland; Modell D, Geschlechter, Rassismus, PC. 1997, S. 188–204. ders.: Mediengesell-
schaft – Wissensgesellschaft? Gesellschaftliche Entstehungsbedingungen des Islambildes deutscher
Medien. In: Schneiders, Thorsten Gerald [Hg.]: Islamfeindlichkeit. Wenn die Grenzen der Kritik
verschwimmen. 2009, S. 99–117). Vertreterinnen und Vertreter muslimischer Organisationen
wie auch viele nichtorganisierte Muslime und Musliminnen dagegen sehen darin den legitimen
Ausdruck, mit ihrer muslimischen Identität wahrgenommen und als gleichberechtigte Mitglieder der Gesellschaft anerkannt zu werden. Andere wiederum stehen der spezifischen Diskursformation dieser „Konfliktaustragung" kritisch gegenüber, zumal hier Benennungsmächte am
Wirken sind, die nur bestimmte politische, (vermeintlich) religiös implizierte und/oder soziale
Ziele anvisieren.

[7]   Jede Verschiebung in der Machtbalance führt sowohl zu Machtgewinn als auch Machtverlust
und somit zu Konflikten. Diese stellen keine Ausnahmen dar, sondern sind die Regel. Deshalb
geht auch die Frage fehl, ob und wie solche Konflikte vermieden werden können. Die Frage
muss vielmehr lauten, ob und wie diese Konflikte zivilisiert und auf Basis eines möglichst breiten Konsens sowie mit einem Höchstmaß an Partizipation und symmetrischer Reziprozität be-
wältigt werden können, oder ob sie mit Gewalt, mittels Dominanz und Unterdrückung ausgetragen werden.

[8]   Vgl. Barlösius, Eva: Kämpfe um soziale Ungleichheit. Machttheoretische Perspektiven. 2004 (in
Anlehnung an Pierre Bourdieu).

[9]   Vgl. Hafez: 2009.

[10]   Vgl. Amir-Moazami: 2007; Berghahn, Sabine u.a.: Der Stoff, aus dem Konflikte sind. Debatten
um das Kopftuch in Deutschland, Österreich und der Schweiz. 2009; Braun, Christina/Mathes,
Bettina: Verschleierte Wirklichkeit. Die Frau, der Islam und der Westen. 2007; Hadj-Abdou,
Leila: Das muslimische Kopftuch und die Geschlechtergleichheit: eine Frage der Kultur oder der
Religion? In: Femina Politica, Jg. 17, H. 1. 2008; Hohmann, René Peter: Konflikte um Moscheen
in Deutschland. Eine Fallstudie zum Moscheebauprojekt in Schlüchtern (Hessen). 2007;
Karakasoglu, Yasemin: Das Kopftuch als Herausforderung für den pädagogischen Umgang mit
Toleranz. Ein empirisch fundierter Beitrag zur Kopftuch-Debatte. In: Bildungsforschung, Jg. 3.
2006. Online verfügbar unter http://www.bildungsforschung. index.php/bildungsforschung/
article/view/41/39, (11.11.2012); Oestreich, Heide: Der Kopftuch-Streit. Das Abendland und ein

den Ausdruck eines Kampfes um soziale Positionen (Pierre Bourdieu) bzw. den Konflikt zwischen Etablierten und Außenseitern (Norbert Elias)[11], bei dem sich Gruppen mit jeweils unterschiedlicher Machtaustattung auf Basis bestimmter Denktraditionen und Deutungsmuster gegenüberstehen.[12]

In den sich darum rankenden diskursiven Konfliktaustragungen fällt auf, dass dabei immer wieder die Rolle der Frau im Islam sowie ihre soziale Stellung in den Mittelpunkt rücken. Obwohl es also im Kern des Konfliktes eigentlich gar nicht so sehr um die Geschlechterfrage bzw. das Verhältnis zwischen den Geschlechtern (im Islam) geht, wird diesem Themenkomplex ein besonders hoher Stellenwert eingeräumt.[13]

Renate Kreile beschreibt dieses Phänomen wie folgt:

„Kontroversen über Stellung und angemessenes Verhalten der Frauen prägen [...] gesellschaftliche Diskurse, definieren politische Zugehörigkeiten und markieren ideologische Grenzlinien nach innen wie nach außen. Körper und Sexualität der Frauen, symbolisch manifestiert in der Schleier- bzw. Kopftuchfrage, sind zu Metaphern geworden; über sie werden Themen wie Globalisierung und Selbstbehauptung, Authentizität und Verwestlichung, Religion und Moderne, Gemeinschaft und Individuum artikuliert und umkämpft."[14]

Nicht nur im deutschen Diskurs hat das zur Folge, dass in Bezug auf muslimische Frauen ein undifferenziertes Islambild vorherrschend oder sogar missbraucht wird, während gleichzeitig verbesserte Beziehungen zu Musliminnen und Muslimen gesucht werden und gefordert wird, der Islam müsse mehr Anerkennung finden und gegenüber anderen Religionen (rechtlich) besser- oder gleichgestellt werden.[15]

    Quadratmeter Islam. 2005; Schmitt, Thomas: *Moscheen in Deutschland. Konflikte um ihre Errichtung und Nutzung.* 2003.

[11]   Elias, Norbert/Scotson, John L.: *Etablierte und Außenseiter.* 1990.

[12]   Zur besseren Einschätzung dieser unterschiedlichen Denktraditionen und Deutungsmuster im Kontext der wechselseitigen, nicht nur kulturhistorisch bedeutsamen „Orient/Okzident"-/ „Europa/Islam"-Dynamiken, siehe Roy, Oliver: *Heilige Einfalt. Über die politischen Gefahren entwurzelter Religionen.* 2011; Bauer, Thomas: *Die Kultur der Ambiguität. Eine andere Geschichte des Islams.* 2011; Braun, Christina/Mathes, Bettina: *Verschleierte Wirklichkeit. Die Frau, der Islam und der Westen.* 2007.

[13]   Vgl. hierzu Jäger, Margarete/Jäger, Siegfried: *Deutungskämpfe. Theorie und Praxis Kritischer Diskursanalyse.* 2007, S. 119; Marx, Daniela: ‚Rettungsszenarien' im Widerstreit. *Massenmediale Herausforderungen und feministische Positionierungen zum Thema Islam im deutsch-niederländischen Vergleich.* 2007. Online verfügbar unter http://webdoc.sub.gwdg.de/diss/2009/marx/ marx.pdf (11.11.2012).

[14]   Kreile, Renate: *Frauenbewegungen in der arabischen Welt – Gemeinsamkeiten und Konfliktlinien. Im Spannungsfeld von Globalisierung und islamistischen Bewegungen.* In: Der Bürger im Staat, Jg. 56, H. 2. 2006, S. 113.

[15]   Vgl. Hafez: 2009, S. 113 und Amir-Moazami, Schirin: *Islam und Geschlecht unter liberalsäkularer Regierungsführung – Die Deutsche Islamkonferenz.* In: Brunner, José/Lavi, Shai (Hg.): *Juden und Muslime in Deutschland. Recht, Religion, Identität.* (Tel Aviver Jahrbuch für deutsche Geschichte, 37). 2009, S. 185–205.

Um all das hat sich in den letzten Jahren ein regelrechter Markt der Positionen entwickelt, bei dem symbolische Politiken und Symboliken eine große Rolle spielen. Und nichts scheint dafür besser geeignet als das Kopftuch (oder neuerdings die so genannte „Burka" und der Burkini[16]) sowie die soziale Stellung der muslimischen Frauen im islamischen Kontext. Zumal sich gerade hier trotz allgemein zunehmender kultureller Diversität und Diffusion in den Lebensstilen – so hat es zumindest den Anschein – leicht Grenzziehungen zwischen dem Eigenen und Fremden, zwischen Moderne und Tradition, zwischen Integration und Desintegration sowie Nähe und Distanz aufrechterhalten lassen. Mit Hilfe dieser Grenzen kann sich immerhin der eigenen Identität vergewissert werden, lassen sich Differenzierungs- und Hierarchisierungsprozesse steuern.[17]

In keinem anderen Untersuchungsfeld lässt sich derzeit die „Soziologie des Unterschieds"[18] bzw. lassen sich die soziologischen Mechanismen und Prozesse der Unterscheidung so gut ablesen.

Doch während sich an der „Kopftuchtuchfrage" und Stellung *der* muslimischen Frau im Islam das säkulare Selbstbild westlicher Einwanderungsgesellschaften und Demokratien entzündet,[19] wird leicht übersehen, dass sich auch im inner-islamischen bzw. muslimischen Diskurs die Geschlechterfrage weitaus komplexer aufzeigt als dies vielleicht den Anschein hat. Auch hier werden gleich mehrere Kontroversen berührt: Die Kontroverse (1) zwischen Traditionalismus und Verwestlichung; (2) zwischen Islamismus und Säkularismus und (3) zwischen Feminismus und Islamismus.

Insofern ist die diskursive Auseinandersetzung um die soziale Stellung der muslimischen Frau und Rolle der Frau im Islam also mehrfach strukturiert. Die sich davon ableitende Vielschichtigkeit ist nur schwer zu bewältigen, weil sie auf mehreren Ebenen betrachtet werden muss. Das ist besonders bei den diskursiven Auseinandersetzungen und Konflikten der Fall, die in Ländern/Staaten ausgetragen werden, in denen Muslime und Musliminnen überwiegend eingewandert

---

[16]   Vgl. Dietze, Gabriele: *The Political Veil. Interconnected Discourses on Burqas and Headscarves in the US and in Europe*. In: Braun, Christina von u.a.: ‚Holy War' and Gender. Violence in Religious Discourses. 2006, S. 225–237; Fitzpatrick, Shanon: *Covering Muslim Women at the Beach: Media Representations of the Burkini*. 2009. Online verfügbar unter http://escholarship. org/uc/item/9d0860x7 (11.11.2012).

[17]   Vgl. Fincke, Gunilla: *Abgehängt, chancenlos, unwillig? Eine empirische Reorientierung von Integrationstheorien zu MigrantInnen der zweiten Generation in Deutschland*. 2009; Pinn, Irmgard/Wehner, Marlies: *Die Frauenbewegung und die „Islamische Frau"*. In: Youssef, Houda (Hg.): Abschied vom Harem. Selbstbilder – Fremdbilder muslimischer Frauen. 2004, S. 101–135; Rodriguez, Gutiérrez Encarnación: *Ethnisierung und Vergeschlechtlichung. Revisited oder über Rassismus im neoliberalen Zeitalter*. Beitrag zum virtuellen Seminar. Veranstaltung vom Mai 2006. www.geschlecht-ethnizitaet-klasse.org - Das virtuelle Seminar. 2006. Online verfügbar unter http://www.telse.kiel-ist-meine-jacke.de/uploads/Rodriguez.pdf (11.11.2012).

[18]   Papilloud, Christian/Bourdieu, Pierre: *Bourdieu lesen. Einführung in eine Soziologie des Unterschieds*. 2003.

[19]   Vgl. Bielefeldt: 2009; Göle, Nilüfer: *Anverwandlungen. Der Islam in Europa zwischen Kopftuchverbot und Extremismus*. 2008.

sind und sich in einer historisch relativ neuen Minderheitenposition befinden – somit also in den meisten westeuropäischen und klassischen Einwanderungsländern.

Auch auf Deutschland trifft dies zu. Hier werden seit spätestens der 1990er Jahre dringliche Fragen zum Geschlechterverhältnis im Kontext der Einwanderung und Integration von Zuwanderinnen vornehmlich als Erscheinungsformen kultureller Konflikte oder – aus der Menschenrechtsperspektive – als Politikum gesehen. Traditionelles Handeln, das auf überkommene Stammeskulturen zurückzuführen und Ausdruck eines sozialen Entwicklungsgefälles ist, werden dabei in der Regel – neuerdings und verstärkt nach dem 11. September 2001[20] – als genuin religionsabhängig gedeutet; patriarchalische Strukturen und Handlungspraktiken vielfach als originär „islamisch" beschrieben und verstanden.[21] Die sozialen Handlungspraktiken und religionshistorischen Entwicklungen, die bestehenden Machtstrukturen im religiösen Diskurs sowie die regional und nach der sozialen Herkunft unterschiedlich ausgeprägten Geschlechterrollenbilder bleiben weitgehend ausgeblendet. Genauso wenig wird berücksichtigt, dass auch die wachsenden muslimischen/islamischen[22] Frauenmilieus zunehmend differenzierte Erwartungen an die Religion und islamischen Organisationen ausbilden,

---

[20] Wie alle Thematisierungen des Orients, entwickeln sich auch die des Islam und der muslimischen Frauen immer in enger Wechselbeziehung mit den jeweiligen historisch-situativen Kontextbedingungen. Vgl. Jedlitschka, Anja: *Weibliche Emanzipation in Orient und Okzident. Von der Unmöglichkeit die Andere zu befreien.* 2004, S. 23.

[21] Ein gutes Beispiel dafür bietet die Diskussion um die so genannten „Ehrenmorde" in Deutschland. Auch das „Phänomen" Necla Kelek kann in diesem Zusammenhang gesehen werden. Ihrer vermeintlich authentischen Stimme wird meines Erachtens auch deshalb so viel Benennungs- und Deutungsmacht im deutschen Diskurs eingeräumt.
Vgl. Jedlitschka: 2004, S. 232; Sabra, Martina: *Die Schwäche des Rechtsstaats ist die Stärke der Islamisten. Geschlechterdemokratie und politischer Islam in der arabischen Welt.* In: Internationale Politik und Gesellschaft, H. 3. 2006, S. 106–118; Schröttle, Monika: *Gewalt gegen Frauen mit türkischem Migrationshintergrund in Deutschland. Diskurse zwischen Skandalisierung und Bagatellisierung.* In: Schneiders, Thorsten Gerald (Hg.): Islamfeindlichkeit. Wenn die Grenzen der Kritik verschwimmen. 2009, S. 269–287.
Oder bestehende Kontroversen werden hier von vornherein nur als religiöse Unstimmigkeiten behandelt, für die „lediglich" unterschiedliche Auslegungen der religiösen Schriften oder spezifische Hermeneutiken verantwortlich gemacht werden.

[22] Die Unterscheidung zwischen „islamisch" und „muslimisch", die hier vorgenommen wird, liegt zum einen darin begründet, dass Menschen, Gruppen, kulturelle oder soziale Erscheinungen, die heute mit „muslimisch" attribuiert werden, nicht zwangsläufig auch oder tatsächlich mit konkreten islamischen Glaubensinhalten oder Formen von Religiosität im Zusammenhang stehen. Zum anderen basiert die Unterscheidung darauf, dass der „islamische Feminismus nicht mit dem „muslimischem Feminismus" verwechselt werden darf: Während muslimische Feministinnen sich selbst als Musliminnen und Feministinnen sehen, deren Argumente gegen Geschlechterungerechtigkeit nicht unbedingt islamisch begründet sein müssen, betonen islamische Feministinnen hingegen die religiösen, i.d.R. koranischen Wurzeln ihrer Argumentation. Muslimische Feministinnen aber betrachten die Frauenrechte vorderhand als Menschenrechte und somit als universelle Werte, die an keine bestimmte Religion oder Ideologie gebunden sind. Analytisch gesehen macht also zumindest hier die (idealtypische) Grenzziehung zwischen weltlichem bzw. säkularem und religiösem Feminismus durchaus Sinn.

oder mit einkalkuliert, das der soziale Aufstieg vieler muslimischer Frauen mit
dazu führt, dass sie nunmehr über ausreichend soziales und kulturelles Kapital
verfügen, um auf Diskurse entsprechenden Einfluss auszuüben.

Besonders auffällig aber ist, dass in dem überwiegend medial gesteuerten
Diskurs über das Geschlechterverhältnis im Islam sowie die Lebenspraktiken und
Einstellungen muslimischer Mädchen und Frauen diese selbst immer noch kaum
in Erscheinung treten. Wenn überhaupt werden sie nur randständig sichtbar,[23] in
der Regel dann auch nicht als handelnde Subjekte, sondern Objekte der Forschung[24], männlichen Dominanz, familiären Willkür und/oder traditioneller
Reproduktionspolitik und nicht als eigenständige, unabhängige Akteurinnen mit
islamisch-religiösem Bewusstsein und spezifischen, gendergerechten Einstellungen und Haltungen.[25] Häufiger dagegen treten ausgerechnet Islamkritikerinnen
muslimischer Herkunft in Erscheinung. Zumindest in Deutschland aber auch in
anderen europäischen Ländern haben sie offenkundig mehr Macht im Diskurs.
Aufgrund der ihnen unterstellten „Authentizität", die ihrer Stimme zusätzliches
Gewicht verleiht, sind sie mitverantwortlich für das stereotype Bild von der vermeintlich unterdrückten muslimischen Frau, die nicht einmal selbst über ihre
Lage und Situation zu reflektieren vermag.[26]

Auch wenn sich in Teilaspekten allmählich ein Wandel in der Perspektive
und Wahrnehmung abzeichnet, immer (noch) herrscht das Bild der weitgehend
isoliert lebenden, im öffentlichen Raum kaum sichtbaren und eingeschüchterten
bzw. sich ausschließlich auf den privaten Raum sowie die Rolle der Hausfrau,
Ehefrau, Mutter und/oder Schwiegertochter beschränkten muslimischen Frau.
Dieses Bild suggeriert, an Musliminnen würden die Prozesse der Individualisierung und Pluralisierung in den Lebensstilen, Generationsbrüche sowie die allgemeine Erweiterung sozialer, kultureller und politischer Handlungschancen in
modernen demokratischen Gesellschaften (einschließlich dem Streben nach

---

[23] Vgl. Sabra, Martina: *Auf der Suche nach positiven Rollenmodellen. Internationale Frauen-
konferenz.* 2004. Online verfügbar unter http://de.qantara.de/webcom/show_article.php?wc_c=
469&wc_id=144&printmode=1 (11.11.2012); Farrokhzad, Schahrzad: *Exotin, Unterdrückte und
Fundamentalistin. Konstruktionen der „fremden Frauen" in deutschen Medien.* In: Butterwegge,
Christoph/Hentges, Gudrun (Hg.): Massenmedien, Migration und Integration. Herausforderungen für Journalismus und politische Bildung. 2006, S. 53–84; Akyol, Cigdem: *„Mit Kopftuch-
trägerinnen redet keiner". Autor Feridun Zaimoglu will seinen Platz in der Islamkonferenz für
eine Frau räumen.* In: die tageszeitung, Ausgabe Nr. 8258, 24.4.2007, S. 7.

[24] Siehe hierzu insbesondere Beck-Gernsheim, Elisabeth: *Wir und die Anderen. Kopftuch,
Zwangsheirat und andere Mißverständnisse.* 2007.

[25] Vgl. Gomani, *Corrina: Religionssensibilität und Frauenforschung. Plädoyer gegen eine feministisch vor-entschiedene Perspektive auf Religion und Gender.* In: Guttenberger, Gudrun/Schröter-
Wittke (Hg.): Religionssensible Schulkultur. 2011, S. 151–162.

[26] Vgl. Amir-Moazami: 2009; Rommelspacher, Birgit: *Islamkritik und antimuslimische Positionen
am Beispiel von Necla Kelek und Seyran Ateş.* In: Schneiders, Thorsten Gerald (Hg.): Islamfeindlichkeit. Wenn die Grenzen der Kritik verschwimmen. 2009a, S. 433–455; dies.: *Zur Emanzipation „der" muslimischen Frau.* In: APuZ, H. 5. 2009b, S. 34–38; Sokolowsky, Kay (Hg.): *Feindbild
Moslem.* 1. 2009.

Bildung und sozialem Aufstieg) fast spurlos vorüber gehen. Dass das tatsächlich weder auf Musliminnen in muslimisch geprägten noch in westlichen/europäischen Ländern zutrifft, machen auch im wissenschaftlichen Diskurs bislang nur wenige Forschungsergebnisse und Studien deutlich.

2. Mehrebenenbetrachtung und das Denken in Beziehungen: Zur Bewältigung vorherrschender Sichtweisen und Deutungsmuster

Während im wissenschaftlichen Diskurs immerhin schon Anfänge einer differenzierteren Betrachtung feststellbar sind, wird im öffentlichen Diskurs wie im alltäglichen die muslimische Frau nach wie vor überwiegend einheitlich passiv und als „Opfer" gesehen.[27] Vielleicht ist das mit ein Grund dafür, warum sich immer noch so viele politische und gesellschaftliche Akteure und Aktuerinnen nichtmuslimischer Milieus dazu veranlasst sehen, ihrer vermeintlich kulturellen und moralischen Überlegenheit dadurch Ausdruck zu verleihen, indem sie muslimische Frauen aus ihrer Lage „befreien" wollen, während sie die „Objekte" ihrer Hilfe dabei kaum mit einbeziehen.[28] Dass sie so als Akteure und Aktuerinnen bzw. Frauenrechtlerinnen und -aktivistinnen die menschlichen Objekte ihrer „wohlwollenden" Hilfsmassnahmen der Subjektivität berauben, wird kaum gesehen.

Genauso wenig werden die vielen kleinen und größeren Initiativen und Aktivitäten muslimischer Frauen groß zur Kenntnis genommen.[29] Zwar werden gelegentlich Erlebnisberichte veröffentlicht, die diesem Bild widersprechen. Doch handelt es sich dabei zumeist um solche Berichte, die die eigene „Befreiungsgeschichte" offen legen, wodurch bestehende Stereotype in der Regel nur noch bekräftigt werden. Oder es wird in Darstellungen und Abhandlungen, die dieses Bild ein Stück weit aufzubrechen suchen, in Bezug auf die Religiosität der Frauen keinerlei nennenswerte Differenzierung vorgenommen (indem zum Beispiel Musliminnen allein aufgrund ihrer muslimischen Abstammung oder Herkunft als solche betrachtet oder untersucht werden).[30] Ob und welche religiö-

---

[27]   Vgl. Marx: 2007; Monjezi-Brown, Indre Andrea: *Islamischer Feminismus – Leitbilder, Selbstverständnis und Akteure.* 2007. Online verfügbar unter http://www.migration-boell.de/web/ integration/47_1139.asp (11.11.2012).

[28]   Vgl. Marx: 2007.

[29]   Zu den Ursachen und Wirkungsweisen dieser kulturellen Dominanz siehe auch Attia, Iman: *Die „westliche Kultur" und ihr Anderes. Zur Dekonstruktion von Orientalismus und antimuslimischem Rassismus.* 2009 sowie Braun/Mathes: 2007.

[30]   Wie viele Muslime und Musliminnen in Deutschland leben kann niemand genau sagen (zumal auch die letzte Volkszählung schon über 20 Jahre zurückliegt). In wohl keinem politischen oder wissenschaftlichen Feld wird jedoch Faktenschwäche so sehr durch Meinungsstärke kontrastiert. Dies gilt auch hinsichtlich der im Grunde unmöglichen Quantifizierung des muslimischen Bevölkerungsteils. In die Leerstelle drängen islamkritische Publizisten, Klientel bedienende Politiker und Politikerinnen, Verfassungsschützer und Verbandsmuslime, Lobbygruppen (inklusive der diesen nah stehenden Forschungsinstitute), pseudowissenschaftliche Institute oder Wissenschafts- und Sozialmanager, die an der Implementierung neuer Forschungsprojekte, Stu-

sen Überzeugungen oder welches Gottesbild und Islamverständnis diese Frauen haben oder teilen bzw. ob sie sich überhaupt offen zum Islam bekennen und wenn ja, wie sie diesen praktizieren und in Bezug auf Genderfragen interpretieren spielt zumeist keine oder eine nur sehr untergeordnete Rolle.[31]

Tatsächlich ist aktuell sowohl im öffentlichen als auch wissenschaftlichen Diskurs der Trend zu beobachten, Muslime und Musliminnen nur aufgrund ihrer muslimischen Abstammung als solche zu thematisieren und zu untersuchen.[32] Auf Grundlage dieser höchst fragwürdigen, ethnisierenden Gruppenkonstruktion[33] und Zugehörigkeitszuschreibung werden kollektive Eigenschaften kulturalisiert und vermeintliche Gruppenidentitäten konstruiert. Mitunter trägt

---

diengänge oder Integrationsmaßnahmen interessiert sind. Alle in Umlauf befindlichen Zahlen über den muslimischen Bevölkerungsteil Deutschlands sind Schätzungen und basieren lediglich auf Zahlen über Bevölkerungsteile bestimmter ethnisch-nationaler Herkunft, von denen dann abgleitet Rückschlüsse auf die Religionszugehörigkeit gezogen werden.

[31] Zum Beispiel Finkelstein, Kerstin E./Ates, Seyran: *„Wir haben Erfolg!". 30 muslimische Frauen in Deutschland.* 2008. Ausnahmen (allerdings ausschließlich im wissenschaftlichen Diskurs!) sind hier zum Beispiel Yasemin Karakasoglu-Aydin und Gritt Klinkhammer, die diesen wichtigen Aspekt in ihren Forschungen immer wieder aufgreifen. Karakasoglo-Aydin, Yasemin: *Muslimische Religiosität und Erziehungsvorstellungen. Eine empirische Untersuchung zu Orientierungen bei türkischen Lehramts- und Pädagogik-Studentinnen in Deutschland.* 1999; dies.: *Synthese zwischen religiöser und moderner weiblicher Identität.* In: Rektor der Universität Augsburg (Hg.): Religiosität und Modernität. Ansprachen und Matreialien zur Verleihung des Augsburger Wissenschaftspreises für Interkulturelle Studien 2000 an Yasemin Karakasoglu-Aydin. 2001; Klinkhammer, Gritt Maria: *Moderne Formen islamischer Lebensführung. Eine qualitativ-empirische Untersuchung zur Religiosität sunnitisch geprägter Türkinnen der zweiten Generation in Deutschland.* 2000; dies.: *Moderne Formen islamischer Lebensführung. Musliminnen der zweiten Generation in Deutschland.* In: Rumpf, Mechthild (Hg.) u.a.: Facetten islamischer Welten. Geschlechterordnungen, Frauen und Menschenrechte in der Diskussion. 2003, S. 256–271; dies.: *„… und wenn ich da lang komme, trauen sie sich nicht hochzugucken".* Zur Dynamik religiöser Identitätsbildung bei Musliminnen der zweiten Generation in Deutschland. In: Religion, Staat, Gesellschaft. Zeitschrift für Glaubensformen und Weltanschauungen. Jg. 5, H. 2. 2004, S. 305–329, hier S. 329.

[32] Roy betrachtet die Ethnisierung des Religiösen bzw. die „Konstruktion der ‚europäischen Muslime'" als neoethnische Gruppe als Indiz für eine um sich greifende Dekulturalisierung: „[…] weil der kleinste gemeinsame Nenner, der sie eint, nur im Gegensatz zu den gegebenen Kulturen definiert werden kann." Roy: 2011, S. 250.

[33] Zur Verwobenheit und dem Zusammenwirken verschiedener Differenzkategorien in Korrelation zu den unterschiedlichen Dimensionen sozialer Ungleichheit und Herrschaft siehe Lutz, Helma: *Migrations- und Geschlechterforschung: Zur Genese einer komplizierten Beziehung.* In: Becker, Ruth/Kortendiek, Beate (Hg.): Handbuch Frauen- und Geschlechterforschung. Theorie, Methoden, Empirie. 2008, S. 565–573. Diese würden nach Lutz kaum in integrativer Perspektive betrachtet. Mit dieser unter anderem auch als „intersektionalen" oder „mehrdimensionalen" bezeichneten und eingeforderten Perspektive in der wissenschaftlichen Betrachtung, insbesondere mit der hierbei ebenfalls eine Rolle spielenden Ko-Konstruktion von Gender und Ethnizität sowie der Überschneidung von ‚doing gender' und ‚doing ethnicity' befassen sich bislang nur sehr wenige Arbeiten. Lutz: 2008, S. 567; vgl. Eggers, Maureen Maisha: *Doing and Undoing Gender: Doing and Undoing Race. What's Class got to do with it?* Beitrag zum virtuellen Seminar. Veranstaltung vom Mai 2006. www.geschlecht-ethnizitaet-klasse.org – Das virtuelle Seminar. 2006. Online verfügbar unter http://www.telse.kiel-ist-meine-jacke.de/uploads/Doing%20 and%20Undoing%20Gender.pdf (11.11.2012).

dies sogar dazu bei, neue Formen des Rassismus (und Orientalismus[34]) zu kreieren, indem „Ethnie", „Kultur" und „Religion" naturalisiert und essentialisiert
und darüber vermittelt als Legitimationsformen sozialer Unterschiede und Ungleichheiten gesetzt werden.[35]

„Die diskursanalytische Auswertung verschiedener Artikel und Sekundärana-
lysen vorhandener Literatur zeigen, dass unterschwellig oder auch offensichtlich
an eurozentrischen und/oder kulturrassistischen Stereotypisierungen festgehalten wird."[36] Indem soziale Unterschiede und Hierarchien zwischen und innerhalb der muslimischen und nicht-muslimischen Bevölkerungsgruppe(n) naturalisiert und essentialisiert bzw. ethnisiert und kulturalisiert werden, gleicht sich
dieser Vorgang in Bezug auf die damit korrespondierenden Herrschaftsverhältnisse in gewisser Weise dem an, was in (westlichen) nicht-islamischen
(überwiegend konservativen) als auch islamischen (überwiegend konservativen
oder fundamentalistisch-religiösen) Geschlechterdiskursen Wirkungsmacht erzielt[37]: Eigentlich geht es nicht oder auch um messbare und darin objektivierbare
Unterschiede, sondern um Komplementarität.

---

[34] Siehe hierzu grundlegend Said, Edward W.: *Orientalismus.* 1981, vgl. dazu Marx: 2007, S. 44-50,
      63ff., vgl. dazu Marx (2007, S. 44-50, S. 63ff): „Verwobenheit von sexueller und kultureller Diffe-
      renz." Said schenkt der Geschlechtsspezifik, ihrer vergeschlechtlichten Struktur kaum Aufmerk-
      samkeit, reduziert sie so zusagen zur „sub-domain" (Yeğenoğlu, Meyda: *Colonial fantasies.*
      Towards a feminist reading of Orientalism. 1998, S. 10) des Orientalismus-Diskurses. Abu-
      Lughod, Lila: *Orientalism and the Middle East Feminist Studies.* In: Feminist Studies, Jg. 27, H.
      1. 2001, S. 101–113; dies.: *The Muslim woman. The power of images and the danger of pity.* In:
      eurozine, 01.09.2006.

[35] Siehe hierzu Roy: 2011, S. 156-205; Balibar, Etienne/Wallerstein, Immanuel Maurice u.a.: *Rasse,*
      Klasse, Nation. Ambivalente Identitäten. 1998; *Miles, Robert: Rassismus. Einführung in die Ge-
      schichte und Theorie eines Begriffs.* 1999. Zudem ist darauf hinzuweisen, dass in muslimischen
      Milieus durchaus auch (reaktive?) Prozesse der Selbst-Ethnisierung zu beobachten sind. Dabei
      betrachten sich Muslime und Musliminnen als eine Art Abstammungsgemeinschaft, bei der
      weniger die tatsächliche Religiosität als vielmehr die biologische muslimische Herkunft dafür
      ausschlaggebend ist, ob bzw. inwieweit jemand dieser Gemeinschaft zuzurechnen ist. Besonders
      ein Leben in der (gefühlten oder realen) Diaspora kann diesen Effekt noch verstärken. Genutzt
      wird dies auch zur Legitimation politischen Gruppenhandelns bzw. dazu, auf Grundlage einer
      höchst fragwürdigen bzw. konstruierten Zahl von Gruppenangehörigen auf politische Entschei-
      dungen zu drängen. Vgl. dazu Roy (2011), insbesondere den von ihm mehrfach angeführten
      Aspekt der „Deterritorialisierung der Religion" (bspw. auf S. 228).

[36] Farrokhzad: 2006, S. 79; Rodriguez: 2006; Röder, Maria: *Haremsdame, Opfer oder Extremistin?*
      Muslimischae Frauen im Nachrichtenmagazin Der Spiegel. 2007; Shooman, Yasemin: *Musli-
      misch, weiblich, unterdrückt und gefährlich – Stereotype muslimischer Frauen in öffentlichen Dis-
      kursen.* 2012. Online verfügbar unter http://www.deutsche-islam-konferenz.de/cln_227/nn_
      1864594/SubSites/DiK/DE/Geschlechtergerechtigkeit/StereotypMuslima/stereotypmuslima-node.
      html?_nn=true (11.11.2012). So lautet zum Beispiel das Ergebnis einer neueren Analyse des
      deutschen Mediendiskurses: „Mittlerweile sind in den deutschsprachigen Medien vier verschie-
      dene Konstruktionsformen der islamischen Frau vorzufinden, die nebeneinander existieren,
      aber unterschiedlich gewichtet werden: die exotische Orientalin, die Kopftuchtürkin, die
      moderne Türkin und die Fundamentalistin. Auffällig ist, dass die türkische Frau im Mittelpunkt
      des medialen Interesses steht […]." (Farrokhzad: 2006, S. 73.)

[37] Zu den machtsstrukturellen Aspekten männlicher Herrschaft und hegemonialer Männlichkeit
      siehe Bourdieu, Pierre/Bolder, Jürgen: *Die männliche Herrschaft.* 2006; Döge, Peter/Kassner,

Im grundsätzlichen Sinn geht es also um ein Verhältnis, da ein Geschlecht unausweichlich auf das jeweils andere, eine Zugehörigkeit unausweichlich auf die jeweils andere bzw. Nicht-Zugehörigkeit verweist (unter anderem hier auch in Anlehnung an Bourdieu als klassifizierende und qualifizierende, in der Sprache semi-kodifizierte Gegensatzpaare gedacht[38]). Die jeweilige konkrete Verhältnisbestimmung wiederum ist das Resultat einer spezifischen sozialen Ordnung.[39] Wird dieser grundlegenden Einsicht gefolgt, muss eigentlich jede Analyse, die die weibliche Geschlechtszugehörigkeit im Kontext des Islam in den Mittelpunkt stellt, diese weniger als Eigenschaft oder Merkmal der Individuen thematisieren als vielmehr jene sozialen Prozesse und Strukturen in den Blick nehmen, in denen ‚Geschlecht' und ‚Religionszugehörigkeit' als sozial folgenreiche Unterscheidungen hervorgebracht und (re-)produziert werden bzw. Wirkungsmacht erzielen.[40]

Bezogen auf Musliminnen im Kontext von Einwanderung und Integration, Gender, Religiosität und Islam folgt daraus die methodische Konsequenz, gleich mehrere Ebenen in die Betrachtung mit einbeziehen zu müssen:

(1) die gesellschaftliche Ebene zwischen der nicht-muslimischen und muslimischen Bevölkerungsgruppe;

(2) die zwischenstaatliche bzw. trans- und internationale Ebene zwischen den muslimischen und nichtmuslimischen Großgruppen bzw. Staatsgesellschaften;

(3) die Ebene zwischen den einzelnen Individuen innerhalb ihrer Gruppe und

(4) die zu allen anderen Ebenen quer liegende Ebene zwischen den Geschlechtern innerhalb und zwischen den Individuen, Gruppen und Staatsgesellschaften.

Alle Ebenen sind mit Blick auf die Beziehungen zwischen Menschen und

---

Karsten u.a.: *Schaustelle Gender. Aktuelle Ansätze sozialwissenschaftlicher Geschlechterforschung.* 2004; Kunze, Jan-Peter: *Das Geschlechterverhältnis als Machtprozess. Machtbalance der Geschlechter in Westdeutschland seit 1945.* 2005; Meuser, Michael/Scholz, Sylka: *Hegemoniale Männlichkeit. Versuch einer Begriffsklärung aus soziologischer Perspektive.* In: Dinges, Martin (Hg.): Männer – Macht – Körper. Hegemoniale Männlichkeiten vom Mittelalter bis heute. 2005, S. 211–228.

[38] Seine volle Bedeutung gewinnt das einzelne (Begriffs-) und Gegensatzpaar bzw. Verhältnis im Kontext eines immer wieder anderen Gegenstandsbereichs (*univers des discours*) stets in einem spezifischen Verwendungszusammenhang. (Bourdieu, Pierre: *Die feinen Unterschiede. Kritik der gesellschaftlichen Urteilskraft.* 1982, S. 733.) Zur Macht der Unterscheidung sowohl in der alltäglichen Lebenspraxis als auch im diskursiven Handeln siehe Bourdieu (1982) sowie essayistisch Neckel, Sighard: *Die Macht der Unterscheidung. Essays zur Kultursoziologie der modernen Gesellschaft.* 2000.

[39] Vgl. Gildemeister, Regine: *Soziale Konstruktion von Geschlecht.* Beitrag zum virtuellen Seminar. Veranstaltung vom 2006. www.geschlecht-ethnizitaet-klasse.org – Das virtuelle Seminar. 2006, S. 4. Online verfügbar unter http://www.telse.kiel-ist-meine-jacke.de/uploads/Soziale%20Konstruk tion%20von%20Geschlecht.pdf (11.11.2012).

[40] Vgl. Gildemeister: 2006, S. 2; Heller, Birgit: *Religionen: Geschlecht und Religion – Revision des homo religiousus.* In: Becker, Ruth/Kortendiek, Beate (Hg.): Handbuch Frauen- und Geschlechterforschung. Theorie, Methoden, Empirie. 2008, S. 705–710.

Gruppen und die Figurationen, die diese miteinander bilden, interdependent. Sie besitzen ihre ganz eigenen Dynamiken und (strukturierenden) Strukturen, durch die ‚Frau-Sein‘ *und* ‚Muslimin-Sein‘ sowohl in der Fremd- als auch Selbstwahrnehmung hervorgebracht und stetig aufs Neue (re-)produziert werden.

Während erst und zweit genannte Ebenen mittlerweile relativ gut erforscht sind, bestehen hinsichtlich der zweiten und vierten sowie der Interdependenzen zwischen den Ebenen bislang noch keine ausreichenden Untersuchungsergebnisse.

3. Komplexität und Kontingenz: Zur Lage und Situation muslimischer Frauen in Europa

Was bei den Kontroversen um die Wahrnehmungsausrichtung und Deutung der „islamischen" und/oder „muslimischen" Frauenfrage in aller Regel vergessen wird, ist die Tatsache, dass muslimische Frauen bei der Behandlung dieser Frage selbst als Akteurinnen auftreten. Durchaus sind sie selbst dazu in der Lage, auf die Agenda der Emanzipation, Gleichberechtigung und Gleichstellung von Frauen Einfluss zu nehmen – und dies nicht nur innerhalb des islamischen Diskurses, sondern auch darüber hinaus.[41] Genau genommen lässt sich sogar schon seit den späten 80er Jahren des 20. Jh. „[…] das Aufsteigen eines neuen Bewusstseins, einer neuen Denkweise, eines Diskurses der Geschlechter, der bezüglich seiner Wünsche und Forderung ‚feministisch‘, jedoch in seiner Ausdrucksweise und bei der Quelle bezüglich seiner Rechtmäßigkeit ‚islamisch‘ ist [beobachten]. Einige Versionen dieses neuen Diskurses wurden als ‚islamischer Feminismus‘ bezeichnet […]."[42]

Warum wird diese Entwicklung sowohl im öffentlichen als auch wissenschaftlichen Diskurs (mit wenigen Ausnahmen) kaum zur Kenntnis genommen?

Auch in westlichen und säkularen Gesellschaften sind Themen wie die der Geschlechtersegregation oder der Politisierung und Vermarktung des weiblichen Körpers längst noch nicht vom Tisch.[43] Allerdings dringt dies hier nur selten ins

---

[41] Indem sie zum Beispiel der westlichen Frauenemanzipation oder dem so genannten Westfeminismus einen Spiegel vorhalten.

[42] Mir-Hosseini, Ziba: *Die Suche nach Gleichberechtigung – Aufstrebende feministische Stimmen im Islam.* In: Helmut Reifeld (Hg.): Ehe, Familie und Gesellschaft – Ein Dialog mit dem Islam. 2006b, S. 112.

[43] Zwar wird hier in einer individualistischen Kultur die Respektabilität von Frauen weniger als Frage des Ehrenkodex, sondern vielmehr als Aspekt individueller Rechte verhandelt – nämlich des Rechts auf körperliche Unversehrtheit und sexuelle Selbstbestimmung. Dieses Modell hat aber letztlich nicht nur zu einer größeren Selbstbestimmung geführt, sondern auch zu neuen Formen sexueller Ausbeutung. Derzeit wird mit Frauenhandel, Pornographie und Sextourismus mehr oder mindestens genauso viel Geld verdient als wie mit Waffen- oder Drogenhandel. (Vgl. Braun/Mathes: 2007) Um sich umfassend und kritisch-analytisch einen guten Überblick über die Geschlechterdebatte(n) und „Feminismusvarianten" in Deuschland zu verschaffen, sind Pinker (Pinker, Susan: *Das Geschlechterparadox. Über begabte Mädchen, schwierige Jungs und*

öffentliche Bewusstsein, genauso wenig wie die Tatsache, dass sich heute mehr denn je muslimische Frauen in den Machtgefügen der islamischen Welt und unterschiedlichen muslimischen und nicht-muslimischen Gruppen und Organisationen (neu) zu positionieren suchen, aktiv für Frauenrechte, gegen sexuelle Ausbeutung und Diskriminierung, Rassismus, Intoleranz, Gewalt, Krieg und Terror eintreten. Zudem bleibt so gut wie unberücksichtigt, dass auch immer mehr islamische und religiös orientierte Frauenrechtlerinnen Allianzen mit nicht religiös orientierten Frauenrechtlerinnen ermöglichen, indem sie sich gegen die männliche Definitionsmacht wenden und auf Basis einer Re-Interpretation islamischer Traditionen, weiblicher Textexegese und Hermeneutik im Sinne ‚feministischer Theologie'[44] ihren religiös legitimierten, sozialen und rechtlichen Handlungsspielraum ausweiten.[45]

Wie die meisten anderen säkular und/oder westlich orientierten, religiösen und/oder nicht-religiösen Frauen muslimischer Herkunft passen auch immer weniger solche Frauen, die sich offen zum Islam bekennen, und für die die Religion einen hohen Stellenwert im alltäglichen Leben einnimmt bzw. eine „religiöse Lebensführung"[46] praktizieren, in das klischeehafte Bild von der passiven, häuslichen und verhüllten muslimischen Frau. Auch sie unterliegen – und dass nicht nur in westlichen und/oder urbanen Gesellschaften – Prozessen der Individualisierung und Pluralisierung sowie dem allgemeinen soziokulturellen Wandel (inklusive dem Wandel in den Religiositätsformen).[47] Auch sie haben

---

den wahren Unterschied zwischen Männern und Frauen. 2008) und Ferree (Ferree, Myra Marx: Varieties of feminism. German gender politics in global perspective. 2012) empfehlenswert.

[44]   Vgl. Hassan, Riffat: Is Islam a Help of Hindrance to Women's Development. In: Meuleman, Johan H. (Hg.): Islam in the Era of Globalization. Muslim Attitudes towards Modernity and Identity. 2002, S. 189–209. Mir-Hosseini: 2006b; dies.: The quest for gender justice. Emerging feminist voices in Islam. In: Appeared in Islam 21, H. 36. 2004, S. 1–5; dies.: The Construction of Gender in Islamic Legal Thought and Strategies for Reform. In: HAWWA, Jg. 1, H. 1. 2003 S. 1–28; Selim, Nahed: „Feminismus im Islam ist möglich". In: Frankfurter Allgemeine Zeitung, Ausgabe FAZ.net, 21. Oktober 2006; Wadud, Amina: QurAan and woman. Rereading the sacred text from a woman's perspective. 1999; Badran, Margot: Feminism beyond East and West. New Gender Talk and Practice in Global Islam. 2007.

[45]   Vgl. Kreile, Renate (2003): Identitätspolitik, Geschlechterordnung und Perspektiven der Demokratisierung im Vorderen Orient. In: Rumpf, Mechthild(Hg.) u.a.: Facetten islamischer Welten. Geschlechterordnungen, Frauen und Menschenrechte in der Diskussion. 2003, S. 32–52; dies.: 2006. Solche Allianzen sind derzeit hauptsächlich in solchen Ländern zu beobachten, wo der muslimische Bevölkerungsteil die Mehrheit bildet bzw. in solchen, wo der Islam seit vielen Jahrhunderten tief verwurzelt ist, und somit auch die säkular orientierten Frauenrechtlerinnen selbst in der Regel muslimischer Herkunft sind (z. B. Türkei, Marokko und Ägypten).

[46]   Weber, Max: Gesammelte Aufsätze zur Religionssoziologie. 1972, S. 245–381.

[47]   Vgl. Klinkhammer: 2000; dies.: 2003; dies.: 2004; Nökel, Sigrid: Die Töchter der Gastarbeiter und der Islam. Zur Soziologie alltagsweltlicher Anerkennungspolitiken. 2002; dies.: ‚Neo-Muslimas'. Alltags- und Geschlechterpolitiken junger muslimischer Frauen zwischen Religion, Tradition und Moderne. In: Wensierski, Hans-Jürgen von/Lübcke, Claudia (Hg.): Junge Muslime in Deutschland. Lebenslagen, Aufwachsprozesse und Jugendkulturen. 2007, S. 135–154; Pusch, Barbara (Hg.): Die neue muslimische Frau. Standpunkte & Analysen. 2001; Roy, Oliver: Der islamische Weg nach Westen. Globalisierung, Entwurzelung und Radikalisierung. 2006. Um neue Türen zur

ihre eigenen, teils ganz individuellen Vorstellungen davon, was Religiosität, „Frau-Sein" und Islam für sie bedeuten. Mehr noch: Mit ihren eigenen Überzeugungen und Sichtweisen nehmen sie vermehrt an Diskursen teil, werden öffentlich sichtbar(er) und hörbar(er), drängen auf Anerkennung, Mitsprache und Teilhabe sowohl in muslimischen Milieus und Organisationen als auch in den sozialen Räumen ihres gesamtgesellschaftlichen Umfelds.[48] Damit zeigen nicht zuletzt auch sie die von mir oben angesprochenen Verschiebungen im bestehen Machtgefüge an – sowohl was die Machtbalance zwischen muslimischen und nichtmuslimischen Gruppen als auch die innerhalb muslimischer Gruppen zwischen den Generationen und Geschlechtern betrifft.[49]

Gleich welche sozialen oder politischen Strategien und Ziele die muslimischen Frauen im Einzelnen (auf der individuellen oder kollektiven Handlungsebene) verfolgen, immer stehen sie dabei – besonders in den europäischen (Einwanderungs-)Gesellschaften – rittlings auf den Barrikaden,[50] bringen stetig aufs Neue

---

intellektuellen Erkundung zu öffnen, bezieht Roy (2006) diesen Wandel in seine Betrachtung mit ein. Für ihn drückt sich der Wandel insbesondere darin aus, dass Religiosität gegenüber der Religion vorherrschend wird, bzw. „Selbstausdruck und Formulierung eines persönlichen Glaubens" gegenüber „einem kohärenten Korpus von Glaubenslehren und Überzeugungen, die kollektiv von einem Gremium legitimer Inhaber des Wissens verwaltet werden" (S. 20).

[48]   Meist handelt es sich hierbei um so genannte Mikropolitiken bzw. spezifische Öffentlichkeitspolitiken, die unmittelbar in den Alltag eingebettet sind oder im persönlichen Umfeld betrieben werden. Diese stützten sich nach Nökel (*Muslimische Frauen und öffentliche Räume. Jenseits des Kopftuchstreits*. In: Göle, Nilüfer/Ammann, Ludwig [Hg.]: Islam in Sicht. Der Auftritt von Muslimen im öffentlichen Raum. 2004, S. 283–308) weniger auf Diskurse als auf die visuelle Präsenz der modernen Muslima, die durch Körpersprache und praktisches Handeln in alltagsweltlichen Feldern zeige, wer sie sei. Auf kollektiver Ebene würden diese Akteurinnen nur selten und spontan handeln. Etwaige Organisationen und Zusammenschlüsse seien entsprechend instabil. (Ebd.: S. 287) Auf makropolitischer Ebene dagegen treten – nicht nur in Deutschland – überwiegend nur so genannte „Islamkritikerinnen" bzw. Frauen muslimischer Herkunft in Erscheinung, die sich vom Islam distanzieren bzw. für die die Religion im persönlichen Alltag kaum oder gar keine Rolle spielt (z. B. Necla Kelek und Seyran Ates) oder Politikerinnen muslimischer Herkunft, die sich „schützend" vor die stigmatisierten und/oder diskriminierten Musliminnen stellen und/oder für mehr Aufklärung wie ein differenzierteres Islambild eintreten (z. B. Lale Akgün). Bevor hier jedoch eine genauere Bewertung vorgenommen wird, ist der Frage nachzugehen, inwieweit und über welche gesellschaftlichen Funktionen muslimische Frauen, die sich zum Islam offen und positiv bekennen, derzeit überhaupt auf den deutschen Diskurs über Musliminnen Einfluss nehmen können. Zumal es gerade in Deutschland auf diesem Feld noch kaum entsprechende *scholar activists* gibt. Vgl. Esposito, John L./Mogahed, Dalia: *Who speaks for Islam? What a billion muslims really think*. 2007, S. 110; Göle, Nilüfer: *Die sichtbare Präsenz des Islam und die Grenzen der Öffentlichkeit*. In: Göle, Nilüfer/Ammann, Ludwig (Hg.): Islam in Sicht. Der Auftritt von Muslimen im öffentlichen Raum. 2004, S. 11–44.

[49]   Vgl. Nökel: 2007, S. 146–151; Göle: 2008, S. 126–130; Gerlach, Julia: *Zwischen Pop und Dschihad. Muslimische Jugendliche in Deutschland*. 2006, S. 179–190.

[50]   Vgl. Karam, Azza M.: *Muslimischer Feminismus oder die Frage des Dazwischen-Seins*. In: Youssef, Houda (Hg.): Abschied vom Harem. Selbstbilder – Fremdbilder muslimischer Frauen. 2004, S. 239–258; Göle: 2008, S. 127f.

eine Ambivalenz zum Ausdruck, die sowohl Nähe als auch Distanz und Konfrontation, sowohl Illegitimität als auch Legitimität erzeugt.[51]

Nilüfer Göle weist darauf hin, dass gerade diese Ambivalenz ein Kernproblem darstelle. Denn nun träten vermehrt sowohl muslimische, islamische als auch islamistische Akteurinnen in der Öffentlichkeit auf (träten hier in Erscheinung) und folgten dabei doppelten Logiken, indem sie z. B. religiöse Musliminnen *und* Frauenaktivistinnen, islamisch *und* säkular-liberal orientiert, emanzipiert *und* streng gläubig seien, Kopftuch trügen *und* für die Freiheitsrechte der Frauen eintreten würden usf. Insofern, so Göle, schöpften sie also aus doppelt kulturellem Kapital (*sowohl* dem religiösen *als auch* dem wissenschaftlichen und säkularen Kapital) und könnten sich zudem in verschiedenen Räumen gleichzeitig bewegen.[52] Was Göle dazu nicht anmerkt, meiner Ansicht nach aber von ausschlaggebender Bedeutung ist: Genau das macht diese Frauen zugleich „verdächtig". Denn nach geläufigen Kategorien können sie nicht mehr eindeutig zugeordnet werden, entziehen sich somit der „kognitive[n] (klassifikatorische[n]) Klarheit [...], ein intellektuelles Äquivalent der Verhaltenssicherheit"[53]. Welche Integrations- bzw. Desintegrationsfolgen dies für die muslimischen Frauen mit sich bringt, kann bislang nur vermutet werden.

Damit, dass muslimische Frauen in den westlichen Einwanderungsländern auf nahezu allen Barrikaden sitzen, spreche ich aber noch einen anderen Umstand an: Sich von vornherein in einer Minderheitenposition befindend, wobei sie meist nur als migrations- oder kultursoziologisches Phänomen im Kontext des Islam, der Integration oder gar als Exotinnen[54] gesehen werden, müssen sie auf der einen Seite ihre Glaubensvorstellungen gegenüber einer hegemonial nichtmuslimischen, zum Großteil nichtreligiösen Kultur verteidigen sowie auch ihre muslimische Religiosität in einem mehrheitlich nichtmuslimischen Umfeld praktizieren. Auf der anderen Seite müssen sie sich innerhalb ihrer Glaubensgemeinschaft(en) und Herkunftsgrupp(en) mit der männlichen Dominanz, Interpretationsmacht und den männlichen Herrschaftsansprüchen auseinandersetzen. Teils konkurrieren sie dabei mit islamisch-konservativen oder traditionalistischen Kräften um die diskursive Macht, teils müssen sie sich dabei sowohl gegenüber nicht-muslimischen als auch Kräften in den eigenen Reihen (inklusive im sozialen Nahfeld wie z. B. der Familie) stetig aufs Neue erklären und beweisen.[55]

---

[51]   Vgl. Göle: 2008, S. 126f; Bauman, Zygmunt: *Moderne und Ambivalenz. Das Ende der Eindeutigkeit.* 1992, S. 281ff. Bei all dem stellen sie so zusagen eine gerade zu prismatische Gruppe dar, indem sie von mehreren „entgegen gesetzten" Seiten zu Objekten eines vermeintlichen, kulturellen und religiösen Antagonismus und Konflikts werden.

[52]   Vgl. ebd.

[53]   Bauman: 1992, S. 77.

[54]   Vgl. Farrokhzad: 2006.

[55]   In der Bundesrepublik Deutschland verfügen mehrheitlich die konservativen Kräfte im islamischen Feld gegenüber dem Staat und anderen Beteiligten (nicht-stattlichen Interessenvertretungen und Organisationen) über die ausschlaggebende Verhandlungsmacht beim Versuch, den

Dieses Verstrickt-Sein (*inbetween*) muslimischer Frauen im Kontext der Einwanderung und Minoritätenposition führt zwangsläufig in ein Dilemma:

„At this intersection, muslim women find themselfes inserted into predetermined discourses and practicies that shape their agency and determine their strategies of resistance, often to the extent that progressive politics do not appear possible withhin the category muslim."[56]

Erschwerend kommt hinzu, dass viele wenn nicht gar die meisten muslimischen Frauen noch von typischen Problemlagen im Migrations- und Integrationskontext betroffen sind: Von

(1) den Unterschieden in Habitus[57], Mentalitäten, Werte- und Normensystemen
    – inklusive der allgemeinen, tendenziösen Erosion bestehender Familienstrukturen;

(2) der Individualisierung und des von außen an sie herangetragenen Anpassungsdrucks – sei es im Kontext der gewollten und/oder strukturell bedingten Anpassung an ein stärker individualisiertes Umfeld oder in stetigem Abgleich mit den Anforderungen einer oftmals weniger individualisierten Herkunftsgruppe und/oder Familie (inklusive der damit korrespondierenden Mechanismen sozialer Kontrolle)[58] und

(3) dem nach innen wirkenden Anpassungsdruck ihrer Glaubensgemeinschaft(en) oder anderen Vergemeinschaftungsformen (Vereine, Verbände, Organisationen), inklusive ihrer meist sehr engmaschigen sozialen Vernetzung, Ein- und Abgrenzungsdynamiken und/oder instrumentellen Inanspruchnahme als (repräsentative) Gruppen- oder Familienangehörige (mög-

---

Islam und Muslime anderen Glaubensgemeinschaften in Deutschland gegenüber *gleich*zustellen. Hierbei spielen die Kirchen eine entscheidende Rolle. Sind sie doch selbst daran interessiert, das bestehende Verhältnis von Staat und organisierter Religion nicht infrage zu stellen, sondern zu zementieren. Vgl. Mittmann, Thomas: *„Säkulare Kirche" und „eingewanderte Religion". Transformationen des kirchlichen Islam-Diskurses in der Bundesrepublik Deutschland*. In: IMIS-Beiträge (36). 2010, S. 67–85.

56   Khan, Shahnaz: *Muslim Women: Negotiations in the third Space*. In: Saliba, Therese (Hg.) u.a.: Gender, politics and Islam. 2002, S. 30.

57   Unter ‚Habitus' wird hier entsprechend dem Habituskonzept Bourdieus *(Die verborgenen Mechanismen der Macht*. 1992) der verinnerlichte Orientierungssinn verstanden – „im Grunde eine recht simple Sache." (S. 33) Bourdieu zufolge bezeichne der Habitus „eine allgemeine Grundhaltung, eine Disposition gegenüber der Welt" (S. 31), „ein System von Grenzen" (S. 33), in der/dem Wahrnehmungs-, Denk- und Handlungsschemata enthalten sind, mit denen die soziale Welt klassifiziert bzw. kognitiv, moralisch und geschmacklich bewertet und eingeteilt wird. Bourdieu spricht hinsichtlich des Habitus' auch von einem „einheitsstiftenden Erzeugungsprinzip aller Formen von Praxis" (ebd.: S. 282f), durch welches sich in allen Bereichen des Lebens gewissermaßen dieselbe Handschrift des Akteurs erkennen ließe. Einzelne Praktiken oder Merkmale wie zum Beispiel das Handeln in einem bestimmten sozialen Feld wie der Religion stünden in einem Zusammenhang mit anderen.

58   Besonders in diesem Zusammenhang bzw. der dazu erforderlichen Bewältigungsstrategien spielt die Religiosität eine wichtige Rolle: als ethische Grundorientierung, emotionaler Halt, Quelle mentaler Kraft und subjektiven Glücksgefühls und als kultureller Bezugspunkt sowie Gemeinschaft förderndes und stärkendes Moment in der ethnischen community. (Vgl. Karakasoglo-Aydin: 2001, S. 19.)

liche Stichworte sind hierfür: Sicherung der so genannten „Gruppen- und
Familienehre" und repräsentative Funktion als so genannte „Vorzeige-
Migrantin oder -Muslimin").[59]
In dieser komplexen Lage, eingedenk der ohnehin schon schwierigen Ausgangslage auf der diskursiven Metaebene (s.o.), frauenpolitische Bündnispartner
und -partnerinnen in nichtreligiösen oder nichtmuslimischen Milieus zu finden,
fällt den Frauen schwer – besonders islamischen Akteurinnen bzw. Musliminn-
nen, die religiös orientiert sind und dies eventuell sogar noch zum Ausdruck
bringen. Zumal sowieso westliche Feminismen wie die meisten Vertreterinnen
der europäischen/westlichen Frauenbewegungen samt ihrer Organe; Organisationen und Initiativen überwiegend durch Religionsferne und falsche Sichtweisen auf den Islam, die Lebenswirklichkeit(en) und Bewusstseinslagen muslimischer Frauen gekennzeichnet sind.[60]

Die Voraussetzungen für gegenseitige Anerkennung, differenzierte Wahrnehmung und Nutzung möglicher Solidarisierungspotentiale im Hinblick auf Frauenfragen und -themen sind also nicht gerade günstig. Wie dem Islam allgemein
gegenüber, überwiegen auch gegenüber muslimischen Frauen – besonders denjenigen gegenüber, die sich offen zu ihrer Religion und Religiosität bekennen,
diese praktizieren und/oder auch noch (freiwillig) das stigmatisierende Symbol
„Kopftuch" übernehmen[61] – Vorurteile, mangelndes Wissen und tief sitzende
Fremdheits- wie Angstgefühle. Ihre (vor-)gelebten Lebensstile, Religiositäts- und
kulturellen Ausdrucksformen sowie Symbole unterliegen, dies zeigen mittlerweile viele empirisch-quantitative und -qualitative Studien, einer dominant einseiti-
gen wie eindimensionalen und undifferenzierten Sicht.

Vielfach Stigmatisierung, Prozessen der Ausgrenzung und alltäglichen wie
institutionellen Diskriminierungen ausgesetzt – was den Drang nach Abgrenzung, Distinktion und Gegenstigmatisierung nur noch verstärkt – ziehen sich
deshalb muslimische Frauen und/oder Akteurinnen (enttäuscht, frustriert oder
genervt) nicht selten ins Privatleben und/oder ihre Glaubensgemeinschaft zurück.[62] Leicht wird das wiederum als Integrationsabsage oder Unwillen zur Teil-

---

[59]   Bei all dem befinden sich muslimische Frauen, die erst im Laufe ihres Lebens zum Islam überge-
       treten sind, also nicht qua Geburt Musliminnen sind, in ganz besonderer Position. Zwar wird
       auf sie gerne zur Kulturvermittlung Rückgriff genommen. Im Grunde aber handelt es sich bei
       ihnen um Musliminnen in gedoppelter Minderheiten- und Außenseiterinnenposition. In der
       Regel müssen sie sich zu allen Seiten mehrfach behaupten und unablässig erklären.

[60]   Vgl. Rommelspacher: 2009; dies.: *Ungebrochene Selbstidealisierung. Beispiel Minarettverbot: Wie
       kommt es, dass Feministinnen mit den Rechten koalieren? Eine Kritik des kolonialen Feminismus.*
       In: tageszeitung, 18.01.2010.

[61]   Vgl. Göle: 2004, S. 23.

[62]   In diesem Zusammenhang gilt dann auch zum Teil das, was Renate Kreile (2006) zwar mit Blick
       auf die arabischen Gesellschaften feststellt, in leicht abgewandelter Form aber auch in europäi-
       schen Ländern zu beobachten ist: „Hier bieten die islamistischen Organisationen sich [...] als
       ‚Supra- und Super-Familien' an. Sie stellen nicht nur soziale Dienstleistungen zur Verfügung in
       einer Situation, in der der Staat sozialpolitisch abwesend ist. Sie versprechen auch, die durch den
       soziokulturellen Wandel gefährdete patriarchalische Autorität von Vätern, Ehemännern, Brü-

habe ausgelegt oder sogar dazu genutzt, allgemein gegen Muslime und Musli-minnen zu polemisieren. Die Folge ist ein *circulus virtiosus,* eine Art „Teufels-kreislauf" wechselseitiger Stigmatisierung und Gegenstigmatisierung, Abgren-zung und offensiver Identitätsbehauptung,[63] der viele muslimische Frauen immer wieder auf sich selbst zurückwirft. In gewisser Weise hält dieser Kreislauf sie sogar in ihren Milieus „gefangen". Hier immerhin können sie ihre Stigmatisie-rung und Erfahrungen von Diskriminierung in „sub-alterne Überlegenheit" und geteilte Gegenstigmatisierung umkehren und ihre „Ambivalenzen zwischen Gleichsein und Anderssein in Bezug auf moderne westliche Lebensräume zum Ausdruck [...] bringen", ausgleichen und neu verhandeln.[64]

Demzufolge wäre plausibel, warum auch oder gerade in Europa der indivi-duelle muslimische Glaube als Gefühl vermittelnde Instanz gemeinschaftlicher Stärkung und sozialer Handlungsmacht bei Musliminnen (besonders der zweiten und dritten Immigrantinnengeneration) stark ausgebildet ist,[65] sie auch oder gerade hier „den Islam in einer modernen Variante für sich als progressive Kraft entdecken, [...] überzeugte Kopftuchträgerinnen sind, aber zugleich berufliche Kariere verfolgen."[66] Eine Folge dieser Dynamik, so Nikola Tietze, sei die wechselseitige Bestärkung von Zusammengehörigkeitgefühl und Glaubensstärke. Dabei werde die Religiosität in einen Verhaltenskodex bzw. -kanon für den All-tag übersetzt und zu einer Ethik des Lebensstils,[67] die, das möchte ich hier noch

---

dern auf einer neuen Ebene wiederherzustellen, indem die Kontrolle über die Frauen nun durch alle Männer der umma, der „Über-Familie" der Gläubigen, garantiert wird." (S. 113) Auch Amel Grami merkt an, die Rückkehr zu religiösen Traditionen und Ritualen sei eine Art Fetisch, der Schutz und Halt in frustrierender Situation biete. Stauffer, Beate: *Islamische Feministinnen und die verblüffende Attraktivität der Scharia. Ein Gespräch mit der tunesischen Religionswissenschaf-terin Amel Grami.* INFOREL, Information Religion. 2008. Online verfügbar unter http://www. inforel.ch/i21e1051.html (01.02.2008).

Speziell auf Musliminnen in Deutschland bezogen ist zwar strittig, ob ein Zusammenhang zwischen sozialer Desintegration und Religiosität besteht. Unstrittig aber ist, dass zwischen be-stimmten Lebenssituations-Indikatoren der Musliminnen, ihren Orientierungen und dem Grad ihrer religiösen Bindung ein Zusammenhang besteht. Zu diesen Indikatoren zählen bspw. nicht nur Sprachkompetenz, Bildungsgrad und soziale Herkunft, sondern auch der (mögliche) Iden-tifikationsgrad mit der deutschen Gesellschaft sowie psychische Dispositionen im Hinblick auf subjektive Zufriedenheit und Wohlbefinden. Boos-Nünning, Ursula: *Religiosität junger Musli-minnen im Einwanderungskontext.* In: Wensierski, Hans-Jürgen von/Lübcke, Claudia (Hg.): Junge Muslime in Deutschland. Lebenslagen, Aufwachsprozesse und Jugendkulturen. 2007, S. 124f.

63   Vgl. Göle: 2004, S. 36f.
64   Vgl. Göle: 2004, S. 35.
65   Vgl. Göle: 2004, S. 34; vgl. Gerlach: 2006, S. 179–190; Baumann: 1992, S. 301f. In Anlehnung an die von Elisabeth Beck-Gernsheim (2007) beschriebene „reaktive Ethnizität" kann diese Dyna-mik wechselseitiger Ab- und Ausgrenzungsprozesse auch als reaktive Religiosität bezeichnet werden.
66   Nökel: 2004, S. 285.
67   Vgl. Tietze, Nikola: *Formen der Religiosität junger männlicher Muslime in Deutschland und Frankreich.* In: Göle, Nilüfer/Ammann, Ludwig (Hg.): Islam in Sicht. Der Auftritt von Musli-men im öffentlichen Raum. 2004, S. 239–264. Tietze argumentiert hier zwar mit Blick auf junge

hinzufügen, nun auch schon vermehrt in Form spezifischer Orthopraxien zu einem mehr oder minder machtvollen Distinktionsmittel wird.[68]

Was die potentiellen Bündnispartner und -partnerinnen für muslimische Frauen in nichtreligiösen oder nichtmuslimischen Milieus betrifft, ist davon auszugehen, dass sie wohl kaum die Vielfalt, Komplexität und Kontingenzen der Positionen, Sichtweisen und Einstellungen muslimischer Frauen überblicken oder gar deren unterschiedlichen Feminismen adäquat verorten (können).[69] Zumal sich die „islamische Frauenbewegung" – sofern diese Bezeichnung als Sammelbegriff überhaupt zulässig ist – ohnehin überaus heterogen aufzeigt. Hier das Lager derjenigen, die im Grunde ein ultrakonservatives Geschlechterbild vertreten, von denen zu unterscheiden, die für ein differenziertes und aufgeklärtes Bild vom Islam sowie der Rolle der Frau in Gesellschaft und Familie eintreten, fällt nicht selten sogar selbst denjenigen schwer, die unmittelbar am Diskurs beteiligt sind. Ab und an sind sogar Zweifel angebracht, ob manche der Diskursteilnehmerinnen selbst überhaupt ausreichend reflektieren bzw. sich darüber im Klaren sind, welches Geschlechter- und Rollenbild sie eigentlich vertreten.[70]

4. Vielfalt und Vielschichtigkeit: Zu muslimischen und islamischen Gender- und Feminismusdiskursen

Die Heterogenität „islamischer Frauenbewegung" lässt sich stark vereinfacht bzw. *idealtypisch* wie folgt beschreiben[71]:

---

männliche Muslime in Deutschland und Frankreich. Doch trifft dies sicherlich genauso auch auf junge weibliche Muslime zu.

[68]   Für den Hinweis auf die aktuelle Bedeutung der Orthopraxie in muslimischen Milieus und Handlungszusammenhängen danke ich Wolfgang Ahmed Aries. Auch Roy (2011) hat den Aspekt der Orthopraxie im Kontext der Dekulturalisierung aufgegriffen.

[69]   So hat schon in den frühen 90er Jahren die Ethnologin Marion Baumgart (*Wie Frauen Frauen sehen. Westliche Forscherinnen bei arabischen Frauen.* 1991) festgestellt, dass das seit dem 19. Jh. im westlichen Diskurs entworfene Bild von „der Orientalin" bzw. der muslimischen Frau eng mit den Kontinuitäten und Brüchen der europäischen Weiblichkeitsbilder korrespondiere. Geändert hat sich daran auch in Bezug auf das Bild von der muslimischen Frau Europas kaum etwas. Die Interpretation und Problematisierung ihrer sozialen Stellung und Rolle im Islam ist nach wie vor abhängig davon, welche Diskussionen um Weiblichkeit, Geschlechterrollen und -verhältnisse aktuell geführt werden. Nicht zuletzt wohl auch deshalb, um sich über die Konstruktion der kulturell anderen Frau der eigenen Position bzw. des Anspruchs auf Universalität zu vergewissern. (Vgl. Braun/Mathes: 2007, S. 212; Gerlach: 2006, 188f.)

[70]   So glauben zum Beispiel manche Frauen, die mit der sogen. Fettulah-Gülen-Bewegung sympathisieren, dass ihr geistiger Führer ein reformorientiertes Frauenbild vertrete.

[71]   Zwischen all den hier lediglich idealtypisch formulierten Ansätzen gibt es eine weite Spannbreite von Übergängen, Überschneidungen und sich im Fluss befindlichen Wandlungsprozessen. Zumal sich alle Feminismen, so auch die sich im islamischen Diskurs verortenden, in unterschiedlichen lokalen und historischen Zusammenhängen mit jeweils unterschiedlichen Problemlagen, Ausdrucksweisen wie Zielvorstellungen und -formulierungen entwickeln.

Zunächst stehen hier (1) „säkulare Feministinnen", die nur in der Säkularisierung der Gesellschaft die Chance auf Gleichberechtigung sehen[72], (2) „islamistischen Feministinnen" (s.u.) gegenüber, die die Agenda des politischen Islam um die Forderung erweitern, dass der Rolle der Frau innerhalb der Familie und häuslichen Gemeinschaft mehr Wertschätzung gebühre. Diesen Frauen geht es hauptsächlich um eine feminin-islamische Identitätsbeschreibung sowie die „Islamisierung der Moderne"[73]. Westliche Gleichheitskonzepte lehnen sie meist mit der Begründung ab, diese würden aus Frauen nur Männer machen.[74]

Die dritte Gruppe, die hier ebenfalls zunächst nur behelfsweise als (3) „islamische Feministinnen" bezeichnet wird, bewegt sich im Dazwischen und befindet sich wohl wie keine andere Gruppe (besonders in Europa) so sehr „rittlings auf den Barrikaden" (s.o.). Musliminnen, die dieser Gruppe zuzuordnen sind, wollen den Islam nicht wie die meisten so genannten „säkularen Feministinnen" zurückdrängen, sondern suchen die islamischen Quellen, in denen sie den gesamten Menschenrechtskanon bereits angelegt sehen, neu zu interpretieren. Im Kern vertreten sie die Auffassung, dass nicht der Koran es sei, der den Frauen den gleichen sozialen Status vorenthalte, sondern die sozialen Normen patriarchalisch geprägter Kulturen.[75]

Die Bezeichnung „Islamischer Feminismus" ist sowohl als identifikatorische Selbstbeschreibung als auch aufgrund einer intellektuell-distanzierten Rezep-

---

[72] Indem der Islam nicht mehr als Vorwand dienen kann, Frauen ihre Rechte vorzuenthalten. Diese Auffassung wird zum Beispiel auch von Fatima Mernissi und Nawal el Saadawi vertreten. Im deutschen Diskursraster wären dieser Gruppe auch solche Feministinnen und/oder Frauenaktivistinnen zuzuordnen, für die der Islam im persönlichen Alltag kaum oder gar keine Rolle spielt und zudem auch nicht selten den Islam aufgrund der sich auf ihn berufenden Traditionen und kulturellen Erscheinungsformen scharf kritisieren. Ihre muslimische Identität wird in der Regel qua Fremdzuschreibung formuliert bzw. beruht zumeist (nur) auf Grundlage ihrer muslimischen Herkunft mit Bezug auf ihre ethnisch-nationale Abstammung. Teils werden diese Musliminnen deshalb auch in öffentlichen Diskursen oder Internetforen als „Abstammungs-Musliminnen" oder „Kultur Musliminnen" bezeichnet. Auf der anderen Seite wird um Musliminnen hinsichtlich ihrer Herkunft/ Abstammung auch innerhalb muslimischer Milieus gerungen. Indem zum Beispiel muslimische Konvertitinnen, besonders wenn sie sich in den Diskurs über Frauen und Islam kritisch-progressiv einbringen, als Musliminnen mit „fragwürdiger" Herkunft gesehen/beschrieben werden.

[73] Diese Bezeichnung geht vermutlich auf den aus Marokko stammenden, hier zwischenzeitlich immer wieder inhaftierten oder mit Hausarrest belegten Scheich Yassin Abdessalam zurück.

[74] Vgl. Hegasy, Sonja: *Nadia Yassine, Marokko. Als Islamaktivistin moderat an die Macht?* In: Amirpur, Katajun/Ammann, Ludwig (Hg.): Der Islam am Wendepunkt. Liberale und konservative Reformer einer Weltreligion. 2006, S. 178.

[75] Dem „islamischen Feminismus" (hier als ein soziales Projekt verstanden) können zum Beispiel der in Deutschland ansässige Verein *HUDA* oder auch evt. das *Zentrum für islamische Frauenforschung und Frauenförderung* in Köln, das in Indonesien angesiedelte *Center for Pesantren and Democracy Studies* und das *Canadian Council of Muslim Women* zugeordnet werden. Das *Aktionsbündnis muslimischer Frauen e.V.* hingegen kann hier nur bedingt hinzugezählt werden, hat es sich doch eher der organisierten Interessenvertretung muslimischer Frauen fern der etablierten, männlich dominierten islamischen Verbände in Deutschland, nicht der feministischen Textauslegung verschrieben.

tionshaltung gegenüber dem (weißen) westlichen (Mittelschichts-)Feminismus umstritten. Auch deshalb wird er hier von mir nur behelfsweise gewählt.[76] Die sich international stark einbringende Diskursteilnehmerin Amina Wadud (USA) bezeichnet sich zum Beispiel deshalb auch nicht als Feministin, sondern als „Pro-faith-Aktivistin" („pro-Glaubens-Aktivistin"[77]) – obgleich sie nach der hier vorgenommenen idealtypischen Unterscheidung durchaus als „islamische Feministin" bezeichnet werden kann.

Dem „islamischen Feminismus" kann auch der so genannte „Gender Jihad" zugeordnet werden.[78] Diese Bezeichnung verweist darauf, dass es sich bei dem „islamischen Feminismus" nicht nur um einen (Gelehrtinnen-)Diskurs, sondern auch um ein Projekt, wenn nicht sogar um eine sich aktuell gerade ausbildende, gewollte oder faktische Bewegung handelt.[79]

---

[76] Vgl. Badran, Margot: *Zur Verortung von Feminismen: Die Vermischung von säkularen und religiösen Diskursen im Mashriq, der Türkei und dem Iran*. In: Barbara Pusch (Hg.): Die neue muslimische Frau. Standpunkte & Analysen. 2001, S. 224ff; dies.: *Islamic Feminism. What's in a Name?* In: Al-Ahram Weekly, Ausgabe 10. 2002, S. 17–23; dies.: *Islam's other half. What does Islamic feminism have to offer? Where does it come from? Where is it going?* In: guardian.co.uk. 2008; Cooke, Miriam: *Women Claim Islam. Creating Islamic Feminism through Literature*. 2001; dies.: *Islamic Feminism before and after September 11th*. In: Duke Journal of Gender Law & Policy, Jg. 9. 2002, S. 227–235; Mir-Hosseini, Ziba: *Muslim Women's Quest for Equality. Between Islamic Law and Feminism*. In: *Critical Inquiry* (32). 2006a, S. 629–645; Shah, Shanon/Brantner, Franziska: *Islamischer Feminismus. Gegenmittel, Gegengift, Gegenstrategie – was ist Islamischer Feminismus?* 2006; Tohidi, Nayereh: *„Islamic Feminsims"*. Perils and Promises. In: Middle East Women's Studies Review, Jg. 16, H. 3–4. 2002.

[77] Vgl. Sabra, Martina: *„Der Koran kann von niemandem vereinnahmt werden"*. Interview mit Amina Wadud. 2008. Online verfügbar unter http://de.qantara.de/webcom/show_article.php? wc_c=296&wc_id=31&wc_p=1&printmode=1 (11.11.2012).

[78] Siehe dazu aktuell, einen umfassenen Überblick über die „Bewegung"/den Diskurs bietend, Badry, Roswitha: *Der friedvolle ‚gender-dschihad' muslimischer Aktivistinnen gegen patriarchalische Lesarten des Korans – ‚Islamischer Feminismus' in der Diaspora als Wegbereiter für ein globales Phänomen?* In: Albert-Ludwigs-Universität Freiburg (Hg.): Migration – Mobilität – Geschlecht. Freiburger Geschlechterstudien 17 (25). 2011, S. 149–157. Vgl. Hackensberger, Alfred: *Emanzipation im Namen des Islams. Muslimische Frauen proklamieren den „Gender Jihad"*. In: NZZ Online, 22. August 2007. Online verfügbar unter http://www.nzz.ch/2006/07/12/fe/articleE40ZV.html (11.11.2012); ders.: *Dschihad im Dienste der Frauenrechte. Interview mit Asra Nomani über den „Gender Dschihad"*. 2009. Online verfügbar unter http://de.qantara.de/Dschihad-im-Dienste-der-Frauenrechte/4044c142/index.html (11.11.2012); Mejia, Melanie P.: *Gender Jihad. Muslim Women, Islamic Jurisprudence, and Women's Rights*. In: KRITIKE, Jg. Vol 1, H. 1. 2007, S. 1–24; Wadud, Amina: *Inside the Gender Jihad: Women's Reform in Islam*. 2006; Wood, Danny: *Islam feminists urge gender jihad. Organisers of the first international congress on Islamic feminism are calling for a „gender jihad"*. 31.10.2005. Herausgegeben von BBC NEWS.

[79] Ziba Mir-Hossein (2006) zum Beispiel betrachtet den Islamischen Feminismus als Projekt und eine Bewegung, die sich gerade ausbildet. Dies hat sie jüngst auf einer Tagung (Fourth International Congress on Islamic Feminism, Madrid, 21st–24th October 2010) nochmals bekräftigt. Mir kam es allerdings so vor, als wolle sie eine solche Bewegung auf der sozialen Handlungsebene mangels aktuell realer, kohärenter Erscheinung(en) eher „herbeireden".
Tatsächlich könnte der islamische Feminismus auch als Teil der globalen Frauenbewegung angesehen werden, wobei er sich wie andere Feminismen auch (z. B. Black Feminism, African Womanism, christlicher Feminismus usw.) deutlich vom „westlichen" Feminismus unterscheidet: Denn er strebt die Gleichberechtigung aller MuslimInnen in allen Lebensbereichen unab-

Viele „islamische Feministinnen" legen besonderen Wert auf Spiritualität. Ihre Praxisformen beschränken sich jedoch nicht nur auf weibliche Koranexegese bzw. neue oder progressive Lesarten des Koran, die diskursive Auseinandersetzung mit der Sunna, den Hadithen, der Schar'ia und/oder „Hermeneutik der werkimmanenten Geschlechtergerechtigkeit"[80]. Auch engagieren sich manche von ihnen in der sozialen (insbesondere der Integrations- und Frauen-) Arbeit, dem interreligiösen und -kulturellen Dialog, in den Wissenschaften (als so genannte *scholar-activists*[81]), in politischen Parteien, Stiftungen und Vereinen.[82] Das liegt sicherlich mit darin begründet, dass sowohl muslimisch-säkulare als auch nichtmuslimisch-säkulare Frauenaktivistinnen durchaus dazu in der Lage sind, mit „islamischen Feministinnen" bzw. „Pro-Faith-Aktivistinnen" und Verfechterinnen des „Gender Jihad" Allianzen einzugehen. Zumal nicht wenige davon neben ihrer Religiosität, Spiritualität und/oder religiösen Praxis in politischer Hinsicht auch säkular orientiert sind.[83]

Auf der anderen Seite aber können, zumindest in Teilaspekten, „islamische Feministinnen" auch mit „islamistischen Feministinnen" kooperieren bzw. Allianzen eingehen, sei es weil sie sich (auf individueller oder Gruppen-Ebene) in ihren Mikropolitiken gar nicht so sehr voneinander unterscheiden, sei es weil ihre eigentlichen Kontroversen kaum offensichtlich, unreflektiert und/oder unentdeckt und somit noch nicht aufgebrochen sind. Solche Allianzen, so kann vermutet werden, finden sich in Deutschland hauptsächlich in den in sich selbst stark heterogenen muslimischen/islamischen Organisationen und deren (ange-

---

hängig vom sozialen Geschlecht an. Seine VerfechterInnen befürworten in einem islamisch-religiösen Rahmen verankerte Frauenrechte, Gender- und soziale Gerechtigkeit. Neben islamischen Inhalten beziehen sich islamische Feministinnen auch auf weltliche („westlich-") feministische Ansätze, die sie überprüfen und gegebenenfalls mit einbeziehen. Allerdings wird der „Islamische Feminismus" auch als reiner Gelehrten- und Gelehrtinnen-Diskurs verstanden, zumindest von seinem originär islamischen Ursprung aus betrachtet. Diese Ansicht zum Beispiel vertritt Omaima Abou-Bakr. Für sie sei das Wissenschaftsfeld ‚Islamischer Feminismus' chaotisch und beliebig geworden. Vgl. Klausing, Kathrin: *Interview mit Omaima Abou-Bakr über Wissenschaft, islamischen Feminismus und Geschichte*. 2008. Online verfügbar unter http://www.musafira.de/ islamwissenschaft/interview-mit-omaima-abou-bakr-uber-wissenschaft-islamischenfeminismus-und-geschichte/ (11.11.2012).

[80] Vgl. Müller, Rabeya: *Hermeneutik in der Praxis oder vom iğtihad zum ğihad?* In: Barlas, Asma (Hg.) u.a.: Der Koran neu gelesen. Feministische Interpretationen. 2008, S. 16–19.

[81] So zum Beispiel Margot Badran (2007), die sich als „a feminist who identifies herself as a scholar-activist" bezeichnet. (S. 10)

[82] Prototypisch kann hierfür im deutsch-diskursiven Zusammenhang (fast immer noch so gut wie allein stehend) Rabeya Müller genannt werden. Lamya Kaddor, die sich selbst als „Berufsmuslimin" bezeichnet (Kaddor, Lamya: *Muslimisch - weiblich - deutsch! Mein Weg zu einem zeitgemäßen Islam*. 2011, S. 8) nimmt hier eine Sonderstellung ein. Ihr Engagement lässt sich irgendwo dazwischen verorten. Leider platziert sie sich im Diskurs, genauso wie die Islamkritikerin Necla Kelek, vornehmlich mit pseudowissenschaftlichen Publikationen und Aussagen, die „leidenschaftlich", überwiegend von der eigenen subjektiven Erfahrung zeugen. (Exemplarisch: Kaddor: 2011).

[83] Im Gegensatz zu „islamistischen Feministinnen" richten sie sich dabei ausdrücklich gegen die Politisierung ihrer Religion.

schlossenen oder zugehörigen) Frauengruppen oder in den zahlenmäßig noch sehr wenigen Zusammenschlüssen und (Aktions-)Bündnissen muslimischer Frauen. Zumal, wie oben schon angesprochen, davon auszugehen ist, dass diese sich in ihren Mikropolitiken nicht immer so deutlich voneinander unterscheiden (wie dies zwischen „säkular-muslimischen" und „islamistischen Femnistinnen" der Fall sein dürfte bzw. ist).[84]

Zu guter letzt wäre noch zu überprüfen, ob oder inwieweit eventuell noch eine vierte Gruppe muslimischer/islamischer Feministinnen existiert.

(4) In Anlehnung an Margot Badrans Erkenntnisse über Feminismen im Jemen könnten diese als „holistisch-kulturelle Feministinnen" bezeichnet werden. Kennzeichnend für diese Feministinnen muslimischer Herkunft und muslimischen Glaubens sei, dass sie keine Vorbehalte gegenüber dem Westen, dessen Feminismen und politischer/n Kultur(en) und grundsätzlich auch keinerlei Probleme mit der Modernität hätten, sondern vielmehr sogar ihre ganz eigene Modernität formten. Zum anderen sähen sie im Säkularen und Religiösen an sich auch keine zwei voneinander geschiedenen historischen Kategorien.[85]

Letzt genannter Aspekt ist in analytischer Hinsicht besonders aufschlussreich. Als Historikerin sucht Badran nicht nur an dieser Stelle aufzuzeigen, „[...] dass die ‚religiösen' und ‚säkularen' feministischen Diskurse, mit der Ausnahme der Türkei [ein wichtiger Hinweis insbesondere auch für den deutschen Kontext, wo die Mehrzahl der Muslime und Musliminnen türkischer Herkunft ist] historisch nie getrennt und verschieden waren und, dass es zu Beginn des 21. Jahrhunderts zunehmend schwieriger wird, die Vorstellung der Dualität des Säkularen und Religiösen im Rahmen des kulturellen, politischen und feministischen Diskurses in Wort und Tat im *Mashriq* [Hervorhebung im Original] aufrecht zu erhalten."[86] Badran zufolge lokalisiere sich gerade hier der Feminismus in einem „neuen ‚Zwischenraum', zwischen den alten dichotomischen Konstruktionen des Religiösen und Säkularen"[87].

Andeutungen und Behauptungen eines angeblichen „Clash" bzw. einer scheinbaren Polarität zwischen säkularem und religiösem Feminismus könnten somit also getrost als Produkte mangelnden historischen Wissens angesehen werden.[88] Ob solche dichotomischen Argumentationsstränge, wie Badran an-

---

84   Zur These, dass besonders in Europa generell der säkulare und der islamische Diskurs den feministischen Diskursen übergeordnet sind, und sich auch deshalb hier der säkulare Feminismus vom islamischen unterscheiden lasse s. Badran: 2001; vgl. dies.: 2007, S. 11f).

85   Vgl. Badran: 2001, S. 272f; Majid, Anouar: *The Politics of Feminism in Islam.* In: Saliba, Therese (Hg.) u.a.: Gender, politics and Islam. 2002, S. 72–74; Majid, Anouar: *The Politics of Feminism in Islam.* In: Saliba, Therese (Hg.) u.a.: Gender, politics and Islam. 2002, S. 53–94..

86   Badran: 2001, S. 231.

87   Ebd.

88   Vgl. hierzu Gündüz, Zuhal Yesilyurt: *Europe and Islam: No Securitization, Please!* 2007, S. 4 zu „Huntington's Harm"; Haddad, Heidi Nichols: *Gender Role Values in the Muslim World. A Value Difference between Men and Women?* Paper presented at the annual meeting of the ISA's

dernorts anmerkt, nicht aber doch überwiegend darauf abzielen oder zur Folge haben, die Solidarität der Frauen zu untergraben oder zu verhindern,[89] scheint zumindest auf analytischer Ebene eine durchaus berechtigte Frage zu sein.[90] Immerhin werden dadurch auch solche Fragekomplexe berührt, die auf der praktischen Handlungsebene von Bedeutung sind: Fragekomplexe, die (1) die wechselseitige Wahrnehmung und Bezugnahme der unterschiedlichen Diskurse über Feminismus, Frauenbewegung und Frauenrechte, und die (2) die Möglichkeiten der Solidarisierung und vernetzten Arbeit zwischen muslimischen/islamischen und islamistischen sowie die zwischen muslimischen/islamischen und nicht-muslimischen Akteurinnen betreffen.

Beide Ebenen bzw. Fragekomplexe müssen zusammen betrachtet werden, wenn die Milieus muslimischer/ islamischer und islamistischer Frauenaktivistinnen in ihrer Dynamik, Heterogenität und (Macht-)Relationalität[91] – nicht zuletzt auch mit Blick auf bestehende Solidarisierungspotentiale außerhalb ihrer Milieus – untersucht werden.

Schlussfolgerung

Wie in anderen Ländern entwickeln sich auch in Deutschland neue Formen der Religiosität und Glaubenspraxis, genauso wie neue Sichtweisen auf den Islam (vgl. Schirin Amir Moazami 2007; Tietze 2003; dies. 2004; Boos-Nünning/Karaksoglu 2004: 462–514).[92] Im Zuge dessen entsteht hier wie anderswo ein neues

---

[89] 49th Annual Convention, Bridging Multiple Divides, Hilton San Francisco, San Francisco, CA, USA, Mar 26, 2008.

[89] Vgl. Badran: 2002.

[90] Dass die Gegenüberstellung religiöser und säkular-politisch orientierter Frauen in der Praxis tatsächlich eine Rolle spielt bzw. problematisch in der wechselseitigen Wahrnehmung sowie für die potentielle Kooperation ist (wobei die eigene Gruppe in der Regel differenzierter wahrgenommen wird als die eigene), stellt in ihrem Erfahrungsbericht zum Beispiel auch Klingspor, Christiane: *Projekt Sarah – Hagar. Dialog im globalen Dorf.* In: Braun, Christina von (Hg.) u.a.: ‚Holy War' and Gender. Violence in Religious Discourses. 2006, S. 239–263 fest.

[91] In diesem Zusammenhang ist auch der Frage nach einer möglichen hegemonialen islamischen Religiosität nachzugehen. Sofern diese als relationale Kategorie verstanden wird, die ihre Gestalt nicht nur in Relation zur nicht-islamischen Religiosität erhält, sondern auch, wenn nicht sogar primär, zu anderen, untergeordneten Religiositätsformen, die selbst wiederum in zusätzlicher Relation stehen (wie z. B. zu den bedeutsamen soziostrukturellen Relevanzen bzw. Verhältnissen zwischen Klassen, Schichten, Milieus und Ethnien). Primärbeobachtungen im Feld lassen durchaus auf die Existenz einer solchen „hegemonialen Religiosität" schließen.

[92] Vgl. Amir-Moazami: 2007; Tietze, Nikola: *Muslimische Religiosität in Deutschland: Welche Perspektiven hat die Forschung?* In: Berliner Debatte Initial, Jg. 14, H. 4/5. 2003, S. 197–207; dies.: 2004; Boos-Nünning, Ursula/Karaksoglu, Yasemin: *Viele Welten leben. Lebenslagen von Mädchen und Jungen mit griechischem, italienischem, türkischem und Aussiedlerhintergrund.* 2004, S. 462–514. Zum allgemeinen religiösen Wandel in modernen Gesellschaften: siehe neben Roy (2011) auch Pollak, Detlef: *Religiöser Wandel in modernen Gesellschaften: Religionssoziologische Erklärungen.* In: Faber, Richard/Hager, Frithjof (Hg.): Rückkehr der Religion oder säkulare Kultur? Kultur- und Religionssoziologie heute. 2008, S. 166–191; zur seit den 1990er Jahren

muslimisches Selbstverständnis. Dieses ist gekennzeichnet sowohl durch wechselseitige Prozesse zwischen Muslimen (z. B. zwischen den Generation, Her-
kunftsgruppen und Geschlechtern) sowie zwischen Muslimen und Nicht-Muslimen (z. B. bzgl. der Anerkennung, einhergehend mit der Suche nach einem
gesetzlichen Status, durch Ab- und Ausgrenzungsprozesse, wechselseitige Bezugnahme und Wahrnehmung, teils Stigmatisierungen und Gegenstigmatisierun-
gen) als auch durch Verschiebungen in den sozialen und politischen Machtbalancen innerhalb und zwischen diesen Gruppen.[93]

Welche aktive Rolle muslimische Frauen in diesen vielschichtigen und
komplexen Prozessen einnehmen, ob und wie sie diese mit gestalten (können)
und dabei eventuell auf Barrieren des muslimisch-religiösen Establishments und/
oder auf Grenzen europäisch-feministischer Solidarität stoßen, ist bisher nicht
genauer untersucht. Gleiches gilt für die internen und externen Vernetzungs-
strukturen, Kommunikations- und Dialogformen, die Anerkennungs- und
Öffentlichkeitspolitiken, Handlungsstrategien, herkunfts-, generations- und
geschlechtsspezifischen Orientierungen, Sinnbezüge, Erfahrungswelten und
feminin-muslimischen Identitätskonzepte muslimischer Frauen in Deutschland,
besonders in Abgleich mit ihren unterschiedlichen Religiositätsformen, religiösen und politischen Einstellungen, Orientierungen und Lebensstilen. Weder
existieren darüber belastbare Daten, noch lassen sich von den aktuell existieren-
den Studien und Forschungsergebnissen darüber entsprechend differenzierte
Aussagen ableiten.

Eine andere Frage, der bislang noch nicht ausreichend nachgegangen wird, ist
die, inwieweit bzw. mit welcher genaueren Ausprägung auch in Deutschland
unter muslimischen Frauen diskursive Handlungszusammenhänge bestehen, die
als „islamischer Feminismus" oder „Gender Jihad" bezeichnet werden können.
Daran anknüpfend, eine positive Beantwortung vorausgesetzt, wäre dann noch

---

zunehmenden öffentlichen Auseinandersetzung mit Religion: Gärtner, Christel: *Allgegenwärtig.
Religion und Medien.* In: economag.de (Magazin), H. 6. 2009; zu den Dynamiken religiöser
Identitätsbildung bei Musliminnen in Deutschland: Klinkhammer (2004), vgl. Abu Raiya,
Hisham/Pargament, Kenneth I. u.a.: *A Psychological Measure of Islamic Religiousness: Development and Evidence for Reliability and Validity.* In: The International Journal for the Psychology
of Religion, Jg. 18. 2008, S. 291–315. Insbesondere im Zusammenhang der (neuen) Religiositätsformen von Muslimen und Musliminnen in Deutschland wird unter anderem auch die These
vertreten, dass hier die Religiosität muslimischer Jugendlicher eben nicht ihre Integration be-
hindere, sondern vielmehr eine Voraussetzung dafür sei, ihre Integrationsbereitschaft zu fördern. Öztürk, Halit: *Wege zur Integration. Lebenswelten muslimischer Jugendlicher in* Deutschland. 2007.
In den Diskursen über den so genannten Reformislam, progressiven Islam und Frauen im Islam
wird immer wieder zwischen säkularen und religiösen Muslimen unterschieden. Im Grunde
aber existiert dafür keine klar umrissene Definition. Manche „säkularen Muslime" bezeichnen
sich auch als kulturelle Muslime. Zudem wird dann noch zwischen traditionellen, konservativen
und modernen Muslimen unterschieden. Auch hierfür gibt es keine klaren Definitionen. Nur
behelfsweise lässt sich auf solche Attribuierungen Rückgriff nehmen.

[93]   Vgl. Nökel: 2007, S. 147,

zu klären, ob dieser Feminismus als deklariertes Projekt, analytischer Ausdruck und/oder Identitätsbeschreibung Geltung besitzt und Wirkung erzielt.[94] Der damit in den Fokus gerückte Fragekomplex kann zusammenfassend wie folgt formuliert werden: Inwieweit bilden muslimische Frauen in Deutschland mittels feministischer Orientierungen, spezifischer Handlungsmotive und -praktiken (auf lokaler, regionaler und/oder nationaler Ebene) neue Bewegungsmilieus, welche Bezüge, Integrations-, Kohäsions- und Abgrenzungsdynamiken sind für deren Existenz und Identität ausschlaggebend, inwieweit spielen dabei Religionszugehörigkeit und spezifische Formen der Religiosität eine Rolle?

> „Before Westerners can help Muslim women, they must understand Muslim women's priorities."[95]

Obwohl muslimische Frauen sich direkt und öffentlich mit islamischen Vorschriften und sozialpolitischen Fragestellungen auseinandersetzen, sich nicht nur aktiv am Prozess der (Re-)Interpretation und/oder (Neu-)Auslegung islamischer Texte beteiligen sowie für mehr Gerechtigkeit und Chancengleichheit einsetzen, wird dies in den öffentlichen Debatten und Kontroversen um den Islam und dessen Integration nur geringfügig oder gar nicht wahrgenommen. Auch wird der Diskurs über muslimische Frauen hauptsächlich über sie und nicht von ihnen geführt wird.[96] Nach wie vor ist das stereotype Bild der unterdrückten, sich stetig in der Opferrolle befindenden muslimischen Frau, das von Projektionen „abendländischer" Werte und Gefühle der Fremdheit und Angst bestimmt ist, vorherrschend. Nach wie vor dient die muslimische Frau als Metapher für die unterstellte Unvereinbarkeit von Islam und islamischer Religiosität mit westlichen und modernen Vorstellungen und Lebensstilen, der Säkularität und Geschlechtergerechtigkeit.

In diesem diskursiven Zusammenhang, so argumentiert nicht nur Irmgard Pinn, sei gerade dieses Bild bestens dazu geeignet, sich des eigenen Emanzipationserfolgs sowie der eigenen Modernität zu vergewissern. Solange dieses Bild existiere, müsse sich nicht mit den eigenen Verfehlungen und Irrläufen auseinandergesetzt werden.[97] Daniela Marx resümiert zudem, dass sich in den von diesem stereotypen Bild ableitenden „Rettungsszenarien" westlicher, nichtmuslimischer Diskursteilnehmerinnen eine „universalistische, eurozentristische,

---

[94] Bislang wird hier (auch nur von an einer Hand abzuzählenden Beiträgen im deutschen Diskurs, s. o.) ausschließlich der Gelehrtinnendiskurs oder der entsprechende Identitätsfaktor angesprochen.

[95] Esposito/Mogahed: 2007, S. 127.

[96] Beispielhaft dafür ist der 2003 im Transcript-Verlag erschienene, von Rumpf/Gerhard/Jansen herausgegebene Band „Facetten islamischer Welten". Gegenbeispiele: Youssef, Houda (Hg.): *Abschied vom Harem. Selbstbilder – Fremdbilder muslimischer Frauen*. 2004; Pusch: 2001; Mernissi, Fatema/Peinelt, Edgar: *Die vergessene Macht. Frauen im Wandel der islamischen Welt*. 1993.

[97] Pinn/Wehner: 1995.

‚neu-realistische' Positionierung" konturiere, meist verknüpft mit einer „additi-
ven Konzeption von Unterdrückungsverhältnissen sowie mit der logisch konse-
quenten Gegnerschaft gegenüber Multikulturalismus und Relativismus."[98] „Diese
[Positionierung] zeitigt antiemanzipatorische Effekte, indem sie der Reproduk-
tion von Unterdrückungsverhältnissen auf anderen als der fokussierten Ebene
der Geschlechterverhältnisse Vorschub leistet. Kurz: Sie tendiert dazu, für feind-
bildartige, reaktionäre und rassistische Ausgrenzungen des ‚islamischen Anderen' anschlussfähig zu sein oder entsprechende Argumentationen selbst zu re-
produzieren."[99]

Einerlei ob diese Feststellungen oder Einschätzungen nun tatsächlich zutreffen, oder die nach wie vor noch sehr wenigen muslimischen Politikerinnen, Jour-
nalistinnen und Wissenschaftlerinnen einen sich hier allmählich abzeichnenden
Wandel anzeigen. Stereotype Bilder von und Vorurteile über muslimische
Frauen bestehen und sind diskursmächtig. Nur einer differenzierten Sicht bzw.
einer selbstreflexiven, religionssensiblen, hegemoniekritischen, ent-homogenisie-
renden, ent-essenzialisierenden und kontextualisierenden Perspektive kann es
gelingen, diese Bilder und Vorurteile aufzubrechen.[100] Darauf basierend können
letztlich auch erst angemessene Handlungsstrategien entwickelt werden.[101]

Damit das gelingt, müssen muslimische Frauen selbst befragt und stärker in
die Analyse mit einbezogen werden. Dies nicht zuletzt auch deshalb, weil sie ihre
eigenen Vorstellungen von Weiblichkeit, Rollenbildern, Frauenrechten, weiblicher Identität, Religiosität und Emanzipation haben. Teils grenzen sie sich hierbei mindestens genauso kritisch vom westlichen (weißen Mittelschichts-)Femi-
nismus wie von traditionellen, konservativen und/oder fundamentalistischen
Islaminterpretationen ab, verfolgen mitunter die, besonders im deutschen Diskurs noch kaum beachtete Strategie, den Koran alternativ aus weiblicher Sicht zu
lesen, um so eine authentische weibliche Identität im Islam zu integrieren,
und/oder sie suchen überkommene Konstruktionen binärer Denk- und
Wahrnehmungsstrukturen mitsamt der dichotomischen Sichtweisen ‚religiös
versus säkular', ‚west versus ost' aufzulösen und Stereotype gegenseitiger Frauen-
bilder – auf der einen Seite die rechtlose verschleierte muslimische Frau, auf der
anderen Seite die familienfeindliche westliche Karrierefrau – aufzuschließen.

Die Frage, ob überhaupt und wenn ja, welche der Musliminnen auf welche
Weise beabsichtigt, einen spezifischen Feminismus – der hier nur behelfsweise
zunächst als „islamischer Feminismus", „Gender Jihad" oder „Glaubens-Akti-
vismus" bezeichnet wird,[102] zu kreieren, ist noch offen.[103]

---

[98]   Marx: 2007, 535.
[99]   Ebd. Vgl. hierzu Rommelspacher (2009; 2010), die Ähnliches diagnostiziert.
[100] Vgl. Gomani: 2011
[101] Vgl. Marx: 2007, S. 4–11
[102] Wie dies zum Beispiel, um an dieser Stelle ein sehr prominentestes Beispiel zu nennen, die
       muslimischen Frauen tun, die sich um die malaysische Gruppe „Sister in Islam" formiert haben.

Manche Aktivistinnen lehnen für sich die Bezeichnung „Feministin" vehement ab. Entweder weil es ihnen sowieso weniger um die Modernisierung des Islam als vielmehr um die Islamisierung der Moderne geht, oder weil sie mit dem „Westfeminismus" ein Unbehagen darüber verbinden, dass diese Form des Feminismus mit dem rassistischen und imperialistischen Diskurs der hegemonialen westlich-kapitalistischen Kultur korrespondiert(e). Andere wiederum kritisieren, dass der westliche Feminismus Religion pauschal als patriarchalisches Herrschaftsinstrument ablehne oder Glauben und Religion als irrationale Faktoren betrachte.[104]

All das deutet auf wechselseitige Voreingenommenheiten hin, die, so muss vermutet werden, nicht nur im Extremfall zu Stigmatisierung und Gegenstigmatisierung, völliger Ab- und Ausgrenzung bis hin zu institutioneller und individueller (Alltags-)Diskriminierung sowie selbst gewählter und/oder fremdbestimmter Isolation führen, sondern grundsätzlich mögliche Allianzen in frauenspezifischen Fragen und Initiativen wie auch potentielle (themenbezogene) Bündnisse und Solidarisierungen erschweren oder verhindern.

Unabhängig davon ist ohnehin bemerkenswert, dass, obwohl sich die von muslimischen/islamischen Frauen geführten theoretischen und ethischen Debatten in aller Regel deutlich von den männlich-konservativen Perspektiven unterscheiden, die sich im Zusammenhang islamistischer und islamisch-fundamentalistischer Strömungen vermehrt durchsetzen (inklusive der damit verbundenen orthodoxen Orthopraxie), diese kaum zur Kenntnis genommen werden. Allein das wäre Anlass genug, die Anliegen und Aktivitäten der „islamischen Frauenbewegung" sowie die weiblich-muslimischen Perspektiven in ihrer Vielfalt, Eigenständigkeit und Besonderheit genauer in den Blick zu nehmen und der Öffentlichkeit entsprechend vorzustellen.

Dabei gilt nicht zuletzt auch ein Bewusstsein dafür zu schaffen, dass muslimische Frauen eben nicht nur Opfer, Unterdrückte oder Objekte für Hilfsmaßnahmen sind.[105] Vielmehr wirken muslimische Frauen, seien sie religiös oder säkular orientiert – wobei das eine das andere nicht automatisch ausschließt – aktiv und konstruktiv an Prozessen der Machtverschiebung mit. Deren Ausgang ist nicht

---

[103] Badran (2002) z. B. argumentiert, dass die islamischen Feministinnen wesentlich radikaler seien als die säkularen Feministinnen.

[104] Die Pionierinnen des ägyptischen und marokkanischen Feminismus haben zum Beispiel – gleich ob säkular oder religiös eingestellt – immer auch einen Blick auf die Religion geworfen.

[105] In ihrer diskursanalytischen Betrachtung hat Marx (2007) genau auf diesen Aspekt bezogen eine bewusst provokante Struktur in Form von ‚Rettungsszenarien', inklusive der darin zu besetzenden ‚Rollen' der ‚RetterInnen', der ‚zu Rettenden' und der ‚GegenspielerInnen' gewählt. Dies brachte „[…] widerstreitende feministische Positionierungen zu tage, die sich in Bezug auf ihr jeweiliges ‚Rettungsanliegen' und die Besetzung der ‚Rollen' unterscheiden – und doch allesamt auf die, wenn auch unterschiedlich ausgerichtete, ‚Rettung', d. h. die Emanzipation ‚der Anderen' ausgerichtet sind" (S. 535). Siehe zu diesem Themenkomplex auch Levasseur, Doris: *ORIENTierungen. Eine Untersuchung zum Selbstverständnis engagierter Frauen der deutschen Mehrheitsgesellschaft in ihren Beziehungen zu Frauen nichtdeutscher Herkunft.* 1999. Online verfügbar unter http://opus.kobv.de/tuberlin/volltexte/2000/108/ (11.11.2012).

zuletzt mit davon abhängt, wie sich die nicht-muslimische Öffentlichkeit, die
Wissenschaften und die Politik dazu verhalten. Das wiederum hängt mit davon
ab, ob und wie viel empirisches Wissen darüber existiert, welche Orientierungen,
Sinnbezüge und Bewusstseinslagen muslimische Frauen besitzen, über welche
Machtpositionen sie in welchen Feldern auf welchen Ebenen verfügen, ob, wo
und wie sie sich im Hinblick auf bestimmte Frauenfragen vernetzen, welche
Bezüge sie dabei auf welche Weise herstellen (zum Beispiel zu Personen, Organisationen, religiösen Primär- und Sekundärtexte, Literatur usw.), welche Handlungsstrategien sie dabei verfolgen und welche Handlungschancen auch mit Blick
auf mögliche Allianzen in nichtmuslimischen Milieus haben.

Verlust der Begriffe, Fixierung auf Religion und Tradition: Zur Konstruktion muslimischer Identität in öffentlichen und sozialwissenschaftlichen Diskursen

Nina Clara Tiesler

> While we fought a seven year war to be able to call ourselves *Algerians* – and no more *Muslims* or *indigenous* as the French colonisers did – we have now gone back to colonial labels and fundamentalists have imposed on all Algerian people a single forced *Muslim* identity, exclusive of any other. Moreover, this label is being adopted by many people outside Algeria who, a few decades ago would not have dared to call us Muslim (but respectfully Algerian), and now feel thoroughly dissatisfied with our sole national identity and insist on labelling us by religion, ethnicity or tribe (it happened to me so many times), and do not even see a problem in insisting on it (Marie-Aimée Hélie-Lucas, 1996).

Dreihundert Aktivistinnen aus mehrheitlich islamischen Ländern kamen Ende Oktober 2005 zum ersten Kongress zum Thema Islamischer Feminismus in Barcelona zusammen. In der westlichen Presse wurde über den Kongress als „launch event" und Aufruf zum internationalen „gender jihad" berichtet.[1] Ein Appell richtete sich an nicht-muslimische Feministinnen: Die Organisatoren und Organisatorinnen wünschten sich mehr Zusammenarbeit, aber auch, dass nicht-muslimische Feministinnen sich mit ihren anti-islamischen Vorurteilen auseinandersetzen müssten.[2] Das Verhältnis zwischen den verschiedenen und in sich heterogenen Bewegungen von islamischen Feministinnen[3], feministischen (säkularen)

---

[1] Siehe z. B. *BBC News*, „Islam feminists urge gender jihad", by Danny Wood, 31.10.2005; *The Guardian*, „Muslim women launch international ‚gender jihad'", by Giles Tremlett, 31.10.2005. Eine der Hauptrednerinnen des Kongresses war Amina Wadud, Autorin des Buches *Inside Gender Jihad – Women's Reform in Islam* (Wadud 2006).

[2] BBC News, „Islam feminists urge gender jihad", by Danny Wood, 31.10.2005.

[3] Vgl. Badran, Margot, *Feminism in Islam: Secular and Religious Convergences*, 2009; Barlas, Asma, *Believing Women in Islam*, 2002.

Musliminnen[4] und nicht-muslimischen Feministinnen ist komplex[5] (Lazleg 1988, Mohanty 1988, Rommelspacher 2009, Badran 2009).

Die historisch junge, internationale Sichtbarkeit sich Bahn brechender Frauenbewegungen aus mehrheitlich islamischen Ländern fällt in westlichen Ländern in ein verhärtetes Diskursklima. Die Gründe hierfür sind vielfältig. Birgit Rommelspacher weist auf eine der wesentlichen Schwierigkeiten der Mehrheitsgesellschaft hin, nämlich „zu erkennen, dass ihr Konzept von Emanzipation selbst repressiv und Widerstand gegen ihre Emanzipationsvorstellungen emanzipatorisch sein kann".[6] Ein Teil der Problematik wurzelt im politischen Konstrukt einer verzerrten Schein-Kategorie der „muslimischen Frau"[7] – und ihr voran stehen diskursive Konstrukte von muslimischer „Identität" in nicht-muslimischen Gesellschaften. Anhand von Beispielen aus öffentlichen und sozialwissenschaftlichen Diskursen wirft das vorliegende Kapitel einen Blick auf die jüngere Geschichte diskursiver Konstruktionen muslimischer Subjektivität und ihren entscheidenden Wendepunkt ab 1989.[8] Während Diskurse (akademische nicht immer ausgenommen) über Muslime „im Westen" seit fast zehn Jahren entscheidend von der „War on Terror" Rhetorik bestimmt werden, entwickelten sich jene Konstruktionen muslimischer „Identität", wie sie heute noch bestimmend scheinen, schon im gesellschaftlichen und politischen Klima nach dem Ende des Kalten Krieges, oder, wie der Historiker Eric Hobsbawm es benannte, am Ende des „short century", dem Zeitalter der Extreme.

---

[4]   Vgl. Al-Ali, Nadje, Secular Women's Activism in Contemporary Egypt. In: Imam, Ayesha and Morgan, Jenny and Yuval Davis, Nira, (eds.), *Warning Signs of Fundamentalisms*, 2004, pp. 144–157; Al-Ali, Nadje, A mirror of political culture in contemporary Egypt: divisions and debates among women activists. In: Kienle, Eberhard (ed.), *Politics from above, politics from below: the Middle East in the age of economic reform*, 2003.

[5]   Vgl. Lazleg, Marnia (1988), Feminism and Difference: The Perils of Writing as a Woman on Women in Algeria, Feminist Studies, Vol. 14, No. 1 (Spring, 1988), 1988, pp. 81–107; Mohanty, Chandra Talpade, Under Western Eyes: Feminist Scholarship and Colonial Discourses, Feminist Review, No. 30 (Autumn 1988), 1988, pp. 61–88; Rommelspacher, Birgit, Feminismus und kulturelle Dominanz: Kontroversen um die Emanzipation „der" muslimischen Frau. In: Sabine Berghahn und Petra Rostock (Hrsg.), Der Stoff, aus dem Konflikte sind. Debatten um das Kopftuch in Deutschland, Österreich und der Schweiz. Bielefeld: transcript 2009, S. 395–412; Badran, Margot, *Feminism in Islam: Secular and Religious Convergences*, 2009.

[6]   Vgl. Rommelspacher, Birgit, *Zur Emanzipation „der" muslimischen Frau, Aus Politik und Zeitgeschichte*, H5/2009 Jan. 2009a, S. 38.

[7]   Salih, Ruba, *Gender in Transnationalism. Home, Longing and Belonging Among Moroccan Migrant Women*, 2003; Moors, A. and Salih, R., ,Muslim women' in Europe: Secular normativities, bodily performances and multiple publics, *Social Anthropology*, 17: 2009, S. 375–378.

[8]   Vgl. Tiesler, Nina Clara, *Europäisierung des Islam und Islamisierung der Debatten: Zur Karriere eines Forschungsgegenstandes in sozialwissenschaftlichen Diskursen*, 2007 und eingehender Tiesler, Nina Clara, *Religiöses Bewusstsein in säkularer Diskurssprache: Selbstpositionierungen muslimischer Minderheiten in den europäischen Sozialwissenschaften*, 2007a.

Kulturalisierung der Debatten[9]

Am Rande einer Veranstaltungsreihe der Grünen nahen Heinrich-Böll-Stiftung, die für den Dialog mit Muslimen warb und ihn mittels öffentlicher Diskussionsrunden in verschiedenen deutschen Städten umsetzte, füllte im Mai und Juni 2000 eine kontroverse Debatte die Leserbriefseiten der Berliner *tageszeitung* (taz).[10] Einer der Leserbriefe stammte von Micha Brumlik. Er kritisiert, dass auch gestandene Linke, sobald es um islamische Religionsgemeinschaften ginge, die Optik des Verfassungsschutzes einnehmen würden, unter der sie selbst jahrelang gelitten hatten. Brumlik knüpft an Max Frischs berühmte Worte an, die jener vor Jahrzehnten bezüglich der „Gastarbeiter" so treffend formuliert hatte, nämlich, *dass man Arbeitskräfte gerufen habe und Menschen gekommen seien.*

> *Inzwischen herrscht zwar Konsens, dass die Arbeitskräfte Menschen sind, aber noch nicht darüber, dass sie religiöse Menschen sind. Dabei ist jene, die multikulturelle Szene umtreibende Frage, ob die Immigranten ihren Glauben mitgebracht oder erst als Reaktion auf hiesige Diskriminierung ausgebildet haben, völlig unerheblich. Niemand – außer akademischen Religionssoziologen – interessiert sich schließlich dafür, warum jemand katholisch bleibt oder aus der lutherischen Landeskirche austritt.* (Brumlik, *taz* 17./18.06.2000, zitiert nach Hartmann/Krannich 2001)

Brumliks Kommentar in dieser Debatte[11] zielt darauf, dass die Frage, *wo, wann*

---

[9] Der folgende Abschnitt stammt aus meinem Buch *Muslime in Europa. Religion und Identitätspolitiken unter veränderten gesellschaftlichen Verhältnissen,* das 2006 im Lit-Verlag, Münster erschienen ist.

[10] Angestoßen wurde die Debatte von einem Beitrag Eberhard Seidels, dem Inlandsressortchef der als politisch links und minderheitspolitisch korrekt geltenden Zeitung. Gestritten wurde darum, welche Muslime oder islamische Organisationen in einen solchen Dialog miteinbezogen werden sollten und wo, in Anbetracht des Verdachts auf verfassungswidrige Elemente in manchen türkischen Kulturvereinen, die Grenzen lägen. Auf die Leserbrief-Kontroverse folgte eine heftige Debatte in der Frankfurter Stadtverordnetenversammlung und auf letztere ein Medienecho, das die Berichterstattung über die Diskussionsveranstaltung selbst bei weitem übertraf (Hartmann, Thomas/Margret Krannich, *Muslime im säkularen Rechtsstaat,* 2001, S. 103).

[11] Nachzulesen in: Hartmann, Thomas/Margret Krannich, *Muslime im säkularen Rechtsstaat,* 2001, wo zusätzlich zu den Diskussionsbeiträgen der Veranstaltungsreihe „Muslime – Neue Akteure in Kultur und Politik" auch die Leserbriefe abgedruckt sind. Die Veranstalter sahen das Interesse an der Vortrags- und Diskussionsreihe in einem allgemeineren, aktuellen Kontext begründet: „Deutschland realisiert, dass es Einwanderungsland ist, und breite Kreise der Gesellschaft stellen sich den Fragen und Problemen, die damit zusammen hängen. Die theoretischen Diskurse über den Umgang mit ‚Differenz' werden praktisch. Die Folgen davon im Alltag haben wir alle schon erlebt. Die Konsequenzen für die gesellschaftliche Ordnung erschließen sich erst in einem theoretischen Diskurs" (Hartmann, Thomas, *Muslime im säkularen Rechtsstaat,* 2001, S. 7). Hartmann unterstreicht zwar, dass praktische, gesellschaftliche Probleme zur Diskussion stehen und ermöglichte auch, dass der theoretische Diskurs über eine neue gesellschaftliche Ordnung von den Beiträgen der eingeladenen muslimischen Intellektuellen, die eindeutig aktive Gesellschaftsmitglieder sind, stimuliert wurde. Im Titel der Veranstaltung allerdings werden

und warum europäische Muslime ihre Religiosität ausgebildet haben, keine Rolle
in den Debatten um rechtliche Anerkennung und Gleichberechtigung spielen
sollte. Sie erscheint jedoch erheblich, wenn man u. a. den Multikulturalitäts-
Diskurs genauer in den Blick nimmt und sich darüber hinaus fragt, *wo, wann
und warum* es zu einer solchen Kulturalisierung[12] gesellschaftlicher Problematiken und einer neuen, aggressiven Fixierung auf Traditionen kam, im Zuge derer
religiöse Kategorien als Abstammungskategorien erscheinen. Brumliks Einschätzung, dass sich für die Frequentierung christlicher Kirchen, die gewiss auch ohne
praktizierende Besucher in Europa sichtbar bleiben würden, nur Religionssozio-
logen interessierten (*taz* 17./18.06.2000), mag stimmen. Jedoch ist diese Einschätzung auf nicht-kirchliche religiöse Phänomene gewiss nicht übertragbar.[13]

Religionsbezogene Fragestellungen, die im Fall der Muslime in Europa auch
gesellschaftlich bedingte Muster religiöser Transformation mit einbeziehen,
wurden erst Mitte der 1980er Jahre interessant[14], obwohl z. B. Ernst Gellner eine
dahinführende Frage für islamische Mehrheitsgesellschaften bereits 1969, in *A
Pendulum Swing Theory of Islam* formuliert hatte. Gellner war damit einer der
ersten westlichen Wissenschaftler, die es sich zur Aufgabe machten, das Verhältnis von Islam und Moderne zu analysieren. Im Nachhinein kann man seine
Frage nach dem Zusammenhang von gesellschaftlichen Bedingungen und Religiosität wohl als Schläferfrage bezeichnen. Er selbst ging ihr während der 1970er
Jahre, als der Großteil der Forschungsansätze nahe legte, die Bedeutung von
Religion in der Moderne begraben zu sehen, nicht weiter nach, sondern griff sie
m. E. erst 1981 wieder auf.[15] Sossie Andezian war eine der ersten Sozialwissenschaftlerinnen, die sich explizit mit der Religiosität von Einwandern aus islamischen Ländern befasste. Binnen kürzester Zeit war sie eine von vielen. 1988 hielt
sie es für notwendig, darauf hinzuweisen, dass ihr Untersuchungsgegenstand
kein junges, erst kürzlich aufgetretenes Phänomen sei, und bemerkt sowohl die
Politisierung der Debatten um muslimische Immigranten, als auch die Tatsache,
dass das Thema an sich erst kürzlich öffentlichkeitswirksam wurde:

*The Muslim population of France [...] is subjected nowadays to a variety of
pressures from governments (those of France and the countries of origin), poli-*

    Muslime leider nicht als neue Akteure in der Gesellschaft begriffen, sondern ihr Wirken exklu-
    siv politisch und kulturell konnotiert.
[12] Siehe in diesem Zusammenhang auch Claussens (1987, S. 10) Ausführungen zur „unkritischen
    Renaissance des Kulturbegriffs, der längst um seine Alltagsdimension erweitert ist".
[13] Man denke abseits dieses Feldes nur an den Aufruhr und die wissenschaftlichen und politischen
    Debatten über Neue Religiöse Bewegungen und die entsprechenden grundgesetzlichen Überle-
    gungen, die in den 1990er Jahren u. a. zur Einrichtung einer Enquete-Kommission im Deut-
    schen Bundestag führten.
[14] Vgl. Nielsen, Jørgen, *Muslims in Western Europe*, 1992, S. vii.
[15] Siehe Gellner, E., *A Pendulum of Swing Theory of Islam*, 1969, und derselbe *Muslim Society*,
    1981, wo die Dimension des Islam als Form sozialer Organisation beschrieben wird.

> *tical parties, Muslim and Christian organizations, and lay organizations, all of which are vying with one another for control of its social and private life. Responsibility for Muslim identity, previously vested in the immigrants them-selves, has now become a matter of public concern. It is as if Islam had sprung up suddenly among the mass of immigrants as a result of the Iranian revolu-tion and it had now become urgent to curb its effects, perceived as dangerous for the integrity of French society.* (Andezian 1988, 196)

Es lässt sich in Europa heute kaum eine Disziplin finden, die Muslime als For-schungsobjekt nicht mit einbezöge, handelt es sich nun um den Kern der Sozial- und Kulturwissenschaften, *Gender Studies* oder um Bereiche wie Wirtschaftswis-senschaften, Geographie, Architektur und Rechtswissenschaft. Während die westlichen *colonial empires* drohen zu *implodieren*[16], trug die *Neue Islamische Präsenz* insbesondere in Migrations- und Globalisierungsdiskursen, in den *Postcolonial-* und *Cultural Studies* seit den späten 1980er bis heute zu einer Ex-plosion von Fragen und unterschiedlichen Forschungsansätzen bei. Sayyid kritisiert Perspektive und Methode der meisten *„post-war studies of settlers in Europe"* und fasst die entsprechenden, dominanten Ansätze mit der Bezeichnung *Immigrant Study Model (ISM)*[17] zusammen:

> *This model is based on there being a sharp distinction between the host society and immigrants. Accordingly migration can be attributed to socio-economic imbalances between distinct areas – those which push people, and areas which pull people towards them. The* Immigrant Studies Model *has overlaid these socio-economic imbalances with cultural signifiers which establish a „super-hard" difference between host and immigrant.* (Sayyid 200X, 2)

Die Kulturalisierung der Debatten, die Diagnose vom Bedeutungsaufschwung von – und die diskursive Fixierung auf – Religion, in diesem Fall Islam, aufseiten der westlichen Wissenschaftler und Öffentlichkeit liegt offenbar nicht in der – ohnehin Kontext gebundenen – Dynamik der *Neuen Islamischen Präsenz* be-gründet[18]. Das veränderte Verhältnis von Migration und Bevölkerungsstruktur westlicher Gesellschaften wird religiös „gelabelt", wobei oft Religion und Kultur konfundiert werden. Die Attribute „traditionell" und „modern" werden als Ge-gensatz begriffen und dabei übersehen, dass die Gegenwart von einem Synkre-tismus von beiden bestimmt wird: Traditionen sind nicht mehr „authentisch

---

[16] Vgl. Sayyid, Salman, *Beyond Westphalia: Nations and Diasporas*, www.jamaat-e-islami.org//rr/nationsdiasporas_sayyid.html, updated: 24/09/2002. Auch in: B. Hesse, 2002, S. 7.

[17] Vgl. Sayyid, Salman, *Anti-Essentialism and Islamism*, Innovations: The European Journal of Social Sciences, vol. 13, no. 4, 1999.

[18] Vgl. Tiesler, Nina Clara, *Muslime in Europa. Religion und Identitätspolitiken unter veränderten gesellschaftlichen Verhältnissen*, 2006, S. 36–72.

traditionell", die Moderne nicht ausschließlich „modern", sondern der Synkre-
tismus von Tradition und Moderne verändert beides.

Ihren methodologisch angelegten Vortrag über aktuelle Islamforschung eröffnet die Berliner Professorin für Islamwissenschaft Gudrun Krämer im März 2000
mit den Fragen: „Why do we study Islam, and how should we do it?" Verglichen
mit dem „Wie" ließe sich die Frage nach dem „Warum" relativ leicht beantworten:

> *Culture is very much in fashion, and it has been so for a while. The* cultural
> turn *is widely debated, not only in the humanities, but also in the social scien-
> ces. Its strong appeal has certainly to do with politics, for there can be little
> doubt that the demise of the Soviet Empire and the intensification of ethnic
> conflict in many parts of the world have contributed towards giving so high a
> profile to matters of culture and identity. [...] There are disturbing aspects to
> this preoccupation with culture, if it is not an outright obsession; aggressive
> ethnic assertiveness on one hand, and the talk about a potential if not inesca-
> pable* clash of civilizations *on the other, are among them. The latter in parti-
> cular would not have found such fertile ground and reached so wide an
> audience, had it not been for the cultural turn in academic as well as in what is
> commonly considered to be* real *life.*   (Krämer 2000, 6)

Zum anderen sorgten die Revolution im Iran 1979, die Verbreitung von Versatz-
stücken reformislamischer Ideen der islamistischen Vordenker wie Maudoodi
(Pakistan), Qutb (Ägypten) und Khomeini (Iran) durch politische Bewegungen
in Maschrek und Maghreb (z. B. die FIS in Algerien), und die Islamisierung der
PLO dafür, dass der Islam einen der oberen Plätze auf der Agenda politischer
und gesellschaftlicher Debatten in westlichen Gesellschaften einnahm. Außerhalb der so genannten Islamischen Welt nährten zum Beispiel die Attraktion
Neuer Religiöser Bewegungen oder die Erfolge der Evangelikalen und der *Religious Right* in den USA die allgemeine Einschätzung der 1980er und 1990er
Jahre, dass in vielen Regionen der Welt offenbar ein Wiedererstarken von Religionen erkennbar sei. Eine Einschätzung, die u. a. dazu führte, dass insbesondere
(aber nicht nur) im Fall der Muslime nun auch Zusammenhänge nach religiösen
Mustern gedeutet wurden, in denen die Religion nur am Rande eine Rolle spielte.
Eine Einschätzung, der eine folgende Wirkung auf die Forschungsperspektiven
schwer abzusprechen ist.

Das internationale Frauen-Netzwerk mit Hauptsitz in Algerien, *Women
Living Under Muslim Laws (WLUML)*[19] ist keine Organisation *muslimischer*
Frauen, sondern versteht sich als eindeutig säkulare Organisation, schließt femi-

---

[19]   *WLUML*-Publikationen sind zumeist auf Englisch, Französisch und Arabisch erhältlich. Siehe
      www.wluml.org

nistische Theologinnen und religiös engagierte Frauen und ihre Projekte aber nicht aus:

> *„Two reasons have prevailed in the WLUML's decision to also work in the field of reform within the frame of religion: on the one hand, many women could not come to fight for their civil rights and human rights because they internalized the accusation made by fundamentalists that, by putting forward their demands for women's rights, women were betraying Islam, their community, their country. These women had to find for themselves, within their own religion, inspiration and justification for their struggles, their issues and their strategies. There was an obvious need for religiously minded women to hear a more progressive and hopefully version of Islam [than the dominant fundamentalist's version, NCT], in order to be reassured and comforted in their right to reinterpretation. On the other hand, Islam bashing made it difficult for us to denounce the religious right – fundamentalist – parties and trends without disassociating their activities and practices from those of non fundamentalist Muslims. Most of us who are not theologians and do not intend to become so, only deal with the sociopolitical realities of what* Muslims do, *rather than what* Islam should be, *wants to be our claims to be."*   (Hélie-Lucas 1996, 16f)

Die Gründerinnen kommen aus den Befreiungsbewegungen, der Ansatz ist feministisch. Ihre Berichte und Dossiers zeigen seit spätestens Mitte der 1990er Jahre deutliche Kritik an der Ideologie der „Muslimness", der Konstruktion einer *Muslim Identity*. Seit Jahren machen sie die (ihrer Ansicht nach schlechte) Erfahrung, dass sie umso mehr und leichter Projektgelder und sonstige finanzielle Förderung aus nicht-islamischen Ländern bekommen, wenn die Projekte sich auf religiöse Frauen in Algerien und anderswo beziehen oder mit einbeziehen:

> *It is of concern to me that, over the years, the activities which get reported outside our own countries are those that relate to interpretation and reform within the frame of Islam, while other secular activities are considered less „typical" (or exotic?) and are rather ignored. Our work with the Islamic feminist theologians receives wide publicity abroad, and has always found funders. International and UN Conferences have frequently asked WLUML – for such contacts – which we gladly gave and would have felt happy with – if it were not an exclusive interest operating to the detriment of other themes or even focus on „Muslim women", a concept which they unfortunately use very lightly, with a total lack of political awareness and which, in my view, tends to comfort – unwittingly, I assume – the fundamentalist idea that women born in certain places are necessarily believing Muslims. Feminists should know better.*   (Hélie-Lucas 1996, 16f)

Anlässlich der Veränderungen von Forschungsansätzen stellte der Religions-

soziologe Detlef Pollack 1998 in seinem Aufsatz „Entzauberung oder Wiederver-
zauberung der Welt?" die nun unmodern gewordene Säkularisierungsthese noch
einmal auf den Prüfstand. Er erinnert daran, dass es noch vor wenigen Jahrzehnten in den Sozialwissenschaften zu den allgemein anerkannten Hypothesen
gehörte, anzunehmen, dass die Bedeutung von Religion und Kirche in den modernen Gesellschaften abnehmen und mit dem Prozess der Modernisierung
immer weiter zurückgehen würde[20]. Pollack stellt dann fest, dass inzwischen
kaum noch ein Sozialwissenschaftler an die Gültigkeit solcher Prophezeiung
glaube:

> *Vielmehr gehört es heute zum selbstverständlichen Repertoire soziologischen
> Argumentierens, sich von der Naivität und Fortschrittsgläubigkeit früherer
> Denker mit herablassender Geste zu distanzieren. Die Prophezeiungen eines
> baldigen Endes der Religion, wie sie von Marx über Nietzsche und Freud bis zu
> den Modernisierungstheorien der sechziger Jahre abgegeben worden seien,
> hätten sich als falsch herausgestellt. [...] So verbreitet die Säkularisierungsthese
> noch vor 20 bis 30 Jahren war, so wenig ist sie heute akzeptiert. Als kritischer
> Beobachter des Zeitgeschehens wundert man sich, dass in den Sozialwissen-
> schaften heute so viel Licht herrscht und noch vor kurzem so viel Dunkelheit.*
> (Pollack 1997, 16)

Am Beispiel der neueren religionssoziologischen Diskussion über das Verhältnis
von Religion und Moderne, in der viel von Individualisierung die Rede ist, begründet Pollack seine Zweifel daran, dass die gegenwärtigen Ansätze in den Sozialwissenschaften entscheidend zur Erhellung der gesellschaftlichen Wirklichkeit beitragen würden. Peter Antes kritisiert die irreführende Rede von der „islamischen Diaspora" und greift noch zwei weitere, viel kritisierte (und noch
häufiger verwendete) Beispiele auf, um auf qualitative Mängel in der begrifflichen Arbeit hinzuweisen:

> *Religiöser Fundamentalismus und Kampf der Kulturen sind zwei besonders
> gute Beispiele, um zu zeigen, wie richtige Einzelphänomene gleichsam wie Mo-
> saiksteinchen zu einem Bild zusammengefügt werden, von dem völlig offen ist,
> ob es so der Wirklichkeit entspricht [...] Eines ist in jedem Falle sicher, dass all
> diese Bilder Wirkungen haben.*   (Antes 1997, 13)

Das Phänomen der objektiven Wirkungsmacht solcher Bilder und jene der Kategorien, in denen Gesellschaft heute begriffen wird, erscheint plastischer, wenn

---

[20]   Insbesondere Marx („Der Schrei der gequälten Kreatur") und Freud („Die Zukunft einer Illu-
        sion") wurde die Prognose vom „Ende der Religion" in den Mund gelegt, obwohl sie von einem
        Fortleben der Religion in anderer Gestalt unter veränderten gesellschaftlichen Verhältnissen
        ausgingen.

man sich bewusst macht, dass trotz aller Konjunkturen in den Sozialwissenschaften Bewusstseinsrealitäten auch als Bestandteile der Wirklichkeit wahrgenommen werden müssen. Man kann sie als *reale Fiktionen* begreifen.[21]

Im Rampenlicht des diagnostizierten Aufschwungs islamischer Religiosität in
Europa steht, u. a. durch die Wirkung der *Rushdie-Affaire* und des französischen
Kopftuch-Streits, das Jahr 1989. Antes stellt seiner Begriffskritik die Bemerkung
voran, dass die seit Ende des Kalten Krieges grundlegend veränderte Weltsitua-
tion bislang begrifflich noch nicht klar erfasst wurde. Detlev Claussen spricht von
einer *synkretistischen Gesellschaft*, die sich nach dem Ende des Realsozialismus
weltweit ausbreite, als einer „Gesellschaft, die keinen Begriff mehr von sich selbst
hat"[22]. Zur Bezeichnung der veränderten Realität würden neue *labels* erfunden,
denen man nicht immer einen kreativen Charakter absprechen kann. Diese Diskurse könne man lernen wie Codes, die einem Zugänge nicht zu neuen Sachver-
halten, sondern zu bestimmten gesellschaftlichen Kreisen erschließen[23].

Moshe Zuckermann[24] bezeichnet die Konjunktur akademischer *Nomenklatur*
– „man entwindet sich dem real Vorwaltenden, indem man es umbenennt" – als
„wissenschaftlich sich gebenden konzeptuellen Schichtwechsel." Michael Werz
kritisiert die wissenschaftliche Entdifferenzierung komplexer Sachverhalte.
Ebenso wie Claussen und Antes verweist er in diesem Zusammenhang auf das
Ende des *short century* (Hobsbawm), das den Sozialwissenschaften neue Debatten und Kategorien beschert habe.[25] Wie bereits erwähnt wurden Muslime in
Europa zum Gegenstand in nahezu allen Diskursen, die binnen der letzten zwan-
zig Jahre Konjunktur hatten und haben: Multikulturalismus, Aufschwung von
Religion, Fundamentalismus, Diaspora, Individualisierung, der/die/das Fremde,
Ethnizität, Transnationalismus und „kollektive Identitäten". Nicht nur auf dem
Feld *Muslime in Europa* auf die Probe gestellt, scheinen diese Perspektiven an
ihre Grenzen zu geraten. Heidi Armbruster verweist auf die Dominanz zweier
dieser Ansätze, die in keinem Verhältnis zu ihrer Brauchbarkeit stünden:

---

[21] Claussen, 1999b, S. 43.

[22] Claussen, Detlev, *Aspekte der Alltagsreligion. Ideologiekritik unter veränderten gesellschaftlichen
      Verhältnissen*, 2000a, S. 27.

[23] Vgl. Claussen, Detlev, *Aspekte der Alltagsreligion. Ideologiekritik unter veränderten gesellschaftli-
      chen Verhältnissen*, 2000a, S. 28.

[24] Vgl. Zuckermann, Moshe, *Adorno im Nahen Osten*, in: A. Gruschka und U. Oevermann, *Leben-
      digkeit der kritischen Gesellschaftstheorie*, 2004, S. 3.

[25] „At the moment there is much talk of globalization, and while various imagined communities
      pop up here and there, there has been an ongoing rediscovery of ‚national spaces' – all leading to
      a number of divergent conceptual innovations. Space and its individual-psychological counter-
      parts come to be viewed in terms of ‚collective memories', which are thought to bind together
      transnational spaces like so many nodes on a fiberoptic network. The incessant culturalization
      of social conflicts, which are often simplified into ‚culture clashes', shows the degree to which
      much social reflection within the academy has been eroded" (Werz, Michael, *The Fate of Eman-
      cipated Subjectivity*, 2004, S. 216).

> *To be concerned theoretically with a migrant community in the 1990s means to*
> *cast one's thoughts and interpretations into the frameworks of „transnationa-*
> *lism" or „globalization". [...] To be concerned with the social practices and*
> *people's understandings of what they do and how they live may cast doubt on*
> *the idea that transnationalism is the main determinant of immigrants' lives.*
> (Armbruster, 1999)

Akademische Reflexionsinstanzen scheinen von einer Entwicklung angegriffen
und affiziert, die als Entdifferenzierung und zunehmend als Verlust gesellschaftlicher Kategorien benannt werden kann. In dieser Entwicklung spiegeln sich
unter anderem die seit Ende des Kalten Krieges immer deutlicher hervortreten-
den zerstörerischen Konsequenzen, welche die Entfremdungserfahrungen im
individuellen Bewusstsein hinterlassen.[26]

Nachdem Traditionsverluste für lange Zeit durch die Blockkonfrontation und
ihre ideologischen Überschüsse verdeckt worden waren, hat sich offenbar die
Suche nach Sinn und historischem Bezug in den vergangenen fünfzehn Jahren
erheblich verstärkt. Im neuen Glanz erscheinen nun „Traditionen" und Kategorien, über welche die Geschichte längst hinweggegangen ist. Die oben genannten
Diskurse, von Multikulturalismus bis zu „kollektiven Identitäten", die nicht ausschließlich Muslime verhandeln, sondern aus denen zum Teil Ansätze für die
Untersuchung von Muslimen gewonnen wurden, verweisen auf diese drei
Trends:

a) die zunehmende Kulturalisierung gesellschaftlicher Problematiken und die
   Fixierung auf Religion und Traditionen (z. B. in religiös-kulturellen Selbst-
   und Fremdzuschreibungen),
b) konzeptuelle Neuerungen von „spacialization", die im Zuge der Neuentde-
   ckung nationaler Räume auftreten und als deren individualpsychologisches
   Gegenüber „kollektive Erinnerungen" geltend gemacht werden, und
c) die Suche nach historischem Sinn und Zugehörigkeit – und in diesem Zuge
   Zuschreibungen von „kollektiven Identitäten", deren Konzeptionen und da-
   zugehörige Politiken auf den ersten beiden Trends basieren.

---

[26]   „The devastation of critical faculties and social categories [...], which has become increasingly
        evident since the end of the short century, has bequeathed to individual consciousness a legacy
        of alienation." (Werz, Michael, *The Fate of Emancipated Subjectivity*, 2004, S. 216). Vgl. auch
        Zuckermanns Kritik am „Nomenklaturstreit, der keiner mehr ist", wie oben in der Fußnote zum
        Spätkapitalismus zitiert.

Stichwort Identität

> Is one Muslim by birth? Is it as unwashable as the original sin? Is it race? A colour? A culture? If it were a culture, does it mean that all Muslims of the world are alike? Can anyone declare against your will that you *are* or *should be* a Muslim? Because of your birth place, your family origins, your country? Why are so many people, not only inside Muslim countries and communities where fundamentalists are at work, but in the outside world too, prepared to believe in such an entity, and what is its epistemological content?   (Marie-Aimée Hélie-Lucas 1996)

Unter dem Stichwort „Identität" stellt sich nochmals die Frage: Wer ist Muslim? Wer wird von wem so bezeichnet und aufgrund welcher Kritierien? Ist „Muslimsein" eine ausschließlich religiöse Kategorie? Steht im Zentrum der heutigen Selbst- oder Fremdbezeichnung Muslim tatsächlich der Glaube des Individuums, seine religiöse Überzeugung oder das Verhältnis zu Gott? Oder wird man als Muslim geboren? Ist Muslimsein eine rassische oder ethnische Kategorie, deren Kriterien Abstammung und der Geburtsort der Vorfahren sind? Ist Muslimsein ein emanzipatorisches *statement*, eine soziale Bewegung? Oder deutet Muslimsein auf eine bestimmte Kultur? Wenn ja, sind alle Muslime gleich? Jene, die eine Frau zum Staatsoberhaupt wählen und jene, die Frauen versagen, ein Auto zu fahren? Während die letzte Frage bereits mit einem klaren Nein beantwortet wurde, erscheint jene, die die Kategorie Muslim hinterfragt, sehr viel schwerer zu beantworten. Denn diese Kategorie ist ein diskursives Konstrukt, in dem je nach politischer Interessenlage – insbesondere als Fremdbezeichnung – weniger religiöse Kriterien als vielmehr ethnische, kulturelle und rassische vermengt werden. Die Arena für diese Konstruktionen bieten die aktuellen Identitätsdiskurse.

Jene Konjunktur, die u. a. Michel Foucault am Ende des *short centuries* für die Bedeutung des Raumes kommen sah (*The present epoch will perhaps be above all the epoch of space*), wird oft begrifflich vage als ein „Phänomen der Globalisierung" verhandelt, erhellt sich aber erst, wenn sie mit dem Aufschwung von Identitätsdiskursen zusammengedacht wird. Dabei handelt es sich heute nicht immer unmittelbar um die Beanspruchung von Territorien, an die Nationen sich binden. In jedem Fall aber um die Verhandlung und soziale Konstruktion von Räumen (*space*) und Zugehörigkeiten (*belonging*), die als zentraler Inhalt von Identitätspolitiken und -diskursen begriffen werden können.

Eine neue Relevanz solcher *Questions of Space and Belonging*, wie sie im Fall der muslimischen Minderheiten zeitgleich mit der Herausbildung gebildeter Mittelschichten besonders deutlich wurde, zeichnet sich seit den späten 1980er Jahren zuerst seitens der europäischen Mehrheitsgesellschaften ab, wie anhand der Debatten um „nationale und kulturelle Identitäten" und der akademischen

Identitätsdiskurse erkennbar wird[27]. Eine Relevanz, die auf den Individualisierungsdruck in indifferenten Mittelschichtsgesellschaften deutet, auf die Angst des Individuums, ersetzbar zu sein. In der Zugehörigkeit zu einer Gruppe scheint diese Angst gebannt, solange diese Gruppenzugehörigkeit dem Individuum eine Besonderheit, das *Besonders-Sein* versprechen kann.

Will man über Muslime in Europa heute einen Text finden, sei es eine wissenschaftliche Studie oder einen Artikel in einem Nachrichtenmagazin, einen Beitrag der die komplexen Fragen zum kulturellen, sozialen oder religiösen Selbstverständnis von Muslimen oder muslimischen Gruppierungen, den politischen Zielen ihrer Interessengemeinschaften, den verschiedenen geschichtlichen Erfahrungen, den Formen sozialer Organisation und den ebenso neuen religiös-kulturellen Ausdrucksformen finden, einen Artikel, in dem all diese Aspekte nicht entdifferenziert in dem „verbalen Container Identität"[28] vermengt und unkenntlich werden, so müsste man auf Arbeiten zurückgreifen, die vor den 1980er Jahren entstanden sind. Da sich aber – wie bereits betont – zu diesem Zeitpunkt, also vor der Islamischen Revolution in Iran 1979, kaum jemand in der westlichen Öffentlichkeit oder in den sozialwissenschaftlichen Disziplinen für die Religion der Einwanderer aus islamischen Mehrheitsgesellschaften interessierte, wird einem dies kaum gelingen.

Eric Hobsbawm erinnert uns 1998 daran, dass wir es mit einem erstaunlich neuen Gegenstand zu tun haben – so findet man in der 1968 veröffentlichten *Encyclopedia of the Social Sciences* keinen Eintrag unter „Identität" und der Begriff „Ethnizität" tauchte im *Oxford English Dictionary*[29] der frühen siebziger Jahre lediglich als seltenes Wort auf, das „Heidentum" und „heidnischen Aberglauben" bezeichnete und mit Textbelegen aus dem achtzehnten Jahrhundert dokumentiert wurde:

> *Wir haben uns an Begriffe wie „kollektive Identität", „Identitätsgruppen",
> „Identitätspolitik" oder aber „Ethnizität" so sehr gewöhnt, dass es schwer fällt,
> sich daran zu erinnern, vor welch kurzer Zeit sie als Teil des Vokabulars oder
> Jargons des politischen Diskurses auftauchten. [...] Wir haben es mit Begriffen
> und Konzepten zu tun, die sich erst in den Sechziger Jahren durchsetzten. Ihr
> Auftauchen kann am einfachsten in den USA verfolgt werden. [...] Ausschlag
> gebend ist, dass die offensichtlichste, wenn auch nicht einzige Form der Identi
> tätspolitik, die* ethnicity, *in der amerikanischen Politik immer eine Rolle*

---

[27]   Vgl. Claussen, Detlev, *Stichwort: Identität. Neue Sprachen in Wissenschaft und Medienbetrieb*, in: Perspektiven, Nr. 36, Juni 2000, S. 19f.

[28]   Claussen 1999.

[29]   Hobsbawm verweist auf den einzigen Eintrag in dieser Sparte, nämlich jenen „von Erik Erikson über psychosoziale Identität, der sich vor allem mit solchen Fragen wie der so genannten Identitätskrise Heranwachsender beschäftigt, die versuchen herauszufinden, wer sie sind – sowie ein allgemeinerer Beitrag über Wählerindentifikation". (Hobsbawm, Eric, *Identitätspolitik und die Linke*, 1998, S. 25.)

spielte, seit in dem Land die Massenemigration aus allen Teilen Europas einsetzte. [...] Ich möchte aber daran erinnern, dass zumindest in den stilbildenden Vereinigten Staaten dieses Jahrzehnt auch die Entstehung zweier weiterer Varianten der Identitätspolitik erlebte: die moderne Frauenbewegung, das heißt nach dem Kampf um das Stimmrecht, sowie die Schwulenbewegung. (Hobsbawm 1998, 25)

Wie zumeist dauerte es eine Weile, bis diese stilbildende Entwicklung den Atlantik überquert und Einzug in Europa gehalten hatte. Detlev Claussen verfolgte die *Karriere* des *Stichwortes Identität* im europäischen und deutschen Kontext. Wie eine Reihe anderer Stichworte, die inzwischen ebenfalls in den alltäglichen Sprachgebrauch übergegangen sind, sei der Begriff „Identität" erst Ende der siebziger Jahre aufgekommen – und bis dahin völlig unbekannt gewesen.[30]

Salman Bobby Sayyid weist darauf hin, dass es inzwischen kaum noch Fragestellungen gäbe, in denen „Identitäten" keine zentrale Rolle einnehmen würden:

In recent years, there has been an explosion of interest in the subject of identity. This interest has been manifested in a variety of academic disciplines and traditions. What is common to these approaches is an appreciation of the centrality of the question of identity for any understanding of political, cultural and socio-economic phenomena. (Sayyid 200X, 1f)

Die Identitätsdiskurse von Minderheiten, die sich in der Öffentlichkeit als ethnische oder religiöse, kulturelle oder nationale Minderheiten definieren, stellen also keine Ausnahme dar, sondern eine Antwort auf dominante Diskurse; sie reihen sich in einen gesellschaftlichen Trend. Die enorme Karriere des Wortes Identität bis hin zum Schlagwort in den Medien, erklärt Claussen u. a. damit, dass sich gesellschaftswissenschaftliche Konzepte und Kategorien seit 1968 viel schneller in den Medien durchsetzen würden:

Es geht dabei um den Zusammenhang von wissenschaftlicher, vor allem gesellschaftswissenschaftlicher Innovation und Mediensprache. Die Universität, an der es tatsächlich so etwas gibt, was heute als „Diskurse" bezeichnet wird, spielt in diesem Zusammenhang eine zentrale Rolle. Dort werden Sprachen gesprochen, die zweifellos nicht von ewiger Dauer und Gültigkeit sind, sondern zum Teil radikale Veränderungen erfahren. [...] „1968" hat insofern eine gesellschaftliche Bedeutung, weil nämlich seither das, was an den Universitäten und

---

[30] „Wenn man 1978 einen Text an eine Tageszeitung abgeliefert hätte, in dem das Wort ‚Identität' vorgekommen wäre, hätte der Redakteur es mit der Begründung gestrichen, es sei unverständlich. Das Gleiche gilt für Schlagworte wie Ethnizität und Holocaust. [...] Die Tauglichkeit, bestimmte Sachverhalte adäquat zu bezeichnen, macht nicht den Grund für die Karriere eines Begriffs aus" (Claussen, Detlev, *Stichwort: Identität. Neue Sprachen in Wissenschaft und Medienbetrieb,* 2000b, S. 19).

in den Massenmedien diskutiert wird, in einen viel engeren Zusammenhang getreten ist, als es jemals vorher der Fall war. In den Medien hat sich in den siebziger Jahren eine Journalistengeneration durchgesetzt, die mit den universitären Abläufen und Sprachgebräuchen viel enger vertraut gewesen ist als die vorhergehenden. (Claussen 2000b, 19)

Ein ehemaliger Begriff wird zum Stichwort und verliert so seinen Gehalt. Auf der Alltagsebene ist das neue Schlagwort in aller Munde. Es werden Kolloquien abgehalten z. B. zur „Identität des europäischen Jazz", eine Frage, die man bisher unter der Kategorie „Stil" diskutiert hätte. Der Redakteur einer Tageszeitung wirbt mit der „Identität" seines Blattes um ein Markenzeichen, das er kürzlich noch „Profil" genannt hätte. In der Alltagssprache verschwinden im verbalen Container „Identität" Bezeichnungen wie „Mentalität", „Stil", „Profil", „Ausdruck" etc. In der Politik gehen z. B. „Gruppeninteressen" oder „Konsens" darin unter, und in den Akademien werden Aussagen über „Wir-Gruppen", „Identifikation", „Selbstverständnis", „Idealtypus", „Selbst- oder Gruppenbewusstsein" in dem Containerbegriff „Identität" bis zur Unkenntlichkeit vermengt.

In den aktuellen akademischen Diskursen, die sich ethnische oder nationale, kulturelle oder religiöse „Identitäten" zum Gegenstand machen, lassen sich grob drei Sichtweisen unterscheiden.[31] Zunächst gibt es jene, die die Existenz „kollektiver Identität" für wahr nimmt bzw. sie unkommentiert voraussetzt.

An zweiter Stelle sei der Versuch genannt, herkunftsorientierte Kollektivzuschreibungen mit dem Verweis auf scheinbar vorfindbare und abgrenzbare Entitäten wie Sprache, Tradition, Herkunft u. a. zu definieren. Diese so genannten essentialistischen oder primordialistischen Perspektiven neigen dazu, „kollektive Identitäten" als Formen authentischer Bindungen zu verwenden, die auf eine vorgesellschaftliche oder kulturelle Basis verweisen. Die Annahme quasi-natürlicher Basisbedingungen deutet auf geschichtslose und harmonistische Auffassungen von Gesellschaft und Kultur hin – darin liegt die Schwäche dieses Ansatzes –, denn sie setzen eine ursprünglich natürliche oder kulturell determinierte Konstante voraus. Sie übersehen, oder zumindest vernachlässigen sie die Möglichkeit des Individuums, eine kritisch-reflexive Haltung gegenüber *kulturellen Bestimmungen* einzunehmen.

Unter der dritten Sichtweise lassen sich jene zusammenfassen, die solche kulturellen Bestimmungen als konstruierte Vereinheitlichung verstehen, die als Instrument politischer Interessen genutzt werden können. Die Stärke dieser konstruktivistischen Perspektive liegt darin, den Zusammenhang zwischen ak-

---

[31] Die Möglichkeit, diese verschiedenen Sichtweisen in einem knappen Absatz darstellen zu können, verdanke ich den Diskussionen mit Siebo Siems, der in seiner Dissertation (2006, Fakultät für Geistes- und Sozialwissenschaften der Universität Hannover) die Karriere *kollektiver Identitätskategorien* am Beispiel Deutschlands analysiert. Zur Ethnizitätsdebatte Vgl. zusammenfassend Stender, Wolfram, *Ethnische Erweckungen. Zum Funktionswandel von Ethnizitaet in modernen Gesellschaften – Ein Literaturbericht*, 2000.

tuellen Interessen- und Problemlagen und der Entstehung einer kollektiv „hallu-zinierten [...] Vergangenheit"[32] erklären zu können. Das Beispiel der so genann-ten *ethnischen Konflikte* macht dies besonders deutlich. Claussen erklärt[33], dass Konflikte und Gewalt nicht aufgrund von „ethnischen Differenzen" entstehen würden, sondern umgekehrt, dass die gesellschaftlich verankerten Gewaltverhält-nisse Ethnizität produzierten. Der dritten Perspektive stellt sich die moderne Suche nach „kollektiver Identität" als funktionales gesellschaftliches Kompen-sationsphänomen dar, das sinnstiftend auch zur Integration führen könne. Über-sehen wird jedoch auch hier oft, dass der normative Bezug auf eine Integration qua kollektivem Selbstbewusstsein problematisch bleibt, weil die Vorstellung vom Kollektiv scheinbar einheitlich ist, die Gesellschaft, deren Teil man ist, in Wirklichkeit aber differenziert.

Die Karriere des – seiner komplexen philosophischen und psychologischen Konnotationen entkleideten – Schlagworts „Identität" im alltäglichen Sprach-gebrauch lässt sich u. a. damit erklären, dass sich das Alltagsbewusstsein nicht lange an Problemen aufhalte, die schwer zu lösen seien. Es lebe von den Gewiss-heiten, die so genannte „Wir-Gruppen" als unbezweifelbaren intellektuellen Besitz teilen:

Man kann sich noch so sehr ärgern, wie gedankenlos von „Identität" geredet wird, die Verwendung von „Identität" als einer Art Zauberformel muss dem Beobachter ein Fingerzeig auf einen gesellschaftlichen Erklärungsbedarf sein. „Identität" im alltäglichen Sprachgebrauch erfüllt die Funktion einer Sinn-plombe. Die vage Bedeutung des Wortes entspricht der notwendigen Unklar-heit, mit der normale Menschen einen pragmatischen Kompromiss zwischen der erfahrbaren Unsicherheit des gesellschaftlichen Lebens und dem Bedürfnis nach einer eindeutigen Zugehörigkeit zu einer gesellschaftlichen Gruppe zu bil-den versuchen. (Claussen 1994, 60f)

Die Definition und Bewerbung muslimischer „Identität(en)" wurde in Europa im Zuge öffentlicher und akademischer Debatten um die Integrationsproblematik ein umkämpftes Feld. Dabei kann die Frage der Integration von Muslimen und muslimischen Gemeinden in Europa als Teil eines viel weiter gefassten Problems betrachtet werden. John Rex verweist 1996 auf die Verfestigung der Islam-Wes-ten-Dichotomie:

It is the increasingly sharp confrontation between countries seeing themselves as Islamic on the one hand and the Christian and secular West on the other. [...] Some Christian and Secular Westerners and some Muslims see the general

---

[32] Elschenbroich, Donata, *Eine Nation von Einwanderern. Ethnisches Bewusstsein und Integrations-politik in den USA*, 1986.

[33] Claussen 2000c.

drift of the world history as being towards eventual confrontation between the West and Islamic countries. So far, however, this state of polarisation and confrontation has not been realised.[34]   (Rex 1996, 216)

Wer sich auf dem Feld *Muslime in Europa* bewegt, muss mit dieser Dichotomie umgehen, denn die Proklamationen *christlicher, westlicher, säkularer, muslimischer* oder *islamischer Identitäten*, wie auch immer konstruiert, scheinen eine objektive Wirkungsmacht zu haben. Eine *kollektive* muslimische oder europäische *Identität* gibt es nicht. Die Analyse kann sich nur auf Identitätspolitiken konzentrieren, in denen die Suche nach historischem Sinn und Identifikation mit einem Kollektiv zentral erscheinen:

The search for meaning and historical relevance has, in the last ten years, become considerably intense – undoubtedly because the genuine losses of tradition, long underway, but concealed by the ideological polarization of the Cold War era. Today, one can observe an aggressive attempt to rehabilitate traditions that history itself has long abandoned – for example the religious-cultural finger-pointing that compromises The Clash of Civilizations.   (Werz 2004, 216)

Ebenso wie die Ost-West-Rhetorik liegt auch der Entstehungszusammenhang des heutigen religiösen Labelling, der Kulturkonflikt-Rhetorik und der Identitätsdiskurse in den westlichen Gesellschaften und Akademien. Muslimische (und teils islamistische) Identitätspolitiken können als intellektuelle Reaktion auf den Modernisierungsdruck, der von westlichen Gesellschaften ausgeht, begriffen werden – in Europa als eine Antwort auf die Identitätsdiskurse jener, die sich als gesellschaftliche Mehrheit erklären. Konzepte „kollektiver Identität" werden zu *realen Fiktionen* – jede Organisation von kollektiver Subjektivität hat sodann eine objektive Wirkungsmacht.

Debatten über „die muslimische Frau" liegen inzwischen im Zentrum jener Spannungen, die sich aus der Herausforderung von gesellschaftlicher Heterogenität und Traditionsverlusten ergeben. Die Körper muslimischer Frauen werden zu einer Art öffentlichem Raum, in welchen verschiedene Politiken und Rhetoriken von Modernität, Säkularität und Loyalitätsbezeugungen eingeschrieben sind (Moors und Salih 2009). Die Antwort darauf formulieren sie in einer Diskurssprache, die weder exklusiv „westlich", noch exklusiv „islamisch", sondern universalistisch ist (Badran 2009), und doch bisher über die Grenzen selbst

---

[34]   „Most predominantly Muslim countries have patrimonial, feudal, military or democratic regimes which operate through secular state institutions. Neither are complete Islamic states. Among the countries which claim to have established Islamic states, moreover, one, Saudi Arabia, is economically and militarily allied with the West, while the other, Iran, sees itself as opposed both to Western capitalism and to the former communist regimes." Rex, John, *Ethnic Minorities in the Modern Nation State,* 1996, S. 216.

geschaffener, alternativer öffentlicher Räume hinaus offenbar wenig Anerkennung findet. Barcelona wurde im Jahre 2005 als Veranstaltungsort für den internationalen Kongress, der als launch-event des *gender jihad* bekannt wurde, gewählt, um sowohl Musliminnen in Europa, als auch nicht-muslimische Feministinnen und die westliche Öffentlichkeit zu erreichen.

Feministische Netzwerke und Organisationen

Transnationale Netzwerke muslimischer Frauen – Eindrücke am Beispiel von *Muswah for Equality in the Family*

Claudia Derichs

Einleitung

Zivilgesellschaftlicher politischer Aktivismus und politische Lobbyarbeit von Frauen sind heute in hohem Maße von transnationalem *networking* geprägt. Für transnationale Organisationen von muslimischen Frauen wie beispielsweise *Women Living Under Muslim Law* (WLUML), *Women's Islamic Initiative in Spirituality and Equality* (WISE) oder *Musawah for Equality in the Family* stellen politische und rechtliche Reformen ein zentrales Anliegen dar. Entsprechende Reformenpolitiken werden allerdings nach wie vor in erster Linie auf der nationalen Ebene implementiert. So sind in islamischen Gesellschaften zwar gesetzliche Regelungen geltend gemacht worden, die alle unter die Kategorie „muslimische Familiengesetze" subsumiert werden und zahlreiche Gemeinsamkeiten aufweisen; auf der Ebene der jeweiligen Nationalstaaten aber sind die Familiengesetze dem heimischen Kontext angepasst und infolgedessen auch mit sehr unterschiedlichen Inhalten versehen worden. Ich möchte daher im Folgenden die Verbindungslinie zwischen der nationalen und der transnationalen Ebene analysieren. Dazu ordne ich zunächst das Phänomen transnationaler Bewegungen in die internationale soziale Bewegungsforschung ein und diskutiere den Stellenwert des Konzepts „Nationalstaat" für die religiös legitimierte Rechtsprechung. Als konkretes Beispiel für eine transnationale Reforminitiative, die auf Gesetzesreformen im nationalen Rahmen ausgerichtet ist, stelle ich das Netzwerk *Musawah for Equality in the Family* (kurz: *Muswah*) vor. Das noch recht junge, 2007 gegründete Netzwerk strebt eine auf dem Prinzip der Geschlechtergleichheit beruhende Reform der muslimischen Familiengesetze an. Mein zentrales Argument lautet, dass themenspezifisch orientierte transnationale Organisationsformen wie *Musawah* ein wichtiges Instrument im strategischen Repertoire der globalen Frauenrechtsbewegung sind, weil sie eine nationen- und regionenübergreifende Normdiffusion erlauben, ohne auf die Mobilisierung von Massenbewegungen zu zielen. Den analytischen Rahmen für meine Ausführungen bilden die Ansätze aus der sozialen Bewegungsforschung. In diesem Zusammenhang wird *Musawah* als transnationales Advocacy-Netzwerk (*transnational advocacy network* oder kurz TAN) identifiziert.

Die „transnationale Richtung" in der Bewegungsforschung

Innerhalb der letzten Jahrzehnte hat die Etablierung und Ausbreitung von transnationalen Kooperationsformen rasant zugenommen. Im Zuge dieser Entwicklung sind neue Akteurskonstellationen entstanden. Auch die Forschung hat folgerichtig ihren Blick zunehmend auf die Analyse dieses Phänomens gerichtet, welches Ansätze erfordert, die über die „klassische" Untersuchung sozialer Bewegungen hinausgehen. Die soziale Bewegungsforschung legte ihr Augenmerk lange Zeit auf alte und neue soziale Bewegungen in Nationalstaaten – Arbeiter-, Friedens-, Umwelt-, Frauenbewegung u. a. m. Auf theoretischer Ebene unterschieden sich US-amerikanische und europäische Forschungsansätze.[1] Erst in den 1980er Jahren fanden Bewegungsforscher aus verschiedenen Weltregionen zusammen und bemühten sich um integrative Perspektiven und Ansätze, die eine komparative Analyse sozialer Bewegungen erlaubten. Zu den herausragenden Studien dieser Richtung gehört die Mitte der 1990er Jahre erschienene Publikation „Comparative Perpsectives on Social Movements", in der die gebündelten Erfahrungen und Resultate aus zehn Jahren Bewegungsforschung auf beiden Seiten des Atlantiks ihren Niederschlag fanden.[2] Die Studie – herausgegeben von drei namhaften Vertretern der US-amerikanischen Bewegungsforschung – stellte drei analytische Dimensionen zur vergleichenden Untersuchung sozialer Bewegungen vor, namentlich die „politischen Gelegenheitsstrukturen" (*political opportunity structures*), die Ressourcenmobilisierung (*resource mobilization*) und die Dimension der ideellen Einbettung von Bewegungszielen (*framing*). Seither haben diese drei analytischen Dimensionen wenig an Attraktivität und Relevanz verloren. Sie finden deshalb auch in der aktuellen Erforschung von nationalen

---

[1]   In Europa wurde z. B. die Analyse der „neuen sozialen Bewegungen" dominant, während die US-amerikanische Forschung sich auf Fragen der Ressourcenmobilisierung und des kollektiven Handelns konzentrierte.

[2]   . Doug McAdam, Doug, et al., *Comparative Perspectives on Social Movements. Political Opportunity Structures, Mobilizing Structures and Cultural Frames*, 1996.

und transnationalen (sozialen) Bewegungen Verwendung.[3] Verstärkten Einzug
in die Untersuchung transnationaler sozialer Bewegungen erhielten sie, als die
recht grob kategorisierenden Begriffe „soziale Bewegung" oder „Nichtregie-
rungs-Organisation" zugunsten einer systematischeren Typologie von Akteuren
präzisiert wurden. Bezeichnenderweise waren es „Veteranen" der Bewegungsforschung wie Sidney Tarrow, Dieter Rucht oder Hanspeter Kriesi, die für das relativ neue Phänomen der transnationalen Organisationsformate eine differenzierte
Typlogisierung vorlegten. Zu ihnen gesellten sich Wissenschaftler aus der Trans-
nationalismusforschung, darunter Margaret Keck und Kathryn Sikkink (um zwei
prominente Namen herauszugreifen).[4]

Sidney Tarrow wartete in diesem Kontext mit mahnender Kritik an der fehlenden terminologischen Differenzierung und Präzision im Forschungsfeld der
transnationalen Bewegungen auf. „Analytiker in diesem aufsprießenden Forschungsfeld haben sich bislang eher damit hervorgetan, Aktivitäten [von transnationalen Akteuren; C.D.) zu beschreiben, anstatt sie mit klaren analytischen
Begriffen zu konzeptionalisieren", so sein Monitum.[5] Als Konsequenz dieser
Beobachtung schlug Tarrow eine typologische Differenzierung des lebhaften
Akteursspektrums innerhalb der „globalen Zivilgesellschaft" vor. Die Distink-
tionsmerkmale basieren auf den unterschiedlichen Interaktionsmustern zwischen Trägern und Adressaten einer Organisation oder einer Bewegung. Im Falle
transnationaler sozialer Bewegungen sind „anhaltende kontroverse Interaktionen
mit dem Staat, mit multinationalen Akteuren oder internationalen Institutionen"
kennzeichnend. Im Falle internationaler NGOs sind die Aktivitäten hingegen
eher von „routinierten Transaktionen mit ähnlich gearteten Adressaten" und der
„Bereitstellung von Dienstleistungen für Bürger anderer Staaten" geprägt.[6] Aus
dieser Differenzierung wiederum leitet Tarrow eine Serie von Merkmalen ab, um
zwischen transnationalen sozialen Bewegungen (*transantional social movements*,
TSM), internationalen NGOs (INGOs) und transnationalen Advocacy-Netzwerken (*transnational advocacy networks*, (TANs) zu unterscheiden.[7] Letztere sind
diejenigen, die mich in Bezug auf das Thema muslimischer Frauennetzwerke
besonders interessieren. Tarrow zufolge sind TANs keine Alternative zu sozialen

---

[3]   S. etwa Chappell, 2006. Einen Überblick über den Forschungsstand bieten Kern, Thomas,
      Soziale Bewegungen. Ursachen, Wirkungen, Mechanismen, 2007 und Teune, Simon, „*Gibt es so
      etwas überhaupt noch?" Forschung zu Protest und sozialen Bewegungen*, 2008.
[4]   Häufig zitiert in diesem Kontext werde Tarrow, Sidney, *Transnational Politics: Contention and
      Institutions in International Politics*, 2001; Rucht, Dieter, *The Transnationalization of Social Mo-
      vements: Trends, Causes, Problems*, 1999, S. 206–222; und Keck, Margaret/Kathryn Sikkink, *Ac-
      tivists beyond Borders. Advocacy Networks in International Politics*, 1998.
[5]   Tarrow, Sidney, *Transnational Politics: Contention and Institutions in International Politics*,
      2001, S. 10.
[6]   Tarrow, Sidney, *Transnational Politics: Contention and Institutions in International Politics*, in:
      Annual Review of Political Science 4, 2001, S. 12.
[7]   Vgl. Tarrow, Sidney, *Transnational Politics: Contention and Institutions in International Politics*,
      in: Annual Review of Political Science 4, 2001.

Bewegungen oder INGOs; im Gegenteil, TANs können diese beinhalten – und zwar in der lose strukturierten Art und Weise, in der Netzwerke nun einmal alles Mögliche beinhalten können. Genauso können sie Regierungsvertreter in offizieller oder inoffizieller Funktion aufnehmen. Sie sind die informellen und beweglichen Strukturen, über die NGO-Mitglieder, Aktivisten sozialer Bewegungen und Vertreter internationaler Institutionen interagieren und ressourcenschwachen inländischen Akteuren helfen können, in ihren eigenen Gesellschaften an Einfluss zu gewinnen.[8]

In der einschlägigen Literatur werden *transnational advocacy networks* als kollaborierende Akteursgruppen bezeichnet, die sich auf ein bestimmtes Thema (*issue*) konzentrieren und sich grenzüberschreitend organisieren.[9] Sie stellen, wie Tarrows Charakterisierung zeigt, ein bestimmtes Format von transnationalem Aktivismus dar und werden von Wissenschaftlern unterschiedlicher Disziplinen und Orientierungen analysiert.[10] Jenseits der Schwierigkeiten, mit denen eine systematische Erforschung transnationaler Organisations- und Aktionsformen konfrontiert ist,[11] steht eine Reihe von Stärken, die diese auszeichnen. Denn wenn der Untersuchungsgegenstand unbeachtet bliebe, hieße das unwillkürlich, ein wesentliches Merkmal der internationalen Beziehungen und freilich auch der globalen Zivilgesellschaft zu ignorieren. Aus der Sicht von Richard Price entfaltet sich die größte Auswirkung dieser Forschungsrichtung augenscheinlich im Klassenzimmer [und Hörsaal], wo die künftigen Aktivisten und Entscheidungsträger von Dingen erfahren, denen sie sich vielleicht einmal intensiv widmen werden, und wo sie lernen, wie man etwas bewirken und verändern kann.[12]

Es dürfte daher ein lohnendes Unterfangen sein, verschiedenste Phänomene von transnationalem Aktivismus zu untersuchen und zahlreiche Fallbeispiele aufzugreifen, die es dann wiederum erlauben, komparativ betrachtet zu werden. Zu solchen Fallbeispielen gehören die eingangs genannten Netzwerke, die sich

---

[8]   Tarrow, Sidney, *Transnational Politics: Contention and Institutions in International Politics*, in: Annual Review of Political Science 4, 2001, S. 13.

[9]   Die Debatte über die passende Terminologie ist keineswegs abgeschlossen. Eine häufige Referenz für die Kategorisierung transnationaler Formationen ist die Arbeit von Khagram/Riker/ Sikkink 2002.

[10] S. etwa Alpízar Durán, Lydia, et al., *Building Feminist Movements and Organizations. Global Perspectives,* 2007; Marx-Ferree, Myra, *Global Feminism. Transnational Women's Activism, Organizing, and Human Rights,* 2006; Moghadam, Valentine, *Globalizing Women. Transnational Feminist Networks,* 2005; Khagram, Sanjeev/ Kathryn Sikkink, *Restructuring World Politics. Transnational Social Movements, Networks, and Norms,* 2002; Keck, Margaret/Kathryn Sikkink, *Activists beyond Borders. Advocacy Networks in International Politics,* 1998.

[11] Die Akteursrollen wechseln häufig oder überlappen sich, z. B. wenn jemand in einer sozialen Bewegung aktiv ist, sich aus dieser heraus in einer internationalen NGO engagiert und, beflügelt von den Erfahrungen, die gesammelt werden konnten, zur Gründung eines transnationalen Netzwerks übergeht. Rollen und Funktionen sind also recht fluide und mit ihnen kann sich der Gesamtcharakter einer Bewegung oder einer Organisation verändern. Eindeutige Zuordnungen werden erschwert.

[12] Price, Richard, *Transnational Civil Societs and Advocacy in World Politics* (Review Article), 2003, S. 605f.

insbesondere den Anliegen muslimischer Frauen zuwenden. Im Folgenden werde ich mich auf das Fallbeispiel des Advocacy-Netzwerks *Musawah for Equality in the Family* konzentrieren, um eine transnationale Initiative muslimischer Frauen (und einiger Männer) zu diskutieren, die sich der Reformierung der muslimischen oder, wie sie in der Literatur häufiger genannt werden, islamischen Familiengesetze widmen.[13] Der Kurzname des Netzwerks, *Musawah*, kommt aus dem Arabischen und bedeutet Gleichheit (durchaus auch im Sinne von Gleichberechtigung). „For Equality in the Family" macht deutlich, worum es geht: um innerfamiliäre Gleichheit (der Geschlechter), und zwar insbesondere innerhalb der muslimischen Familie. *Musawah* vertritt damit ein spezifisches Anliegen. Aber auch in anderen Aspekten entspricht es der Charakterisierung eines *transnational advocacy network*. Keck und Sikkink beispielsweise beschreiben TANs als Netzwerke, die getragen werden von „einschlägigen Akteuren, welche international zu einem Thema arbeiten und verbunden sind durch gemeinsame Werte, einen gemeinsamen Diskurs sowie einen intensiven Austausch von Informationen und Dienstleistungen."[14] *Musawah* stellt ein Netzwerk dar, welches auf ein speziell für Muslime relevantes Gebiet der Jurisdiktion orientiert ist und in erster Linie die Gleichheit innerhalb der muslimischen Familie verfolgt. Die Aktivistinnen des Netzwerks haben über Jahre hinweg eine einschlägige Expertise auf dem Gebiet der islamischen Familiengesetzgebung angesammelt (s. weiter unten), die sie nunmehr für die grenzüberschreitende Kooperation und Strategieformulierung nutzbar machen. Auf diese Weise haben sich ein gemeinsamer Diskurs über das Thema Familiengesetze/Gleichheit in der Familie und ein reger Informationsaustausch entwickelt. Ein anderes wesentliches Merkmal transnatioanler Advocacy-Netzwerke besteht darin, dass Aktivisten in TANs „nicht nur versuchen, die Ergebnisse von Politikgestaltung zu beeinflussen, sondern auch die Rahmenbedingungen und die Art der Debatte an sich zu verändern".[15] Sie „mobilisieren eine vergleichsweise kleine Anzahl von individuellen Aktivisten, die spezifischere Ressourcen der Expertise und des Zugangs zur [politischen] Elite nutzen können".[16] Ihre Anhängerschaft versammelt sich

---

[13] Der Ausdruck „muslimische Familiengesetze" impliziert, dass diese Gesetze von Menschen (Muslimen) formuliert worden sind, und zwar je in der Art und Weise, nach der diese Menschen beurteilten, was angemessen sei und im Einklang mit den Prinzipien von Koran und Sunnah stehe. Der Inhalt und der Wortlaut von Gesetzen sind also je nach gesellschaftlichen Rahmenbedingungen veränder- und anpassbar. Der Terminus „islamische Familiengesetze" hingegen suggeriert, dass es nur eine einzige, unabänderliche Interpretation der Quellengebe, die das Prädikat „islamisch" beanspruchen kann. Das macht Veränderung und Anpassung schwierig bzw. unmöglich. Im vorliegenden Text werden die Begriffe „muslimische" und „islamische" Familiengesetze synonym benutzt.

[14] Keck, Margaret/Sikkink, Kathryn, *Activists beyond Borders. Advocacy Networks in International Politics*, 1998, S. 2.

[15] Keck, Margaret/Sikkink, Kathryn, *Activists beyond Borders. Advocacy Networks in International Politics*, 1998, S. 3.

[16] Sperling, Valerie/Marx-Ferree, Myra/Risman, Barbara, *Constructing Global Feminism: Transnational Advocacy Networks and Russian Women's Activism*, 2001, S. 1157.

folglich weniger bei Massendemonstrationen, sondern betreibt ihr *networking* in formalen oder informellen Organisationen. Auch diese Merkmalsbeschreibung trifft auf *Muswah* zu, denn das Netzwerk speist sich im Wesentlichen aus sog. *focal points* in einzelnen Ländern, die von einer überschaubaren Anzahl nationaler Aktivistinnen gebildet werden. Diese wiederum betreiben auf der nationalen Ebene politische Lobbyarbeit. Als transnationale Formation treten *Musawah*-Repräsentantinnen beispielsweise bei den Vereinten Nationen als Lobbyistinnen auf.[17] Die Beschreibung von transnationalen Advocacy-Netzwerken in der Forschungsliteratur trifft aber durchaus auch auf andere islamische Frauennetzwerke zu. In aller Regel sind diese Zusammenschlüsse von Frauen, die „bestehende Geschlechterhierarchien prinzipiell in Frage stellen und die Lebensbedingungen von Frauen verbessern möchten".[18] Der prinzipiellen Linie folgend, steht *Musawah* auch Nicht-Muslimen offen – vorausgesetzt, diese bekennen sich zu den leitenden Prinzipien und dem Handlungsprogramm (*framework for action*) des Netzwerks.[19] Das Handlungsprogramm ist dabei explizit integrativ angelegt; es fußt sowohl auf religiösen als auch auf universellen (säkularen) Werten.[20] Wenngleich dies kein Alleinstellungsmerkmal von *Musawah* darstellt, so hebt sich das Netzwerk dennoch in einigen Aspekten von anderen muslimischen Frauennetzwerken ab, wie die nachfolgenden Ausführungen darlegen.

Transnationale Bewegungen und Advocacy-Netzwerke muslimischer Frauen und ihre Unterstützer

Die erfolgreiche Kooperation und Kollaboration von Frauen seit Ausruf der UN-Dekade für Frauen im Jahr 1975 hat gezeigt, dass Reformdruck auf nationaler Ebene mit Hilfe internationaler Konventionen, Normen und Institutionen verstärkt werden kann.[21] Für Frauen in muslimischen Ländern, muslimische Frauen in Nationalstaaten mit islamischen Minderheiten, Frauen, die (freiwillig oder unfreiwillig) zum Islam konvertiert sind – für diese und zahlreiche andere gilt gemeinhin, dass ihr Personenstand, ihr Rechtsstatus gegenüber Männern, ihre

---

[17] Vgl. die Darlegung der Aktivitäten des Netzwerks auf der Webseite der Organisation, http://www.musawah.org/activities_events.asp (07.09.2010).

[18] Sperling, Valerie/Marx-Ferree, Myra/Risman, Barbara, *Constructing Global Feminism: Transnational Advocacy Networks and Russian Women's Activism*, 2001, S. 1157.

[19] Die Verfasserin (Katholikin) erhielt z. B. 2010 eine schriftliche Einladung, sich gerne bei *Musawah* zu engagieren.

[20] Siehe die Rubrik *framework for action* auf der Webseite *Musawahs*, http://www.musawah.org/framework_action.asp (07.09.2010).

[21] S. etwa Moghadam, Valentine, *Globalizing Women. Transnational Feminist Networks*, 2009; Marx-Ferree, Myra, *Global Feminism. Transnational Women's Activism, Organizing, and Human Rights*, 2006; Ruppert, Uta, *Die bessere Hälfte transnationaler Zivilgesellschaft? Frauen-NGOs und die Politik der FrauenMenschenrechte*, 2005; Harcourt, Wendy, *The Global Women's Rights Movement. Power Politics around the United Nations and the World Social Forum*, 2006.

physische Mobilität oder die Bestimmung über ihren Körper muslimischer Rechtsprechung unterliegen. Die Bindung an diese Jurisdiktion führt dazu, dass diese Frauen ungeachtet aller Pluralität und Individualität bestimmte Anliegen, Wünsche, Probleme und Forderungen teilen. Seit 1984 widmet sich denn auch die Organisation *Women Living Under Muslim Laws* (WLUML) solchen geteilten Belangen. Der Selbstdarstellung der Organisation zufolge erstreckt sich die Netzwerkarbeit von WLUML über 70 Länder und bringt Aktivistinnen unterschiedlichster Provenienz zusammen.[22] Es gibt keine formale Mitgliedschaft; freiwillige und wechselnde Unterstützung kann individuell erfolgen. Im Jahr 2003 publizierte WLUML ein Handbuch zu islamischen Familiengesetzen. 2006 erschien die dritte Auflage dieses Werks, was zeigt, dass offenbar eine rege Nachfrage nach dieser Quelle bestand.[23] Das Handbuch symbolisiert und dokumentiert die Erträge und Erfolge des internationalen *networking*. Eine Erfolgsgeschichte in einem erhält dabei Modellcharakter für einen potenziellen Erfolg in einem weiteren Land. Niederlagen werden als Erfahrungen verbucht, aus denen gelernt werden kann, und internationale Treffen erleichtern die Strategieformulierung zur Erreichung der gesteckten Ziele. Bei WLMUL sind die muslimischen Familiengesetze *ein* Thema innerhalb eines breiten Spektrums von Aktivitäten zur Stärkung globaler Frauenrechte. Sie stellen demnach kein exklusives Anliegen dar. WLUML ist dadurch auch kein transnationales Advocacy-Netzwerk, sondern erscheint Tarrows Typologisierung zufolge eher als eine internationale NGO (INGO): Ein hoher Anteil von WLUMLs Aktivitäten sind durch Routine-Interaktionen mit denselben Akteuren sowie durch die globale Bereitstellung von Information über die Webseite der Organisation gekennzeichnet. Es bleibt der Spekulation überlassen, ob der umfassendere Ansatz von WLUML oder der eng gefasste, themenspezifische Ansatz von *Musawah* geeigneter ist, um Gleichheit in der Familie als transnationale Norm zu etablieren, gesetzliche Reformen auf der nationalen Ebene zu erwirken und schließlich auch genügend Druck aufzubauen, um die allgemeine Befolgung dieser Norm zu erreichen. In jedem Fall stehen hinter WLUML und *Musawah* unterschiedliche Organisationsplattformen und Handlungsprogramme. Dieser Unterschied ist insofern von Bedeutung, als *Musawah* eine sehr gezielte Lobbyarbeit betreiben kann, während WLUML dem Engagement für eine große Bandbreite von Themen offen steht bzw. stehen möchte und seine Ressourcen eher punktuell bündelt (etwa in Gestalt von Kampagnen).

Die malaysischen *Sisters-in-Islam* (SIS) gehören zu denjenigen Aktivistinnen, welche sich regelmäßig am WLMUL-Netzwerk in Form von Berichten und Nachrichten für und an die Webseite oder durch die aktive Teilnahme an Kampagnen und Foren zur Förderung von Dialog und Kooperation zwischen (mus-

---

[22] Diese und nachfolgende Informationen sind der Webseite des Netzwerks WLUML entnommen, http://www.wluml.org/english/index.shtml (03.05.2009).
[23] WLUML (ed. 2006), *Knowing Our Rights*. London, 3. edition.

limischen) Frauen in aller Welt beteiligen. Die positive Kooperationserfahrung über nationale Grenzen hinweg hat etliche andere Fraueninitiativen innerhalb Malaysias inspiriert. Es darf vermutet werden, dass auch die Initiative zur Gründung *Musawahs* zu einem Teil von den Aktivitäten im Rahmen der WLUML beeinflusst oder zumindest angeregt worden sind. Gleichwohl geht die Gründung *Musawahs* im Jahr 2007 auf ein komplexeres Gefüge als die gemeinsamen Erfahrungen im Netzwerk WLUML zurück. In Malaysia sind die SIS ein Mitglied der für Geschlechtergleichberechtigung eintretenden *Joint Action Group* (JAG).[24] JAG und SIS engagieren sich seit Jahren gemeinsam für das Thema Familiengesetze. Seit den 1990er Jahren arbeiten sie in verschiedenen internationalen Projekten zu islamischen Familiengesetzen und Frauenrechten zusammen, darunter ein von Abdullahi An-Na'im geleitetes Buchprojekt und ein multilaterales Rechtsprojekt namens *rights@home*, welches einige Jahre unter der Federführung des niederländischen *Institute fort he Study of Islam in the Modern World* (ISIM) stand.[25] Diese Querverbindungen treten unter anderem auch auf *Musawahs* Webseite zutage, die auf eine digitale Sammlung von Quellen zu nationalen islamischen Familiengesetzen verweist.[26] Diese Quellensammlung wurde von Abdullahi An-Na'ims Forscherteam an der Emery-Universität in den USA vorgenommen und stellte lange Zeit die umfassendste Kompilation von muslimischen Familiengesetzen weltweit dar.[27] Mittlerweile hat *Musawah* eine eigene Publikation zur Frage der Gleichberechtigung in der Familie veröffentlicht, verweist aber noch auf die Quelle der Emery-Universität.[28] Die Referenzen und Kooperationen zeigen sehr eindrücklich, wie Individuen und Organisationen über längere Zeiträume hinweg an einem Thema als Netzwerk arbeiten.

Hinter *Musawah* stehen führende muslimische ReformerInnen; das Netzwerk selbst versteht sich als „globale Bewegung für Gleichheit und Gerechtigkeit in der muslimischen Familie".[29] Den ursprünglichen Planungsausschuss von *Musawah* bildeten elf international renommierte RepräsentantInnen aus islamischen Frauen- und Frauenrechtsbewegungen.[30] Die Mitgliederliste des Ausschusses las

---

[24]   JAG ist eine Koalition von Organisationen, die sich für Geschlechtergleichheit einsetzen. Die hauptsächlichen Mitgliedsorganisationen sind All Women's Action Society (AWAM), Women's Aid Organisation (WAO), Empower, Women's Centre for Change (WCC) und SIS. JAG feierte im Mai 2010 sein 25-jähriges Bestehen.

[25]   Eine detailliertere Beschreibung dieser Zusammenarbeit bietet Derichs (2010). – An-Na'ims Buch wurde im Jahr 2002 veröffentlicht. Das ISIM wurde im Januar 2009 geschlossen, doch findet sich noch eine kurze Beschreibung des Projektes unter http://www.isim.nl/content/content_page.asp?n1=9&n2=8&n3=0 (07.09.2009).

[26]   S. http://www.musawah.org/family_laws.asp (23.04. 2010).

[27]   S. http://www.law.emory.edu/ifl/index2.html (17.01.2010).

[28]   Der Titel der Publikation lautet *Home Truths: A Global Report on Equality in the Muslim Family*. Sie ist über die *Muswah*-Webseite zugänglich: http://www.musawah.org/national_profiles.asp (06.04.2010).

[29]   S. www.musawah.org, Startseite (13.03.2010).

[30]   Mitglieder des Planungsausschusses waren Amal Abdel Hadi (Ägypten), Amira Al-Azhary Sonbol (Ägypten/Katar/USA), Asma'u Joda (Nigeria), Azza Soliman (Ägypten), Cassandra Bal-

sich dementsprechend wie ein Who's Who der feministischen islamischen Bewegung, unter ihnen prominente WLUML-Frauenrechtlerinnen wie die Britin Cassandra Balchin. Der Planungsausschuss wurde indes im Februar 2010 zugunsten der Gründung eines internationalen Beirats (*International Advisory Group*) aufgelöst.[31] *Musawah* konzentriert sich auf die Integration von Gleichheits-/Gleichberechtigungsprinzipien in das Konzept der muslimischen Familie. Konkret betrifft dies

- die universellen und islamischen Werte von Gleichheit, Gerechtigkeit, Nicht-Diskriminierung und Würde als Fundament aller menschlichen Beziehungen;
- einen vollen und gleichberechtigten Staatsbürgerschaftsstatus inklusive der Teilhabe an allen gesellschaftlichen Belangen als das Recht eines jeden Individuums; und
- Ehe- und Familienbeziehungen, die auf Gleichheit und Gerechtigkeit im Sinne geteilter Rechte und geteilter Verantwortlichkeiten basieren.[32]

Musawah stellt ein recht typisches Beispiel eines *transnational advocacy network* im weiter oben ausgeführten Sinne dar. In verschiedenen Ländern hat das Netzwerk die bereits erwähnten *focal points* eingerichtet, welche die Verbindung mit nationalen und lokalen NGOs und Graswurzelinitiativen herstellen, mit Vertretern aus Politik und Verwaltung kommunizieren und die Ziele des Netzwerks vermitteln.[33] Mittels dieser transnationalen Advocacy-Arbeit versuchen die *Musawah*-Aktivistinnen, den Reformdruck auf die Familiengesetzgebung in ihren jeweiligen Heimatländern zu intensivieren. Transnationales *networking* dient damit der Stärkung von Initiativen auf der nationalen Ebene. Die Bedeutung des Transnationalen sollte deshalb jedoch nicht dazu verleiten, die Signifikanz der nationalen und lokalen Rahmenbedingungen und Kontexte für die Advocacy-Arbeit zu unterschätzen. Malaysia stellt diesbezüglich ein gutes Beispiel dar, denn dort erfolgte die Gründung *Musawahs* unter erheblichen Einflüssen der tagesaktuellen, nationalen politischen Rahmenbedingungen. Die Mischung aus ethnischen und religiösen Affiliationen, der Kontext seines postkolonialen und semi-autoritären politischen Systems wie auch der regionale und internationale Wettbewerb um Reputation und Direktinvestitionen machen das Land zu einem politischen Brennpunkt und einer Arena harter Konkurrenzkämpfe. Da der malaysische Islam in diesem Amalgam von Einflussfaktoren eine extreme Politisierung erlebt hat, oszilliert die Frauenbewegung des Landes zwischen den Befindlichkeiten der verschiedenen Gesellschaftsgruppen, die je nach

---

chin (Großbritannien), Isatou Touray (Gambia), Kamala Chandrakirana (Indonesien), Pinar Ilkaracan (Turkei), Rabéa Naciri (Marokko), Sohail Akbar Warraich (Pakistan/GB), Zainah Anwar (Malaysia), Ziba Mir-Hosseini (Iran/GB), http://www.musawah.org/who_we_are.asp (01.09.09).

[31] Persönliche Konversation mit *Musawah*-Aktivistin Rozanah, Penang/Malaysia, 18.03.2010.

[32] http://www.musawah.org/who_we_are.asp (12.12.2009).

[33] Persönliche Konversation mit *Musawah*-Aktivistin Rozanah, Penang/Malaysia, 18.03.2010.

eigenem Identifikationsschwerpunkt ethnische, religiöse oder politische Loyalitäten einfordern.[34] Die Gründung *Musawahs* im Februar 2007 illustriert die politischen Kontroversen, in welche das Netzwerk ungewollt hineingezogen wurde, noch bevor es überhaupt offiziell existierte. Obgleich die Sonderberaterin des malaysischen Premierministers für Frauenfragen (und amtierende Ministerin) Shahrizat Abdul Jalil die Gründungsveranstaltung eröffnete, zog sie sich von der zuvor zugesagten Leitung eines Diskussionspodiums am kommenden Tag zurück. Augenscheinlich war kritisiert worden, dass sie die staatlichen religiösen Autoritäten nicht konsultiert hatte, bevor sie ihre Entscheidung traf, das *Musawah*-Treffen zu unterstützen. Widerstände gegen Musawah wurden von der örtlichen Zweigstelle der malaysischen Ulama-Vereinigung in Penang (PUMP) geäußert, welche sich darauf berief, dass eine solche Initiative die grundlegenden Prinzipien des Islam im Bereich der frauen- und familienbezogenen Shari'a-Gesetze, über die ein weitgehender Konsens innerhalb der hoch respektierten Ulama-Gemeinde bestehe, in Frage stelle.[35]

Musawah zeichne ein negatives Bild von Malaysia, welches nahelege, dass das Land eine diskriminierende Gesetzgebung gegenüber Frauen ausübe. Überdies wurden einige Behörden dazu ermuntert, den Finanzierungsquellen des Netzwerks nachzuspüren, um zu zeigen, dass sich um „westliche" Geberorganisationen handele, die versuchten, den Islam zu „liberalisieren".[36] Während die *Musawah*-Gründung von vielen Aktiven der Frauenbewegung als bahnbrechendes Ereignis gefeiert wurde, färbten die Kritik und die Unterstellungen, die dem Netzwerk entgegen gehalten wurden, auch auf sein künftiges Ansehen und vor allem auch auf die (nationale) Reputation der *Sisters-in-Islam* ab. Ob dies der Unterstützung für die SIS zu- oder abträglich war, hängt von der Perspektive des Betrachters ab. In der Bilanz jedenfalls zeigt sich, dass transnationale Advocacy-Netzwerke sich immer auch unmittelbar in den Kontroversen der nationalen Politik befinden. Aber auch dies ist ein Charakteristikum, das Sidney Tarrow in seiner Beschreibung von transnationalem Aktivismus hervorhebt.[37]

Über die Stärkung der Aktivistinnen im nationalen oder lokalen Kontext hinaus gibt es andere Vorteile der transnationalen Kollaboration. Sie befördert das voneinander Lernen über die Erfolgs- oder Misserfolgsaussichten bestimmter Strategien und Taktiken, den Austausch von Information und die Möglichkeit, Kampagnen zu organisieren, die aufgrund der Dringlichkeit eines Problems nicht von langer Hand vorbereitet werden können. Letzteres gilt für *Musawah* ebenso wie für WLUML und andere Advocacy-Organisationen. Ein Beispiel sind

---

34   Eine umfassendes Werk zur malaysischen Frauenbewegung bieten Ng/Maznah/tan 2007.

35   Artikel von Azza Basarudin zur *Musawah*-Gründungsversammlung in Kuala Lumpur, publiziert vom UCLA International Institute, http://www.international.ucla.edu/print.asp?parentid= 105896 (24.04.2010).

36   Ebd.

37   Tarrow, Sidney, *Transnational Politics: Contention and Institutions in International Politics*, 2001.

Gerichtsurteile, die spontanen internationalen Protest hervorrufen, so etwa der Fall der 32-jährigen Amina Lawal in Nigeria. Lawal drohte die Steinigung. Ihr Fall rief 2002 eine große internationale Kampagne gegen diese Art von Bestrafung hervor, die schließlich dazu führte, dass das Urteil der Steinigung 2003 von einem Berufungsgericht zurückgenommen wurde.[38] Internationale Kampagnen gegen Steinigungsurteile sind seither ein häufiges Instrument, um Druck auf die jeweiligen Rechtssprechungsinstanzen auszuüben.

Musawah ist eine Vereinigung von Akteuren, die ihre Argumentation für Gleichheit und Gleichberechtigung in einem „menschenwürdigen" (*humane*) Islam begründet sehen. Die Überzeugung von einer islamisch verankerten Menschenwürde symbolisiert – und das ist in vergleichender Perspektive bemerkenswert – ein Ergebnis und nicht den Beginn eines intra-islamischen Dialogs und inner-islamischer Integration. Ideelle Ausgangspunkte sind ein bestehender Konsens darüber, was Gleichheit in der Familie umfasst, und die Einigkeit darüber, die Prinzipien des Islam als Quelle von Gleichheit und Gerechtigkeit zu betrachten. Während die Ziele der *Musawah*-Aktivitäten unter den Begriff des sozialen Wandels subsumiert werden können, verfolgt das Netzwerk doch gleichzeitig auch dezidierte politische Ziele. Das „politische Gesicht" der muslimischen Familiengesetze manifestiert sich in den juristischen Rahmenbedingungen der Nationalstaaten. So ist von Bedeutung, ob die Staatsbürger eines Landes sich zu einem einzigen Rechtswesen bekennen oder ob ein Rechtspluralismus die Grundlage für die nationale Jurisdiktion bildet. In letzterem Falle können Richter auf unterschiedliche Quellen für die Rechtsprechung zurückgreifen – z. B. in Malaysia, wo neben dem britisch inspirierten bürgerlichen Recht auch traditionelle und religiöse Rechte gelten. Welche Art von Rechtssystem in einem Staat Gültigkeit erlangt, hängt von politischen Entscheidungen und der Aushandlung unter den maßgeblichen Interessenvertretern ab. Die Verfassung eines Staates, welche gemeinhin die normative Grundlage für die Judikative bildet, ist letztlich ein Ergebnis politischer Aushandlungs- und Einigungsverfahren. Insofern unterlag auch die Formulierung der heute geltenden muslimischen Familiengesetze in einzelnen Staaten einer politischen Einigung. Dies erklärt die Unterschiedlichkeit der Regeln, die in den Familiengesetzen verfasst sind. Wesentlich für die Diskussion hier ist indes die Frage, warum gerade diesen Gesetzen in muslimischen Gesellschaften eine so hohe Bedeutung zukommt.

---

[38]   Court Overturns Stoning Sentence of Woman in Nigeria, Report auf der Webseite von *Dawn Ontario*, 25.09.2003, http://dawn.thot.net/amina_lawal.html (03.03.2010).

Nationales und islamisches Recht

Die rechtsanthropologische Forschung zeigt, dass das Modell des rechtlichen Zentralismus oder der Systeme, in denen nur das staatliche Gesetz die normative Grundordnung für die Gesellschaft bildet und alle anderen Quellen als illegal oder unwichtig angesehen werden, ein Minderheitsmodell ist. Rechtspluralismus – als Gegenpart von Rechtszentralismus – stellt insbesondere in postkolonialen Staaten ein gängiges Ordnungselement dar.[39] Im multi-ethnischen Malaysia gelten für die verschiedenen ethnischen und religiösen Gemeinschaften je nach Sachverhalt andere Rechtsquellen und sind unterschiedliche Gerichte zuständig. Malaysias nationales Recht ist das auf die britische Kolonialzeit zurückgehende *Common Law* (bürgerliches Recht). Daneben gibt es das traditionelle *Adat*-Recht und das islamische Recht (*Shari'a*). *Shari'a*-basierte Gesetze bilden dabei auch die Grundlage für das muslimische Personenstandrecht. Ethnische Malaien, die qua Verfassung Muslime sind, unterstehen dem muslimischen Familiengesetz. Dieses wiederum ist kein einheitliches, für das gesamte Staatsterritorium geltendes Gesetz, sondern wird auf bundesstaatlicher Ebene implementiert und weist daher je nach Bundesstaat einen unterschiedlichen Wortlaut und unterschiedliche Regeln auf. Analoges kann man für die islamischen Familiengesetze im globalen Vergleich konstatieren: Die Inhalte und Regeln variieren von Nationalstaat zu Nationalstaat. Die einzige Gemeinsamkeit besteht darin, dass die islamischen Familiengesetze auf der *Shari'a* basieren.

Nun herrscht allerdings kein Konsens unter islamischen Rechtsgelehrten, was die *Shari'a* denn konkret vorschreibt. Abgesehen von dem Fakt, dass die islamische Jurispudrudenz (*fiqh*) auf fünf gleichermaßen respektierte Rechtsschulen verweist, die *Sunnah* (Tradition) als autoritative Kollektion von zusätzlichen Quellen der Rechtsprechung anerkannt wird und eine spezielle Methode der Jurisprudenz, die *usûl ul-fiqh*, entwickelt worden ist, sind es menschliche Wesen – Individuen – welche das göttliche Recht interpretieren. Ihre Interpretation wird als „Gottes Gesetz" vorgestellt und ist jedweder Abänderung gegenüber immun. Die Aufteilung der Welt in einzelne Nationalstaaten hat dementsprechend eine Vielzahl von Interpretationen hervorgebracht, welche auf der nationalen Ebene aber jeweils als gottgegeben und unveränderlich gelten. Dies erklärt, warum es zahlreiche Versionen von muslimischen Familiengesetzen gibt, die für einen entsprechenden nationalen Kontext formuliert wurden und dort bis heute ihre Anwendung finden. In der Mehrzahl der Staaten sind die islamischen Familiengesetze dabei nicht einmal strikt von den traditionellen Quellen der *Shari'a* abgeleitet worden, sondern haben einen staatlichen Gesetzgebungsprozess durchlaufen und sind von [weltlichen; C.D.] Regierungen in Kraft gesetzt worden, so Abdullahi An-Na'im in seiner komparativen Studie zu islamischen Fami-

---

[39]   Tucker, Judith, *Women, family, and gender in Islamic law*, 2008, S. 9.

liengesetzen.[40] Der Staat – in Gestalt der Regierung – entschied oder entscheidet also darüber, welche Gesetze eine religiös begründete Legitimität beanspruchen und implementiert werden dürfen. Dies belegt auch, so Judith Tucker, warum die *Shari'a* selbst kein göttliches Gesetz mehr verkörpert – zumindest nicht im Sinne eines umfassenden Rechts mit einer inhärenten Autorität, die jeder Muslim und jede Muslimin zu respektieren hat. Vielmehr handelt es sich um ein vom Staat in höchst eklektischer Art und Weise kodifiziertes Recht.[41]

An die Stelle einer textuell sehr komplexen Shari'a, die von Muftis und Richtern interpretiert wird, errichteten die modernen Staaten einzelne Shari'a-basierte Gesetzeskodizes, die von Staatsbeamten in staatlichen Gerichtshöfen umgesetzt wurden. Die Wachstumslogik des modernen Staates im 20. Jahrhundert breitete ihre Kontrolle über das Rumpfsystem islamischen Rechts aus, um zu zentralisieren, zu standardisieren oder [dem Staat] auf sonstige Weise die volle Autorität über alle justiziellen Prozesse zu sichern.[42]

Um das islamische Recht an die Erfordernisse des Nationalstaates des 19. und 20. Jahrhunderts anzupassen, wurde die Methode des *takhayyur* angewandt. *Takhayyur* ist ein arabischer Terminus und bedeutet „Auswahl" oder „Selektion". Seit den 1920er Jahren nahmen Algerien, Ägypten, Indonesien, Irak, Jordanien, Kuwait, Libanon, Libyen, Marokko, Pakistan, Syrien, Tunesien und Jemen allesamt diese Methode in Anspruch, um ihre jeweiligen Personenstandsgesetze einzuführen.[43] Deshalb ist es kaum verwunderlich, dass die Inhalte der heutigen islamischen Familiengesetze sich in jedem Land unterschiedlich gestalten.[44] Das progressivste Familiengesetz in Hinblick auf Geschlechtergleichheit hat heute Marokko. Das Gesetz, *Moudawana* genannt, dient ReformaktivistInnen in anderen Ländern als Modell. Auch für *Musawah* stellt es eine Orientierungsmarke dar. „Die feministische Bewegung in Marokko ist eng verbunden mit der ‚Mudawana', denn sie verkörpert den Kristallisationspunkt der rechtlichen und zivilen Diskriminierung von Frauen", so Fatima Sadiqi.[45] Die Autorin hat die Rolle der feministischen Bewegung in Marokko für die Reform des Personenstandsrechts, in dem Fall also des muslimischen Familiengesetzes, analysiert. Als Resultat der Aktivitäten der Frauenbewegung und der positiven Haltung des marokkanischen Königs zur *Moudawana*-Reform bietet das Gesetz nun rechtliche Zugewinne, um die Frauen in anderen Ländern noch zäh ringen. Sadiqi fast sie

---

[40] An-Na'im, Abdullahi (ed.), *Islamic family law in a changing world. A global resource book*, 2002, S. 2.

[41] Tucker, Judith, *Women, family, and gender in Islamic law*, 2008, S. 20.

[42] Tucker, Judith, *Women, family, and gender in Islamic law*, 2008, S. 20.

[43] Tucker, Judith, *Women, family, and gender in Islamic law*, 2008, S. 20.

[44] Eine ausführliche, wenngleich nicht mehr in allen Fällen mehr aktuelle Zusammenstellung zu nationalen islamischen Familiengesetzen bietet die auch weiter unten erwähnte Kompilation der Emery-Universität aus dem Jahr 2002, http://www.law.emory.edu/ifl/index2.html (28.08.09).

[45] Sadiqi, Fatima, *The Central Role of the Family Law in the Moroccan Feminist Movement*, 2008, S. 329.

zu drei Aspekten zusammen: Gleichheit zwischen Ehegatten, familiäre Balance und Schutz der Kinder.[46] Für *Musawah* stellt der Erfolg der marokkanischen Reformbewegung eine große Errungenschaft dar, die zur Nachahmung anregt. Das Problem, Reformforderungen politisch durchzusetzen, ist dabei weniger mit der systemischen Frage von Autoritarismus oder Demokratie verbunden, sondern vielmehr mit dem Konzept von Nationalstaat, das im Laufe der modernen Geschichte Dominanz über alle anderen territorialen und administrativen Ordnungsmodelle erlangte. Ich skizziere diese Dimension des „politischen Gesichtes" der islamischen Familiengesetze, weil sie zeigt, warum die Strategie des *transnationalen networking* im Vergleich zu Reformbestrebungen, die sich auf ein einziges Land beschränken, sinnvoller oder zumindest vielversprechender ist, wenn es um rechtliche Verbesserungen in den Geschlechterbeziehungen geht.

In der Regel fallen Fragen des Heiratsalters für Jungen und Mädchen, der Eheschließung, der Polygamie, der Scheidung, des Sorgerechts für Kinder und des Erbrechts in den Jurisdiktionsbereich der islamischen Familiengesetze. In dem meisten Fällen sind die Regelungen zum Nachteil von Frauen verfasst. Dies kann aber nicht alleine auf eine patriarchale Interpretation von islamischen Rechtsquellen zurückgeführt werden. Ein wesentlicher Grund für die Persistenz von patriarchalen Versionen des muslimischen Familiengesetzes liegt in seinem besonderen Stellenwert für die die nationale Rechtsprechung. Das Familiengesetz bildet die „letzte Bastion", die der islamischen Jurisprudenz als Kontrollarena verblieb. Wie An-Na'im ausführt, wurden nach dem sukzessiven Eindringen des europäischen kolonialen Gedankenguts in islamisch geprägte Gesellschaften mehr und mehr Bereiche von Recht und Gesetzgebung in eine „säkulare" Rechtsprechung transferiert (Handelsrecht, Wirtschaftsrecht, Strafrecht, Zivilrecht etc.).[47] Der einzige Rechtsbereich, der unangetastet blieb, war das Familiengesetz.

Aus welchem Grunde auch immer, das Familiengesetz blieb der primäre Aspekt der Shari'a, der einer Verdrängung durch europäisches Recht in der Kolonialzeit widerstand und diverse Stufen oder Formen der Säkularisierung des Staates und seiner Institutionen, wie sie in zahlreichen islamischen Ländern stattfand, überlebte und überdauerte.[48]

Weil das Familiengesetz dadurch ein exklusiver Bereich in der Kodifzierung des Rechts blieb, hegten und pflegten es die Richter und die *Ulama*. Das islamische Familiengesetz symbolisierte (bis heute hin) und legitimierte islamische Ideale der sozialen Beziehungen und wurde letztendlich mit islamischer Identität assoziiert. Pardoxerweise, so An-Na'im, sorgte der geringe Widerstand gegen die

---

[46]   Sadiqi, Fatima, *The Central Role of the Family Law in the Moroccan Feminist Movement*, 2008, S. 336.

[47]   An-Na'im, Abdullahi (ed.), *Islamic family law in a changing world. A global resource book*, 2002, S. 8f.

[48]   An-Na'im, Abdullahi (ed.), *Islamic family law in a changing world. A global resource book*, 2002, S. 9.

Verdrängung der *Shari'a* in anderen Bereichen der Rechtsprechung dafür, dass die Familiengesetze zu einem solch heiß umkämpften und sensiblen Thema wurden.[49] Für lange Zeit beschränkte sich die öffentliche Debatte über das Familiengesetz auf die nationale Ebene, zumal die Grenzen der Nationalstaaten auch die Grenzen der formalen Gültigkeit staatlichen Rechts bilden. Die Frage nach einem möglichen transnationalen Geltungsbereich religiös basierter Gesetze erfuhr erst im Zuge der intensiven Globalisierung und der sie begleitenden Migrationsbewegungen des späten 20. Jhdt. eine größere Resonanz.

Musawah scheint der Argumentation An-Na'ims zu folgen, die der *„menschlichen Einwirkung [human agency]* eine entscheidende Bedeutung für die Konzeption und die Entwicklung jedweder normativer Systeme im Islam" zuschreibt.[50] Durch menschliches Eingreifen besteht die Chance, Gesetze „menschenwürdig" (*humane*) zu machen und nach Prinzipien von Gleichheit auszurichten. Das Netzwerk demonstriert der Welt seine Überzeugung, dass eine Reform des muslimischen Familiengesetzes auf der nationalen Ebene zu kurz greift und eine verengte Perspektive darstellt. Das Bild muss umfassender sowie mit historischer und vergleichender Expertise gezeichnet werden, um Reformstrategien formulieren, Unterstützung für Reformziele mobilisieren und die Schattenseiten der meisten heute gültigen islamischen Familiengesetze einer öffentlichen Prüfung unterziehen zu können. Vor diesem Hintergrund erscheint es logisch, die transnationale Vernetzung zu suchen. Das transnationale Unterfangen dient aber letztlich der Durchsetzung von Reformen in der nationalen Gesetzgebung. In diesem Duktus lässt sich in Anspielung auf den feministischen deutschen Slogan „das Private ist politisch" durchaus schlussfolgern, dass „das Transnationale national und politisch" ist.

Resümee: Die Politik der transnationalen Vernetzung

Grenzüberschreitendes *networking* hat in den vergangenen beiden Dekaden erheblich an Dynamik gewonnen und hat die globale Frauenrechtsbewegung zweifellos beflügelt. Gleichwohl bleibt abzuwarten, inwiefern sich Gegenbewegungen zu den transnationalen Frauenbewegungen formieren. Gegenwärtig zeigen Netzwerke wie *Musawah*, dass unterschiedliche nationale Kontexte die Identifikation gemeinsamer Normen und Prinzipien nicht behindern, sondern im Gegenteil als informative Fallbeispiele dienen, aus denen Lehren für das kollektive Handeln gezogen werden können. Das Netzwerk *Musawah* zeigt, dass ein

---

[49] An-Na'im, Abdullahi (ed.), *Islamic family law in a changing world. A global resource book*, 2002, S. 9f.

[50] An-Na'im, Abdullahi (ed.), *Islamic family law in a changing world. A global resource book*, 2002, S. 20 (Hervorhebung im Original).

Verständnis des Islam „als Quelle für Gerechtigkeit, Gleichheit, Fairness und Würde für alle Menschen" einer Orientierung an universellen Prinzipien wie den Menschenrechten nicht im Wege steht. Vielmehr reflektieren die Prinzipien des Korans *Muswah* zufolge „universelle Normen und stehen in Einklang mit heutigen Menschenrechtsstandards".[51] Die These des Einklangs macht das Netzwerk zu einer Initiative, die muslimische und nicht-muslimische Frauen gleichermaßen einlädt, sich für gleichheits-orientierte Familiengesetze einzusetzen. Die muslimischen Familiengesetze dahingehend zu ändern, dass beide Geschlechter rechtlich gleich behandelt werden, bedeutet auch, den rechtlichen Status der Frau zu aufzuwerten. *Musawah* ist damit ein Netzwerk, welches für die Norm der Statusgleichheit von Mann und Frau eintritt. Da das Personenstandsrecht immer ein Resultat der nationalen Gesetzgebung und juristischer Aushandlungen von Rechtsordnungen ist, die zunächst einmal nur für einen Nationalstaat gelten, ist der Kampf um Gleichheit vor dem Gesetz immer auch ein politischer Kampf.

---

[51]   http://www.musawah.org/framework_action.asp (12.03.2010).

Islamische Frauenorganisation *Kewser*: Zwischen spiritueller Erweckung und Frauenemanzipation

Zrinka Štimac

Bedingt sowohl durch die jüngsten Kriegsgeschehnisse (1992–1995) als auch durch Veränderungen der gesamten religiösen Landschaft sind in Bosnien und Herzegowina (im folgenden BiH) zahlreiche islamische Frauenorganisationen, humanitäre NGOs und verschiedene Frauengruppen entstanden. Diese konzentrieren sich auf vielfältige Fragen und Probleme der Frauen im Nachkriegsland BiH, die von den typischen Frauenthemen (Familie, Geburt, Erziehung), über die Eingliederung der gläubigen Muslimin in das Arbeitsleben, der Erneuerung des islamischen Glaubens durch das öffentliche Wirken der Muslimin bis hin zur Arbeit mit den Frauen, die an den Folgen von Familiengewalt und Kriegstraumata leiden, reichen. Alle diese Themen und Probleme werden ausschließlich aus der islamischen Perspektive betrachtet. Gemeinsam ist allen diesen Gruppen auch die Tatsache, dass sie zahlenmäßig sehr klein und finanziell von Spenden, meistens aus dem Ausland, abhängig sind.

In diesem Aufsatz geht es exemplarisch um eine von diesen Organisationen, die sowohl dem Radius des Wirkens nach als auch durch das Themenspektrum als besonderer Vertreter dieser islamischen Frauenbewegung dienen kann – es geht um die Frauenorganisation *Kewser* (Fülle, engl. *abundance*)[1]. Der Anlass für die eingehende Analyse dieser Organisation war das DFG finanzierte Forschungsprojekt „Das Ethos der religiösen Friedensstifter" an der Universität Bielefeld.[2] In diesem Zusammenhang wurden u. a. diejenigen lokalen religiösen Organisationen qualitativ analysiert, die im Rahmen einer quantitativen Untersuchung der Bevölkerung in BiH als relevant erkannt wurden. Nur wenige Organisationen wurden als besonders glaubwürdig eingestuft, und *Kewser* ist eine von ihnen. Neben der relativ hohen Glaubwürdigkeit, die mit der sozialen und religiösen Kompetenz zusammenhängt, wird diese Frauenorganisation auch von der

---

[1] Siehe The Qur'an 2005, 863: Surah Al-Kawthar 108: „*In the name of Allah, the All-beneficent, the All-merciful. 108: 1 Indeed we have given you abundance. / 108:2 So pray to your Lord, and sacrifice* [the sacrificial camel] */ 108:3 Indeed it is your enemy who is without posterity.*"

[2] Für das Projekt „Das Ethos der religiösen Friedensstifter" siehe http://www.uni-bielefeld.de/ theologie/forschung/religionsforschung/forschung/schaefer/konflikt/projekt_ethos.html?__xsl=/ unitemplate_2009_print.xsl.

schwachen Organisiertheit bzw. von einer flachen Struktur und wenigen Mit-gliedern gekennzeichnet.[3]

Der Fokus des Aufsatzes liegt auf der Identität und Strategie von *Kewser* als einem kollektiven Akteur und dem zugrunde liegenden Religionsverständnis, aus dem heraus aktiv in die Gesellschaft eingegriffen wird. Die Analyse von Identität und Strategie lässt eine Aussage darüber zu, inwiefern die Frauen von *Kewser* a) als Aufklärerinnen im religiösen Sinne zu verstehen sind und b) mit welchen Maßnahmen sie die allgemeine gesellschaftliche Situation zu verändern versu-chen. Anhand dieser Information wird es möglich sein, einen eventuellen femi-nistischen Ansatz bei *Kewser* zu rekonstruieren.

Der theoretische Hintergrund zur Analyse von Identität und Strategie basiert auf den Annahmen von Pierre Bourdieu, während die Analyse der qualitativen Interviews auf der Habitusanalyse von Heinrich W. Schäfer basiert, die einge-hend dargestellt wird. Die in diesem Aufsatz analysierten Interviews mit den Mitgliedern von *Kewser* wurden im Frühjahr 2010 im Rahmen des Projektes „Das Ethos der religiösen Friedensstifter" geführt.

Islam in BiH und die rechtliche Stellung der Frau

Die Frage nach den Möglichkeiten der Frauen, sich zu organisieren, eigene reli-giöse, politische oder soziale Rechte in BiH und früher im ehemaligen Jugosla-wien wahrzunehmen und durchzusetzen, hing und hängt einerseits mit der Ge-setzgebung und anderseits mit der jeweiligen Deutung des islamischen Gesetzes seitens des aktuellen Großmufti und der Islamischen Gemeinschaft zusammen. Sowohl im Osmanischen Reich als auch in der Österreich-Ungarischen Monar-chie, in letzterer trotz des parallelen Österreichischen Bürgergesetzes aus dem Jahre 1811, galten lange Zeit die Schariagesetze. Die Position und die Rolle der Frauen waren dadurch ausschließlich auf die der Ehefrau und Mutter be-schränkt.

Die Position und Stellung der islamischen Frau in der Gesellschaft wurde erst zum Anfang des 20. Jahrhunderts – bzw. zur Zeit der damaligen Modernisie-rungsversuche in BiH („Volkswohlstand") – zu einem bedeutsamen öffentlichen Thema.[4] Einer der ersten Vertreter, der sich stark mit dem Frauenthema beschäf-tigte und der als Förderer der Frauenemanzipation galt, war Dževad Bay Sulej-manpašić. In seiner Schrift „Die Muslimische Frauenfrage, ein Beitrag zu deren

---

3   Im DFG finanzierten Projekt „Das Ethos der religiösen Friedensstifter", Universität Bielefeld, Leitung: Prof. Dr. Dr. Heinrich Wilhelm Schäfer, Mitarbeiter: Leif Hagen Seibert Mag. und Dr. des. Zrinka Štimac. Zum theoretischen Hintergrund der Glaubwürdigkeit und der Komplexität siehe Seibert, Leif, *Glaubwürdigkeit als religiöses Vermögen. Grundlagen eines Feldmodells nach Bourdieu am Beispiel Bosnien-Herzegowinas*, 2010, S. 89–117.

4   Vgl. Karić, Enes/Wiesmann, Helmut/Schmid, Hansjörg, *Islam in Bosnien und Herzegowina und Deutschland*, 2008, S. 159.

Lösung" setzte er sich für die Aufklärung der Muslimin in BiH insbesondere hinsichtlich der Bildung (Alphabetisierung) und der Teilhabe am gesellschaftlichen Leben ein.[5] Im damaligen Oberhaupt der Islamischen Gemeinschaft Mehmed Džemaludin Čaušević (1870–1938, Großmufti von BiH 1914–1930) hatte diese Idee einen großen Unterstützer. Auch Großmufti Čaušević bezog bei seinen Modernisierungsversuchen innerhalb der Islamischen Gemeinschaft gegen alle tradierten Rollen der muslimischen Frau und gegen den Gesichtsschleier eine Position.[6] Er war der Meinung, dass der Islam und die islamischen Richtlinien konform mit der Tatsache sind, dass Frauen sowohl mit einem freien Gesicht als auch evtl. mit einem Hut auf dem Kopf (damals für Muslimin noch undenkbar) auf der Straße gesehen werden können. Er ging noch weiter und behauptete, dass die Frage der Kopfbedeckung im Islam keine religiöse Frage darstelle. In der Religion des Islam gebe es entsprechend der Sure Al-Baqara, 228 sowohl für Männer als auch für Frauen dieselben Freiheiten und Pflichten. Die Frage nach der Kopfbedeckung sei keine spezifische Frauenfrage, sonder eine Frage, die abhängig von der Zeit, vom Kontext und vom allgemeinen Interesse zu lösen ist.[7] Obwohl einige wichtige Muslime der damaligen Zeit in BiH wie z. B. Ajni Bušatlić und Šukrija Alagić, die für die renommierten bosnischen Zeitschriften „Novi Behar" und „Narodna uzdanica" arbeiteten, diese Meinung unterstützten,[8] kritisierten die große Mehrheit der Muslime und insbesondere die Mitglieder des Sarajevoer *madjlis* öffentlich diese Haltung.[9] Das Problem der Modernisierung der Frauenrolle durch Bildung und durch die Entschleierung der Frau wurde zwar in der damaligen Zeit angedeutet, konnte jedoch nicht zufriedenstellend für alle Teile der islamischen Bevölkerung gelöst werden. Die Ansichten der islamischen Frauen aus dieser Zeit sind nicht bekannt.

In der späteren Zeit bzw. im ehemaligen Jugoslawien verabschiedete die kommunistische Partei im Jahr 1950 das „Gesetz zum Verbot von Tragen vom Gesichtsschleier und vom Nikab".[10] Islamische Frauen durften ab diesem Zeitpunkt keine Kleidung mehr in der Öffentlichkeit tragen, die bis dahin zu deren Alltagskleidung zählte. Dieses Verbot wurde von der „Antifaschistischen Frauen-Front" in den ersten Jahren des ehemaligen Jugoslawien unterstützt,[11] die sich scheinbar

---

[5]   Vgl. Karić, Enes/Wiesmann, Helmut/Schmid, Hansjörg, *Islam in Bosnien und Herzegowina und Deutschland*, 2008, S. 161.

[6]   Vgl. u. a. Čaušević, Džemaludin, *Pismo i odgovori*. 1928, S. 290–295. Vgl. Karić, Enes, *Prilozi za povijest islamskog mišljenja u Bosni i Hercegovini 20. Stoljeća*, 2004, S. 247.

[7]   Vgl. Đozo, Husein, *Ausgewählte Werke. Buch 1, Islam in der Zeit*, 2006, S. 61.

[8]   Diese Haltung korrelierte mit der damals aktuellen Haltung der Gelehrten Shaich Muhammad Abduhu und Rashid Rida von der Al-Azhar Universität, Kairo. Siehe oben, S. 62.

[9]   Vgl. Karić et al. (2008), S. 45ff.

[10] Das Gesetz „Zakon o zabrani nošenja zara i feredže" wurde von der Skupština Narodne Republike Bosne i Hercegovine im Jahr 1950 verabschiedet.

[11] Milišić, Senija, *Emancipacija Musliminnske žene u BiH nakon oslobodjenja 1947–1952: poseban osvrt na skidanje zara i feredže*, 1986, S. 23

stark für die Rechte der Frauen in der Gesellschaft einsetzte. Allerdings zählten die religiösen Rechte im kommunistischen System nicht dazu.

Mit der neuen Gesetzgebung bzw. mit dem Abkommen von Dayton und der Verfassung von BiH nach dem jüngsten Krieg (1992–1995) änderte sich die Lage erneut.[12] Ab diesem Zeitpunkt konnten sich religiöse oder anders motivierte Gruppen erneut organisieren, und die religiösen Merkmale – auch in Form von Kleidung – können in der öffentlichen Sphäre gezeigt werden. Im Zusammenhang mit den neuen religiösen Rechten hat das „Gesetz über die Freiheit des Glaubens" besondere Bedeutung.[13] Obwohl dieses Gesetz die Bedeutung der Frauenorganisation oder die religiösen Rechte der Frauen im Allgemeinen nicht besonders betont, ist es wichtig, weil die religiösen Rechte einzelner Kirchen und Religionsgemeinschaften, und dadurch auch der in diesem Rahmen arbeitenden Frauenorganisationen, seitens des Staates BiH anerkannt werden.

Seitens der Islamischen Gemeinschaft – der einzigen offiziellen religiösen Organisation der Muslime in BiH – wurde im Jahr 2006 sowohl die Definition des Islam in BiH als auch die Klarstellung einiger islamischer Fragen in der Schrift „Rezolucija" (Resolution) veröffentlicht.[14] Darin wird u. a. auch die Frage nach der Frau im Islam kurz erläutert. Interessant ist, dass in dieser jüngsten für alle Muslime in BiH verpflichtenden Schrift der Islamischen Gemeinschaft – im Gegensatz zu den Schriften vom Anfang des 20. Jahrhunderts – von den „schützenden Normen" wie z. B. dem Kopftuch gesprochen wird. Zwar wird dieses „nicht verpflichtend", jedoch als eine eindeutige „islamische Norm" vorgeschrieben, „mit dem Ziel die Frau und Gesellschaft zu schützen".[15]

Die Tatsache, dass in BiH neue islamische Frauengruppen aktiv an der Änderung der gesellschaftlichen Lage arbeiten, hat nicht nur mit den gesetzlichen Möglichkeiten und mit der islamischen Erneuerung zu tun, sondern teilweise auch mit der weltweiten Bewegung der islamischen Frauen. Obwohl diese Bewegung relativ leise ist, kommen die Stimmen sowohl aus den westeuropäischen Ländern als auch Ländern wie z. B. Iran, Marokko und Indonesien. Manche Forscherinnen wie z. B. die iranische Anthropologin Ziba Mir-Hosseini behaupten, dass diese Bewegung als eine direkte Folge des politischen Islam zu betrachten ist: *„Muslim women were confronted with horrific laws that Islamists sought to impose in the name of Islam, and so began asking where in all of this was the justice and equality*

---

[12]   Für den Inhalt des Abkommens siehe URL: www.ohr.int/print/content_id=380 (10.02.2011). Für die Verfassung siehe URL: http://www.ohr.int/dpa/default.asp?content_id=372 (10.02.2011).

[13]   Für den Inhalt des Gesetzes siehe „Službeni Glasnik BiH" vom 09.03.2004. Für Kritik desselben siehe Cvitković, Ivan, *Šta predlažu „ikone pravovjernosti"?*, 2003, S. 20–29.

[14]   Rijaset Islamske zajednice (Hrsg.), *Rezolucija Islamske zajednice o tumačenju islama i drugi tekstovi*, 2006.

[15]   Rijaset Islamske zajednice (Hrsg.), *Rezolucija Islamske zajednice o tumačenju islama i drugi tekstovi*, 2006, S. 102f.

that their own understanding of the Quran led them to believe was central to Islam."[16]

Allgemein gesprochen geht es bei der Bewegung der islamischen Frauen in den Ländern wie Iran, Indonesien und teilweise Marokko, im Gegensatz zum sogenannten „weißen Feminismus" in Europa, mehr um die Religion der Frauen und um die Anerkennung der Unterschiede – im Sinne der Gleichberechtigung – zwischen Mann und Frau. Für Mir-Hosseini wird die Gleichberechtigung der Geschlechter[17] (u. a. auch innerhalb der Familie) mit der Frage nach der Gerechtigkeit und mit der Frage nach den Persönlichkeitsrechten gekoppelt:[18] *„Für mich hat Feminismus zwei Seiten: Zum einen besteht er in dem Bewusstsein, dass Frauen aufgrund ihres Geschlechts in ihrer häuslichen Umgebung, bei der Arbeit, in der Gesellschaft und in anderen Lebensbereichen, Diskriminierung erleiden, zum anderen in der politischen Arbeit, die darauf abzielt, diese Missstände zu beenden. Feminismus ist damit ein Streben nach Gerechtigkeit und Gleichheit von Frauen innerhalb einer gerechten Welt. Es ist sowohl eine Geisteshaltung wie ein Lebensstil [...].*"[19] Um mehr persönliche Rechte in Familie und Gesellschaft und mehr Möglichkeiten im Beruf zu erhalten, sollten laut Mir-Hosseini islamische Frauen diese Frauendiskurse z. B. über eigene NGOs bis in die Grasswurzeln tragen. Inwiefern dies der islamischen Bildungsorganisation *Kewser* mit ihren hoch gebildeten und teilweise sehr erfolgreichen Musliminen gelungen ist, zeigen die weiteren Kapiteln.

Allgemeines zur Frauenorganisation *Kewser*

Laut Selbstbeschreibung ist *Kewser* eine partei- und regierungsunabhängige, gemeinnützige und auf Bildung und Erziehung konzentrierte Frauenorganisation. Diese wurde im April 1994 in Zenica (BiH) gegründet.[20] Die genaue Zahl der in *Kewser* aktiven Frauen ist nicht zu ermitteln. Anhand der Literatur der Organisation kann jedoch vermutet werden, dass diese Zahl nicht größer als 30 sein kann. Außerdem handelt es sich um eine Organisation, die – wie eingangs

---

[16]   Siehe Interview mit Ziba Mir Hosseini: „Understanding Islamic Feminism" vom 07.02.2010 http://www.countercurrents.org/sikand070210.htm (13.03.2011).

[17]   Zum Hintergrund der Frage nach der Gleichberechtigung der Geschlechter in den einzelnen umstrittenen Suren des Korans siehe die Publikation „Ein einziges Wort und seine große Wirkung" vom Zentrum für Islamische Frauenforschung und Frauenförderung (Hrsg.), insbesondere S. 19ff.

[18]   Auf den Unterschied zwischen dem „säkularen", „weißen" und „religiösen" Feminismus kann an dieser Stelle nicht näher eingegangen werden. Es sei jedoch darauf verwiesen, dass die Kontextualisierung und soziale Stratifizierung verschiedener feministischer Gruppen u. a. in Arbeiten von Audre Lordes und Chandra Mohanty vorgenommen wurde.

[19]   Interview mit Ziba Mir Hosseini: „Islamischer Feminismus" vom 23.10.2010, http://www. balkan24.com/euro-balkan-index/kultur/2156-islamischer-feminismus.html (13.03.2011).

[20]   Siehe Kewser 2010: http://www.zehra.ba/zehra/index.php?option=com_content&view=category &layout=blog&id=35& Itemid=64 (27.09.2010)

schon angedeutet – eine flache Struktur aufweist und mit geringen finanziellen Mitteln, vor allem aus Spenden, ihre Arbeit leistet.

Sowohl die Arbeitsschwerpunkte als auch die jeweiligen Themen, mit welchen die Frauen von *Kewser* beschäftigt sind, sprechen dafür, dass hier eine neue Rolle und Funktion der islamischen Frauen zu entdecken ist und gelebt wird. Die Frauen von *Kewser* sehen ihre Mission in der Unterstützung anderer Frauen und der Jugendlichen im Sinne des islamischen Glaubens, insbesondere in den Bereichen Bildung und Erziehung.[21] Alle in *Kewser* tätigen Frauen haben eine hohe Bildung (meistens Universitätsabschlüsse), und sie gehören der sozialen Mittelschicht in BiH an. Die Unterstützung anderer Frauen ist nur dann möglich, wenn sowohl die eigene Position in der Gesellschaft gesichert ist als auch die Position anderer Frauen von einer höheren Warte und entsprechender Distanz heraus betrachtet und beeinflusst werden kann. Alle Mitarbeiterinnen von *Kewser* sind Kopftuchträgerinnen und mehrfache Mütter, und allen ist gemeinsam, dass sie Familie und Beruf in einer frauenförderlichen Atmosphäre unbedingt miteinander verbinden wollen und dies durch die flexible Arbeit bei *Kewser* auch verwirklicht sehen.

Innerhalb von *Kewser* sind zwei Klubs tätig: ein Jugendklub, gegründet im Jahre 2003, und der Klub VID bzw. „Werte und Gesellschaft" (vrijednosti i društvo). Innerhalb des Jugendklubs werden unterschiedliche Sprach- und Informatikkurse wie auch Debattierabende, kleine Symposien und Ausflüge angeboten.[22] Zu den eingeladenen Gästen zählen sowohl die höchsten Vertreter der Islamischen Gemeinschaft wie z. B. Großmufti Cerić, als auch die Vertreter der bosniakischen Parteien und andere Personen des öffentlichen Lebens.[23] Im Gegensatz dazu ist der Klub VID stark auf Personen, insbesondere Frauen, aus dem islamischen intellektuellen Leben konzentriert.

Besondere öffentliche Breitenwirkung hat der Chor *Kewser* erreicht, der im Jahr 2004 innerhalb des Jugendklubs gegründet wurde. Die erste CD wurde in Teheran aufgenommen, wo auch die Musikarrangements angefertigt wurden.[24] Inzwischen gibt es Konzerte des Chors mit der staatlichen Philharmonie in Sarajevo, BiH. Einmal jährlich organisiert die Frauenorganisation mit dem gleichnamigen Chor ein Konzert mit spirituellen und kulturellen Inhalten und religiöser Musik unter dem Titel „Mošus Pejgamberov" (Der Hintergrund des Namens ist die Geburt der Fatima al Zahra, Tochter Mohammads, die von ihm als wohlriechender Moschus bezeichnet wurde).[25] Diese Konzerte mit den dazugehörigen Ausstellungen werden von Medien – insbesondere in der Föderation BiH – stark rezipiert und erfreuen sich vieler tausender Besucher. Die Idee hinter den Konzerten war laut *Kewser*-Gründerin Sadika Avdić, nach dem Beispiel vieler islami-

---

[21]   Zeitschrift Kewser, *13 Jahre Kewser*, Sonderausgabe, 2007, S. 2.
[22]   Zeitschrift Kewser, *13 Jahre Kewser*, Sonderausgabe, 2007, S. 12ff.
[23]   Zeitschrift Kewser, *13 Jahre Kewser*, Sonderausgabe, 2007, S. 3.
[24]   Zeitschrift Kewser, *13 Jahre Kewser*, Sonderausgabe, 2007, S. 5.
[25]   Zeitschrift Kewser, *13 Jahre Kewser*, Sonderausgabe, 2007, S. 20f.

scher Länder wie z. B. Iran oder Libanon auch in BiH einen Tag/Feiertag zu etablieren, der sowohl eine Frauen- als auch eine islamisch-religiöse Prägung hätte.[26] Gegenwärtig gibt es in BiH nur den staatlichen Frauentag, den 08. März. Im Rahmen dieser Feierlichkeit werden inzwischen verschiedene Kulturabende und Ausstellungen organisiert. Laut Magazin *Zehra* stehen im Zentrum dieser Feierlichkeit vor allem das bosniakische Erbe und seine Erhaltung. Somit wird ermöglicht, dass religiöse und ethnische Interessen – teilweise eine Selbstver-ständlichkeit für alle ethnischen Gruppen in BiH – durch ein neues islamisches Frauenbild miteinander verbunden werden.

Kewser ist darüber hinaus stark auf die Veröffentlichung des Magazins für Familie und Gesellschaft *Zehra* (seit 2001), wie auch auf die gleichnamigen Radio- und TV-Sender (seit 2006) konzentriert. Die wichtigsten Zeitungsrubriken in *Zehra* sprechen eindeutig vom islamischen Profil der Zeitschrift: Das Haupt-thema bezieht sich stets auf die Muslimin in BiH und aktuelle gesellschaftliche Probleme, auf die Muslimin in Beruf und auf die Muslimin im Familienleben. Die Zeitschrift ist wie alle anderen bildungsrelevanten Zeitschriften seitens des Ministeriums für Bildung, Wissenschaft, Kultur und Sport von der Steuerzah-lung befreit. In den TV und Radiosendungen können ähnliche Themen wie in der Zeitschrift *Zehra* gefunden werden. Zuletzt sei noch die Gesundheitspraxis innerhalb der Räumlichkeiten der Frauenorganisation erwähnt, in der verschie-dene Behandlungen wie z. B. Homöopathie und Phytotherapie ausschließlich Frauen zur Verfügung stehen.[27]

Habitusanalyse der religiösen Akteure in BiH[28]

Um eine Aussage über Identität und Strategie eines kollektiven Akteurs machen zu können, wird im CIRR*u*S, Bielefeld, mit der Habitusanalyse nach H.W. Schä-fer gearbeitet.[29] Diese geht davon aus, dass sich Akteure – entsprechend der Theorie von Bourdieu – innerhalb eines allgemeinen gesellschaftlichen und so-zialen Kontextes befinden, der eigene Gesetzmäßigkeiten und eigenen „Spiel-regeln" aufweist. Bourdieu spricht in diesem Zusammenhang von der „Logik der Praxis",[30] oder „praktischen Logik", anhand der deutlich wird, wie unterschiedli-che Akteure innerhalb der Konditionen und Gegebenheiten einer Gesellschaft

---

[26] Zeitschrift Kewser, *13 Jahre Kewser*, Sonderausgabe, 2007, S. 20.

[27] Zeitschrift Kewser, *13 Jahre Kewser*, Sonderausgabe, 2007, S. 27.

[28] Für ausführliche Darstellung siehe Schäfer, Heinrich W./Zrinka Štimac/Leif H. Seibert, *Religious peace builders, their public recognition and their convictions. Some intermediate results from a re-search project on religion and post-conflict peace building in Bosnia and Herzegovina*, 2011.

[29] Siehe Schäfer, Heinrich W., *Zur Theorie von kollektiver Identität und Habitus am Beispiel sozia-ler Bewegungen. Eine Theoriestudie auf der Grundlage der interkulturellen Untersuchung zweier religiöser Bewegungen*, 2003.

[30] Bourdieu, Pierre, *Sozialer Sinn. Kritik der theoretischen Vernunft*, 1987, S. 107.

handeln, worin sie die Lösungen der gesellschaftlichen Probleme sehen, wie die Akteure sich selbst innerhalb der Gesellschaft sehen, welche Präferenzen sie haben und wie sie handeln.[31]

Der Habitus der kollektiven Akteure verbindet diese zwei Ebenen. Das Konzept des Habitus bezieht sich auf Dispositionen der Wahrnehmung, Urteil und Handlung, die den Akteuren durch die bestimmte Sozialisation inkorporiert sind. Laut Bourdieu ist Habitus die „Verinnerlichung eines bestimmten Typs von sozialen und ökonomischen Verhältnissen".[32] Dementsprechend kann Habitus als eine Anhäufung kognitiver, affektiver und somatischer Dispositionen verstanden werden, anhand welcher Situationen gedeutet und beurteilt und daraus ethische und ästhetische Normen entwickelt werden, auf deren Basis schließlich gehandelt wird. Diese Dispositionen werden einerseits z. B. durch die alltägliche Situation, gesellschaftliche und private Ereignisse und soziale Interaktionen getriggert. Andererseits wirken sie sich über Wahrnehmung, Urteil und Handlung direkt auf die Situationen und den Kontext der Akteure zurück. Somit funktionieren die Dispositionen des Habitus als Operatoren der „praktischen Logik" und sind dadurch Teile der sozialen Praxis der Akteure.[33]

Eine Möglichkeit, die Operatoren der praktischen Logik und die Transformationen der Erfahrung durch Wahrnehmung, Urteil und Handlung zu analysieren, bietet das Modell des praxeologischen Quadrats,[34] das einen Einblick in die kognitiven Landkarten der individuellen und kollektiven Akteure ermöglicht.[35] Obwohl dabei sowohl die kognitiven, affektiven als auch somatischen Elemente untersucht werden können, konzentriert sich die in diesem Aufsatz angewandte Analyse ausschließlich auf die kognitiven Inhalte als Teile der Praxis[36] und auf die Art und Weise, wie die Aussagen zur Operatoren der Praxis werden.[37] Im Folgenden wird gezeigt, wie das Modell des praxeologischen Quadrats als Basis für die Interviewanalyse nach Schäfer aufgebaut ist.[38]

---

[31] Schäfer, Heinrich W., *Identität als Netzwerk. Ein Theorieentwurf am Beispiel religiöser Bewegungen im Bürgerkrieg Guatemalas,* 2005, S. 259–282.
[32] Bourdieu, Pierre/Waquant, Loic J.D., *Reflexive Anthropologie,* 1996, S. 136.
[33] Bourdieu, Pierre, *Sozialer Sinn. Kritik der theoretischen Vernunft,* 1987, S. 107.
[34] Schäfer, Heinrich W., *Habitus-Analysis: A Method to analyze cognitive operator of practical logic,* 2009. S. 9ff.
[35] Schäfer, Heinrich W., *Habitus-Analysis: A Method to analyze cognitive operator of practical logic,* 2009. S. 6.
[36] Bourdieu, Pierre, *Language as symbolic power,* 1991, S. 17.
[37] Schäfer, Heinrich W., *Zur Theorie von kollektiver Identität und Habitus am Beispiel sozialer Bewegungen. Eine Theoriestudie auf der Grundlage der interkulturellen Untersuchung zweier religiöser Bewegungen,* 2003, S. 229.
[38] Für Originalabbildung siehe oben, S. 229.

The praxeological square: religiosity and religious movements

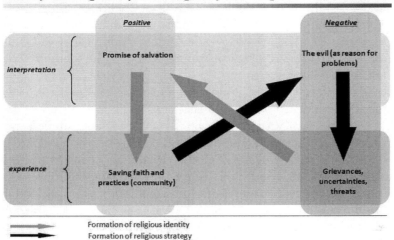

Formation of religious identity
Formation of religious strategy

Das Modell besteht aus den grundlegenden Ebenen der Erfahrung, der Interpretation (experience / interpretation) und aus dessen positiver und negativer Prägung. Daraus resultieren vier Pole, die zueinander in Beziehung stehen. In der Analyse werden sowohl die vier Pole als auch die dazwischen liegenden Beziehungen in Betracht gezogen werden.

Um die Relationen und die Transformation von Erfahrung zu verstehen, wird von der negativen Erfahrung ausgegangen (Position „experience negative" im Modell). Dieses Vorgehen basiert auf den Annahmen der Ressource Mobilisation Theories und der Bewegungsforschung: Die Bedrohungen, die täglichen Unsicherheiten und die Unzufriedenheit motivieren die Menschen zum Handeln.[39] Diese negativen Erfahrungen werden gekoppelt mit den höchsten religiösen Hoffnungen und wichtigsten religiösen Erlösungsvorstellungen und Motiven (Position „interpretation positive" im Modell). Aus diesen positiven Elementen schöpfen die Akteure ihr Selbstverständnis, auf das die Selbstbeschreibung folgt („experience positive"). Aus diesen drei Schritten wird die Identität der Gruppe „modelliert" und nach Bedarf der Situation angepasst und verändert.

Auf der anderen Seite wird, beginnend mit der positiven Erfahrung innerhalb der Gruppe, die Strategie des kollektiven Akteurs rekonstruiert. Ausgehend von Glaubensvorstellungen, Praxis und Institution („experience-positive") setzt sich eine Gruppe oder eine Bewegung mit den gegebenen Missständen auseinander und schreibt diesen bestimmte Ursachen und Gründe zu („interpretation-negative") zu. Wenn die Ursachen für Missstände bekannt sind, können Strategien entwickelt werden. Die Transformation vom erlebten Glauben („experience-positive") über Benennung der Ursache für die negativen Situation („interpreta-

---

[39]   Schäfer, Heinrich W., *Identität als Netzwerk: Ein Theorieentwurf am Beispiel religiöser Bewegungen im Bürgerkrieg Guatemalas*, 2005, S. 259ff.

tion-negative') bis hin zu Auseinandersetzung mit den Missständen („experience-negative') formt die Strategie der Bewegung. Es ist deutlich geworden, dass mit dem praxeologischen Quadrat Identität und Strategie miteinander eng verbunden sind. Diese Darstellung der Transformationen innerhalb eines Quadrats kann nach Bedarf – und derselben analytischen Logik folgend – auf ein Netz der Dispositionen erweitert werden.[40]

Der Interviewfragebogen ist anhand des praxeologischen Quadrats so konzipiert und die Interviews wurden so durchgeführt, dass keine suggestiven Fragen gestellt und den Interviewten so viel Raum wie möglich gelassen wurde, um über die positiven und negativen Eindrücke, Wahrnehmungen, Urteile, Erfahrungen und Aktivitäten sprechen zu können. Entsprechend dem praxeologischen Quadrat gab es vier Gruppen von Fragen, die vor allem dazu dienten, die Menschen zur Darstellung der eigenen Sicht der Dinge zu motivieren.[41] Im Folgenden werden Beispiele aus drei qualitativen Interviews mit den aktiven Mitgliedern von *Kewser* dargestellt, die im Frühjahr 2010 geführt wurden. Die Analyse folgt dem oben genannten theoretischen Beispiel und beginnt jeweils mit der Feststellung und Benennung der negativen Erfahrung seitens der interviewten Frau. Daraus werden Identität und Strategie – als Resultate der Transformationen von Wahrnehmung, Urteil und Handlung – herausgearbeitet.

Kewser: Interviewanalyse

Ausgehend von dem oben dargestellten praxeologischen Quadrat und beginnend mit der negativen Erfahrung werden alle unten stehenden Interviews nach grundlegenden Erfahrungs- und Deutungsmustern analysiert, um dadurch Aussagen zur gemeinsamen Identität und Strategie machen zu können.

A)
Im ersten Beispiel wird von der negativen Erfahrung ausgegangen, die mit der herkömmlichen Religion zusammenhängt und die „Trennung zwischen den Menschen" genannt wird:

---

[40]   Schäfer, Heinrich W., *Zur Theorie von kollektiver Identität und Habitus am Beispiel sozialer Bewegungen. Eine Theoriestudie auf der Grundlage der interkulturellen Untersuchung zweier religiöser Bewegungen*, 2003.

[41]   Der Interviewleitfaden wurde entwickelt am CIRRuS, Bielefeld. Siehe http://www.uni-bielefeld. de/theologie/forschung/religionsforschung/ (12.03.2011).

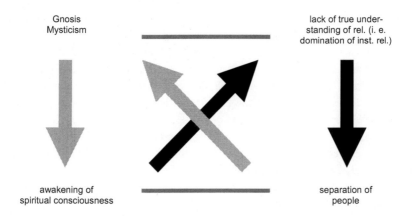

Gnosis
Mysticism

lack of true under-
standing of rel. (i. e.
domination of inst. rel.)

awakening of
spiritual consciousness

separation of
people

„Außerdem denke ich, dass die Religionen viel, viel, sagen wir, Unglück für die Menschen gebracht haben wegen der Trennung. Ich weiß es nicht ... ‚Wir sind die einzigen auf dem Weg der Wahrheit' und der andere sagt: ‚Nein, wir sind diejenigen' ... ‚Es ist unser' ... ‚Gott ist auf unserer Seite und nicht auf deren' und so weiter, wissen Sie." (Kewser, 1, 13.58–14.11)

Die befragte Frau erkennt „das Fehlen des echten Verständnisses von Religion" als Ursache für eine negative Situation in der Gesellschaft:

„Mit der langjährigen Rolle von Religion bin ich überhaupt nicht zufrieden [...] weiß nicht, was der Grund ist, wahrscheinlich das Fehlen vom echten Verständnis von Religion ..." Beide Aussagen implizieren, dass sich Religion in der gegenwärtigen Situation in Bosnien und Herzegowina, so wie sie im Alltag praktiziert und gepredigt wird, negativ auswirkt.

Was für die Interviewte zählt, ist die tiefere Dimension der Religion:

„Religionen unterscheiden sich weder in deren Spiritualität noch im Kerne der Lehren. [...] Ich studierte und studiere Gnosis ... mm ... weiß nicht ... die christliche, buddhistische, orthodoxe und islamische Gnosis. All das ist so ähnlich. Der Unterschied untereinander ist nur in der religiösen Rechtsprechung." (Kewser, 1, 13.11–13.57)

Das Ergebnis dieser spirituellen Dimension ist die geistige Autonomie der Person:

„Wenn ein Mensch sich vom eigenen spirituellen Bewusstsein leiten lässt, dann benötigt er weder einen Imam noch einen Priester, die ihm sagen ‚Dies darfst Du und das andere darfst Du nicht tun.'" (Kewser, 1, 14:34–47)

Folglich bedeutet dies, dass das höhere Wissen und das Bewusstsein dem islamischen (gnostischen) Gläubigen seine geistige Autonomie ermöglicht, was wiederum als eine implizite Kritik der religiösen Institutionen und des Institutionalismus verstanden werden kann.

Eine der wichtigsten positiven Erfahrungen – entsprechend der Position im praxeologischen Quadrat – hat mit der „Welle des Erwachens des Bewusstseins der Menschen" zu tun (Kewser, 1, 28:35, siehe auch 08:56), die von der Interviewten auf der ganzen Welt beobachtet wird. Diese Welle oder *das universelle Verständnis des Lebens"* (Kewser, 1, 29:03) deutet auf den gleichen Umgang mit allen Menschen hin, ungeachtet derer religiösen oder anderen Hintergründe. Die Wurzeln des Gedankens liegen in der Gnosis und der Mystik vor allem Djalaluddin Rumis als einem der wichtigsten Beispiele.

Das wichtigste und positivste Ergebnis dieses „geweckten Bewusstseins" und des „universellen Verständnisses" ist für die befragte Frau ihre „eigenen religiösen Integrität":

> „[...] Die Integrität ist das Wichtigste in meinem eigenen religiösen Lebens. [...] Das heißt, diese Integrität, diese Moral, diese Essenz des menschlichen Seins und alles andere ist eine Art Weiterbildung [nadogradnja]." (Kewser, 1, 33:39–48)

Die interviewte Person betrachtet die Integrität als ein Produkt der individuellen geistigen Erziehung und des spirituellen Wissens (siehe oben: Gnosis), und als Mittel gegen Trennung zwischen den Menschen durch die Beseitigung des Mangels an religiösem Wissen. Folglich konzentriert sich die Strategie dieser Person auf die Bildung des einzelnen Menschen. Eine solche innere Bildung sollte ermöglichen, dass Menschen die wahre Religion (Bedeutung der Spiritualität) erkennen und dadurch eine Gesellschaft ohne Trennung zwischen den Menschen gewährleistet wird. Obwohl damit alle Menschen gemeint sind, gilt der Schwerpunkt dieser Arbeit jedoch den Frauen:

> „mmm ... und das wichtigste dabei ist das Bewusstsein der Frauen zu wecken, dass sie mit dem Mann gleichberechtigt ist, dass auch sie ihre Potentiale und ihren Wert hat, die alle bisher nicht wirklich geschätzt wurden. So dass die Zeit gekommen ist, die Zeit der Frauen, die Zeit der aktiven Bekräftigung der Frau." [Kewser, 1, 01:39–04:25]

Diese modernistische Haltung wird jedoch sowohl in der Islamischen Gemeinschaft als auch teilweise in der Gesellschaft misstraurisch betrachtet:

> „[...] vielleicht auch innerhalb der ... mmm ... Islamischen Gemeinschaft haben wir Personen, die daran zweifeln, dass wir Musliminnen sind, wissen Sie. [...] Weil wir irgendwelche Modernisten sind. [...] Und dazu auch noch Frauen, die für ihre irgendwelche Rechte kämpfen, wissen Sie, wir sind Häretiker für sie." (Kewser, 1, 41:53)

Es ist deutlich geworden – auch wenn der Begriff islamischer Feminismus nicht genannt wurde und im Umfeld von *Kewser* möglicherweise auch nicht relevant ist – dass die Frauen von *Kewser* sowohl hinsichtlich der Religion als auch hinsichtlich ihrere Arbeit in Bosnien und Herzegowina Neuland betretten. Deshalb kann anhand dieses Interviews gefolgert werden, dass es um rekonstruierte Identität und Strategie einer islamischen spirituellen Lehrerin und Feministin geht, die im pädagogischen Bereich mit Frauen tätig ist.

B)
Im zweiten Interview finden sich eine ähnlich gelagerte Ausgangslage und ähnliche Begründungsmuster.

Die wichtigsten negativen Erfahrungen hängen mit der Denkweise der Menschen in Bosnien und Herzegowina zusammen. Obwohl die politische Lage als das allgemeine Problem erkannt wurde, wird dieses in einer speziellen Art und Weise gedeutet:

„Nun, ich denke über die politische Einstellung [hier als ein gesellschaftliches Problem] … wir alle wissen, dass es … sehr schlecht ist … aber vielleicht ist es nicht so schlimm, wie die Deutung der Menschen ausfällt. […] Das ist vielleicht so etwas wie … unsere Mentalität! Sie wissen, Menschen sind mit so wenig zufrieden, so etwas wie ,ein Spatz in der Hand ist besser als Taube auf dem Dach'. Es gibt keine Visionen, keine Ideen, die das Ganze bewegen könnte … Obwohl wir wirklich gute Menschen haben." (Kewser, 3, 09.21)

In einem anderen Zusammenhang sagte die interviewte Person:

„In diesem Augenblick, wenn die Menschen erkennen, wie wichtig es ist, dass sich etwas in ihren Gehirnen ändert … hm … in diesem Augenblick kann eine

*Art von … Art von Fortschritt … Art des Wachstums, der Entwicklung von …
[stattfinden] … Wenn es nicht so wäre, würden wir es bis jetzt schon merken,
verstehen Sie. Sie sehen dass Menschen nur überleben … sich von den Fluten
treiben lassen […].*" (Kewser, 3, 24:50)

Es gibt auch andere Interviewsequenzen, mit deren Hilfe zu bestimmen ist, was
mit dem Ausdruck „wir sind das Problem" gemeint ist:

*„Die fehlende Bildung, das Wissen, die Kompetenzen, dies tut mir am meisten
weh." (Kewser, 3, 50:16–21)*

Siehe auch:

*„ein Eingrenzen des Lebens auf die materielle Sphäre … das ist [unser] größtes
Problem.*" (Kewser, 3, 17:24)

Der Grund einer solchen negativen Auslegung der Lage liegt laut der Interviewten Person in der Tatsache, dass kaum allgemeine Kenntnisse und insbesondere
keine religiösen Kenntnisse in der Gesellschaft vorhanden sind:

*„[…] Ich denke, dass sich Leute, das ist mein Eindruck, dass sich Leute von der
wahren Religion zurückgezogen haben. Sie wollen nicht anerkennen, dass …
dass es nur einen Schöpfer gibt, dass wir alle … alle aus Blut und Knochen geschaffen sind und dass wir alle … ja … wir haben die gleiche Seele … nur unsere Physiognomien unterscheiden sich … Sie haben blaue Augen, meine sind
braun … hm … aber wir wollen eben nicht anerkennen, dass es eine einzige
Wahrheit gibt, die uns vereint – dass wir Menschen sind, nichts anderes."*
(Kewser, 3, 14:37)

Laut der befragten Person könnte die negative Situation minimiert oder sogar
beseitigt werden, wenn jeder einzelne „an sich selbst arbeiten" und sich in verschiedenen Arten von Schulen und an den Universitäten ausbilden lassen würde.
Betrachtet aus der religiösen Perspektive, wäre an sich zu arbeiten und sich ausbilden zu lassen eine Art spiritueller Weiterbildung. Das Entscheidende an dieser
Haltung ist die Tatsache, dass sowohl Wissen als auch Spiritualität in *Kewser*
vermittelt werden könne, da diese Organisation durch verschiedene Medien an
der Bildung von Menschen arbeitet:

„Wir bieten ihnen alles – hier, lernen Sie […]." (Kewser, 3, 49:23)

Zu den weiteren positiven Beispielen zählen diejenigen jungen Menschen, die in
Malaysia erzogen wurden und dort, laut der interviewten Person, die bestmögli-
che Ausbildung erhalten haben. Diese Ausbildung sei die beste, weil sie *„östliche*

Art und Weise mit dem östlichen Geist im Sinne von Weisheit" verbindet. (*Kewser, 3, 37:38–46*)

Die Ursache der positiven Erfahrungen sind einerseits die „universellen Werte" und andererseits der islamische Glaube. Für die befragte Person sind diese Begriffe nicht nur kompatibel, sondern austauschbar.

> „[...] *Nun, sehen Sie ... Ich fühle, dass ... durch die Förderung dieser Art des Lebens, zum Beispiel durch unsere Medien, z. B. TV Zehra, ja ... wir fördern die universellen Werte [...]."* (Kewser, 3, 5.40)

Und in einem anderen Beispiel heißt es:

> „*Und dann sehen Sie, mash'allah gibt es ... viele Menschen und Familien ... suchen im Leben, was gut ist, was positiv ist, und dies kommt natürlich aus den Glauben ... mmm ... und durch das Gute, wie soll man sagen ... durch diese universellen Werte wie Ehrlichkeit, Aufrichtigkeit [...] in der Tat alles, was uns zu Menschen macht [...]."* (Kewser, 3, 35:50ff)

Die ultimative Quelle der positiven Erfahrungen ist der islamische Glaube:

> „*Ich denke, dass ... für mich ist es [die positive Ursache] der Glaube an Allah c. c. und in seine ... sozusagen ... Schöpfung. Dass er uns alles gegeben hat, die Anweisungen und die Menschen ..."* (Kewser, 3, 45:09)

Die befragte Person ist offenbar eine religiöse Frau, orientiert an den islamischen religiösen Werten und in ihrem Handeln innerhalb des Kewser konzentriert auf Verbreitung von Wissen im weitesten Sinne des Wortes.

C)
Auch wenn diese zwei Interviewbeispiele deutliche Hinweise auf das Verständnis der Religion und auf die daraus entwickelte Identität und Strategie geben, spitzen sich die Aussagen hinsichtlich der Bildungstendenzen in der Frauenarbeit von *Kewser* im folgenden Interviewbeispiel zu.

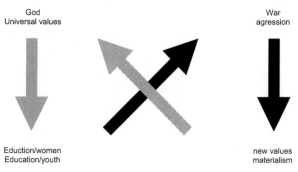

God
Universal values

War
agression

Eduction/women
Education/youth

new values
materialism

Neben vielen Elementen wie z. B. Arbeitslosigkeit, Korruption und Mangel an Moral im öffentlichen Raum, die von BiH als negativ hervorgehoben werden (*Kewser*, 4, 10:19–10:35), stellen „die neuen Werte (der Jugend)" und der „Materialismus" (*Kewser*, 4, 08:15–08:30) die grundlegenden negativen Erfahrungen der interviewten Person.

> „[…] ich befürchte, dass immer mehr und immer öfter, wie soll ich das sagen, die universellen Werte verdrängt werden […] das heißt, das Gute, das Positive, das Schöne […] diese werden immer die universellen Werte sein […] allerdings uns werden ständig irgendwelche andere, lass' uns doch sagen, Werte, aufgezwungen, die in der Tat keine sind." (Kewser, 4, Interview Teil 2, 08:42–09:10)

Diese negativen und neuen Werte sind stark mit dem Materialismus verbunden und bedrohen die Jugend in BiH in folgender Art und Weise:

> „[…] so dass mich, langfristig gesehen, diese starke Materialisierung der Gesellschaft, in der nur darüber nachgedacht wird, was ich angezogen habe [ängstigt] diese Materialisierung vernachlässigt die Schönheit des Lebens, Liebe, Unterstützung, alles, was Eltern und alle anderen, die mit den Kindern in Kontakt sind, diesen geben können. Das heißt, dass jetzt alles materialisiert wird, was ein Kind anstellt, alles wird ihm in irgendeiner Art und Weise ,bezahlt'." (Kewser, 4, Interview Teil 2, 10:13–10–45)

Die Ursachen dieser negativen Erfahrung werden vor allem in den Folgen der „Aggression auf BiH" gesucht und gefunden. Zu diesen Folgen zählen z. B. existenzielle Probleme, lang anhaltender Stress und Gesundheitsprobleme. All dies soll dazu geführt haben, dass die wichtigen Werte, die vor allem mit der Familie, Erziehung und Bildungsorganisationen zusammenhängen, inzwischen nur eine geringe gesellschaftliche Bedeutung haben (*Kewser*, 4, Interview Teil 2, 00:30–05:09).

Diesen negativen Erfahrungen und den gesellschaftlichen Missständen wird die aktive Arbeit bei *Kewser* entgegengestellt und dadurch zum Kern der positiven Erfahrung der interviewten Person. Allgemein gesprochen bedeutet dies: „[…] dass wir für das Wohl der Bevölkerung arbeiten […]." (*Kewser*, 4, Interview Teil 2, 15:48–52)

Konkret bedeutet diese Arbeit, dass a) durch das Frauenmagazin und durch andere Medien von *Kewser* an der Bildung von Frauen gearbeitet wird, und dass b) durch Arbeit mit Kindern und Jugendlichen diese zu den wahren Werten erzogen werden sollen. Im Interview lauten diese Sequenzen folgendermaßen:

> a) „[…] das heißt, dass durch diese ganze Arbeit das Gute gestärkt werden soll […] da dies eine Frauenorganisation ist, ist unser erstes Ziel die Frau zu bilden […] dass eine Frau weiß, was ihre Rechte sind, was ihre Pflichten sind […] was

wichtig für sie in ihrem Leben ist, wie soll sie Kinder erziehen, wie soll sie mit der Welt kommunizieren, wie sie ihr Leben sinnvoll gestalten soll [...] Wir sind nicht nur für die Intellektuellen, wir sind nicht nur für die Hausfrauen da, sondern jede von ihnen soll das mitnehmen, was ihr passt [...].“ (Kewser, 4, Interview Teil 2, 28:11–38)

b) *„[...] aber wenn ich die gesellschaftliche Situation, die negativ und schlecht ist, einwenig ändern kann, dann sage ich, gut [...] ich könnte mit den Kindern arbeiten [...] den Kindern etwas anderes anbieten, etwas Besseres, eine Sendung [TV, Radio] mit der das Gute gefördert wird [...].“* (*Kewser*, 4, Interview Teil 2, 13:38–50)

Als Ursache der positiven Erfahrung und als Begründung alles Guten, steht die Gottesvorstellung, die folgendermaßen mit den Erziehungsvorstellungen gekoppelt wird:

„Ich glaube, dass der gute Gott alle Menschen mit der Prädisposition zum Guten geschaffen hat [...] die Erziehung jedoch dreht den Menschen in eine oder andere Richtung [...].“ (*Kewser*, 4, Interview Teil 2, 32:55–33:08)

Die „positiven“ moralischen und ethischen Vorstellungen werden stets aus der Religion geschöpft, während die negativen Elemente im Charakter eines Menschen der Gesellschaft und der elterlichen Erziehung zu Last gelegt werden. Allerdings gibt es eine Ausnahme:
„viele Menschen tun Gutes und sind nicht gläubig [...] dies bedeutet, dass es in Menschen etwas gibt, was ursprünglich ist [...]“ (Kewser, 4, Interview Teil 2, 23:32–40), wird dennoch Gott als einzige Quelle und als Ursprung der guten Taten betrachtet: *„[...] aber diese Energie und dieser Wunsch, Gutes zu tun im Namen Gottes [...] glaube ich, gibt den Menschen Willen zu Arbeiten [...].“* (Kewser, 4, Interview Teil 2, 27:04–10)
Auch wenn die Gottesvorstellung dieser Person keine so starke spirituelle Färbung wie die vorherigen beiden aufweist, wird deutlich, dass auch hier die „universellen Werte“ als diejenigen betont werden, die in der gesamten Gesellschaft eine bestimmende Rolle zu spielen haben. Obwohl für Beschreibung dieser Werte stets Begriffe wie Liebe, Frieden usw. gewählt werden, ist aus dem Interview deutlich geworden, dass der Hintergrund und Ursprung dieser Werte ausschließlich religiös definiert wird. Bei diesem letzten Interview ist die Fokussierung auf die erzieherische und die Bildungsarbeit noch einmal sehr deutlich geworden.

Fazit: Spirituelle Erneuerung im Islam und Emanzipierung durch Bildungsarbeit

Aus den drei Beispielen im Rahmen der Habitusanalyse bzw. aus den Interview-sequenzen (positive und negative Erfahrung und Ursache) mit den Mitgliedern der Frauenorganisation *Kewser* werden im Folgenden die analysierte kollektive Identität und die kollektiven Handlungsstrategien diskutiert und mit den ein-gangs erwähnten Fragen nach der aufklärerischen Arbeit von *Kewser* und nach den Maßnahmen, mit welchen die Frauen von *Kewser* in die Gesellschaft aktiv eingreifen, in Zusammenhang gebracht. Alle genannten Interviewbeispiele wei-sen eine starke kognitive Kohärenz und teilweise eine Überlappung auf. Diese Tatsache deutet auf einen starken gemeinsam entwickelten und gelebten Habitus einer Gruppe, deren Mitglieder an den gemeinsamen Projekten arbeiten.

Allgemein wird deutlich, dass alle befragten Frauen tief gläubige Musliminnen sind, die dem sunnitischen Islam hanafitischer Schule angehören. Interessant ist in diesem Zusammenhang, dass diese Organisation dennoch nicht als eine reli-giöse dargestellt werden will.[42] Obwohl die eigene Religiosität nicht in den me-dialen Vordergrund treten soll, ist sie jedoch die wichtigste Basis der Identität und der wichtigste Motor der Aktivitäten von *Kewser*. Folglich ist die Argumen-tation eine ausschließlich religiöse. Diese Haltung hinsichtlich der Selbstdarstel-lung hat vor allem mit dem Verständnis der Religion zu tun, das ein individuelles und mystisch geprägtes ist. Da diese Haltung und auch die zitierten Meinungen der interviewten Frauen teilweise starke Kritik an der institutionalisierten Reli-gion in BiH impliziert, ist die öffentliche Zurückhaltung in Sachen Religion ver-ständlich. *Kewser* ist immer noch in der Situation der ideellen Abhängigkeit von der Islamischen Gemeinschaft in BiH, sodass eine Profilierung über Kritik an dieser Art von religiösen Institutionen keine für *Kewser* fruchtbare sein kann.

Die Konzentration auf Gnosis, Mystik, universelle Werte und allen Religionen gemeinsame Werte wie z. B. Frieden, Liebe und Freiheit spricht dafür, dass *Kew-ser* eine Art spirituelle religiöse Erneuerung in der religiösen Landschaft von BiH vorantreiben will. Zwar wird in einem kleinen Radius agiert (damit ist vor allem die Größe der Organisation gemeint) dennoch wird nichts Geringeres bean-sprucht, als dass sich jeder Mensch in dieser Gesellschaft ändern soll und dass *Kewser* hierfür eine Beitrag leistet. Die Organisation konzentriert sich in der praktischen Arbeit jedoch nicht auf alle Menschen, sondern nur auf dieses Seg-ment der Gesellschaft, von dem aus sie fruchtbar auf die Gesellschaft zurück wirken kann, und das heißt vorwiegend auf islamische Frauen. Nur eine emanzi-pierte, gebildete und spirituell ausgerichtete Frau kann durch ihre Familie, Kin-der und Beruf so in die Gesellschaft hinein wirken, dass diese ein wenig verbes-sert werden kann. Obwohl diese auf Spiritualität ausgerichtete Haltung in den Interviews mit den Frauen von *Kewser* stets zur Geltung kommt, weist die prakti-

---

[42]   Dies wird im Interview Kewser, 1, betont.

sche und mediale Arbeit dieser Frauenorganisation eher eine starke Konzentration auf die Muslimin und traditionelle islamische Familie und kaum auf die mystische Themen und Fragestellungen. Eine gewisse Diskrepanz zwischen dem ideellen Anspruch der Frauenorganisation und dessen praktischer Verwirklichung ist dabei offensichtlich. Obwohl *Kewser* ideell eine spirituelle Erneuerung beabsichtigt hat, bleibt es praktisch in erster Linie eine islamisch-bosniakische Frauenorganisation.

Eine weitere tragende Seite der Identität ist wesentlich leichter in der Öffentlichkeit zu vermitteln: die Identität des *Kewser* als einer Organisation mit erzieherischem und bildungsbezogenem Ansatz. Die praktische Arbeit wird konzentriert auf vielfältige Bildung von Frauen. Obwohl in den Interviews eher von einer allgemeinen, teilweise auch einer mystischen Bildung gesprochen wird, finden sich in den Medien von *Kewser* vor allem Beispiele, die mit dem Familienleben, der Erziehung von Kindern und einer traditionellen Frauenrolle zusammenhängen. Die Bildung wird offensichtlich sehr breit gedacht, und darunter fällt nicht nur religiöses Wissen, sondern auch praktisches Können in vielen Bereichen des Lebens. Die emanzipierte islamische Frau wird stets als eine tief gläubige Muslimin dargestellt, die sich neben der Familie auch dem Beruf widmet.

Die Agenda von Kewser stellt eindeutig eine authentische Basisarbeit dar, die in der Gesellschaft und in der Islamischen Gemeinschaft stets neu begründet werden muss, da sie vor Ort keine lange Tradition hat. Die Konzentration auf spirituelle Erziehung und allgemeine Bildung aller Menschen und insbesondere der Frau scheint eine relativ einfache Aufgabe zu sein, obwohl damit der Kern wichtiger gesellschaftlicher Themen getroffen wird. Auf der einen Seite betont Kewser die Bedeutung der Bildung *aller* Menschen in BiH im Sinne der universellen Werte wie Liebe, Frieden, Freiheit, Güte usw., die diesen Menschen gemeinsam sind und die sich vereinend auf alle Menschen auswirken können. Dies ist insbesondere in einer Gesellschaft von Bedeutung, die an Folgen der vielfältigen Trennungen der Nachkriegszeit leidet. Dadurch wird zwar auf einer individuellen Ebene gearbeitet, die Auswirkungen sollen jedoch gesellschaftlich breit sein. Auf der anderen Seite geht es bei Kewser nicht nur um die Position der religiösen Frauen in der Gesellschaft und ihrer langjährigen Diskriminierung, sondern indirekt auch um die Kritik aller islamischen religiösen Haltungen, die eine starke Frau im Islam negativ bewerten. Die Emanzipation bei *Kewser* wird stets als Emanzipation für Religion und religiöse Werte verstanden und nicht im Sinne einer Befreiung von bestimmten religiösen Vorschriften. Bei *Kewser* geht es um das Recht einer islamischen Frau sowohl auf die Familie als auch auf den Beruf, der oft nur mit Erziehung zu tun hat. Darin ist eine Übereinstimmung mit den allgemeinen Standpunkten islamischer Feministinnen weltweit zu finden.

Abstracts

Ina Wunn and *Daphne Petry*: Zur Einführung: Von der „Rolle der Frau" zum „Gender Jihad" – ein historischer Abriss

The article presents an historical overview that analyzes the place of women in the public sphere and their relationship with power. Beginning with the wives and daughters of the Prophet, it becomes clear that despite religious leaders' rejection of women's access to education and ultimately to power, numerous women including influential *jawari* (female slaves in harems) and *malikas* (queens) held both private and public power thoughout Islamic history. After a period of neglect as a result of oriental influence on Islam, especially on Islamic law, the emergence of Islamic feminism is an integral, but previously untold, part of the history of today's Muslim world. Opposed to secular Western feminism, Islamic feminists often advance an anti-imperialistic cause and work within the parameters of Islam. Today, Muslim women, attentive to the implications of gender, play vital roles, both as movement activists and everyday pioneers, in the construction of civil society and in Islamic theology.

Mualla Selçuk: Die Definition von „Jihad" und die Bedeutung für die religiöse Erziehung in einer Welt des religiösen Pluralismus

Since the tragic event of 11th September, Jihad has become a household concept among those who are involved in the question of violence both on a scholarly and popular level.

This paper aims to provide insight into the issues surrounding the concept of Jihad. One view presents Jihad as „the first obligation for Muslims that comes after İman Billah (Belief in God)". Another translates it as „Holy War". One explanation is that „Jihad is the striving for good and the struggling with evil". Another is that „Jihad is the name of every attempt to purify one's soul".

What response should education make to such different definitions?

The proposed paper will consider the question by reference to the relevant verses of the Holy Qur'an and the sayings of the Prophetic Tradition.

The paper claims that in a world of religious diversity, research on the main concepts of different religions are of vital importance. Studying in inter-religious terms includes learning about the conceptual schema of your own religion and other religions as well. It is evident that more awareness about the various cultures of the world is a desideratum in education. Also, further conceptual studies can help to improve the flow of information, analysis and guidance on the challenge of violent extremism.

Constantin Klein: Sind Frauen grundsätzlich religiöser als Männer? Zur Konstruktion eines universellen Geschlechtsunterschieds

It has been noted in many studies that women express higher levels of religiosity than men. There are a couple of theories claiming that this gender gap is universal and trying to explain the differences (e. g. Structural Location Theory, Gender Role Socialization Theory, theories about individual differences between women and men, theories from evolutionary psychology etc.). However, recently some scholars have also called the postulated universality into question. The findings from the Religion Monitor survey presented in this article illustrate that the gender difference in religiosity seems to be a particular phenomenon of western cultures with a Christian majority and tradition. The Religion Monitor is a worldwide survey including representative data about religiosity among the diverse world religions in 21 countries ($N=21.086$). The results show that, for an adequate and careful consideration of the relationship between gender and religiosity, it is necessary to test comparatively which religious variables do really make a difference between women and men of differing religious affiliations. According to the results presented in this article, the previous theoretical explanations have to be called into question – primarily because a universal gender gap has not been observable. One important reason of this finding is that many previous studies have failed to take the importance of gender roles and specific related forms of experiences and behavior in non-Christian religions into consideration.

Adem Aygün: Religiosität muslimischer Frauen in Deutschland: zwischen Säkularität, Frömmigkeit und Wertekonservativismus

This article reports and analyses the religious terms and different life-styles of Muslim women in Germany and Turkey, based on recent empirical studies in both countries and covered within the framework of different issues such as the role and importance of religion in daily life. As a result, it proves Muslim women to be more religious than Muslim men, and to have a significant synthetic-conventional faith and different conservative values. Despite the tendency towards conservative values, religious behavior and attitudes are generally open, and there exists an interest in other religions and cultures. When compared to other religious communities, there is interest in other religions and both tolerance and understanding for different life-styles surfaces.

Regardless of these common trends and similarities in Islamic religiosity, it appears that Muslim women perceive and receive religion in different styles in a manner similar to Muslim men. Simultaneously, women experience an implicit and unconscious tendency to emancipation regardless of religious styles. Some believe that the Islamic culture and society neglect women, while others claim that the religion or the theology ignores the rights of women. These claims/beliefs motivate Muslim women to concentrate on succeeding in contemporary ways contemporary success in Islamic society to stimulate participation in social life and self-expression.

Bertram Schmitz: Reflexion über die theologischen Prämissen der Methoden feministischer Koraninterpretation

This article reflects the different premises of the possibilities of Koranic and specific feminist Koranic exegesis. It shows that the frame as well as the content of that special kind of interpretations depends on various ways and levels, in which the meaning of the text is seen to be fixed or free. It is remarkable that all feminist interpreters of the Koran do not question his absolute authority and that they understand the complete Koran (every single verse) as such as an authoritative text. So the text itself is fixed. Open is the translation and the understanding of the meaning of the historical Arabic words, their meaning in the complete sentence, the meaning in the context of the society and situation in Arabia in the 7th century and its transformation to the present time, the impact of the influence of Christian and Jewish religious meanings of the words and conditions (which is very seldom seen!). And there is also a difference, if feminist interpreters (mostly) understand the Koran as a (heavenly) book of laws, or (seldom) – for example – as a complex poem full of symbolic words, intentional (not informing), with beauty in its form, transporting verses to change the mind (not to give strict rules).

Bertram Schmitz: Vom Koran zu Muhammad und Maria

The history of the interpretation of the Koran is as long as the history of the historical Islam itself. This official and private tradition was, with further exceptions, a male tradition. It is difficult to say in which way it would have been different if the female influence had been more important. So it is speculative to ask if – for example – the poetic interpretation would have received larger emphasis. Many passages of the Koran are (as the Koran himself says) a „mathal" (parable), for example as the description of paradise and hell are declared by the Koran as a „mathal" (not as a real fact; Sura 2.26).

Going on in this way my article suggests a possible feministic interpretation in the form of a parable, which is related to Muhammad. The interpretation uses the methods of comparative religions. So you can ask for the meaning of Maria (Mariam) in Christianity. She is important because the word of god himself (in Christianity: Jesus) was in her body (womb). This idea you can compare to Muhammad, who also had the word of god himself (in Islam: the Koran) in himself, or as the Verse said, he is not the father of sons, but the rasul (messenger) of god (comp. Sura 33.40).

Nahide Bozkurt: **Frauen im Koran und der historische Kontext**
Throughout the history of humanity, the perception of the gender has changed according to cultures, beliefs, and eras. In this article, I will analyze the perception of women in the Muslims' holy book, the Quran, with examples from such verses pertaining to the perception of women. The key to understanding women in the Quran lies in the knowledge of

Arabia, from where the Quran was sent down in terms of its geographical, cultural, social, political, economical and religious features. When the Quran is evaluated within its historical context, it can be understood that it takes the traditional structure of the contemporary social life into account. The social, and economical status of women was determined under consideration of the era in which the Quran was sent down

The Quranic discourse, which probably evokes discrimination, should be evaluated by keeping in mind the traditional and original social structure of early Islamic communities. The e must be a base for us and such an approach should dominate our life philosophy.mphasis of the Quran on the equality of men and women.

Beyza Bilgin: **Die Stellung der Frau im Islam**
The only authoritative source in Islam of the rights of women is the Holy Quran. Therefore, it has to be examined, in how far the traditional ideas of the position of women in Muslim societies correspond with the holy text itself. Here it becomes clear, that the subordination of women as postulated by traditional Islamic scholars has no base in the Quran. As a consequence, scholars have to go back to the Quran itself to examine the rights of women in accordance with the holy text by means of a new and appropriate exegesis.

Beyza Bilgin: **Die Verschleierung der Frau aus der Sicht meiner Erfahrung**
Between 1928 and 1948 religious education was banned from Turkish schools, but nevertheless religious subjects played a main role in daily life and daily conversation. The Quran itself prevailed as a resource of any religious knowledge, even if hardly anybody was able to read and understand the Arabic text. This lack of understanding is of high relevance in correlation with the reputed obligation for women to wear a headscarf. From a historical viewpoint, the headscarf is both a tradition in Islamic culture and a political statement, but it has no fundament in the Quran.

Birgit Rommelspacher: **Feminismus, Säkularität und Islam. Frauen zwischen Modernität und Traditionalismus**
Western feminism is highly identified with secular modernity and is often inclined to push the other women back into tradition and religiosity. But modernity is highly

ambivalent also for the Western women, since the era of Enlightenment and the civil revolutions themselves banished women from the public sphere and pushed them back into obscurity and down to lower scales of the labor force. Only the promise of the principle equality of all human beings gave them the legitimacy to fight for their rights. Today Western women tend to oppress this twofold history by „forgetting" for example that tradition and religiosity has been an important basis for their fight for emancipation. This unaccepted part of their history is now often projected on „the" Muslim women by polarization in a orientalistic manner between „the" free West versus „the" oppressed Muslim world.

Thus Western feminist ideology becomes prototypical for a „secularism", which understands Western history as a one-dimensional story out of the darkness of oppression to the light of freedom and democracy denying all adverse aspects of dominance, unjustice and self-oppression. The article asks what consequences this has on Western feminism and the hierarchization between women.

Corrina Gomani: **„Rittlings auf den Barrikaden" – Zur komplexen Lage islamischer Pro-Glaubensaktivistinnen und Feministinnen**
Machtanalytische Annäherungen an das Untersuchungsfeld Musliminnen im Kontext Integration, Gender und Islam

Considering the discursive treatment of Muslim women, the main hypotheses of this paper, which will be investigated step by step in the following paragraphs, are formulated. Particular emphasis is placed on the sociological aspects of the power differences between groups as well as the still subordinated role of a subject of Muslim women. This ends in a plea for a changed perception in the study of Muslim women and their potentials for emancipation. At the same time, the contingency and complexity of the field, as well as the diversity and complexity of the appearing realities, must be addressed.

The complex ambiguities in the emancipation process of Muslims in general and women in Islam in particular are reflected in the diversity and complexity of discourses by and about Muslim women. As an example, this becomes clear by the controversial term „Islamic feminism".

This paper concludes that a realistic and balanced perspective, as well as possible alliances between Muslim and non-Muslim women, in certain aspects are only possible, when the discourses are dehegemonialized and the power shifts between different groups (including the accompanying civilized conflicts) are permitted and, moreover, Muslim women will be subjectivized and become more involved and recognized as participants in the discourse. A self-reflective, multi-perspective and critical approach within the sociology of knowledge is just as indispensable as a power-analytical view to the dynamic intra- and inter-group differences on several levels.

Nina Clara Tiesler: **Verlust der Begriffe, Fixierung auf Religion und Tradition: Zur Konstruktion muslimischer Identität in öffentlichen und sozialwissenschaftlichen Diskursen**

Feminist discourses of women living under Muslim law and of Muslim feminists in Europe, as well as Islamic feminist approaches are not necessarily embraced with solidarity by their Western non-Muslim counterparts. Rather, the respective debates, particularly those between feminism(s) considered as „Islamic" and „Western", have brought to light considerable tensions. One reason is recognised as a lack of awareness amongst the European dominant populations concernig the repressive potential of their own concepts of women's emancipation and the emancipatory potential of the „Other's" resistance to their perceptions of emancipation (Rommelspacher 2009). Another reason for the problematic nature of this relationship has its roots in the construct of a pseudo category of „the Muslim woman" (Moors and Salih 2009). The latter conception, again, is shaped by hegemonic constructions of „Muslim identities" in non-Muslim societies. Based on exemplary extracts of public and social scientific discourses on Muslims in Europe, this chapter drops an analytic glance on the developmental process of constructions of Muslim subjectivity which emerged within the increasing trend of normative European identity discourses – and in a particular historical European context wherein an aggressive fixation on cultural traditions and a proliferation of religious categories have emerged since the end of the Cold War.

Claudia Derichs: **Transnationale Netzwerke muslimischer Frauen – Eindrücke am Beispiel von** *Muswah for Equality in the Family*

The article examines transnational advocacy networks of Muslim women with regard to their potential to achieve a firm entrenchment and internalization of norms such as ‚equality' and ‚(gender) justice' at national and international level. The network Musawah for Eqality in the Family serves as a case study and demonstrates how transnational cooperation can concentrate on a single issue (i.e. equality in the family), yet how equally important the national and even the local level remains when it comes to formulating strategies for action and introducing reform initiatives. In a first step, I discuss the relatively recent phenomenon of a transnational network from a theoretical perspective. In a second step, I describe Muswah as a network and illustrate the context in which transnational organizations operate. Thirdly, I address the importance of Islamic family laws for the forming of a ‚national Islamic identity'. This discussion also reveals why the reform of family laws is nowadays such a hotly debated topic in Muslim societies. I conclude with an appreciation of women's transnational advocacy work but do so with a hint at the significance of the national and local contexts which is by no means diminished.

Zrinka Stimac: **Islamische Frauenorganisation Kewser:**
Zwischen spiritueller Erweckung und Frauenemanzipation

After recent warfare (1992–1995) and the complete change of religiosity in Bosnia and Herzegovina, a lot of Muslim women's organizations, humanitarian non-governmental organizations and some other groups of women were founded. The focus of work lay on multifarious problems of post-conflict Bosnia and Herzegovina. These problems have different aspects like family, birth and education, integration of faithful Muslim women into working-life structures on the one hand and, for example, instauration of Islamic faith by public acting and work with women who suffer from family violence and war trauma on the other hand. All these organizations share the fact of being exiguous and financially dependent on donations by other countries.
The article focuses on a special representative of these Islamic women's organizations – the organization *Kewser.*
This paper exposes identity and strategy of *Kewser* as a collective actor and its religious understanding, with which the organization intervenes actively in the society.

Die AutorInnen

Dr. Adem Aygün studierte Theologie und anschließend Religionspsychologie an der Universität Sakarya und schloss beide Studiengänge mit dem B.A. ab. Anschließend wurde Adem Aygün an der Fakultät für Geschichtswissenschaften, Philosophie und Theologie zum Dr. phil. promoviert. Forschungsschwerpunkte sind religiöse Sozialisation und Entwicklung, besonders von Jugendlichen, auch unter den Bedingungen der Migration, sowie (inter)religiöse Erziehung. Dazu hat Adem Aygün unter anderem veröffentlicht: *Religious Socialization and Faith Development of Adolescents in Turkey and Germany: Results from Cross-Cultural Research.* Cirrus Working Paper, Universität Bielefeld. Online unter: http://www.uni-bielefeld.de/theologie/forschung/religionsforschung/publi kationen/open_access. zusammen mit Heinz Streib, und *James W. Fowler ve İnanç Gelişim Teorisi* (James W. Fowler und Glaubensentwicklungstheorie). Journal of Faculty of Divinity: Çukurova University,6 (1) 2006, S. 117–140 zusammen mit Ali Ulvi Mehmedoglu. Er forscht und lehrt zur Zeit an der Universität Bielefeld.

Prof. Dr. Beyza Bilgin wurde nach ihrem B.A. an der Universität Ankara an der dortigen theologischen Fakultät promoviert und habilitierte anschließend zum Thema Religious Education in Turkey and Religious Education in High School. Von 1988 bis zu ihrer Emeritierung 2002 war sie Professorin für Erziehungswissenschaft und religiöse Erziehung an der Universität Ankara.
Im Rahmen ihrer Forschungen setzt sich Beyza Bilgin vor allem mit der Rolle und den Rechten von Frauen in den Religionen, besonders im Islam, auseinander. Weitere Arbeitsschwerpunkte sind die religiöse und vor allem interreligiöse Erziehung von Kindern, aber auch Themen wie religiöse Konflikte. Zu diesen Themen hat Beyza Bilgin unter anderem veröffentlicht: *Der Koran als Kriterium religiöser Praxis. Hermeneutik in Islam und Christentum*, Hamburg 1997, S. 153–160; *Die Bedeutung des Weltethos für islamische Religionspädagogik*, in: Bewahrung – Entwicklung – Versöhnung. Referate und Ergebnisse des Nürnberger Forums 2003, Pädagogische Beiträge zur Kulturbegegnung Band 23, hrsg. von Johannes Laehnemann, EB Verlag 2005 und *Islam und islamische Religionspädagogik in einer modernen Gesellschaft*, Berlin 2007; Abraham als Vater der Propheten, in Religiöse Bildung im Dialog zwischen Christen und Muslimen, S. 73–94, hrg. von Peter Graf und Bülent Ucar, 2011 W. Kohlhammer, Stuttgart.

Prof. Dr. Nahide Bozkurt studierte an der theologischen Fakultät der Universität Ankara, wo sie nach einer anschließenden Lehrtätigkeit an der Cebeci Girls Vocational High School 1991 promoviert wurde. Nach Forschungsaufenthalten in England 1992 und Jordanien 2001 wurde Nahide Bozkurt 2003 als Professorin an die theologische Fakultät der Universität Ankara berufen. Internationale Lehr- und Forschungstätigkeit führte sie 2005 und 2007 an die Gregoriana in Rom und 2007 an die California-Santa Barbara University als Fulbright Wissenschaftlerin. Zu ihren Veröffentlichungen zählen unter anderem *Mutezile'nin Altın Çağı – Me'mun Dönemi*, (Golden Age of Mu'tezile – Period of Khalifa Ma'mun), Ankara Okulu Yayınları, Ankara 2002, und *„Terör ve Şiddet Bağlamında Kullanılan Rivayetlerin Yorumlanması Üzerine"* (On the Explanation of Narratives Used in the Context of Terror and Violence) in Dini Araştırmalar,Vol: 7 (2004) 20, pp. 131–139.

Prof. Dr. Claudia Derichs studierte Japanologie, Arabistik und Sozialwissenschaften an den Universitäten Bonn, Tokyo und Kairo. Nach ihrer Promotion an der Freien Univer-

sität Berlin war sie von 1996–1998 Vertretungsprofessorin für Politik Ostasiens in Duis-
burg. 2004 habilitierte sich Claudia Derichs an der Universität Duisburg-Essen und hatte
anschließend von 2007–2010 eine Professur für Politikwissenschaft an der Universität
Hildesheim inne. Seit März 2010 ist sie Professorin für Vergleichende Politikwissenschaft
und International Development Studies an der Philipps-Universität Marburg. Schwer-
punkte ihrer Forschung sind die Politik des Nahen und Mittleren Ostens, Ost, und Südostasiens sowie politischer Islam und gender-bezogene Politikwissenschaft. Dazu hat
Claudia Derichs unter anderem veröffentlicht: *Transnational Women's Movements and
Networking: The Case of Muswah for Equality in the Family*; in: Gender, Technology and
Development (Special Issue 2011); *Islamische Familiengesetze: Vom Zankapfel zum Re-
formobjekt*; in: Schulze, Fritz/Holger Warnk (Hrsg.): Islam und Staat in den Ländern
Südostasiens. Wiesbaden: Harrassowitz, S. 127–145, *Religious Fundamentalisms and Their
Gendered Impacts in Asia*. Berlin: Friedrich-Ebert-Stiftung, (Co-Hrsg.: Andrea Fleschen-
berg) und *Strategy, Action, Transition: Women as Agents of Change*; in: Ayaz,
Aazar/Andrea Fleschenberg (eds.): The Gender Face of Asian Politics. Karachi: Oxford
University Press, S. 25–43.
Aufnahme ins Portal herausragender Wissenschaftlerinnen im deutschsprachigen Raum
2010.

Corrina Gomani studierte Politologie und Geschichte und ist heute Lehrbeauftragte und
wissenschaftliche Mitarbeiterin am Institut für Allgemeine Erziehungswissenschaft der
Stiftungs-Universität Hildesheim, zuvor an der Abteilung Theologie, Universität Bielefeld;
seit 2005 zudem freischaffende Projekt- und Veranstaltungsmanagerin, Moderatorin und
Politikberaterin, hauptsächlich in den Bereichen Integration, Diversity, Minderheiten-
und Frauenpolitik.
Wissenschaftlich beschäftigt sie sich hauptsächlich mit dem Themenkomplex Religion,
Feminismus und Gender unter besonderer Berücksichtigung machtanalytischer Ansätze.
In diesem Zusammenhang initiierte und organisierte sie an der Leibniz-Universität Hannover unter Leitung des Instituts für Religionswissenschaft, Prof. Dr. Dr. Peter Antes, die
internationale Tagung *Islam, Frauen und Europa* (16.–18.11.2008), auf der basierend der
hier vorliegende Sammelband entstanden ist.

Dipl.-Psych. Dipl.-Theol. Constantin Klein studierte Psychologie (Diplom 2003) und ev.
Theologie (Diplom 2004) in Wuppertal und Leipzig, danach Wiss. Mitarbeiter für Per-
sönlichkeitspsychologie und Psychologische Diagnostik (Universität Leipzig), für Kir-
chengeschichte (Universität Bonn) und für Medizinische Psychologie (Universität Dres-
den) sowie Beratung der Bertelsmann Stiftung für den weltweiten Religionsmonitor 2008.
Seit 2009 Wiss. Mitarbeiter für Religionspädagogik und für Religionswissenschaft in der
Abteilung Theologie der Universität Bielefeld. Forschungsschwerpunkte sind die empirische Erforschung von Religiosität der Gegenwart, die Entwicklung und Verbesserung von
Methoden zur Messung der Religiosität sowie das Verhältnis von Religiosität zu psychi-
scher und körperlicher Gesundheit. Buchpublikationen: Religiosität als Gegenstand der
Psychologie. Rahmenbedingungen einer empirischen Religionspsychologie, VDM: Saar-
brücken 2008; Gesundheit – Religion – Spiritualität. Konzepte, Befunde und Erklärungsansätze, Juventa: Weinheim 2011.

Daphne Petry, LL.M. studierte Rechtswissenschaft an der Eberhard Karls Universität zu
Tübingen. Mitarbeit am Institut für Kriminologie / Prof. Dr. Kerner und Elmar Weite-
kamp sowie Organisation von Seminaren und Workshops zur Kriminologie und Men-
schenrechtsverletzung. Ihre Seminararbeit schrieb sie über Frauen unter der Sharia in

Nordnigeria. Nach dem Staatsexamen absolvierte sie einen Masterstudiengang (Master of Laws) an der University of Kent, Canterbury. Daphne Petrys Forschungsschwerpunkte sind Strafrecht, Menschenrechte und Medizinrecht.
Dazu hat sie veröffentlicht: *Der Kalifatsstaat*, in: Ina Wunn et al.: Muslimische Gruppierungen in Deutschland, Stuttgart 207, S. 40 – 47.

Prof. Dr. Birgit Rommelspacher ist Professorin für Gender and Ethnic Studies an der Alice Salomon Hochschule Berlin. Ihre Forschungsschwerpunkte sind Rechtsextremismus, antiislamischer Rassismus und Antisemitismus sowie interkulturelle Sozialarbeit und intersectionality. Ihre letzte Publikation zusammen mit Darja Zavirsek und Silvia Staub-Bernasconi: *Ethical Dilemmas in Social Work. International Perspectives* (2010).

Prof. Dr. Mualla Selcuk studierte an der Universität Ankara Theologie und wurde dort 1989 in den Fächern Philosophie und Religionswissenschaft zum Dr. phil. promoviert. 1992 erfolgte ihre Ernennung zum Associate Professor und 1999 nach ihrer Habilitation zur ordentlichen Professorin für Religionswissenschaft an der Theologischen Fakultät der Universität Ankara, Abteilung Religionswissenschaft, deren Dekan sie zur Zeit ist. Gleichzeitig ist Mualla Selcuk Direktorin im Erziehungsministerium in Ankara. Zu ihren Arbeisschwerpunkten gehören unter anderem Tearuf – das islamische Prinzip des sich Verstehens, Fragen der Menschenwürde in Islam und Christentum sowie die Religionserziehung. Einige ihrer zahlreichen Publikationen sind *Kur'an ve Birey*, (Der Koran und das Individuum), zusammen mit Halis Albayrak und Nahide Bozkurt, Ankara 2010 und *Das Verhältnis von Religion und Staat. Grundlagen in Christentum und Islam* (zusammen mit Richard Heinzmann), Kohlhammer, Stuttgart 2009.

Prof. Dr. Dr. Bertram Schmitz, Dr. theol. (1990), Dr. phil. (1994), habil. (2003), lehrt Religionswissenschaft in Bielefeld und Jena; Gastprofessuren in Göttingen, Münster, Chennai/Madras (Südindien). Seine Lehrtätigkeit umfasst Religionswissenschaft, ev. Theologie, Philosophie, orientalische Sprachen sowie die Ausbildung islamischer Religionslehrer. Er veröffentlichte unter anderem: *Der Koran, Sure 2 Baqara – Ein religionswissenschaftlicher Kommentar* (Stuttgart 2009); *Von der einen Religion Israels zu den drei Religionen Judentum, Christentum, Islam* (Stuttgart 2009); *Paulus und der Koran* (Göttingen 2010). Außerdem: (mit Prof. Eva Koethen): *Wirklicher als Wirklichkeiten – Zur Konstituierung von Wirklichkeit in Religion und Kunst* (Stuttgart 2011).
Seine Forschungsschwerpunktesind das Verhältnis von Judentum, Christentum und Islam aus religionswissenschaftlicher Sicht sowie Religion und Kunst.

Dr. Zrinka Stimac studierte Englische Literatur- und Sprachwissenschaft an der Universität Sarajevo sowie Religionswissenschaft und Englische Literatur- und Kulturwissenschaft an der Leibniz Universität Hannover und wurde an der Friedrich-Schiller-Universität Jena zum Dr. phil. promoviert. Mitarbeit beim unesco-projekt-schulen und im Kulturreferat in Bonn; anschließend wissenschaftliche Mitarbeit im Seminar für Allgemeine Religionswissenschaft und am Centrum für Religiöse Studien an der Westfälische Wilhelms-Universität Münster Zrinka Stimac lehrt zur Zeit Religionswissenschaft an der Universität Bielefeld und ist wissenschaftliche Mitarbeiterin im DFG Projekt „Das Ethos religiöser Friedensstifter". Sie veröffentlichte unter anderem *Die Bosnische Kirche. Versuch eines religionswissenschaftlichen Zugangs*. Würzburger Studien zur Fundamentaltheologie, Peter Lang Verlag 2004 und *Islamische Religionstradierung im Kontext der EU-Integration und Bildungsreform in Bosnien und Herzegowina*, in: Islam und Muslime in (Südost-)Europa. Kontinuität und Wandel im Kontext von Transformation und EU-Erweiterung hrsg. von Christian Voß und Jordanka Telbizova Sack. Reihe „Studies on Language and Culture in Central and Eastern Europe". Otto Sagner Verlag, München.

Dr. Nina Clara Tiesler promovierte 2004 an der Universität Hannover in Religionswissenschaft über *Muslime in Europa, Religion und Identitätspolitiken unter veränderten gesellschaftlichen Verhältnissen* (LIT-Verlag 2006). Seither arbeitet sie als Research Fellow am Institut für Sozialwissenschaften der Universität Lissabon im Bereich Migrationsstudien zu den Themen *Muslime in Europa und in portugiesischsprachigen Ländern*, sowie zur Rolle von Religion und Alltagskultur (inkl. Sport) unter ethnischen Minderheiten. Sie ist Gründungsmitglied der Portugiesischen Vereinigung für Religionswissenschaft, Mitglied des bibliographischen Netzwerks Eurislam und Koordinatorin des internationalen Forschungsnetzwerkes MEL-net (www.mel-net.ics.ul.pt). Sie veröffentlichte sieben Bücher und Sonderhefte wissenschaftlicher Fachzeitschriften, sowie 40 Buchkapitel und Aufsätze auf Deutsch, Englisch und Portugiesisch.

Prof. Dr. Dr. Ina Wunn studierte Biologie und Geowissenschaften an der Philipps-University of Marburg und promovierte dort 1985 in Paläontologie. Nach einem dreijährigen Afrikaaufenthalt studierte sie Religionswissenschaft und Philosophie und schloss diese Studien 1999 mit dem Dr. phil ab. Seit der Habilitation 2002 lehrt sie Religionswissenschaft an der Universität Hannover, von 2007–2011 an der Universität Bielefeld.
Forschungsschwerpunkte sind unter anderen der zeitgenössische Islam in Deutschland, Wissenschaftstheorie – hier vor allem naturwissenschaftliche Ansätze in den Geisteswissenschaften – sowie vorgeschichtliche Religionen.
Dazu hat Ina Wunn unter anderem veröffentlicht: *Religionen in vorgeschichtlicher Zeit*, *Muslimische Gruppierungen in Deutschland*, beide Kohlhammer, Stuttgart, und *Ethology of Religion*, in: The Encyclopedia of Religion, Second Edition, 2005.

2011. 340 Seiten. Kart.
€ 29,80
ISBN 978-3-17-021936-6

Ali Özgür Özdil

Islamische Theologie und Religionspädagogik in Europa

Die Zahl der Muslime in Europa wächst, und ebenso das Bedürfnis nach islamischen Erziehungs- und Bildungseinrichtungen. Die Einbindung islamischer Theologie und Religionspädagogik in das europäische Hochschulwesen stellt beide Seiten vor Herausforderungen. Özdil erläutert die Geschichte der islamischen Theologie sowie der Rechtsschulen im Islam und stellt Zentren der islamischen Studien in Europa sowie in der islamischen Welt vor. Dabei verschafft er einen Überblick über 31 Institutionen in 13 Ländern. Einen Schwerpunkt der Untersuchung bilden Verfassungsfragen islamischer Lehrstühle in Deutschland, die nach wie vor nicht befriedigend beantwortet sind. Die institutionelle Einbettung islamischer Lehrstühle hat aber bereits an mehreren Universitäten stattgefunden, worauf detailliert eingegangen wird. Den Band beschließt ein umfangreicher Anhang mit Übersichten, Adressen und weiteren Informationen zu den untersuchten Bildungseinrichtungen.

W. Kohlhammer GmbH · 70549 Stuttgart
Tel. 0711/7863 - 7280 · Fax 0711/7863 - 8430

2013. 428 Seiten. Kart.
€ 39,90
ISBN 978-3-17-022335-6

Doris Decker

Frauen als Trägerinnen religiösen Wissens

Konzeptionen von Frauenbildern in frühislamischen Überlieferungen bis zum 9. Jahrhundert

Ausgangspunkt der Darstellung ist die Frage, ob die ältesten Dokumente über das Leben des Propheten Muhammad Frauen in die Gestaltung eines religiösen Bildungsbereichs einbeziehen. Dürfen Frauen nach den Überlieferungen religiöses Wissen erwerben, verwalten und weitervermitteln? Werden sie dabei als aktiv handelnde Subjekte dargestellt oder als passive Figuren in den literarischen Hintergrund verbannt? Um zu verstehen, was die Überlieferungen dazu mitteilen, berücksichtigt die Autorin den komplexen Entstehungs- und Überlieferungsprozess des Quellenmaterials sowie den Einfluss des soziokulturellen Umfeldes auf dessen Gestaltung. Ziel der Autorin ist es, die einseitige Betrachtung der „Rolle" der Frau im Islam zu verlassen, die Kenntnisse über die islamischen Überlieferungen zu erweitern und den Wissenschaftsdiskurs über das Verstehen und Selbstverständnis der frühislamischen Kultur und Literaturproduktion zu bereichern.

W. Kohlhammer GmbH · 70549 Stuttgart
Tel. 0711/7863 - 7280 · Fax 0711/7863 - 8430